Nierozerwalna więź:
Czas wojny i po wojnie
Korespondencja 1939-1995

1961-1995 (tom 3)

zebrała: Władysława Irena (née Poniecka) Grycz
przepisali: Barbara Wiśniowska and
 Sylwia (née Wiśniowska) Śmiałek
tłumaczył: Czesław Jan Grycz

Atelier Ostoja • El Cerrito • 2013

Indissoluble Bonds:
Wartime and Post-Wartime Correspondence 1939-1995

1961-1995 (Vol.3)

collected by: Władysława Irena (née Poniecka) Grycz
transcribed by: Barbara Wiśniowska and
Sylwia (née Wiśniowska) Śmiałek
translated by: Czesław Jan Grycz

Atelier Ostoja • El Cerrito • 2013

The letters reproduced in this volume are in the possession of the translator. The translations are copyrighted and may not be used without permission.

Listy zamieszczone w tym tomie są własnością tłumacza. Tłumaczenia jest zabezpieczone prawem autorskim i nie może być wykorzystane bez zezwolenia.

Version/wersja
2014.03.17

Volume Three **ISBN**: 978-1-56513014-2

Complete Set of Three Volumes **ISBN**: 978-1-56513-007-3

This book is printed by Lulu
Copies may be purchased from Lulu at
www.lulu.com/content/paperback-book/indissoluble-bonds-v3/13957185/

Dedykacja

Wszystkim potomkom rodzin Grycz i Ponieckich

i z wielką wdzięcznością

dla Barbary i Jana Wiśniowskich, Kamila oraz
Sylwii i Łukasza Śmiałek

 **Dedication**

For each of the descendants of the Grycz and Poniecki families,

and, with deepest gratitude, for

Barbara & Jan Wiśniowski, Kamil, and Sylwia & Łukasz Śmiałek

Spis treści

Wstęp, tom 1	I	viii
Przedmowa, tom I	I	xxxii
Przedwojenne fotografie	I	xliv
Pamiętnik z roku 1939	I	2
Listy z lat 1940-1950	I	36
Wskaźnik 1	I	lvii
Wstęp, tom 2	II	viii
Przedmowa, tom 2	II	xvi
Galeria fotograficzna	II	xxviii
Listy z lat 1951-1960	II	650
Wskaźnik 1	II	xliii
Przedmowa, tom 3	III	viii
Listy z lat 1961-1995	III	1016

Dodatki (na końcu tomu 3)
1. Ilustracje .... III — Dodatek 3
2. Zdrobnienia i czułe słówa .... III — Dodatek 8
3. Zdrobnienia .... III — Dodatek 11
4. Służba Jana Grycza w Marynarce Handlowej... III — Dodatek 17
5. Herb Ostoja .... III — Dodatek 20
6. Nekrolog Jana M. Grycza .... III — 1254-55
   .... — Dodatek 28
7. Nekrologi Jerzego Poczekaja .... III — Dodatek 32
8. Wspomnienia Ireny Weimannówny .... III — Dodatek 38

Wskaźniki
1. Nazwiska wspomniane w listach
   (powtórzone w każdym tomie) ....
2. Miejsca wspomniane w listach .... III — Wskaźnik 35
3. Klucz do imion własnych w schemacie drzewa rodzinnego III — Wskaźnik 41
4. Klucz do nazwisk w schemacie drzewa rodzinnego .... III — Wskaźnik 45
5. Schemat drzewa rodzinnego .... III — tylna okładka

Table of Contents

Preface to Volume 1	I	ix
Introduction to Volume I	I	xxxiii
Pre-War Photographs	I	xliv
Diary Extracts from 1939	I	3
Letters from 1940-1950	I	37
Index 1	I	
Preface to Volume 2	II	xi
Introduction to Volume 2	II	xvii
Photograph Gallery	II	xxviii
Letters from 1951-1960	II	649
Index 1	II	
Introduction to Volume 3	III	ix
Letters from 1961-1995	III	1017
Appendices (all at the end of Volume 3)		
1. List of Illustrations	III	Appendix 3
2. Diminutives and Endearments in Polish	III	Appendix 9
3. Diminutives for Proper Polish Names	III	Appendix 11
4. Service Record of Jan M. Grycz	III	Appendix 17
5. Ostoja Coat of Arms	III	Appendix 21
6. Obituary of Jan M. Grycz	III	1254-55
		Appendix 29
7. Obituary of Jerzy Poczekaj	III	Appendix 33
8. Appreciation of Irena Weimann	III	Appendix 39
Indices		
1. Family Names Mentioned in the Letters (repeated in each volume)	III	
2. Place Names Mentioned in the Letters	III	Index 35
3: Key to Given Names on Family Tree Foldout	III	Index 41
4: Key to Family Names on Family Tree Foldout	III	Index 45
5: Family Tree Foldout	III	back cover

Przedmowa

JEŻELI CIERPLIWY CZYTELNIK DOSZEDŁ do tego punktu czytania tej chronologicznej kolekcji listów, to wypełnił umysł obrazami osób, o których ciocia Halina pisała, szczególnie do mojej matki. Lecz ja nie wiem kim są te osoby.

Fotografie Czesława i Władysławy były wymieniane z członkami rodziny i z przyjaciółmi w niepewnym czasie wrogości. One zastępowały na tyle na ile to było możliwe przerwane więzi między ludźmi. Listy dają dwa dosadne przykłady jak fotografie funkcjonowały.

Pierwszy to prośba mojego dziadka skierowana do mojej matki o zdjęcie jej z Algerii, gdzie była stacjonowana. Ona z kolei prosiła go o jego zdjęcie. Fotografia zastępowała brakującą osobę. Lecz fotografia uchwyca przelotny moment i nie mówi o całej historii człowieka.

Halina się zastanawia (str. **I** 187) czy poznałaby swoje rodzeństwo jeżeli minęłaby je na ulicy, bo tak wiele lat minęło gdy widziała ich ostatnio. Moja matka zapytuje swojego ojca w jednym z listów (str. **I** 125) czy się zmienił, czy ma siwe włosy?

Fotografie mogą mylić. Fotografia mojej matki z Algerii przesłana jej ojcu właśnie to czyni.

Matka moja rzadko mówiła o swoich doświadczeniach z wojny. Lecz pamiętam jedną okazję gdy powiedziała mi, że obóz namiotowy w El Biar był, skromnie mówiąc, prymitywny. By uczynić go bardziej ambitnym, był wypełniony kobietami, które przeszły pieszo trzy tysiące kilometrów, mając tylko ubrania na sobie (i tak też pewnie pachnące), zaopatrywały rannych. Doświadczyły one ostrzeliwań z wrogich samolotów, były zdenerwowane drogą przez kraje, w których

Introduction

IF ANY PATIENT READER HAS COME THIS FAR by reading this collection of letters chronologically they will have their mind filled with images of the people about whom my Ciocia Halina wrote. The imaginary pictures are like individual photographs of unknown people; precisely like the photos in two small cardboard boxes that are among my Uncle Czesław's remaining earthly possessions. The photos, as the mental images, present a curious and fascinating glimpse (but only a fleeting glimpse) into the lives of persons who once were important to him. The box of photos left by my mother, along with these letters, is the same. The persons captured in my mother's collection of photographs were important to her, too. Some bear, on their reverse side, urgent inscriptions to her. Of the pile, only a paltry few identify the actual persons who stood before the camera lens. I see their faces. I can appreciate that they were once close and even especially important to my mother. But I have no idea who they are.

Czesław's and Władysława's photographs were exchanged with family members and friends during the uncertain time of hostility. They compensated, as best they could, for the broken bonds between people. Two poignant examples of how photographs worked in this way are quoted in these letters.

The first is my grandfather's request of my mother to send him her photograph from where she was stationed in Algiers. She, for her part, had asked him for one of his. The photographs stood in for the missing person. But photographs capture only a fleeting moment, so they don't tell the entire story of a person.

Halina ponders (pp. **I** 187) whether she would recognize her siblings if she passed them on the street, since so many years had passed since she'd last seen them. My mother interrogates her father in one of her letters (pp. **I** 125), asking if he has changed; has he grown gray hair?

ludność nie koniecznie ich chciała i nie mogła dać wygód gościnności, w innych okolicznościach oczekiwanej. Ludzie ich otaczający mówili językami, których nikt w oddziale nie rozumiał. W końcu, rzuceni byli w gorące, wilgotne i w pełni obce domy. Były jednak przynajmniej bezpieczne i wolne od wrogiej walki. W najlepszym wypadku El Biar nie był niczym więcej niż miejscem postoju dla przestraszonych, stłuczonych i wyczerpanych kobiet.

Jest zasługą ich charakteru, treningu i wojskowej dyscypliny, że tak wiele z nich przeżyło. Lecz na kilku zdjęciach (str. **I** 60-63) za uśmiechami dla fotografa („uśmiechnij się") nie trudno zauważyć wyczerpanie, strach i wymuszone (nie zbawienne) udawanie. Jakoś w tym raczej niekonwencjonalnym otoczeniu, w odpowiedzi na prośbę mojego dziadka o fotografię, matka opuściła obóz, znalazła fotografa Araba, użyła kosmetyków jakie tylko mogła znaleźć i miała zrobiony wspaniały portret. Wysłała to zdjęcie ojcu by go zapewnić, że ona i wszystkie inne mają się dobrze. Tak ważna była ta iluzja (oboje wiedzieli, że to jest tylko to), że mój dziadek nie tylko oprawił to zdjęcie i postawił na miejscu honorowym w swoim biurze, lecz także na nocnym stoliku w szpitalu gdzie umarł kilka lat później (str. **I** 606-609).

Inny wypadek odnośnie zdjęć opisuje mój ojciec w liście nie zamieszczonym tutaj. On właśnie opuścił narzeczoną by odpłynąć na jeden z rejsów. Przedłużali oni rozstanie, siedzieli na ławce w ciemności niedaleko portu, gdzie jego okręt był zakotwiczony i rozmawiali. W końcu niechętnie się rozstali. Rozstanie było trudniejsze (jak wówczas wszystkie rozstania) ze względu na wojnę.

Pytanie „Czy się zobaczymy?" nie było zwykłym hipotetycznym pytaniem. Mój ojciec pisze, że gdy szedł schodnią na statek nagle przypomniał sobie, że pozostawił na ławce gdzie siedział zdjęcie mojej matki. Sprawdził kieszenie. Stwierdziwszy, że zdjęcie pozostawił na ławce gorzko zapłakał i zawstydził się przed kapitanem i marynarzami. Pisał, że przez szereg dni był niepocieszony, że niedbale zapomniał jej zdjęcie.

Fotografie były ważniejsze wtedy niż dzisiaj, gdzie wszędobylskie (or powszechne) dzielenie się nieposegregowanymi zdjęciami przemyka przez miliony odbiorców w internecie. W ten sam sposób

Photographs can be deceptive. The photo my mother had taken in Algiers to send to her father was such an one.

My mother rarely spoke about her war experience. But I remember an occasion when she told me that the bivouac-turned-encampment at El Biar was primitive, at best. It was, to make it more challenging, filled with women who had tramped three thousand miles on foot, tending after wounded soldiers, possessing only the clothes on their back (and likely smelling that way). They had experienced hostile strafing by enemy aircraft, and were traumatized by their journey across countries whose populace didn't particularly want them and was completely unable to provide the comfort of hospitality that might otherwise have been expected. People around them spoke languages no one in the unit understood. They were eventually "dumped" in a hot, humid and entirely foreign, temporary housing facility. They were, at least, safe and free of hostile fighting. But at best, El Biar was not much more than a holding pen for frightened, cramped, and exhausted women.

It is a credit to their character, training and military discipline that so many survived. But on the few photos (pp. **I** 60-63)—beneath the smiles for the photographer ("Say 'cheese'.)—it is not difficult to discern, the exhaustion, the fear, and the forced (and salvific) pretending. Somehow, midst this entirely unconventional surrounding, in response to my grandfather's request for a photo, my mother left camp, found an Arab photographer, gussied herself with whatever cosmetics were to be found, and had a glamorous portrait of herself taken. This was the photo she sent to her father for reassurance that she, and all, was well. So important was this illusion (they both knew it was only that), that my grandfather not only had the photo framed and placed in a position of honor on his office bureau, but had the photo on his nightstand in the hospital the night he died there, several years later. (pp. **I** 606-609)

Another instance relating to photographs is told by my father in a letter not reproduced here. He had just left his fiancee to depart on one of his sea voyages. They had prolonged their separation, sitting and talking on a bench in the dark near the port where his ship was docked. Finally, reluctantly, they parted. The parting was the harder (as were all partings, then) because of the uncertainty of the war. "Would they ever see each other again?" was not merely hypothetical. As he was going up the gangplank to board his ship, my father writes that he suddenly

listy były ważniejsze, w większości wypadków szybko pisane ręką, na skrawkach marnego papieru i powierzane w ręce pracowników pocztowych (niedocenionych bohaterów), by doręczone zostały do miejsca przeznaczenia.

Pisane listy są innym środkiem komunikacji niż fotografie. Paradoksalnie mówiąc, mam pełniejsze wrażenie o osobach, o których ciocia Halina pisze, niż z realistycznych fotografii mojej matki czy wuja Czesława. Listy z okresu wojny starają się pokazać „normalność" zdając sprawę z wydarzeń w życiu osób i rodzin. One podtrzymują komunikację niezależnie od odległości i okoliczności. To co interesujące powiedzieć można o listach cioci Haliny to to, że nie są one liryczne czy „literackie", ale raczej zdecydowanie bezpretensjonalne, proste i szczere. A jednak mimo braku literackiej formy, przekazują one godność i prawdę, które czynią je tym bardziej ekspresywnymi.

Urodziłem się, mówiąc w cudzysłowie, przed końcem drugiej wojny światowej. Lecz mam, podobnie jak inni członkowie mojego pokolenia, bezpośrednio dotkniętych wojną pod wielu względami, między innymi brak znajomości ludzi, którzy mogliby mi pomóc poznać siebie samego. Być może matka moja podświadomie wiedziała, że listy te zawierają informację o takich osobach, które ja bym ewentualnie cenił. W ostatnich etapach tego projektu tłumaczenia wymieniałem e-maile z kuzynką moją Marylką Rzeźniczak [E4]. Marylka niezwykle mocno zachęcała mnie do pracy i była bardzo w niej pomocna dla mnie. Ważniejsze od obu tych grzeczności jest to, że w naszych e-mailach byłem jej bliski w myśleniu o naszych wspólnych korzeniach. Wspólnie, bardziej zdaliśmy sobie sprawę z dynamizmu fotograficznej pamięci, pisanej historii i rodzinnych więzów.

W niedawnym e-mailu (17.09.2013) Marylka pisze:

> Wyobraź sobie, że w tym momencie zdałam sobie sprawę z tego, że gdy ty piszesz o kimś ja „widzę" ich. Mam ich przed oczyma. Szczególnie pamiętam ich z dzieciństwa. Możliwe dlatego, że widywaliśmy się tak często. Mam również pewne detale: u wuja Stanisława zawsze stał wielki talerz na stole wypełniony jabłkami i był owocowy nóż na wypadek gdyby ktoś

remembered that he had left my mother's photograph lying on the bench, next to where he sat. He checked his pockets. Finding confirmation that he'd left it behind, he burst into tears and embarrassed himself in front of his Captain and crew. He writes that he was inconsolable for several days after, at carelessly forgetting her photo.

Photos were more important then, than they are today, when the ubiquitous sharing of unsorted digital images flit about by the millions across the Internet. Just in the same way, letters were more important, hastily-written in most cases, on flimsy scraps of paper and entrusted into the hands of the postal worker (unsung heroes, they) to be delivered to their intended destination.

Written letters are a different medium of communication than are photographs. Paradoxically, I have a somewhat fuller impression of the people about whom my Ciocia Halina wrote, than I do from my Mom's, or Uncle Czesław's, realistic photographs. Wartime letters attempted to preserve "normality" by reporting the goings-on in people's lives and families. They kept communication alive, despite distance and circumstance. What is notable about Ciocia Halina's letters is that they are not lyrical or "literary", but rather decidedly unpretentious, common, and straightforward. Yet for none of their literary artistry, they convey an honesty and truth that makes them all the more expressive.

I was born just before the, quote-unquote, "end" of WWII. Yet I have, as have others of my generation, been immediately affected by the war in various ways, among them in the deprivation of knowing people who would have helped me learn about and know myself. Perhaps my mother instinctively knew that these letters contained information about such people that I would eventually appreciate.

During the last stages of this translation project I have been exchanging e-mails with my cousin, Marylka Rzeźniczak **[E4]**. She has been enormously encouraging and very helpful to me. More important than either of these courtesies is that in our electronic e-mails, I have felt close to her in thinking about our common roots. Together, we've become more aware of the dynamics of photographic memory, written history, and family bonds.

chciał obrać jabłko. Ciotkę Katarzynę (siostra dziadka) pamiętam gdy robiła masło. Było takie smaczne i doskonale owalne. Na jego końcu robiła kilka kresek drewnianą łyżką. Czesio wspominał smaczny placek z kruszonką. A u ciotki Elżbiety (siostra babki) najbardziej pamiętam małe kanapki z pomidorami i cebulą. (Nigdy nie lubiłam cebuli.)

 Jestem bezwstydnie emocjonalną osobą (coś co niewątpliwie odziedziczyłem po ojcu) i „cieszyły" mnie wypadki mojego płaczu w czasie pracy nad tymi listami. Płakałem również nad opisem Marylki, ponieważ zdałem sobie sprawę, że jednym z braków spowodowanych wojną jest brak silnych wspomnień o ludziach mi najbliższych.
 Te rozważania prowadzą mnie w końcu do napomknięcia kilku rzeczy jakie dowiedziałem się o cioci Halinie, autorce większości listów w tych tomach. Ona się nie wywyższa. Ona ma do siebie takie zaufanie, że nie musi pisać o sobie. Jako rezultat, z dystansu czytelnika tych listów, mogę stworzyć obraz z danych kim ona była jak odnosiła się do świata i osób ją okalających.
 Kobieta, którą chcę tu zaprezentować, jest kobietą o ogromnej żywotności, wciągnięta w potok życia, o niezwykłej sile charakteru, zdolnościach i wytrzymałości. Wydaje mi się ona osobą o niezwykłej szlachetności, pielęgnująca ziemię i rodzinę. Niewątpliwie jest wiele kobiet takich jak ona, które uczyniły Polskę tym czy ona jest. Ale ciocia Halina jest wyjątkowym przypadkiem. Posiada ona mądrość i zrozumienie tego co byłoby odpychające, jeżeli nie byłoby chronione przez współczujące serce i naturalna dobroć.
 Może słusznym byłoby wyobrazić sobie jej sylwetkę w obrazach fotograficznych, tych wywołanych czytaniem jej listów. Takie mentalne obrazy są jakoby kadrami ruchomego filmu. Indywidualne kadry nie dają tych bujnych detali jakie Marylka podała mi w swoim e-mailu. One oddają uczucie i omijające wrażenia.
 Bez specjalnego porządku, co następuje, jest kilka kadr z wojną zniszczonego filmu. One pozwoliły mi zapoznać się z kobietą, którą zdecydowanie chciałbym poznać lepiej.
 Łatwo jest odczuć nutę zazdrości dla tych co znali ją osobiście. Lecz nie o to chodzi. Chodzi natomiast o to, by być natchnionym, by

In a recent e-mail (2013.09.17) from Marylka, she wrote:

> Just imagine, at this very moment I've come to realize that when *you* write about someone, I simply "see" them. I have them before my eyes. Particularly, I remember them from my childhood. Maybe its because we saw each other so often. I even have details: at Uncle Stanisław's (our granddad's brother) there was always a big plate on the table filled with apples and a small fruit knife, in case someone would want to remove the peel of one. At Aunt Katherine (granddad's sister) I remember when she would make butter. It was so delicious and so perfectly oval. At the end, she would make a few creases on top of it with a wooden spoon. Czesio often mentions her delicious yeast tart with the crumb crust. And at Aunt Elizabeth (grandmother's sister) I mostly remember the little sandwiches with tomatoes and onions. (I never liked the onions.)

I am an unabashedly emotional person (something I apparently inherited from my father) and have "enjoyed" several episodes of crying during my work on these letters. I cried, too, at Marylka's description, because it made me aware that one of my personal deprivations of war was the lack of such robust memories of the people closest to me.

These reflections bring me, finally, to mentioning a few things I learned about my Ciocia Halina, the author of most of the letters in these volumes. She's not given to self aggrandizement. Her self-confidence was such, that she didn't need to write "about herself." As a result, from a distance of a reader of her letters, I can only piece together who she was from the evidence of how she regarded the world and people around her.

Whom I have come to recognize, is a woman of enormous vitality, fully invested in the flow of life, with an amazing strength of character, capability and resiliency. She seems to me to be a woman of great nobility, nurturing the soil as well as her family. There must have been many women such as she, who have made Poland the country it is. But Ciocia Halina is an outstanding example of one. She has a wisdom and perception that would have been forbidding, were it not always cushioned by her compassionate heart and natural goodness.

It may be appropriate to imagine her being in photographic images, ones evoked from reading her letters. Such mental images are, as if, frames from a moving picture film. The individual frames don't give me all the lush details of the kind that Marylka related to me in her e-mail. They just capture fleeting and staggered impressions.

zwrócić bliższą uwagę na tych, z którymi dane nam było dzielić nasze życia.[1]

- Czytanie książki w lesie (w czasie ewakuacji rodziny).
- Droga do Kikowa. Oglądanie za jej placami spalonej stacji kolejowej w Luboszu.
- Troska o ule. Zaznaczając z satysfakcją wyklucie się nowego roju pszczół. Pouczanie dzieci jak delikatnie należy obchodzić się z ulami.
- Gotowanie potraw. Rozmowa z jej matką.
- Obserwowanie drzew w listowiu i kwitnących kwiatów.
- Obserwowanie lodu na podwójnych szybach okien.
- Zabicie świni. Uczenie jak zabić i jak zużyć poszczególne części. Suszenie, gotowanie i przechowanie mięsa. Więcej niż dzień trudnej pracy.
- Malowanie podłóg i drzwi w domu.
- Podniesienie chorego ojca na plecy, tak by mogła go nieść na leżankę w pokoju gościnnym.
- Pisanie listu pod koniec długiego dnia, sprawozdanie z wypadków w rodzinie: urodzenia, chrzty, pierwsze komunie, pogrzeby.
- Spojrzenie na pogodę, okresy mrozu, stan ogrodu, bezustanna troska o rodziców i rodzinę.
- Radość, ze szczególną przyjemnością, córką oraz wnukami w wielkim zachwycie.

To są bardziej znaczne kadry z filmu, które pojawiły się w mojej świadomości na kanwie tych listów. Dały one obraz o aktywnej kobiecie w pełni zaangażowanej w życie, które jej Bóg dał.

Nota do Boga: „Niewiele kobiet jest stworzonych lepiej niż ona."

---

[1] Jestem zobowiązany przyjacielowi mojemu Wojciechowi Zalewskiemu, który użył przenośni kadr filmowych w swoich Wspomnieniach, pisanych właśnie gdy ja kończyłem te tłumaczenia.

In no particular order, the following are a handful of the dozens of individual frames from a war-damaged reel of film. They have helped me know a woman I surely wanted to know better.[2] It is easy to feel a tinge of jealousy for those who knew her, personally. But *that* is not the point. The point is to be inspired to pay closer attention to those whom we've been given to share our lives.

- In the forest reading a book (in the midst of her family's evacuation).
- Moving to Kikowo. Seeing the burned-out railroad station of Lubosz over her shoulder.
- Caring for bee-hives. Noting, with satisfaction, the emergence of a new hive to the cluster. Teaching her children to carefully tend the hives.
- Cooking meals. Chatting with her Mother.
- Noticing trees in leaf and flowers in blossom.
- Noticing the ice on the double-paned windows.
- Slaughtering a pig. Learning how to butcher and utilize each of its pieces. Drying, cooking, preserving. More than a day's difficult work.
- Painting the floors and the doors of the house.
- Leveraging her ill father onto her back, so she could carry him to the couch in the living room.
- Writing a letter at the end of a long day, reporting on events in the family: births, Baptisms, First Holy Communions, Funerals.
- Looking at the weather, freezing periods, state of the garden, relentlessly caring for her parents and her family.
- Enjoying her daughter with particular pleasure, and her grandchildren with enormous delight.

These are among the prominent "still images" that come to me from these letters of an active woman who was fully engaged with the life God had given her. You will be able to add many of your most memorable pictures to the list.

Note to God: "Not many women have been made better than she."

---

[2] I am indebted to my friend Wojciech Zalewski who used the metaphor of frames from a motion picture in his "*Memoirs*" which he was writing, just as I was finishing these translations.

[1] Władysław Poniecki: Ojciec Władysławy. Autor szeregu listów w tym tomie. Określany jako "Daddy" w wersji angielskiej.
[2] Zofia Gapińska, przyrodna siostra Władysławy. Była "kurierem" w podziemnej działalności w czasie drugiej wojny światowej w Warszawie.
[3] Władysława Poniecka, autorka szeregu listów w tym tomie. Określana jako "Władzia" w wersji angielskiej. Wyszła za mąż za Jana Grycza w Algerii. Przeniosła się z nim do Edynburga gdzie urodził się Czesław. Rodzina w końcu osiedliła się w San Francisco gdzie urodziła się Wandzia.
[4] Czesław Grycz, brat Jana Grycza. Był on źródłem wielkiej rodzinnej troski gdy rodzina przestała otrzymywać wiadomości od niego.
[5] Halina Grycz (później Halina Grycz-Poczekaj), siostra Jana i Czesława, jest główną autorką wielu listów zawartych w tym tomie.
[6] Czesław Jan Grycz, jak powyżej, otrzymał imię po wuju i jest wspomniany we wielu miejscach w tym tomie.

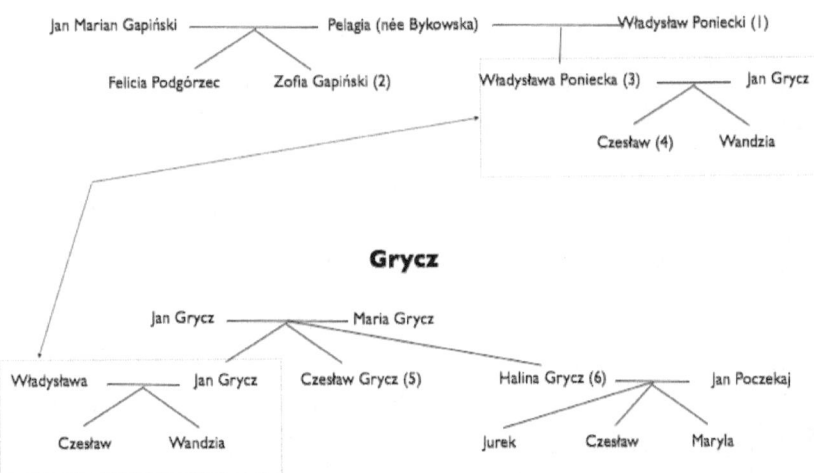

(1) Władysław Poniecki: Father of Władysława. Author of several of the letters in this volume. Referred to as "Daddy" in the English translation.
(2) Zofia Gapinski, Władysława's half-sister, died in Ravensbrück concentration camp during the War.
(3) Władysława Poniecki: Author of several letters in this volume. Referred to as "Władzia" in the English translation. Married Jan Grycz in Algiers. Moved with him to Edinburgh and gave birth to Czesław (who was named after his Uncle and is mentioned in many of the letters in this volume.) The family eventually settled in San Francisco.
(4) Czesław Grycz, from above, the grandson of Władysław Poniecki, mentioned frequently in the letters in this volume.
(5) Czesław Grycz: The brother of Jan Grycz. He was an RAF pilot when he was shot down in 1942 over Germany during the War.
(6) Halina Grycz (later Halina Grycz-Poczekaj): The sister of Jan Grycz, (of Jan and Maria Grycz), the principal author of many letters in this volume.

Otto and Grycz Households in Włoszakowice

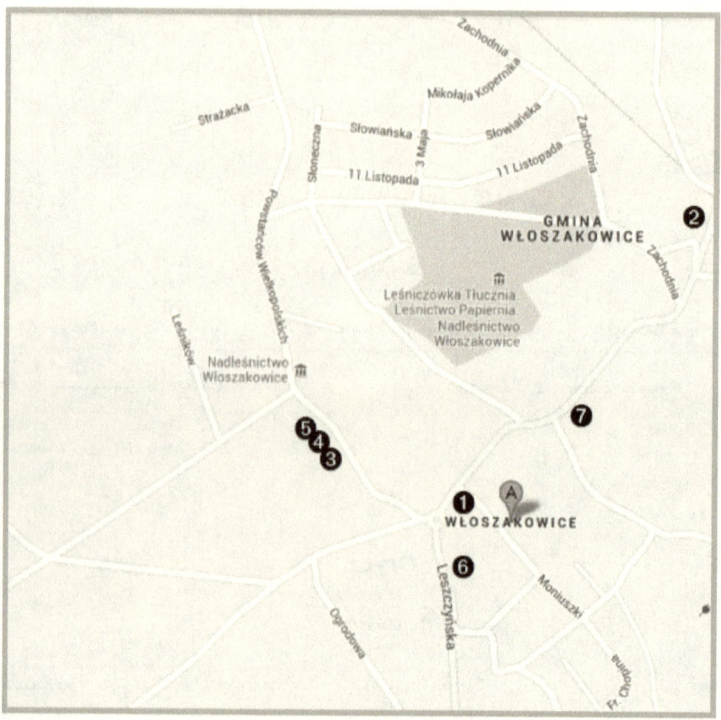

❶ Jadwiga and Konstanty Grycz, followed by
Katarzyna and Stanisław Grycz, followed by
Władysław and Stanisława (née Grycz) Nowak

❷ Maria and Jan Grycz, followed by
Halina (née Grycz) and Jan Poczekaj and their three children, followed by
Jacek and Maria (née Poczekaj) Rzeźniczak

❸ Wiktoria and Jan Otto with their daughter Elżbieta, followed by
Elżbieta (née Otto) and Stanisław Pytlik, followed by
Anna (née Pytlik) and Jerzy Papież, followed by
Jerzy and his son, Krzysztof Papież, with Krzysztof's wife and two sons

❹ Elżbieta and Edmund Pytlik

❺ Halina (née Pytlik) and Ludwig Małecki

❻ Małgorzata (née Dworczak) and Jurek Poczekaj

❼ Church of the Holy Trinity and cemetery with Otto and Grycz ancestors

 **Authors of Letters in Vol. 3**

Grycz, Czesław	Younger son of Jan and Maria Grycz. Younger brother of Jan Marceli and his younger sister, Helena (Halina)
Grycz, Halina (also Grycz-Poczekaj after she was married.)	Daughter of Jan and Maria Grycz. Sister of Jan Marceli and Czesław. Halina married Janek Poczekaj, and identified herself as Halina Grycz-Poczekaj. Mother of twin boys, Jurek and Czesław; and a daughter, Maria (Marylka).
Grycz, Jan and Maria	Parents of Jan Marceli, Czesław and Halina.
Grycz, Jan Marceli	Brother of Czesław and Halina.
Poniecki, Władysław	Step-Father of Felicja and Zofia Gapińska. Father of Władysława.
Poniecka, Władysława (Grycz, Władysława after she was married.)	Daughter of Władysław Poniecki. Władysława married Jan Marceli Grycz. They parented Czesław Jan and Wandzia Maria.
Starkie, Dana	Mother of Sheila and her two younger sisters, Kathleen and Christine.
Starkie, Sheila	Girlfriend of Czeslaw Grycz

---

[3] See Appendix 2 for discussion of diminutives of Proper Names in Polish.

1961

nad. Halina Grycz-Poczekaj
05.01.1961 rok
Włoszakowice

Nasi Najukochańsi,

W tym Nowym Roku życzymy Wam Wszystkim raz jeszcze wszystkiego najlepszego, alby ta Boża Dziecina sprawiłaby to się spełniłoby to co piszecie, abyśmy się w się w tym roku zobaczyli. Tak bardzo żeśmy się ucieszyli nad Waszym listem, ze 06 grudnia otrzymaliśmy go prawie po miesiącu bo wczoraj. Teraz tylko Wszyscy mówią o Waszym przyjeździe a najwięcej to już Marylka tak mówi i pokazuje jak Wszystkich Was będzie ściskać.

Mama to tak dziś Was Obu wspomina Ciebie i Czesia. Obydwoje macie dziś urodziny.

Życzymy Ci z tej okazji zdrowia, szczęścia oraz błogosławieństwa Bożego. Że by Ci się we wszystkim powodziło i w życiu rodzinnym i prywatnym. Piszesz nam też, że rozpoczynasz na swoje. Czy sam? Czy do spółki? Życzymy Ci powodzenia. Cieszymy się i gratulujemy Ci na ten dyplom i dziwimy się jak to jest możliwe po tylu latach.

Że jeszcze o „Was" pamiętają. Czesiowi gratulujemy za odstawianie tej sztuki i życzymy dalszego powodzenia. Właśnie wczoraj tego samego autora słuchaliśmy słuchowisko przez radio „Król Lir". Było bardzo ładne. Co do tego cła, to my tą paczkę otrzymaliśmy przed 01 grudnia, więc płaciliśmy stare cło i to 50 zł z groszami. Teraz cło jest tak wysokie, że bardzo dużo jest zmuszonych wysłać paczki z powrotem, z powodu niemożliwości zapłacenia cła.

Ale emeryci mają ulgi. Za pokazaniem odcinka z ostatnich dwóch miesięcy (że pobiera się rentę) na poczcie. Urząd celny obniża cło.

My tu tak dalej pracujemy i robimy. Mama troszeczkę wstaje. Trochę siedzi w fotelu i trochę „spaceruje" po pokoju, a Lilka liczy raz, dwa, trzy.

We święta trochę wszyscy u nas byli, a my w Nowy Rok u cioci Kazi. Ania od cioci Bietki też się na marcu spodziewa. Wuj Staś też sobie dobrze wygląda tylko pracować już nie może, ale ma zięcia, który też tak lubi robić jak On. Bardzo dobry gospodarz.

Halina Grycz-Poczekaj
1961.01.05
Włoszakowice

Our Dearest Ones,

We wish you all in this New Year, once again, the best of everything. May the baby Jesus bring you that which you write about and permit us to see each other again this year. We were so happy to get your letter, which we only received yesterday. Since you wrote it on the 6th of December, it was in transit almost a whole month. Now the only thing everyone talks about is your arrival. Most of all, Marylka says (and points to your photograph) that she will be hugging each of you.

Mother has had both of you in her mind, you and Czesio. You both have a birthday today.

On this occasion, we wish you health, success and many blessings from God. May you find success in everything you do... in your family life as well as your private life. You write that you are starting a business on your own. Alone? With partners? We wish you great success.

We are pleased and congratulate you on your diploma. We are surprised that it could be possible after so many years; that they still remember "you" at all. We congratulate Czesio for his performance and wish him continued success. Just yesterday, we listened to a radio performance by the same author. It was *King Lear*. It was very beautiful.

As to duty, we received the package before the 1st of December, so we paid the old duty of 50 złotys plus a few pennies. Today, the duty is so high that many people are forced to send packages back, because they are unable to pay the duty.

Retirees have relief from duty. One needs to show, at the Post Office, the stubs from the last two months of pension payments, and the Duty Officer lowers the duty required.

We are, as usual, working and making things go. Mother is feeling well enough to get out of bed a little. She sits on the couch for a while, and then "walks around" from room to room. Meanwhile, Lilka counts "One, Two, Three".

For the holidays everyone was with us for a while. We were at Ciocia Kazia's for the New Year. Anna, from Aunt Bietka, is expecting in March. Uncle Staś looks well, but can't work anymore. He has a son-in-law [D2] who likes to work just like Staś and is a very good farmer.

Pani Michacz też pisała jak zamknie książki to nam prześle sprawozdanie, które z kolei Wam prześle.

Ja to też przed świętami miałem dużo pracy, bo chciałam coś zarobić, a w domu pracy dużo a mamy mi nie może pomóc. Chłopcy dostały wymarzone łyżwy tylko niestety nie ma ani lodu ani śniegu. Raz deszcz a raz słońce świeci, a śniegu to i w Zakopanym nie ma. Jak powiał halny wiatr to resztki zniknęły i plus osiem stopni było.

Sądzą, że Wam na dziś dość napisałam. To zostańcie z Bogiem i niech Was Bóg ma w swojej opiece. Ściskamy i całujemy Was Wszystkich mocno.

Babcia i Dziadek, Hala z dziećmi i Jankiem, z całą rodziną

Mrs. Michacz wrote that when she closes the accounts she will send me her summary. In turn, I will send it to you.

I had a lot of work before the holidays, because I wanted to make something. But there was a lot of work to do at home, and mother was unable to help me with it at all.

The boys got ice skates. Unfortunately, there's neither ice nor snow. One day it rains; another day the sun shines. There's not even any snow in Zakopane. Once the mountain winds started blowing, whatever was left melted away and it was 8°C.

I believe I may have written you enough today.

Remain with God. May God have you in His care. We hug you and kiss each of you very much.

Grandmother and Grandfather, Hala with the children and with Janek, with our whole family.

nad. Halina Grycz-Poczekaj
11.01.1961 rok
Włoszakowice

Nasi Najukochańsi,

Serdecznie dziękujemy Czesiowi za życzenia świąteczne, które wczoraj otrzymaliśmy. I nawzajem życzymy Wam wszystkiego najlepszego w tym nowym roku i tak się cieszymy, że nareszcie są widoki na Wasz przyjazd, że codziennie o Was rozmawiamy, a Tobie Jasiu na te Twoje imieniny życzymy zdrowia, szczęścia oraz błogosławieństwa Bożego, aby się Tobie wszystko spełniło co sobie życzysz i pociechy z dzieci, a wszyscy Ci życzymy powodzenia w nowej pracy. My tu tak wszyscy dość zdrowi jesteśmy. Naturalnie oprócz mamy, która się czuje trochę lepiej. Ciśnienie nie jest już takie wysokie, tylko ten reumatyzm w ręce i nogach, ale lekarz napisał receptę i Wam ją przysyłam z gorącą prośbą, o ile możecie nam to przysłać to bardo byśmy prosili.

Po za tym może byście mogli jeszcze Hydergine przysłać, to jest to lekarstwo, na nadciśnienie, które trzeba brać jak się znów podnosi ciśnienie. Tą kartkę od tych tabletek Wam załączam.

Ja miałam teraz trochę pracy, bo zabiliśmy świnie, a wszystko trzeba w szklanki zagotować.

W niedziele będzie u nas ks. Proboszcz po kolędzie. Marylka nauczyła się już kilka kolęd, a umie ładnie śpiewać, a bardzo się cieszy, że Wy Wszyscy przyjedziecie i my wszyscy też się cieszymy.

To już na dziś kończę. Bądźcie Wszyscy zdrowi i znów piszcie, gdyż się bardzo cieszymy jak piszecie. Ściskamy i całujemy Was Wszystkich mocno, mocno.

Wasi,

Mama i Tata, Hala z Rodzinką.

Halina Grycz-Poczekaj
1961.01.11
Włoszakowice

Our Dearest Ones,

We thank Czesio for his holiday wishes, which we received yesterday. In return, we wish you all the best of everything in this New Year. We are so delighted that, at last, there is some expectation of your visit. We talk about you every day. For you, Jan, on this your name day, we wish you health, success and the blessings of God. May everything be fulfilled as you wish, and may you have great joy from your Children. We also wish you success in your new work.

We are here, pretty much the same and healthy. Naturally, with the exception of Mother, who feels a little better. Her blood pressure is no longer so high. Only her rheumatism in her hands and feet bother her. Her doctor wrote a prescription that I'll send you. It comes with a strong plea to have it filled, so long as it is possible for you to do so.

In addition to that, perhaps you would also be able to send some Hydergine. This is a medication for high blood pressure which one is supposed to take if the blood pressure increases again. I am enclosing the card torn from the box of tablets.

I've recently had a little work, because we slaughtered a pig, and we had to boil everything and put it up in jars.

On Sunday, the Pastor will be with us after carols. Marylka has learned several carols already, and can sing very nicely. She is particularly happy that you all will be able to come. We are also very happy.

So I will end for today.

Be, each of you, well. Write again because it makes us very happy when you write. We hug you and we kiss each of you very very much.

Your,

Mother and Father, Hala with the Family

nad. Halina Grycz-Poczekaj
16.01.1961 rok
Włoszakowice

Nasi Najukochańsi,

    Zasyłam Wam moc serdecznych pozdrowień, a Tobie Jasiu z okazji zbliżających się imienin, a minionych urodzin, życzymy Ci wszystkiego najlepszego, przede wszystkim zdrowia, szczęścia, błogosławieństwa Bożego, pociechy z dzieci i zadowolenia z pracy. Wybaczcie, że tak długo nie pisałam, ale u nas pracy moc, a w dodatku grypa panuje w całej Polsce i nas nie ominęła. Ja co dopiero wstałam a Jurek i Czesiu leżą. A mama jak zwykle też jeszcze nie wstaje. Tata siedzi przy piecu bo mu stale zimno. Bierze zastrzyki na odmłodzenie, ale w dalszym ciągu narzeka, że już długo nie będzie żył, że jest słaby i tak dalej. Tylko Marylka chodzi skacze i śpiewa. Najwięcej od gwiazdora to Lilka dostała. Bo i w domu gwiazdor był.

    W przedszkolu także był gwiazdor. No i w Lesznie robili kolejarze gwiazdkę dla dzieci i tam Marylka śpiewała dużo piosenek. Dzieciarnia klaskała bardzo, a Marylka dostała od gwiazdora czekoladowego gwiazdora i bardzo się cieszyła. Chłopcy też się teraz lepiej uczą.

    Poprawili się w zachowaniu, bo to urwisy, że aż strach. Ale Marylka się też codziennie modli, żeby chłopcy byli grzeczni i żeby same piątki (bardzo dobrze) dostawali i żeby babcia i wszyscy byli zdrowi i żeby mama dużo czasu miała na robienie swetrów i żeby dużo pieniędzy miała. Znasz zapewne Chudaka Władka, u nich była poczta jak ty byłeś we Włoszakowicach. On Jest w Kanadzie, podobno pracuje w fabryce samochodów „Forda".

    Jemu matka zachorowała na raka i to poważnie, że w każdej chwili może umrzeć.

    Rozmawiali z nim telefonicznie i wysłali telegram i wyobraź sobie, że w ciągu trzech dni już tu był. Chciałam z nim rozmawiać, ale oni obecnie są stale w Lesznie przy konającej matce.

    U nas jest coś okropnego z tą grypą, a nasz lekarz jeszcze wyjechał za granicę do Francji i tylko lekarza mamy co drugi dzień. To trudno się nawet do niego dostać. Moi Kochani gdybyście mogli

Halina Grycz-Poczekaj
1961.01.16
Włoszakowice

Our Dearest Ones,

I send you many heartfelt greetings. For you, Jan, on the occasion of your approaching name day, and your recent birthday, we wish you all the best: above all, health, success and God's blessings; then, joy in your children and satisfaction in your work.

Forgive me for not writing for such a long time. We have a lot of work here, on top of which the flu is raging throughout all of Poland, and it has not passed us by. I have just risen from my bed. Jurek and Czesio are still down. Mother, as usual, is not rising, either. Father is huddled by the stove because he constantly feels cold. He takes injections for rejuvenation, but continually complains that he'll not live much longer; that he is weak; and so on. Only Marylka is up, jumping around and singing. Lilka received the most presents from Santa Claus. And Santa came to our house.

Santa was also at the pre-school. And in Leszno all the railwaymen prepared a Christmas event for the children, where Marylka sang lots of songs. The children applauded her greatly. Marylka received a chocolate Santa and was very happy.

The boys are beginning to study better, too. They are improved in their conduct, but they're both such rascals, its a fright. Marylka says her prayers every day that the boys be good, that they will get some "fives" (very good grades), that grandmother and everyone will be well, that Mommy will have a lot of time for making sweaters and would have a lot of money.

You probably know Chudaka, Władzia. The Post Office was at their place when you were in Włoszakowice. He is in Canada, and works in the Ford Auto factory there. His mother became ill with cancer, and is in critical health, so that she might die at any moment. They spoke with him by telephone and sent him a telegram. Just imagine that within three days, he was already here. I wanted to talk with him, but he is constantly in Leszno near his dying mother.

It is something horrible, here, with this flu. Our doctor left to go abroad to France, so we only have a doctor every other day. It is difficult to get an appointment to see him. My Dears, if you are able, send us

przy okazji nam znów aspirynę przysłać, bo przez tą grypę bardzo nam się zapas zmniejszył.

Tak to już kończę i życzę Wam Wszystkim w imieniu wszystkich wszystkiego najlepszego w tym Nowym Roku, aby był lepszy niż ten stary, abyśmy się wszyscy zobaczyć mogli.

Zostańcie z Bogiem i niech was Bóg ma w swojej opiece. Pozdrawiamy, ściskamy i całujemy Was Wszystkich mocno. Do miłego zobaczenia, zasyłają,

Babcia z Dziadziem i Hala z Rodziną

us some aspirin, again, at your convenience. Because of this flu, our supply has greatly diminished.

Here, I'll end for now, wishing you all in the name of all of us here, all the best for the coming New Year. May it be better than the old year. And may we all be able to see each other.

Remain with God. May God have you in His care. We send wishes, hugs, and kisses for each of you. Until we happily see you,

Grandmother and Grandfather and Hala with the Family

nad. Halina Grycz-Poczekaj
26.02.1961 rok
Włoszakowice

Nasi Najukochańsi,

    Proszę się nie gniewać, że teraz ja tak długo nie pisałam, bo to tak jest sobota, że zawsze odkłada się to pisanie z dnia na dzień, a w dodatku ja chodzę jeszcze dwa razy w tygodniu na kurs kroju i szycia. Chodzę bo i to bardzo blisko, gdyż w tej nowej szkole, tylko przez ulice i nic nie kosztuje, bo to dla udziałowców, co się człowiek nauczy to nie zginie, a więc trzeba skorzystać. Pozdrawiamy Was Wszystkich mile i serdecznie i dziękujemy Wam za te tabletki Hyderginy, które przyszły w sam raz. Bardzo też dziękujemy za list, który nas ucieszył i zasmucił. Cieszyliśmy się, że przyjedziecie już latem, a to jeszcze musimy do drugiego roku czekać. Najważniejsze żebyśmy wszyscy dożyli. Cieszymy się, że ten krewny państwa Michalskich przyjechał. Macie dobry temat do opowiadań. Chyba niewyczerpany. Ciekawi jesteśmy jak się to stało.

    My tu jesteśmy dość zdrowi, tylko mama nie i dziadziu na nogi narzeka, a babcia mówi żeby tak mogła chodzić jak on to by się cieszyła. Czesiu i Jurek też leżeli, ale to był gwiazdor winien, gdyż przyniósł im łyżwy, a oni od razu chcieli umieć jeździć i jak poszli na lód w południe to wrócili wieczorem i to było za dużo tego dobrego. Jurek chodził do szkoły, a Czesiu pójdzie od 01.03 ale miałam szpital. Lilka natomiast na pół nago by skakała, a żywa jak iskierka, ale jakoś ani kaszlu nie miała, a policzki jak malowane i bardzo chętnie wszystkim pomaga. Wielką uciechę miała jak chłopcy mieli bal w szkole (a ja byłam na kursie w szkole) i Lilka też na nim była. Ubraliśmy ją w jedną sukienkę Wandzi, co Wandzia przysłała i bawiła się, a wszystkie dzieci ją bardo lubią, bo jest taka śmiała. Idzie do wszystkich, rozmawia i nikogo się nie boi.

    W środę byłam na pogrzebie. Zmarła od wuja Marcela żona w Jabłonnie koło Rydzyny. To jest dziadka Atlego brat. Przed dwoma laty mieli 50-lecie pożycia małżeńskiego. Mama nie mogła jechać to ja pojechałam.

Halina Grycz-Poczekaj
1961.02.26
Włoszakowice

Our Dearest Ones,

Please don't be angry with me that it's been so long since I've written. On Saturday it is always the same. One puts off writing from day to day. In addition I go twice a week for a tailoring and sewing class. I walk there, because it is quite close. It is in the new school, only across the street, and it is free for local householders. [I always say] that what a person learns will never disappear. So one should take advantage of such opportunities.

I send warm greetings to each of you and thank you very much for the Hydergine tablets, which arrived just in time. We thank you very much for your letter which pleased us greatly. At the same time it made us sad. We were happy that you would come this summer. Now we have to wait for next year. But the most important is that we all live long enough. We're so happy that the relative of the Michalskis was here. You must have good subjects for stories. Its probably not exhausted. We're curious how that happened.

We are all, here, fairly healthy, with the exception of Mother. Father complains about his legs and Mother says that she'd be happy if only she could walk as well as he. Czesio and Jurek were both in bed. But Santa was responsible for that, because he brought them ice skates. They immediately wanted to learn how to skate, and when they went on the ice in the afternoon, they returned only in the evening and that was enough of that good time.

Jurek is [already] going to school. Czesio will begin on March 1st. But I had a hospital here. Lilka, on the other hand, would jump around half naked, lively as a spark, but never even caught cold. Her cheeks are as red as if they were painted, but she helps everyone [in any way she can]. She had a real joy when the boys had a dance at school (and I was attending my classes at the time so Lilka was with me.) We dressed her in one of Wandzia's dresses that she had sent, and Lilka played. All the children like her very much because she is so cheerful. She readily goes to everyone, talks, and is afraid of no one.

On Wednesday I was at a funeral. Marcel's wife died in Jabłon, near Rydzyna. This is the brother of Grandfather Atleg. Two years ago, they

Więc muszę na dziś kończyć, bo nasi poszli na Gorzkie Żale i jak wrócą to będą głodni.

Bardo serdecznie Was Wszystkich pozdrawiamy i ściskamy i niech Was te kilka słów przy najlepszym zdrowiu zastanie. Jeszcze raz Was mocno ściskamy i całujemy.

Wasi

Mama, Tata i Hala z Rodzinką.

Moi Kochani,

Serdecznie Wam dziękujemy za to lekarstwo (butelka płynu i butelka pastylek). Wszystko w porządku przyszło. Mama ma teraz nadzieję, że będzie jej lepiej. Dziś zmarł ten wuj Grycz[4] z Bukowca ma 88 lat. Z pozdrowieniami,

Hala

---

[4] Piotr Grycz. Matka ks. Bogdana wychowała się u nich.

celebrated their 50th wedding anniversary. Mother could not go, so I went, instead.

I must end for today, because everyone went to the Lamentations.[5] When they return, they'll be hungry.

We send warmest greetings to you all, and embrace each of you. May these few words find you in the best of health. Once again, we hug you very tightly and kiss you.

Your,

Mother, Father, and Hala with the Family

My Dears,

Thank you very much for the medicine (the bottle of syrup and the bottle of pills). Everything arrived in good condition. Mother now has hope that she will improve. Today Uncle Grycz[6] from Bukowiec died, he was 88 years old.

With best wishes,

Hala

---

[5] Holy Week Good Friday church liturgy, meditating on the Passion of Christ.

[6] This was Peter Grycz on a completely different branch of the Family Tree. The mother of Father Bogdan was raised by them.

nad. Halina Grycz-Poczekaj
29.03.1961 rok
Włoszakowice

Nasi Najukochańsi,

Pozdrawiamy Was mile i serdecznie dziękujemy za życzenia imieninowe i urodzinowe.

Mama się bardzo cieszyła. Mamie idzie już trochę lepiej. Codziennie trochę wstaję na godzinkę. Tylko mamie się już dłuży, że to wszystko za powoli idzie, ale co robić. Lekarz mówił, że to jest taka przewlekła choroba. Tylko mama się już boi, że te pastylki się kończą.

Może byście mogli znów raz tą Hydergine przysłać. Te krople na serce to jeszcze mama ma pół butelki.

Pytasz też jak mi idzie z tą maszyną. Jak na moje zdolności to wcale nie źle, gdyż na jeden wieczór zrobię już jeden sweterek dziecięcy. Zrobiłabym więcej, gdyby mama była zdrowa, ale tak to mogę tylko robić wieczorami. To są naprawdę cudowne maszyny i bardzo się cieszę, że ją mam. Jednak jakaś pomoc materialna też przy tym jest.

Ania od Cioci Bietki też czeka na coś małego i to każdego dnia. U Edzia też się spodziewają na czerwiec, a u Maryli z Leszna (od Cioci Maryni) też się na czerwiec spodziewają. Porady w przychodniach „Świadomego Macierzyństwa" zawodzą. Rodziny się powiększają. Tak to u nas nic nowego, tylko wiosna się popsuła i zimno jest i deszcz.

To kończę na dziś, bo przed tymi świętami mam dużo pracy. Zostańcie z Bogiem.

Wszystkiego najlepszego życzymy Wam z całego serca.

Wszyscy z domu.

Halina Grycz-Poczekaj
1961.03.29
Włoszakowice

Our Dearest Ones,

We send you our warmest greetings. Thank you very much for your name day and birthday greetings.

Mother was very happy. Things are going a little better for her. Every day she gets up for an hour or so. It's only that it's been a long while, and everything is hanging on for such a long and slow time. But what can be done? The doctor told her that it is just that kind of chronic illness. Mother is already afraid that her pills are running to an end. Perhaps you might be able, one more time, to send some more of those Hydergine pills. As for those drops for her heart, Mother still has half a bottle.

You ask how I'm doing with that machine. For my skill level, not bad at all, since I can make one children's sweater in one evening. I could produce more if Mother were well. As it is, I can only work on the machine in the evenings. These are really wonderful mechanisms, and I am very pleased that I have one. And it's true that some material help comes from this work.

Ania from Aunt Bietka is waiting for someone small; and that, any day now. At Eddie's, they are also expecting in June. And at Maryla's from Leszno (of Aunt Maryni) they are also expecting in June. The tips the clinics give for "conscious motherhood" seem to be failing. Families are getting bigger.

Other than that, there's nothing much new, only that Spring has broken and it is cold and it is raining.

So I will end for today, because I have a lot of work prior to the holidays. Remain with God.

We wish you the best of everything from our whole heart.

All of us at home.

nad. Halina Grycz-Poczekaj
24.05.1961 rok
Włoszakowice

Nasi Najukochańsi,

Najserdeczniejsze pozdrowienia od nas wszystkich i niech Was te kilka słów przy najlepszym zdrowiu zastaną. My się tak bardzo martwimy, ponieważ bardzo dawno nie mieliśmy od Was listu. Czy też nie macie czasu? I pracy tak pełno jak u nas. Bo to ogród i działka i coraz jakieś święto, a mama nic nie może pomóc. Mama się tak dość dobrze czuje, ale chodzić nie może jeszcze. Teraz dostaje 10 zastrzyków wzmacniających, więc zobaczymy co będzie dalej.

Wczoraj otrzymaliśmy od Was tą Hydergine. Mama bardzo Wam dziękuje i cieszy się bo twierdzi, że jak bierze Hydergine to się lepiej czuje.

Nasze obydwa chłopcy idą do pierwszej Komunii Świętej 18 czerwca. Bardzo byśmy się cieszyli, aby od Was ktoś a jeszcze lepiej Wszyscy byli, ale to marzenia ściętej głowy. Nasza Lilka chodzi do przedszkola. Chętnie tam chodzi. Ładne piosenki się nauczyła i wierszyki a ma dobry głos i pamięć. Szybko się uczy. Mamy bardzo dużo uciechy z nią. Taka jest żywa i taka przylepka. Zupełnie z innej gliny niż chłopcy. Tak za Wszystkich się modli. Za Was Wszystkich byście szczęśliwi do nas przyjechali. Za Babcie żeby była zdrowa. Do kościoła stale chodzi, ze mną z dziadkiem i sama też. Ona się nie boi, a śpiewa, że ludzie się obracają.

Ania też ma syna Krzysia. Znów miała cesarski cięcie, ale teraz już chodzi i jest zdrowa, no i to był ostatni, więc już nie będzie. Dziadek też teraz lepiej się czuje po tym świeżym powietrzu, tak chodzi to się trochę wygrzebał. Czesiu jest taki mizerny i postaraliśmy się o wczasy dla niego do Mosiny na cztery tygodnie. Chcieliśmy Jurka też wysłać, ale z rodziny tylko jednego można wysłać. Miejsca są ograniczone. Może uda nam się wyjechać na wczasy do Sierakowa na dwa tygodnie. U nas w Boszkowie też się bardzo dużo robi. Masa domków kempingowych już tam jest. Przystań z kajakami motorowymi. Liga Morska prowadzi kursy żeglarskie. Jest tam już

Halina Grycz-Poczekaj
1961.05.24
Włoszakowice

Our Dearest Ones,

    We send you best wishes from us all. May these few words find you in the best of health. We are so worried because it has been so long since we've last had a letter from you. Do you also not have time? And do you have as much work as we do, here? Because, its the garden, then the plot of land, always some holy day, and Mother is unable to help with anything. Mother feels fairly well now, but she cannot yet walk. She is now getting ten injections to strengthen her, so we'll see what will be next.

    Yesterday we received from you the Hydergine. Mother thanks you very much and is very happy because she believes that when she takes the Hydergine, she feels better.

    Our two sons will receive their First Communion on the 18th of June. We would be so happy if someone from among you was (and even better, if you all were) able to be here. But that's a desire from someone whose head is cut off.

    Our Lilka is attending preschool. She goes eagerly. She has learned some pretty songs and poems. She has a good voice and memory. She learns quickly. I have a great deal of joy from her. She is so lively and sticks so close to me. She's made from completely different clay than the boys. She prays for everyone: for you all, that you will be successful and that you will come visit us; and for Grandmother, that she might get well. She goes to church with me and Grandfather, and by herself, too. She is not afraid, and sings [so beautifully] that people turn around [to find out who is singing].

    Ania **[D2]** has a son, Christopher. She, again, delivered by Cesarian operation. She is already walking around and is healthy. That was the last. There won't be any more. Grandfather is also feeling better after the fresh air. He walks around so that he's dug himself [out of his lethargy]. Czesio is so miserable that we arranged a little holiday for him to Mosina for four weeks. We wanted to send Jurek, too, but only one from each family can go, the space is so limited. Perhaps we will succeed in taking a holiday to Sieraków for a couple of weeks.

kawiarnia, restauracja kilka różnych kiosków, dobre drogi. Jak przyjedziecie to zobaczycie.

Jesteśmy ciekawi co Wy tam porabiacie? Mama to stale o Was myśli i wspomina. Czy Wszyscy są zdrowi? Co robi Władzia jak się czuje? Co robi Wandzia i Czesiu i kiedy się Was doczekamy. Ten czas tak leci i szybko się starzejemy. To już kończę na dziś i jak najprędzej napiszcie. Moc uścisków i ucałowań dla Wszystkich od wszystkich z domu.

Hala z Rodziną.

Here, in the vicinity, a lot is being done at Lake Boszkowo. There's a huge number of cabins there, now; and a dock for motor boats. The Sea Scouts run some sailing classes. There's also a coffee bar, a restaurant with several different kiosks, and improved roadways. When you come, you'll be able to see.

We are curious as to what you are doing, there. Mother just thinks about you all the time and asks about you. Are you all well? What is Władzia doing, and how is she feeling? What are Wandzia and Czesio doing? When will we finally finish waiting for you? Time runs so fast and we are growing older.

So I will finish for today. Write just as quickly as possible. Many hugs and kisses for each of you from each of us at home.

Halina and the Family

nad. Halina Grycz-Poczekaj
12.07.1961 rok
Włoszakowice

Nasi Najukochańsi,

    Zasyłamy Wam Wszystkim moc serdecznych pozdrowień. Tata serdecznie dziękuje Wszystkim za życzenia urodzinowe i imieninowe, a my Wam dziękujemy za list z gazetą z Czesiem i paczką. Bardzo tylko żałujemy, że nie umiemy czytać po amerykańsku. Wszędzie tylko widzimy Jego fotografie i Jego nazwisko, więc sądzimy, że musiał bardzo dobrze odgrywać i bardzo się wszyscy cieszymy i Mu gratulujemy. Marylka bardzo się cieszyła z paczki i wszystkim pokazuje, że dostała paczkę z Ameryki na imieninki, bo jak ktoś ma imieniny to ona też je ma. Zawsze musi z tego korzystać. Muszę jechać z chłopcami do fotografii to ją też zabiorę jak będą gotowe to Wam przyśle. Ojciec leży jeszcze, ale trochę wstaje po południu idzie siedzieć do ogrodu. Ale wszystkie lekarstwa jej się pokończyły, dlatego gdybyście mogli Jej raz jeszcze przysłać Hydergine, złote krople na serce i pastylki na reumatyzm to by Was mamusia Bardzo prosiła. Tak u nas to wszystko po staremu.

    Był tu teraz w Włoszakowicach ksiądz Michałowski z Kanady, jest to krewny zięcia wuja Stasia, a pochodzi z Górska, był tu dwa miesiące i obchodził tu jubileusz 25-lecia kapłaństwa, bardzo wielkie uroczystości tu były. Maryla w Lesznie od cioci Matuszakowej ma syna.

    Edziu od cioci Bietki też ma syna. Edziu wybudował sobie domek w ogrodzie u Cioci i już tam mieszkają.

    U nas jest teraz duży ruch. Letników masa. W nowej szkole około 100 dzieci z poznania pracowników Wydziału Zdrowia. Obok szkoły budujemy dużą sale gimnastyczną.

    Osiemnastego czerwca były dzieci do Pierwszej Komunii Świętej nie mieliśmy nikogo.

    Mama i Tata leżeli obydwoje w łóżku. Dzień ten przeszedł nam bardzo spokojnie i przynajmniej mogłam go tylko z chłopcami spędzić.

Halina Grycz-Poczekaj
1961.07.12
Włoszakowice

Our Dearest Ones,

We send you all, many heartfelt greetings! Father sends his great thanks to you for his birthday and name day greetings. We also thank you for the newspaper with the article about Czesio, and the package. We only regret very much, that we can't read American. We only see his photograph and his name, so we presume that he must have performed well and we are all very happy and congratulate him. Marylka is also very happy with the package and shows everyone that she received a package from America for her name day... because if anyone has a name day, then she [immediately] has one, too. She always has to take advantage of something like that.

I must go with the boys to have their photograph taken, so I will take her as well. When the photos are ready, I will send them to you. Father is still in bed most of the time. He gets up in the afternoon and goes to sit outside in the yard. But all his medications have run out. So, if you were able to do so and could, once again, send some Hydergine, the gold drops for his heart and the pills for rheumatism, then Mother would be very grateful. Otherwise, everything is the same here.

Recently there was a priest, Father Michałowski, in Włoszakowice from Canada. He is a relative of Uncle Staś, and comes from Górska. He was here for two months and celebrated his 25th year of ordination. There was a great to-do here for it.

Maryla in Leszno (from Aunt Matuszak) has a boy. Eddie (from Aunt Bietka) also has a son. Eddie built himself a home on the land where Auntie lives and the family already lives there.

There's a lot of activity here now. There are many summer holiday visitors. In our new school there are about 100 children from among the workers of the Health Department. Next to the school we are building a large gymnastics building [a gym].

On the 18th of June the children attended their First Holy Communion. We didn't have anyone.

Mother and Father are both in bed. The day passed by very quietly so, at least, I could spend the day exclusively with the boys.

U nas już żniwa w całej pełni. Żyto już skoszone. Żniwa u nas bardzo się udały. Dziadek takich żniw nie pamięta.

To już kończę. Czas już obiad gotować. To już zostańcie z Bogiem. Niech Was Bóg ma w swojej opiece i cieszymy się już na Wasz przyjazd. Bądźcie zdrowi i piszcie jak Wam czas pozwoli. Moc serdecznych uścisków i ucałowań od całej rodziny zasyłają Wszyscy z domu.

Jerzy and Czesław

Once again the harvest is in full swing. The rye is already finished. The harvest has been very successful. Grandfather says he doesn't remember such good ones.

So I will end now. Time to start cooking the supper. So, now, remain with God. May God have you in His care. We are so excited for your arrival. Be healthy and write as soon as time allows you to do so. Many heartfelt hugs and kisses from our whole family are sent you by all of us at home.

Jerzy, Maria and Czesław

nad. Halina Grycz-Poczekaj
01.10.1961 rok
Włoszakowice

Nasi Najukochańsi,

Przede wszystkim dziękuję za listy i wybaczcie, że tak długo nie pisaliśmy. Ale to teraz tyle pracy na jesień, że codziennie mówiłam, że do Was napisze, z to dzień za dniem leci jak „z bicza ktoś trzaśnie". Śliwki obrodziły a innego owocu nie ma, więc w słoiki zapakowałam dużo i powidła, żeśmy smażyli i suszli. A teraz w końcu kopaliśmy ziemniaki i to ręcznie (motykami), ponieważ motoryzacja zawiodła. Dziękuję Wam serdecznie za zaproszenie do Was. Chętnie na „skrzydłach" bym do Was przyleciał byle prędzej Was uściskać. Niestety na razie jest to niemożliwe. Musimy odłożyć to na później, choć z Lilką nie byłoby kłopotu, bo ona odważna, śmiała i zahartowana, ale mama jeszcze potrzebuje jeszcze mojej opieki. Tak jakoś z tą chorobą powoli idzie. Owszem jest trochę lepiej niż było. Mama wychodzi troczę do ogrodu i chodzi też. Naturalnie, że wszystko mi jeszcze zrobi, to co może zrobić w łóżku.

Żeby mama tak mogła koło kuchni się pokręcić to zaraz bym do Was przyjechała. Tata też dużo stęka i narzeka. Jednym słowem nie mogę tych dwoje „staruszków" tu na łasce losu zostawić, bo o Janka i chłopców to nie było by tak źle. Mamę wczoraj zawieźliśmy do kościoła taksówką. Mama była u spowiedzi i komunii świętej, ponieważ dziś jest u nas odpust. Mamie już dość dobrze szło, a tak się bałam i ona sama taż, ale teraz to chyba co (sobotę) miesiąc ją zawiozę.

Nasza Lilka dziś sypała kwiatki. Z Lilką mamy dużo radości. Mieliśmy tu letników: babcie, syna i wnuczki. Mieli gitarę i mandoliny i bardzo dużo grali i śpiewali i nasza Lilka z nimi.

Nauczyła się najnowsze przeboje, a słuch i głos oraz pamięć ma doskonałą. Słowa nauczyła się do wszystkich piosenek. Wszyscy mówią, że mamy ją w tym kierunku dalej kształcić, ale my chcemy ją mieć dla siebie. Owszem grać, śpiewać i tańczyć może. Ona nikogo się nie boi.

Halina Grycz-Poczekaj
1961.10.01
Włoszakowice

Our Dearest Ones,

First of all, we thank you for your letters, and ask your forgiveness for not writing for so long. We have so much work for the autumn. Every day we determine to write to you. But day after day runs like "a crack of the whip". The plums were so plentiful that there is no other fruit. I have preserved a lot in jars and still have jam to fry [like fruit leather?] and dry. And now, towards the end, we dug up the potatoes by hand with hoes, because the tractor broke down.

We thank you very much for your invitation to come to you. With delight and "on wings" I would fly to you, the sooner to embrace you. Unfortunately, it is impossible at the moment. We'll have to put that off to later. Lilka would be no problem, because she is obedient, cheerful and sturdy. But Mother still requires my attention and care. Her illness just seems to drag on slowly [without much improvement]. Currently, its a little bit better than it was. Mother gets out into the garden a little, and even walks, too. Naturally, she helps me in any way she can from her bed.

If Mother were capable of managing things in the kitchen, then I would immediately come to visit you. Father is also groaning and complaining a lot. In one word, I can't leave these two "old folks" at home to their fate. It wouldn't be impossible to leave Janek with the boys [if that was all there was].

We drove Mother to Church yesterday in a taxi. Mother was at Confession and Holy Communion because today is a day of indulgence[7] for us. It went pretty well for Mother, whereas I (and she, herself) was worried. But now, I think we can drive her to Church once a month on Saturday.

Our Lilka was a flower-girl today. We have so much joy from Lilka. We had summer holiday visitors here: grandmother, her son and grandchildren. They brought a guitar and a mandolin, and they played and sang songs, and our Lilka sang with them. She has learned the newest hits and her hearing, voice and memory is perfect. She has

---

[7] Probably All Soul's Day.

Śpiewa obojętnie gdzie. Jeździ wszędzie z dziadkiem, to i w pociągu śpiewa, nic ją nie obchodzi, czy są ludzie, czy nie. Jurek uczy się grać na skrzypcach. Mamy tu konserwatorium, więc okazja dobra do nauki. Skrzypce żeśmy mu kupili za 700 zł.

Chcieliśmy, żeby Czesiu grał na akordeonie, ale na razie Czesiu nie ma ochoty, on tylko rysuje i to mu szybko idzie. Chociaż do kina do Leszna na film „Krzyżacy" wybrał się z ołówkiem i kartkami. Tylko nie miał czasu bo musiał patrzeć. Za to Krzyżaków rysuje do dziś.

A teraz co do tego lekarstwa. Przysyłam Ci te dwa numery z butelek. Jedno jest na reumatyzm a ta druga na te złote krople na serce. Po za tym gdybyście mogli jeszcze przysłać „Hydergine". Może Wam na nią receptę przyślę. Tą karteczkę z numerem na reumatyzm prześle w następnym liście, ponieważ odlepiłam i nie wiem gdzie go włożyłam. To by na dziś chyba starczyło. U nas wszystko przy starym, a Wy przez te wakacje znów kawał świata żeście zwiedzili. My może jeszcze tego roku pojedziemy z chłopcami do Warszawy, Ja sama chciałabym ją jeszcze zobaczyć.

To już zostańcie z Bogiem. Bądźcie Wszyscy zdrowi i jak czas pozwoli napiszcie.

Pozdrawiamy i ściskamy i całujemy Was Wszystkich mocno. Niech Was Bóg ma w swojej opiece. Zostańcie z Bogiem, ściskamy Was Wszystkich.

Mama i Tata, Hala z Rodzinką.

learned the words to all the songs. Everyone says that we must encourage her in this direction and train her. But we want to have her near us. Certainly, she can play, sing and dance. She is afraid of no one. She sings wherever it might be. She goes everywhere with her Grandfather, so she sings on the trains, doesn't mind at all whether there are people or not.

Jurek is learning to play the violin. We have a Conservatory of Music here, so its a good chance for learning. We bought him a violin for 700 złotys.

We wanted Czesio to play on the accordion, but, for the time being, Czesio is not interested. Instead, he draws all the time, and can draw things quickly. Even going to Leszno to see the film "Crusaders" he brought along his pencil and papers. But he didn't have any time to draw because he was glued to the screen. Since then, however, he has been drawing Crusaders, even until now.

A now, to those medications. I am sending you two numbers from our bottles. One is for rheumatism and the other is for those golden drops for the heart. Above that, if you could send some more Hydergine. Perhaps I should send you a prescription for that. I will send you the prescription with the number on it for the rheumatism in my next letter. I steamed it off the bottle. But, now, I don't know where I put it.

This will probably be enough for today. Everything is, as of old, here.

You have also seen a bit of the world on your vacation. We might still, this year, go to Warszawa with the boys. I, myself, would like to see her again.

So remain with God. Be, all of you, well. When time permits, write again.

We send you best wishes and hugs and we kiss each of you very much. May God have you in His care. Remain with God. We embrace you all.

Mother and Father, Hala with the little family.

nad. Halina Grycz-Poczekaj
07.10.1961 rok
Włoszakowice

Nasi Najukochańsi

Muszę Wam kilka słów znów napisać. Dostaliśmy fotografie i zaraz Wam je też wysyłam.

Zapewne ich nie poznacie bo tacy wysocy są, a Lilka już też tak duża, że mamusi pomaga i bardzo chętna jest do pomocy i chodzi do przedszkola.

Przesyłam Wam też ten nr na te pastylki na reumatyzm, bo mama teraz te dwa dni nie mogła już wytrzymać na te nogi, a to na ten deszcz bo dziś pada. Całe lato mieliśmy powietrze „angielskie", deszcze i jeszcze raz deszcze, a teraz znów susza, że nie można orać ani siać.

Mama Was jeszcze bardzo prosi o „Togal", to jest niemieckie lekarstwo i podobno są bardzo dobre na reumatyzm.

To na dziś kończę, bo mam jeszcze troczę roboty przy sobocie.

Pozdrawiamy, ściskamy i całujemy Was Wszystkich mocno. Do zobaczenia.

Mama i Tata, Hala z Rodziną

Halina Grycz-Poczekaj
1961.10.07
Włoszakowice

Our Dearest Ones,

I must write you a few words again. We received our photographs and I wanted to send them to you right away. [Cf. pp. 1036-1039]

You will probably not recognize them because they are so tall. And Lilka is also so big and helps her Mother. She is always eager and ready to help. She goes to pre-school.

I am also enclosing the prescription number for those pills for rheumatism, because, for the past two days, Mother hasn't been able to stand the pain in her legs. That's because of the rain. Today it's raining. All summer long we've had "English weather": rain, and once again rain. But now there is a drought. It is so dry, one can neither plow nor sow.

Mother would like to ask you for "Togal." This is a German medication and is supposedly very good for rheumatism.

So I will end for today, because I have still a bit of work to do this Saturday.

We send you our best wishes and our hugs. We kiss each of you very much. Until we see you…

Mother and Father, Hala with the family

nad. Halina Grycz-Poczekaj
08.12.1961 rok
Włoszakowice

Nasi Najukochańsi,

Pozdrawiamy Was mile i serdecznie i bardzo, bardzo Wam dziękujemy za lekarstwo, które żeście przed kilkoma dniami otrzymaliśmy. Mama się bardzo cieszy, bo te krople na serce są bardzo dobre i gdybyście kiedyś mogli znów takie lekarstwa przysłać to mama by już była zabezpieczona. Załączam Wam te numery:

Hydergine nr 75090
Złote krople nr 77918
Pigułki na reumatyzm nr 77919

Lekarz kazał mamie trochę wstawać. Mówił, że teraz będzie trudno chodzić, ale musi się „uczyć" chodzić, bo nie ma powodu do leżenia. Leżenie utrzymuje się na 180 a i z sercem się poprawiło.

Ta reszta to już jakoś idzie. Tylko ojciec na nogi narzeka, bo nie może chodzić tak jak za młodych lat. Tatuś i Marylka poszli w tej chwili do tatusia kolegi który zmarł nagle w swoim ogrodzie nie wiem czy go sobie przypominasz, Smyk się nazywał i mieszkał koło wuja Stasia mają drugiego syna na niedzielę są chrzciny.

Święta się zbliżają. Tak ten czas leci, a mnie głowa boli czy dam radę, ale Bóg jakoś pomoże.

Dziadek i Lilka to obydwoje stale chodzą. Dziadek bez Lilki nigdzie nie idzie. A ona nam śpiewa bez końca, bo ma bardzo dobrą pamięć i głos też. Nauczyła się dużo piosenek w przedszkolu i z radia i dużo umie kolęd. Mamy z nią wesoło, a wszystkich ściska i kocha i stale mówi, że jak Wy przyjedziecie to Was Wszystkich też mocno ukocha i uściska.

To zostańcie z Bogiem i niech Was Bóg ma w swojej opiece. Ściskamy Was mocno i całuje.

Mama, Tata i Hala z Rodziną.

Halina Grycz-Poczekaj
1961.12.08
Włoszakowice

Our Dearest Ones,

We send you are warmest best wishes. We very, very sincerely thank you for the medicines, which we received a few days ago. Mother is very happy, because those drops for her heart are very good. If you are able, again sometime, to send some more of the same, then Mother will have some as insurance. I am enclosing the prescription numbers:

Hydergine, #75090

Gold Drops, #77918

Pills for rheumatism, #77919

The doctor has told mother she must get up for a bit. He explained that it would be difficult for her to walk, but that she would have to "learn" to walk, because she has no reason to lie in bed. Lying in bed, one stays at 180° [flat] and that has helped her heart.

Everything else, somehow, is moving along. Father complains about his legs, because he can't walk the way he did in his youth. Father and Marylka left just this moment to go to Father's friend who died suddenly in his garden. I don't know if you recall him. Smyk was his name, and he lived near Uncle Staś. They have another son who will be baptized on Sunday.

The holidays are approaching. Time simply runs, and my head hurts from worrying if I will be capable [of everything that needs to be done]. God will somehow help.

Grandfather and Lilka go for walks all the time. Grandfather goes nowhere without Lilka. And she just continues to sing without end for us. She has a great memory and a good voice, too. She has learned a lot of songs in pre-school and from the radio, and knows a lot of carols. We have it cheerful when she is around. She hugs everyone and loves them and always says that when you come to us, she will hug and kiss you all.

Remain with God. May God have you in His care. We embrace you mightily and kiss you.

Mother, Father and Hala with the family

1962

nad. Halina Grycz-Poczekaj
16.02.1962 rok
Włoszakowice

Nasi Najukochańsi,

Bardzo serdecznie Was Wszystkich pozdrawiamy i dziękujemy zarazem za te dwie paczki, które przed trzema dniami otrzymaliśmy. Bardzo była wielka uciech i wszyscy dziękują.

Czesiu za kredki, Jurek za XYZ, a Lilka za laleczki i sukienki. Lilka to każdej cioci pokazywała co od Was Wszystkich dostała. My dostajemy te paczki z Gdyni oclone i wszystko jest zaraz oclone po ulgowych cenach, 5zł za 1kg używanych rzeczy. A Ci co dostają przez Warszawę, to mają starania bo cło są bardzo wysokie. Tak to u nas wszystko po staremu. Chłopcy się teraz trochę lepiej uczą, a Marylka chodzi codziennie do przedszkola.

Mama w dalszym ciągu leży i mówi, że gdyby było cieplej to by wstała. Tata się też trochę lepiej czuje. Dostał 30 zastrzyków na „odmłodzenie" więc na razie mówi, że się lepiej czuje.

Pani Chudakowa zmarła, a syn jej po pogrzebie wyjechał do Ameryki z powrotem. Po pani Chudakowej zmarł Wleklik, ten szosowy może go Jasiu znasz, no i pan Gąd, ten kowal co przy stawie miał kuźnię.

U nas będą budowali kanalizację oraz wodociąg. To potem będziemy mieć znów trochę lepiej. Marylka się stale pyta kiedy Wy przyjedziecie do nas, bo chce Was Wszystkich mocno, mocno uściskać.

Dziś już napisała do Was list i włożyła do koperty i adres też napisała i włożyła go na okno bo gwiazdor ma go Wam zanieść. Nawet znaczek nakleiła.

Mama jak tak leży w łóżku to sobie tak myśli, że Wam taż musi być bardzo ciężko, ze tego Czesia tak daleko dacie, ale u nas też tak było i Ty Jasiu i Czesiu też z domu wyszliśmy i też tak bardzo daleko i tyle długich lat żeśmy Was nie widzieli, takie to życie jest i nic na to nie poradzimy.

To już na dziś kończę, bo wszyscy już dawno śpi. Bądźcie Wszyscy zdrowi, bo u nas wszyscy chorują na grypę, ale my ją mamy

Halina Grycz-Poczekaj
1962.02.16
Włoszakowice

Our Dearest Ones,

We send you our most heartfelt best wishes. We thank you, at the same time, for the two packages which we received three days ago. It caused a great happiness. Everyone is very grateful: Czesio, for the crayons; Jurek, for XYZ [board game ?]; and Lilka, for the doll and the dresses. Lilka has shown each of her Aunts what she received from you.

We receive these packages directly from Gdynia, where the duty has already been calculated and that, at the required rate of 5 złotys per kilogram of used things. Those who receive things through Warszawa have it worse,. The duty, there, is very high.

Everything, here, is as of old. The boys are feeling a lot better, and Marylka walks every day to her pre-school. Mother continues to lay in bed. She says that if it were warmer then she might get out of bed. Father is also feeling a bit better. He received 30 injections for "rejuvenation" so, for the time being, he says he feels better.

Mrs. Chudak died. Her son, after the funeral, went back to America. After Mrs. Chudak, Mr. Wleklik, the railroad man (Jan, perhaps you remember him), and Mr. Gąd, the blacksmith who had his forge by the pond all died.

They are planning to build sewer lines as well as water pipes here. After that, we will again have it a little easier. Marylka constantly asks when you will be coming to us, because she wands to hug each of you very, very tightly. Today, she has already written you a letter, and placed it in an envelope. She even wrote the address on the front and placed it by the window so that Santa Claus would take it to you. She even put a stamp on it.

Mother just lies in bed and thinks to herself that it must be very difficult for you to give up your Czesio so far away.[8] It was the same for us when you, Jan, and Czesio left home. It was also very far away. For many years we have not seen you. Such is life, and there's nothing to be done about it.

So I will end for today, because everyone, long ago, is asleep. Be

---

[8] Czesław had announced his intention to enter the Marianist Novitiate in Santa Cruz, CA.

sądzę poza sobą. To już zostańcie z Bogiem i niech Was te parę słów przy najlepszym zdrowiu zastaną. Ściskamy i całujemy Was Wszystkich mocno.

Do zobaczenia,

Babcia, Dziadek i Hala z Rodziną.

you, all, well; because everyone is sick with the flu here, although I believe we all, here, already have it behind us. So remain with God. May these few words find you in the best of health. We embrace you and we kiss you, each, very much.

Until we see you,

Grandmother, Grandfather and Hala with the family

nad. Halina Grycz-Poczekaj
22.03.1962 rok
Włoszakowice

Nasi Najukochańsi,

Najserdeczniejsze pozdrowienia zasyłamy Wam Wszystkim i z całego serca Wam dziękujemy za te zastrzyki. Mama już je dostaje. Również i złote krople otrzymaliśmy. No i list od Was także. Za wszystko składamy Was raz jeszcze serdeczne „Bóg Zapłać". Teraz mamy jeszcze nadzieję, że mamie te zastrzyki pomogą. Po za tym dostaję jeszcze Multiwitaminę. Mamie trochę lepiej jest, nie ma mama już tych boleści i już parówkę sobie też zje. Mama ma taką nadzieję, że będzie mogła trochę we fotelu siedzieć. Tylko nogi jej trochę puchną, to jest stopy, aż do kostek. Lekarz mówi, że to od serca. Wszystko w rękach Boga.

Czesiowi winszujemy z całego serca za zdaną maturę. Możecie być dumni z Niego i bardzo się cieszcie, tylko zapewne ciężko Wam będzie jak Czesiu nie będzie z Wami i babcia Go bardzo prosi by modlił się za nas, bo my nie mamy takiego łatwego życia. Ja mam męża bardzo wielkiego egoistę, a w dodatku bardzo dokuczliwego. Do póki mama i tata żyją to ja znajduję u nich pociechę i wszystko mi od głowy „odpędzają", ale jak ich zabraknie, to chyba skończę w Kościanie.

Lilka ma już wakacje, a chłopcy jutro dostaną świadectwa. Do piątej klasy przejdą. Janek chciał z chłopcami jechać nad morze na 14 dni, ale było za dużo zgłoszeń, a że byli 2 lata temu, więc Janek nie dostał przydziału. Ja chcę zabrać chłopców do Częstochowy na jeden dzień, a Janek chce ich zabrać do Warszawy na jeden dzień. Czesiowi gratulujemy z okazji wygrania auta. Ma chłopak szczęście. Marylka też na losowaniu wygrała auto, tylko, że nie może na nim jeździć bo jest maleńkie z plastiku. Tata też narzeka, że go nogi bolą i nie może chodzić.

To już kończę. Zasyłamy Wam Wszystkim moc serdecznych pozdrowień, uścisków i ucałowań. Zostańcie z Bogiem i niech Was Bóg ma w swojej opiece. Ściskamy Was Wszystkich mocno, mocno. Do zobaczenia,   Mama, Tata, Hala z Rodziną.

Halina Grycz-Poczekaj
1962.03.22
Włoszakowice

Our Dearest Ones,

    We send you our best wishes to each of you from all of us. From our whole heart we thank you for the injections. Mother already has taken some. We also received the gold syrup. And, of course, the letter from you, as well. For everything we, once again, express our hopes that "God Repay" you. Now we only hope that the shots will help Mother. In addition to them, she is also taking multivitamins. She feels a little better. She no longer has the severe pains and will even eat a sausage for herself. She has hope that she'll be able to sit on the couch for a while. The doctor says this is all because of her heart. Everything is in God's hands.

    We congratulate Czesio from our whole hearts on his graduation from high school. You can be proud of him. You are very happy, although it won't be easy for you when Czesio is not with you.

    Grandmother asks that he pray for us, because we don't have a very easy life. I have a husband who is very self-centered and, in addition is very irritable. As long as Mother and Father are alive, I find in them joy, and [caring for them] clears my head of everything else. But when they are gone, I will probably finish out my life in the madhouse.

    Lilka is already on vacation. The boys will receive their certificates and will move on to 5th grade. Janek wanted to go with the boys to the sea for 14 days, but there were too many applicants. Since they were there two years ago, Janek didn't get a spot. I want to take the boys to Częstochowa for one day, and Janek wants to take them to Warszawa for a day.

    We congratulate Czesio for winning a car.[9] The boy has good luck. Marylka also won a car in the lottery, only she can't drive it since it is a small plastic one. Father complains about his legs and that he can't walk.

    So I will end now. We send you each many heartfelt wishes, hugs and kisses. Remain with God. May God have you in His care. We embrace you very, very tightly. Until we see you. Mother, Father, Hala and family.

---

[9] Czesław Grycz did win a Buick in Riordan's fund-raising raffle. However, he never even drove it, because he had already determined to go to the Marianist Novitiate. Not being driven, his Dad was able to sell the car, as new, and donated the money to the Marianists.

nad. Halina Grycz-Poczekaj
02.04.1962 rok
Włoszakowice

Nasi Najukochańsi,

Zasyłamy Wam Wszystkim moc serdecznych pozdrowień. Proszę wybaczyć, że dawno już nie pisaliśmy, ale u nas była grypa i wszyscy leżeli. Czesiu dostał powikłania po grypowe i zapalenie opłucnej i już prawie 4 tygodnie jest w domu i pojutrze jedziemy do prześwietlenia.

Lekarz chce go wysłać nad morze na 2 miesiące. Dobrze by było. Mama też leży jeszcze.

Codziennie mi przyrzeka, że jutro wstanie, ale codziennie jest to jutro. Jak był lekarz to mówił, że ma próbować wstać, bo ciśnienie ma 175, ale teraz z tą wątrobą znów ma do czynienia i nie ma nic apetytu. Wszystko je z przymusem. Dziękuję Wam za tą aspirynę teraz znów na jakiś czas starczy. A przy okazji, gdy byście mogli to mama Was prosi jeszcze teraz o zastrzyki B12. Jedynie nasza Lilka chodzi jak żywa. Jeden dzień tylko była chora.

Wybieram się z Lilką do Chorzowa. Muszę raz tam znów pojechać. Zobaczyć. To sprawozdanie pani Michacz mi przysłała, a pani Sakańska jest w NRF (Niemcy). Dostała za to gospodarstwo w Bojanowie 85000 Rn to może teraz do kończ życia dobrze żyć.

Tak u nas wszystko po staremu, a Wy co tam porabiacie. Czy Wszyscy zdrowi? Co robi Wandzia i Czesiu? A Władzia i Ty czy zdrowi? Cieszymy się, że Was w tym roku zobaczymy. Stale jesteśmy duszą z Wami. Napiszcie znów, bo to wielka radość jak od Was list przyjdzie. Dziękujemy za życzenia dla mamy, imieninowe i urodzinowe.

To już na dziś kończę. Zostańcie z Bogiem i niech Was Bóg ma w swojej opiece. Moc Serdecznych uścisków i ucałowań dla Was Wszystkich od całej rodzinki.

Mama, Tata, Hala z Rodziną.

Sprawozdanie przyślę później.

Halina Grycz-Poczekaj
1962.04.02
Włoszakowice

Our Dearest Ones,

    We send you all our very best wishes. Please forgive the fact that its been so long since I've written, but the flu has been here. All of us were down with it. Czesio had complications from the flu: inflammation of lungs. For almost four weeks he has been at home. The day after tomorrow, we are going in for x-rays. The doctor wants to send him to the sea for two months. That would be good.

    Mother is still in bed. She promises every day that she will get up "tomorrow". But every day its "tomorrow." When the doctor was here, he told her she should try to get up because her blood pressure is 175. But now she has trouble with her liver again and has no appetite. She eats only, under coercion. Thank you for the aspirin which will now last, again, for a while. She asks again for the B12 shots. Only our little Lilka goes around fully alive. She was sick for only one day.

    I am planning to go to Chorzów with Lilka. I have to go back there one more time, just to have a look. Mrs. Michacz sent me the accounting summaries. Mrs. Sakańska is in the NRF (Germany). For her land in Bojanów she received 85,000 Rn, so she can live well until the end of her life.

    Otherwise everything is, as of old. What are you up to, over there? Are you all healthy? What are Wandzia and Czesio doing? And Władzia, are you also well? We are happy that we will see you this year. We are always with you in our hearts and spirit. Write again, because it brings us such great joy when a letter from you arrives. We thank you for your wishes for Mother's name day and birthday.

    So I will end for today. Remain with God. May God have you in His care. Many heartfelt hugs and kisses for each of you from the whole family.

Mother, Father, Hala with the Family.

I'll send the Accounting Summary later.

nad. Halina Grycz-Poczekaj
08.05.1962 rok
Włoszakowice

Nasi Najukochańsi,

Najserdeczniejsze pozdrowienia zasyłam Wam Wszystkim od nas wszystkich. Muszę Wam kilka słów napisać, bo już dawno nie pisałam i od Was to dawno listu nie było. Mamie teraz jest gorzej. Ciśnienie nie jest wysokie bo 170, względnie 175, ale teraz ma z tą wątrobą. Nic nie może jeść. Ma różne lekarstwa, ale nic nie pomaga. Wczoraj znów ją boleści wzięły i wymiotuje. Boję się, że jest niedobrze. Ja sądzę, że może ma raka wątroby. Lekarz mi tego nie mówił (ale oni nie powiedzą). Jedynie te wymioty mnie tak martwią bardzo, bo wszyscy twierdzą, że jak są wymioty to, to jest wskazówka, że jest rak. Jasiu może by było dobrze gdybyś przyjechał. Bo tak naprawdę to nie wiem co Wam napisać. Ja sama chodzę jak błędna i martwię się bardzo, bo dla mnie mama to połowa mego życia. Zostanę potem sama bez wszystkiego. Tata też narzeka, ale on to jeszcze apetyt ma. Ania od cioci Bietki wędruje do Szczecina. Wujowi Stasiowi teraz lepiej, już chodzi i pracuje. Czesiu też miał zapalenie opłucnej i miał jechać na dwa miesiące do Kołobrzegu, ale nic nie dostał, to pojedzie dopiero na wrzesień i październik. U nas od dwóch dni dopiero jest ciepło, bo przedtem to zimno bardzo było. Orzechy zmarzły, brzoskwinie też opadają i częściowo i agrest. Wszystko u nas opóźnione. Jeden dzień chce jechać do Chorzowa jak mamie będzie trochę lepiej. Pani Michacz dostała z banku, że pensje jej podwyższą z 400 zł na 700 zł. Po powrocie Wam napiszę jak tam wszystko wygląda.

Zobacz Jasiu jak byście mogli przyjechać, to prosimy bardzo, ale to już od Was zależy, czy możecie przyjechać.

Tak to u nas nic nowego. Zobaczymy co nam przyniesie najbliższa przyszłość, a może u Was jest jakieś lekarstwo na wątrobę, albo na te boleści wątroby. To już zostańcie z Bogiem i niech Was Bóg ma w swojej opiece. Serdecznie Wszystkich mocno, mocno ściskamy i całujemy i pozdrawiamy. Do zobaczenia.

Mama i Tata, Hala z rodziną.

Halina Grycz-Poczekaj
1962.05.08
Włoszakowice

Our Dearest Ones,

We send you our best wishes from all of us. I must write you a few words because it has been a long while since I've written to you, and long since we've had any letter.

Mother is worse now. Her blood pressure is high, 170 or 175, but she has trouble with her liver. She can't eat anything. She has different medications, but nothing helps her. Yesterday, she again had pains wracking her and then she vomited. I worry that it is not good. I believe that she may have cancer of the liver. The doctor didn't tell me this (but they won't tell). Its only that the vomiting worries me a great deal. Everyone says that when there is vomiting, it is a sign of cancer.

Jan, perhaps it would be good if you could come. I honestly don't know what to write you. I, myself, walk around feeling guilty and worry greatly. For me, Mother is half my life. I will be left, afterwords, without anything. Father also complains, but he, at least, still has his appetite.

Ania **[D2]** (from Aunt Bietka) is traveling to Szczecin. Uncle Staś is feeling better, and is back to walking and working. Czesio had a lung infection and was supposed to go for two months to Kołobrzeg. But he couldn't get a space. He will only be able to go in September or October.

Here, it is finally warm only during the last two days. Prior to that, it was very cold. Everything is late. I want to go to Chorzów for one day when Mother feels better. Mrs. Michacz received news from the bank that they are increasing her pension from 400 złotys to 700 złotys. After I return I will write you how everything looks there.

See, Jan, if you might not be able to come. We ask you this most sincerely. But, of course, it all depends on you, whether or not you can come.

Otherwise, there's nothing new with us. We will see what the near future will bring. Maybe there is some kind of liver medicine, there, or for relieving pains of the liver. So remain with God. May God keep you in His care. We sincerely embrace each of you... and kiss you... and send best wishes. Until we see you,

Mother and Father, Hala with the family

Józef Konieczny placed a phone call to Jan Marceli Grycz to let him know that his mother had died.

The letter from Halina is missing that confirmed her death. Maria Grycz was the mother of Jan Marceli Grycz, Czesław Grycz, and Halina Grycz-Poczekaj.

nad. Halina Grycz-Poczekaj
10.12.1962 rok
Włoszakowice

Nasi Najukochańsi,

Przede wszystkim Kochanej Władzi w dniu Jej urodzin życzymy Jej wszyscy dużo zdrowia, radości w życiu by była Wam pociechą. Sto lat!!

A teraz moi Kochani dziękuję Wam za pieprz i tą skórkę, bardzo się ucieszyłam, że dziś przyszła, a jutro właśnie mamy świniobicie, a u nas na razie pieprzu nie ma. Jeszcze raz serdeczne „Bóg zapłać".

Dostaliśmy z Leszna wiadomość, że będziesz dzwonił 23 grudnia o 7.00 rano. Będziemy wszyscy na poczcie. Tatuś i chłopcy, Lilka i ja. Wszyscy się bardzo cieszą, że choć dwa słowa będą mogli z Wami zamienić. Chcielibyśmy Władziu i Twój głos usłyszeć, także Wandzi bo Czeska to już jest pewnie nie możliwe, a może będzie u Was na Święta. Boże, tak się cieszymy. Ja ostatnio jak z Tobą Jasiu rozmawiałam to byłam bardzo wzruszona, potem w domu to płakałam bo myślałam sobie, że przecież, gdy jeszcze Mamusia żyła i chodziła to mogliście z nią rozmawiać. Niechby choć Wasz głos usłyszała, ale jakoś nam to na myśl nie przyszło.

Ja nadchodzących Świąt bardzo się boję, bo już każda niedziela jest dla, mnie najcięższym dniem tygodnia. Co niedziele idziemy po kościele na cmentarz.

My tak bardzo teraz za Wami tęsknimy. Gdy Mamusia żyła to codziennie z nią o Was mówiłyśmy, wspominałyśmy dobre i złe czasy, a teraz mi cięźej bo tak brak mi tych chwil.

Tak chętnie chcielibyśmy Was zobaczyć, uściskać, tyle mamy sobie do powiedzenia. Może jednak Bóg miłosierny da, że będziecie mogli do nas przyjechać i się zobaczymy. Codziennie w wspólnej modlitwie prosimy Boga o to szczęśliwe Wasze do nas przybycie. I Wam tam zapewne nie lepiej i Wy zapewne tęsknicie. Naprawdę okrutny był ten los rzucając naszą rodzinę na cztery strony świata.

Będę kończyć na dziś, późno już bardzo. Wszyscy śpią, a jutro dużo pracy przy tym świniobiciu. Jeszcze raz ściskamy Was Wszystkich mocno, mocno włączając w to i Czesia.

Halina Grycz-Poczekaj
1962.12.10
Włoszakowice

Our Dearest Ones,

Before all else, we wish you, Dear Władzia, on the day of your birthday lots of health. May joy in life be your comfort. Sto lat!

And now My Dears, thank you for the pepper and for the leather. I was so pleased that it arrived today. Tomorrow we plan to slaughter a pig and, at the moment, there is no pepper available, here. Once again, I express "Bóg zapłać". [May God repay you.]

We received news from Leszno that you will be telephoning on the 23rd of December at 7:00 a.m. We will all be at the Post Office, Father and the boys, Lilka and I. We are all so happy that we will be able to exchange at least two words with you. We would so much like to hear Władzia's and your voice, and Wandzia's. Czesio's, it is probably not possible unless he is with you for Christmas. Dear God, how happy we are [to look forward to your call]. The last time I spoke with you, Jan, I was very moved. And then, at home, I cried because I thought to myself that, if Mother were yet alive and walking, you could have had a conversation with her. She might, at least, have heard your voice. Somehow, that didn't come into our minds earlier.

I am very afraid of the approaching holidays. Now, every Sunday is, for me, the hardest day of the week. Every Sunday we go to the cemetery after Church.

We are ever so lonely for you, now. While Mother was alive, we spoke about you every day. We recalled the good days and the bad times. Now it is very difficult for me. I miss those moments.

We want so much to be able to see you and embrace you. We have so much to tell each other. Maybe God will be merciful, after all. Maybe you will be able to visit us so that we could see each other. Every day in our family prayers, we beg God for a successful visit from you. It must not be any better for you. You must also long for the same thing. Truly, it was a cruel fate that threw our family into the four corners of the world.

I well end for today because it is already very late. Everyone is asleep. Tomorrow there will be a lot of work with the pig slaughter. Once more, we hug you each, very, very much, including in this, Czesio.

Zostańcie z Bogiem i niech Was Bóg Wszechmogący ma w Swojej opiece i Wam błogosławi.

Ściskamy Was i całujemy.

Tata, Hala z całą Rodzinką

16 grudnia jest Msza Święta za śp. Cześka. Tego dnia też jest poświęcenie naszego, odmalowanego kościoła. Bardzo teraz w nim pięknie.

Wasza,

Hala

Remain with God. May the Almighty God have you in His care and May He bless you.

We hug you and kiss you.

Father, Hala with the whole Family.

On the 16th of December a Holy Mass will be said for Czesio, of holy memory. On that day our newly painted Church will also be blessed. It is very beautiful inside the Church now,

Your,

Hala

1963

nad. Halina Grycz-Poczekaj
03.01.1963 rok
Włoszakowice

Nasi Najukochańsi,

Dziękujemy Wam serdecznie za list, który dziś otrzymaliśmy, a pisany był 1 grudnia 1962 roku i szedł przeszło miesiąc, dlatego Władzia niech mi wybaczy, że nie przysłałam ten papier. Wysłałam go dziś, ale bez połysku. Są u nas zeszyty z kolorowymi kartkami z połyskiem, ale u nas w składzie nie ma, jak w Lesznie będą i dostanę to Wam z 10 zeszytów przyślę. Te rzeczy u nas dostać można na początku roku szkolnego. Z papierem jest u nas też ograniczenie i na koniec roku trudno zeszyty dostać. Więc jak tylko dostanę to Wam przyślę.

Co do telefonu to byliśmy wszyscy. Pocztę mamy od nas 100 m a więc zupełnie blisko. Z tatusia przyjazdem to już chyba nic nie będzie, bo On nawet do kościoła nie może zajść.

Tak u nas nic nowego tylko bardzo zimno jest a śniegu mało prawie w cale. Chłopcy mają raj bo łyżwy to nie mają spokoju, a jeździć jest gdzie. Na stawie koło kościoła, na kanale koło zamku i na łąkach bo rowy wylały i zamarzły.

My Święta spędziliśmy spokojnie. W pierwsze Święto gwiazdki byliśmy w domu a w drugie u cioci Kazi, bo to nie daleko i tatusia tam jeszcze zaprowadzimy a w Nowy Rok byli oni u nas. Wuj też nie może chodzić i Święta przeleciały a pracy na nie moc. Od cioci Bietki u nas nie był nikt bo do nich Ania przyjechała z dziećmi i z mężem i teraz tu u nich na razie będzie, bo mówi, że najlepiej u mamy. Dopóki Mamusia żyła to jeszcze często do nas przyszli, ale teraz to już pewnie nie tak prędko tym więcej, że kupili sobie telewizor na Święta.

Cieszymy się, że macie Czesia w domu. Jednego chłopca i na księdza to byście w cale z niego nic nie mieli. Jak mieliście teraz Czesia w domu przez Święta to mieliście wesoło. Bo dopóki wszyscy w domu są to jest to najpiękniejszy okres w życiu, ale skoro pisklęta z gniazda wyfruwają to już zaczynają się kłopoty a przede wszystkim tęsknota zakrada się do serc. Dla mnie najpiękniejsze gwiazdki były w Luboszu jak jeszcze wszyscy byliśmy w domu. Do tych Świąt wracam

Halina Grycz-Poczekaj
1963.01.03
Włoszakowice

Our Dearest Ones,

We thank you very much for your letter, which arrived today but was written on the 1st of December 1962. It travelled over a month, for which reason, Władzia, please forgive me for not sending the paper. I sent it today, but without any explanation. There are some colorful folders, here, with messages, but there are none in our general store. When I am in Leszno again, I will obtain 10 such cards and send them to you. You can get such things at the beginning of the school year. Paper is also limited. By the end of the year, it is hard to get such folders. So as soon as can get some, I'll send them.

As to the telephone, we were all present. Our Post Office is only some 100 meters from us; so, very close. As far as Father's traveling, nothing is likely to come of it. He can't even get to Church.

Other than that, there's nothing new with us. It is very cold even though there has been very little snow; almost none at all. The boys are in paradise. Their ice skates have no rest. There are plenty of places on which to skate: at the pond near the church, on the canal near the palace, even on the meadows because the trenches were flooded and froze.

We spent the holidays quietly. On Christmas Day we were at home. On the next day [we were] at Aunt Kazia's. It is not far, and we were able to walk Father there. On New Year's Day, they were with us. Uncle cannot walk either. And so the holidays went by. Yet there was a lot of work preparing for them. There was no one from Aunt Bietka's family because Ania arrived there with her husband and the children. For now she plans to stay there because she says it is best with Mother. As long as Mother lived, they often came to visit us, but now they probably won't visit as often, especially given the fact that they bought themselves a television for Christmas.

We are happy that you have Czesio at home. One boy, and a priest. You wouldn't have had anything from him. If you had Czesio at home over the Christmas holidays then you would have had a joyful holiday indeed. When everyone is at home, those are the most beautiful times in ones life, but when the little chicks fly from their nest, then begins the time of difficulties and loneliness creeps into ones heart. For me, the

najczęściej. Potem zabrakło Ciebie Jasiu a później Czesia. Dlatego gwiazdkę spędzaliśmy we troje aż w końcu przy stole Wigilijnym zabrakło tej najdroższej, najukochańszej śp. Mamusi. Dla mnie była to najcięższa gwiazdka. Tak życie jest ciężkie, bardzo ciężkie.

U nas gwiazdor był, jak mieliśmy Wigilię. Podarki zostawił pod choinką, a dzieci go nie widziały. Za to Lilka w Nowy Rok była w przedszkolu, tańczyła, mówiła wierszyk i widziała gwiazdora. Także w niedzielę była na gwiazdkę dla dzieci kolejarzy w Lesznie i tam też był gwiazdor, a najładniejszą gwiazdkę dostała od chrzestnego. Ten to zawsze o niej pamięta a Marylka go bardzo lubi i Lilka zawsze mówi, że on będzie jej mężem a obydwoje wyglądają jak Pat i Patoszon, Józiu bardzo wysoki, wyższy od ojca, a Marylka taka maleńka.

A u Wandzi gwiazdor był? Ona pewnie też bardzo zadowolona, że Czesia ma w domu. Będzie Wam teraz radośniej, no a Władzia też zapewne się najwięcej cieszy, ponieważ gdy Czesiu pójdzie na uniwersytet w San Francisco to znów przez kilka lat jeszcze będziemy razem.

Muszę już kończyć. Chcę też sama zanieść list na pocztę i ten papier. Zostańcie z Bogiem i niech Was te kilka słów przy najlepszym zdrowiu zastaną. Ściskamy i całujemy Was wszyscy mocno

Tata i Hala z Rodzinką

P.S. Jasiu dziękuję za komplement. Twój głos jest zupełnie podobny do wuja Wacka. Jak Mamusia żyła to wujek był trzy razy a teraz to już chyba nie przyjdzie. Wuj Wacek zmienił się bardzo. Ja go kiedyś bardzo kochałam i co się stało z nim nie wiem. Jemu się bardzo dobrze powodzi. To najlepszy mechanik na całe Leszno. Ma piękne auto. Do cioci Bietki często zagląda a często latem jak są owoce. Bo ciocia ma duży ogród a wujek bardzo lubi owoce. Jak wiesz wuj Roman już nie żyje. A ciocia też ma nie daleko. Wychowuje te dwie dziewczynki od Hali, bo Hala z mężem się rozeszła a Dzinek od Romana zmarł w 45 roku we Frankfurcie nad Odrą na tyfus. Tak, że ciocia ma tylko Halę. Ja się dziś rozpisałam, że aż Wam się znudzi zapewne. Teraz już naprawdę kończę.

Zostańcie z Bogiem

Hala

loveliest of Christmases were the ones in Lubosz when all of us were still at home. I recall those holidays most often. After that, you were missing, and then, Czesio. Subsequently, we always celebrated Christmas as a threesome, until, in the end, she who was missing from the Wigilia table was our dearest, most beloved Mother, of holy memory. For me that was the most difficult of Christmases. Yes, life is difficult; very difficult.

Santa was here during Wigilia this year. He put the gifts under the Christmas tree. But the children didn't see him. Instead, Lilka, at the New Year, was in pre-school where she danced and recited poems. She saw Santa there. Also, on Sunday, she was at a Christmas party for the children of the railwaymen in Leszno. Santa was there, as well. But she got the nicest Christmas experience from her godfather. He always remembers her and Marylka likes him very much. Lilka always says that he will be her husband. Both of them look like Pat i Patoszon[10]. Joey is very tall, taller than his father, and Marylka is so tiny.

Did Santa visit Wandzia? She is probably also very pleased to have Czesio home. Now it will be joyful for you. And Wandzia must be pleased that if Czesio goes to the University of San Francisco, you will have him at home for a few more years. You will all be together.

I must end already. I want to take this letter to the Post Office myself, along with the paper. Remain with God. May these few words find you in the best of health. We hug and kiss each of you very much.

Father and Hala with the Family

P.S. Jan, thank you for the compliment. Your voice sounds identical to Uncle Wacek's. When Mother was alive, Uncle was here three times. Now he probably won't come any longer. Uncle Wacek has changed a lot. I once loved him dearly. What happened to him, I don't know. He is getting along very well. He is the best mechanic in all of Leszno. He has a beautiful car. He frequently drops in at Aunt Bietka's, most often in the summer when there is fruit. Auntie has a large orchard and he very much loves fruit. As you know, Uncle Roman no longer lives. And it won't be long before Auntie goes. She is raising the two daughters from Hala, because Hala and her husband divorced. Dzinek **[D1]** (from Roman) died of typhus in 1945 in Frankfurt-on-the-Odra. So Auntie only has Hala. I've written a lot today. You will be bored, no doubt. Now I end, for sure.

Hala

---

[10] Laurel and Hardy.

nad. Halina Grycz-Poczekaj
01.03.1963 rok
Włoszakowice

Nasi Najukochańsi,

Zasyłamy Wam moc serdecznych pozdrowień i uścisków, dziękujemy Wam za list.

Wybaczcie, że tak długo nie pisałam, ale jakoś ten dzień za dniem leci. U nas zima jeszcze w pełni, w tym roku była sroga, dużo śniegu, i mrozy do 30 stopni. W dzień to teraz z dachu kapie a w nocy mrozy to 12-20 stopni, a śniegu to leży jeszcze dużo. Byłam na cmentarzy w tygodniu to brnęłam w śniegu po kolana, a na cmentarzu to tylko lekki pagórek gdzie grób jest, a nasz cmentarz i tak na wzgórzu. Było zimno tej zimy, nawet ojciec takiej zimy nie pamięta. My osobiście jeszcze nie mieliśmy najgorzej, ponieważ przenieśliśmy się do najmniejszego i słonecznego pokoju, gdzie było nam ciepło. Mieliśmy trochę zapasu węgla i dzięki temu nie marzliśmy. Dzieci miały raj, saneczki i łyżwy oraz narty miały powodzenie, tym więcej, że mieli przeszło miesiąc wakacji, bo z powodu mrozu nie szli do szkoły. Brak węgla i szkół nie można było dogrzać. Pociągi z torów wypadały, a drogi to musieliśmy odkopywać. Naprawdę takiej zimy nie pamiętamy. Tata też jakoś się trzyma, jeden dzień gorzej jeden lepiej, siedzi przy piecu i gazetę czyta. Dzieci uczą się teraz dość dobrze, do szkoły mają blisko. Mają teraz ładna salę gimnastyczną, więc mieli nawet teraz zabawę na koniec karnawału. Za dwa tygodnie będzie przedstawienie w którym Czesiu bierze udział.

Marylka chodzi do przedszkola a po powrocie to na saneczki. Wraca zamarznięta, ale na szczęście zdrowa. Ja wieczorami robię na maszynie, swetry, szaliki i czapki. Wełnę mamy od owiec, więc nikt nie narzeka, że mu zimno. Bo u nas wełny nie można dostać tylko na wymianę jak się sprzeda wełnę to można dostać włóczkę, ale my dajemy do przędzalni to nam zrobią a ja później farbuję i robię. Ania wyszła za mąż za elektrotechnika i nazywa się teraz Papierz (ale nie ten z Rzymu), brat tego boksera polskiego. On pracował w Poznaniu, ale nie miał stałego miejsca zamieszkania. Raz jest w Wałbrzychu, Turoszowie, Jeleniej Górze, a za kilka dni znów gdzieś koło

Halina Grycz-Poczekaj
1963.03.01
Włoszakowice

Our Dearest Ones,

    We send you heartfelt wishes and hugs. Thank you so much for your letter.
    Forgive me for not writing for such a long time. Somehow each day runs into another day. Here, winter is, still, at its full. This year it was severe. There was a lot of snow. The temperature fell to 30°. During the day, water drips from the rooftops. At night, everything freezes to 12-20°C. There's still plenty of snow on the ground. When I was at the cemetery during the week I trudged through snow up to my knees. At the cemetery there's only a little mound where the grave is. Our cemetery is, itself, on a little hill. It was cold this winter. Even Father doesn't recall such a cold winter.
    We, ourselves, didn't have it the worst. We moved ourselves to the smallest and most sunny room of the house, where we were warm. We had a little extra coal put away. Thanks to that, we did not freeze. The children were in paradise with their sleds and skates or skis. They had a splendid time, especially since they had over a month of vacation. Because of the freezing weather they didn't have to go to school. The school had a shortage of coal, so it could not be heated.
    One train slipped off its tracks. Another had to be dug out of snowdrifts. Honestly, we don't remember such a winter.
    Father is still holding on, somehow; one day worse; one day better. He sits near the stove and reads the paper. The children are learning now, quite well. They are close to school. They now have a nice gym. They even had a dance at the end of carnival. In two weeks there will be a performance in which Czesio is participating.
    Marylka goes to pre-school and when she gets home, she immediately goes sledding. She returns frozen, but is, fortunately, healthy. I work in the evening on my machine, making sweaters, scarves and caps. I have wool from our sheep. So no one can complain that they are cold. Here, you can't get wool in the stores. But if you bring in wool, you can get yarn in exchange. But we turn in our wool to a spinner. They make the yarn for us. Later, I dye it and work.

Szczecinka. Byli tam na pokoju, ale na zimę wróciła do domu i nie chce już tam jechać. Tam gdzie byli to sami Ukraińcy i Ani się tam nie podobało, a jemu się posada podoba bo dobrze zarabia. Więc Ania mieszka u cioci Bietki.

Ciocia dawno już u nas nie była, a wuja Ludwik był we Włoszakowicach, byliśmy wtedy u cioci Kasi. Wuja był w Buczu to jest 10 km od nas. Maja jednego chłopca. Gospodarkę dużą i bardzo dobrze mu idzie. Dziadzia też narzeka. Czasem dostaje takie słabości, że pot mu wystąpi, i potem czuje się bardzo słaby, dlatego ja też nie mogę teraz do Was przyjechać. Tak się namyślałam, że może pójdę na tą operację, ale chciałam dać jeszcze mamusi nagrobek zrobić, tylko mówią, że to jeszcze za wcześnie, że jeszcze grób opadnie, więc zaczekam do listopada. Zobaczę jeszcze. Ja mam do Was prośbę, może moglibyście przysłać dwa zamki błyskawiczne czarne do dużych spodni. Prosi Was o to Józiu ten co do Was dzwonił w dzień śmierci mamusi a jak Wy coś potrzebujecie to też napiszcie to Wam przyśle. Józiu mi dużo pomaga, jest elektrykiem, i światło czy pralkę to wszystko mi zrobi i naprawi, więc nie chciałam mu odmówić. Jeszcze jedno o ile wiem to polonia amerykańska robi wycieczki do Polski, więc jeśli nie Wy to choć Czesia możecie przysłać. Zwiedził by Polskę i do nas przyjechał. Chętnie byśmy go zobaczyli i uściskali. Wierz mi Jasiu, że jak bym mogła to zaraz bym do Was przyjechała na 2 miesiące, nawet na 2 tygodnie. Tyle mam Wam do powiedzenia i chciałabym, Was widzieć. Chłopcy dali by sobie jakoś radę z Jankiem, ale ojca nie mogę zostawić, bo tak się boję o niego. Nie wychodzę nigdzie, nawet do Leszna jadę rzadko. Jedynie co do cioci Kasi jedziemy albo oni zaglądają. To już będę kończyć, zasyłam Wam moc serdecznych pozdrowień i uścisków od wszystkich. Zostańcie z Bogiem i niech Was Bóg ma w swej opiece.

    Tata, Hala z rodziną

Ania **[D2]** married an electrician whose name is "Papierz" (but not the one from Rome)[11], the brother of that Polish boxer. She is sometimes in Wałbrzych, then in Turoszów, then in Jelenia Góra. In a few more days [she'll be] somewhere near Szczecinko. She had a room there, but returned home for the winter and doesn't want to go there anymore. Where they were was full of Ukranians. Ania didn't like it. But he liked the work there because he could earn a lot. So Ania lives with Aunt Bietka. Auntie has not visited us for a long time.

Uncle Ludwig was in Włoszakowice when we were at Aunt Kasia's. Uncle was in Bucz, some 10km from us. They have one boy. They have a large farm and he is doing very well.

Grandfather is complaining. He sometimes has these spells so that he begins sweating. Afterwards he feels very weak. That's why I can't come visit you right now.

I've been thinking that maybe I will go in for that operation, but I wanted to fix up Mother's grave first. But they say that it is too soon; that the grave will still subside a bit. So I will wait until November. I will still see.

I have a request of you. Perhaps you could send me two black zippers for large pants. Joey asks you for this, the one who telephoned you on the day of Mother's death. And should you need anything, just write and I will send it to you. Joey helps me a lot. He is an electrician and whether it is a light or a washer, he can fix everything for me, so I would like to reciprocate.

One more thing, so far as I know the American Polonia is setting up tours to Poland. If you cannot, perhaps you can send Czesio? He would see Poland and could come visit us. We would be delighted to see him and hug him. Believe me, Jan, if I were able I would immediately come to you for two months; even two weeks. I have so much to tell you and I would so much like to see you. The boys would get along, somehow, with Janek. But I can't leave Father alone, because I am so worried about him. I don't go anywhere; rarely even to Leszno. I only drop in on Aunt Kasia, or they look in on us. So I will end, sending you many wishes, hugs from us all. Remain with God. May God have you in His care.

Father, Hala and the family

---

[11] "Papierz" has a double meaning. It is a family name that also means "Pope".

nad. Halina Grycz-Poczekaj
20.05.1963 rok
Włoszakowice

Nasi Najukochańsi,

Zasyłam Wam wszystkim moc serdecznych pozdrowień i wybaczcie mi, że tak długo nie pisałam. Chciałam Wam napisać w Święta Wielkanocne, ale w pierwsze święto to mi się nie chciało, i spałam cały dzień, tyle tylko co podałam jedzenie, a w drugie to mieliśmy gości bo była ciocia Bietka z Marylką i Anią z mężem i dziećmi. Po świętach zaczęła się praca w ogrodzie, kopanie, sianie, sadzenie, zrobiło się cieplej i na gwałt trzeba było nadrobić zaległości.

My od Was też już listu bardzo długo nie mieliśmy, chyba ze trzy miesiące. Wczoraj otrzymałam te dwa zamki błyskawiczne, za które bardzo dziękuje. Tatuś dziś leży w łóżku i się źle czuje, prosił żeby Was serdecznie pozdrowić, i ściska Was serdecznie i całuje. Mówi, że już długo nie będzie żył i przykro mu, że nie piszecie. Z tatusiem to jeden dzień lepiej jeden gorzej, u niego ta skleroza postępuje bo już w brew na nogi nie może chodzić. Koło domu się kręci, ale w kościele nie był przez całą zimę, a i wczoraj był dopiero pierwszy raz, to i tak już dzisiaj narzeka, że to już chyba koniec. Marylka teraz koło niego chodzi i się przymila bo często płacze. Przed wojną nigdy mu się to nie zdarzało a teraz to często widzę go płaczącego. Pierwszy raz to jak uciekaliśmy w czasie wojny a później to różnie bywało.

Przechodziliśmy bardzo ciężkie chwile. Mam nadzieje, że będzie mi jeszcze lepiej, ale i tak każdego dnia się boje, że może nagła śmiercią odejść bo często zdarzają mu się te zawroty.

Nie zostawiam go samego w domu, a od śmierci mamusi stałam się bardzo wrażliwa i często chodzę na cmentarz. Wczoraj byliśmy. Pięknie kwitną kwiaty, a w domu mam pelargonie, ulubione kwiaty mamy. Jasiu może sobie przypominasz Nowaków z Lubosza, pisała mi Krysia, że Nowakowa zmarła w minioną gwiazdkę. Krysia wyszła za mąż za Leona Wesołego, pamiętasz jeszcze ich wszystkich? Krysia była na pogrzebie Mamusi, bardzo się ucieszyłam jak ja zobaczyłam. Tak to ten czas leci. Ciocia Bietka też teraz choruje, a chcieliśmy w jedną niedziele jechać pod Zbarzewo, tam gdzie tych żołnierzy

Halina Grycz-Poczekaj
1963.05.20
Włoszakowice

Our Dearest Ones,

I send you all our most heartfelt wishes and ask that you forgive me for not writing for so long. I wanted to write you at Easter, but I didn't feel like it on Easter Day. I slept the whole day. The only thing I did was put some food on the table. The next day, we had some guests: Aunt Bietka, Marylka and Ania with her husband and the children. After the holidays work began in the orchard, digging, sowing, planting. It got warm and all of a sudden everything had to be done to catch up.

We also haven't had a letter from you for a long while, perhaps four months. Yesterday we received the two zippers, for which I thank you very much.

Father is lying in bed today and doesn't feel well. But he asked that I send you his best wishes and let you know he hugs each of you and sends kisses. He says that he hasn't very long to live, and he's sorry you don't write more often. With Father, one day it is better; the next day, worse. His sclerosis is progressing. He can't even briefly walk on his feet. He moves around the house. But he hasn't been to church all winter. Just yesterday was his first time. Today he is complaining that it must be the end.

Marylka is now hovering over him and cares for him because he often cries. Before the war, this never happened to him. But now, I often see him crying. The first time was when we were escaping during the war. Later, it came at various times.

We have gone through some very difficult moments. I hope that it will be a bit better. But I am worried every day that suddenly death might overtake him because he, so often, has those dizzy spells. I don't leave him alone in the house. After Mother's death, I've become very sensitive and often go to the cemetery. We were there yesterday. The flowers are all beautifully in bloom. In the house I have some pelargoniums, Mother's favorite flower.

Jan, you might remember the Nowak's from Lubosz. Krysia wrote me that Mrs. Nowak died this last Christmas. Krysia got married to Leon Wesoły. Do you remember them all? Krysia was at Mother's funeral. I was so happy when I saw her. That's the way the time flies. Aunt Bietka is

pomordowali Niemcy. Jest tam pomnik i bardzo ładnie tam jest. Co też ta u Was słychać? Czy wszyscy zdrowi? Jak się czujecie? Co robi Wandzia i Czesiu? Czy Czesie nie wybiera się do Polski na jaką wycieczkę, albo jako przedstawiciel na Targi Poznańskie, a może i Ty byś coś wykombinował? Ty teraz sam jesteś w warsztacie to masz pewnie dużo pracy, i każdą chwilę zajętą. Myśmy się już chyba pod taką gwiazdką urodzili, że pracy mamy moc i nigdy nam się nie nudzi. A może jesteś już na wakacjach? U nas pogoda ładna teraz. Wszędzie zielono, drzewa kwitną, że aż z ogrodu nie chce się iść.

Pszczoły też przezimowały, więc trochę miodu będzie, ale u nas to okolica na miód nie bardzo. Tak to u nas nic nowego, chłopcy kończą piątą klasę. Nie wiem czy pojadą gdzieś na wakacje, ale może z Jankiem jak się decyduje. Chciałabym zabrać ich do Częstochowy na jeden dzień.

To już kończę w takim razie na dzisiaj. Zasyłam Wam moc serdecznych pozdrowień, uścisków i całusów. Zostańcie z Bogiem i niech Was Bóg ma w swojej opiece. Jak Wam czas pozwoli to napiszcie, ściskamy Was mocno, mocno.

Tata, Hala z rodzinką

ill, now, too. We wanted to go to Zbarzewo one Sunday, there, where those soldiers were murdered by the Germans. There's a memorial there, and it is very nice. [Cf.: p. **II** 936]

What is there to hear from you? Are you all well? How do you feel? What are Wandzia and Czesio doing? Is Czesio coming to Poland on some trip, or as some representative to the Poznań Fair. Maybe you could figure something out.

You are alone in your shop, so you must have a lot of work. Every moment of your time is likely occupied. We were probably born under the kind of star that obligates us to a lot of work with no chance for boredom. Or maybe you are on vacation already?

Our weather, here, is nice, now. It is green everywhere, the trees are in bloom, but I don't want to go to the orchard. The bees, too, survived the winter. So there will be a bit of honey, although our neighborhood is not the best for honey.

Other than that, there's nothing much new, here. The boys are finishing fifth grade. I don't know if they will go anywhere for vacation, but perhaps with Janek, if they decide to do something. I would like to take them to Częstochowa for the day.

So I will end, in that case, for today.

I send you many heartfelt wishes, hugs and kisses. Remain with God. May God have you in His care. When time permits, write. We hug you very, very tightly.

Father, Hala and the little family

nad. Halina Grycz-Poczekaj
23.11.1963 rok
Włoszakowice

Nasi Najukochańsi,

Zasyłamy Wam moc serdecznych pozdrowień, i dziękujemy za list który przed kilkoma dniami dostaliśmy. Wybaczcie, że tak długo nie pisałam, ale jakoś tak zeszło. Człowiek zalatany od rana do wieczora, i ten czas leci jak woda i nawet się nie spostrzegłam, że to aż tyle czasu minęło. My jesteśmy dość zdrowi. Tatuś od kilku miesięcy był pierwszy raz w kościele, z trudem, ale zaszedł. Koło domu to się kręci, ale co chwile musi odpocząć.

Najgorzej było w te upały to chodził jak pijany. Gorąca były niesamowite bez deszczu. Zboża to jeszcze jako tako, ale z ziemniakami to już bardzo źle. Ziemie u nas lekkie i słońce wypaliło wszystkie rośliny, nie maja gospodarze czym bydła paść, to i mleka nie ma, a jak będzie zimą czy wiosną to nie wiadomo. Teraz przyszedł deszcz, ale to o miesiąc za późno. W pełni lata drzewa stały bez liści jak na jesień. Chłopcy chodzą już do 6 klasy i jak na razie im idzie, są już trochę mądrzejsi, Czesiu to całymi dniami może czytać, Jurek to cały majster.

Wszystko potrafi zrobić. Marylka chodzi ostatni rok do przedszkola, tak, że do po południa mam trochę spokoju za którym tak bardzo tęskniłam. Chłopcy całe wakacje byli w domu i grali mi na nerwach, Janek zabrał ich raz do Warszawy i Szczecina. W Warszawie dołączyli się do wycieczki młodzieżowej i autokarem zwiedzili cale miasto. Następnie pojechali prosto do Szczecina. Wypoczęli i wyszaleli się, to w tedy ja zabrałam ich wszystkich do Częstochowy.

Dwie noce na podróż i jeden dzień w Częstochowie. Podróż mieliśmy dobra, dzieci zadowolone, a Marylka trzymała się dzielnie.

Poza tym to u nas wszystko przy starym. Mamusi zrobiliśmy nagrobek to jak zrobię zdjęcie to Wam wyśle. Dziękuje Wam pięknie za życzenia urodzinowe i piękny prezent. Był listonosz i przyniósł zawiadomienie z banku. Serdecznie Wam dziękuje za pamięć. Ja bym chętnie do Was z Marylką przyjechała i zobaczyła Was wszystkich.

Halina Grycz-Poczekaj
1963.11.23
Włoszakowice

Our Dearest Ones,

We send you our sincere best wishes. We thank you for your letter which we received several days ago. Forgive me for not writing for such a long time, but that's the way it went. A person runs around from morning till night and the time slips by like water. You don't even know it, and the time has slipped past you.

We are all, here, well. During the last few months, Father has been to Church for the first time. It was with difficulty. But he got there. He gets around the house a little. But every few minutes, he needs to rest.

The worst were the hot spells when he walked as if drunk. The heat was amazing; and without rain. The condition of the wheat is still so-so. But, with the potatoes, it is already very bad. The earth is light, here, and the sun burned off all the growth. Farmers have nothing on which to pasture their cattle. That, and that there's no milk. And when Winter will come, or Spring, no one knows. Just now, some rain has fallen. But it's a month too late. In the middle of summer, trees were standing without leaves as if it was Autumn.

The boys now go to sixth grade. For the time being, they are doing well because they are a little smarter. Czesio can read for an entire day long. Jurek is always building something. He can make anything. Marylka is in her last year at pre-school. So, until the afternoon, I have a little of the peace for which I always longed. The boys were home for the entire vacation period. They played on my nerves. Janek took them once to Warszawa and Szczecin. In Warszawa the attached themselves to a youth tour group and saw the whole city from an automobile. From there, they went directly to Szczecin. They relaxed and played and exhausted themselves. So then I took them all to Częstochowa. Two nights for the trip, and one day in Częstochowa. We had a good trip, the children were pleased, and Marylka conducted herself well.

Aside from that, all is, as of old. We set up Mother's gravesite. When I take a photograph, I'll send it to you. We thank you very much for the beautiful Birthday wishes and the very beautiful present. The postman came and brought the news from the bank. I very much thank you for your thoughtfulness. I would so like to come to you with Marylka to see

Teraz jak zabrakło św. pamięci Mamusi to jeszcze bardziej czuje się samotna i chciałabym Was zobaczyć i porozmawiać z Wami. Gdyby nie Marylka to nie wiem co by ze mną było, lecz na razie mój przyjazd jest nie możliwy ze względu na Tatusia. Co on by tu bez nas zrobił?

Tak to u nas nic nowego, a co u Was słychać?, wszyscy zdrowi?

Wandzia i Czesiu znów się uczą to i w domu spokojniej. Władzia też ciągle zajęta a i tobie Jasiu też pewnie czasu nie zbywa.

Ja w październiku wybieram się znów do Chorzowa, trzeba zobaczyć co tam nowego.

Kończę na dziś i zasyłam Wam moc najserdeczniejszych pozdrowień, zostańcie z Bogiem i niech Was ma w swojej opiece. Ściskamy i całujemy Was mocno.

Tata, Hala, Janek z rodzinką

you all. Now, that our Mother, of holy memory, is missing, I feel even more alone and would like to see you and talk with you. If it were not for Marylka, I don't know what would become of me. But, for now, such a visit is impossible because of Father. What would he do without us?

So there's nothing new with us.

What is there to hear from you? Are you all well? Wandzia and Czesio are both studying, so that makes the home a bit quieter. Władzia is continually busy and your time, Jan, is limited.

In October, I plan to visit Chorzów again. I have to see what is new there.

I end for today and send you many heartfelt wishes. Remain with God. May God have you in His care. We hug you and kiss you many times.

Father, Hala, Janek and the family

nad. Halina Grycz-Poczekaj
08.12.1963 rok
Włoszakowice

Nasi Najukochańsi,

    Wysyłamy Wam moc serdecznych pozdrowień i niech Was ten list przy dobrym zdrowiu zastanie. My dzięki Bogu jakoś jesteśmy zdrowi, oprócz Tatusia i mnie. Tatuś to jeden dzień jest lepszy raz a raz gorszy, do kościoła już nie chodzi tylko trochę po domu. Kilka dni to było dobrze, ale teraz znów śnieg i mróz, powietrze gorsze to i tatuś gorszy, a ja byłam w Poznaniu i tam się trochę zarwałam. Mam katar, kaszel, głowa mnie boli i jednym słowem jestem do niczego, ale tak chodzę i myślę, że przetrzymam. Dwa tygodnie jeszcze do Świąt, jak ten czas leci. Ja roboty mam dużo tym bardziej ze byliśmy 20 listopada na weselu Martynki córki cioci Kasi, a siostry Józia, który do Was dzwonił w dzień śmierci Mamusi.

    Wesele było bardzo ładne, Tatuś też był, nie chciał iść, ale przysłali po niego auto. Byli Ludwikowie i wuja Maks z Leszna. Wesele było ładne i dzień też był ładny. Ja już nie chciałam tańczyć, ale znalazłam sobie zajęcie, kucharki wszystko przygotowały a ja nosiłam ciasteczka, i różne frykasy na drugą sale tam gdzie tańczyli. Tak, że wszystko było dobrze, ciocia się cieszyła a ja miałam zajęcie.

    W niedziele byłam na cmentarzu na pogrzebie siostry ks. Górnego (ks. Zginął w Dachau).

    Mamusi pomnik był przewrócony bo z piątku na sobotę była taka wichura, że przewróciła drzewo, które zahaczyło o pomnik. Gdy drzewo usunięto to poszliśmy z Jurkiem to naprawić.

    Jedna pani pomogła nam podnieść kamień i okazało się, że nawet nie jest potłuczony. Kwiaty trzymały się długo bo mróz przyszedł dopiero przed kilkoma dniami. Tak to u nas nic nowego, chłopcy idą do szkoły, Marylka do przedszkola i tak to w kółko. A co tam u Was? Wybieracie się na święta do Meksyku czy zmieniliście zdanie? Ja byłam w Poznaniu, wysłałam Wam 5 płyt, nie wiem czy na gwiazdkę je otrzymacie.

Halina Grycz-Poczekaj
1963.12.08
Włoszakowice

Our Dearest Ones,

I send you many heartfelt wishes. May this letter find you in a condition of good health. We, thank God, are all somehow well, except for Father and me. Father is better one day, and worse the next. He no longer goes to Church and only a little around the house.

A few days ago it was nice. Now, there is snow again, and freezing temperature. The weather is worse and so is Father. I was in Poznań and it broke me a little. I have a cold and cough. My head hurts. In a word I'm good for nothing. But, as I walk around I think I'll get through it.

The holidays are only two weeks away. Where does the time fly? I have a lot of work. The more so, since on the 20th of November we were at Martyna's [D5] wedding (from Aunt Kasia) the sister of Joseph, who phoned you on the day of Mother's death.

The wedding was very nice. Father attended, too, although he did not want to go. But they sent a car for him. The Ludwik's were there, and Uncle Maks from Leszno. The wedding was nice and the day was also beautiful. I didn't want to dance, but found an occupation for myself. The cooks prepared everything, and I carried the cakes, and various delicacies to the other hall, where there was dancing. So everything turned out well. Auntie was happy, and I had something to do.

On Sunday I was at the cemetery for the burial of the sister of Father Górny (the priest who died in Dachau.)

Mother's gravestone was knocked over, because from Friday to Saturday there was such a storm that it knocked over a tree, which hooked itself against the stone. Once the tree was removed, Jurek and I went to repair the gravestone. Another lady helped us pick up the stone, and it turned out that it wasn't even broken. The flowers lasted quite a while because the freeze didn't arrive for several days.

So there's not much new, here. The boys are back at school, Marylka to pre-school, and so on. What about you? Are you heading for Mexico for the holidays, or did you change your mind? When I was in Poznań, I sent you 5 records. I don't know if you'll receive them by Christmas.

Chciałam już wcześniej je wysłać wtedy co pamiątkę z Częstochowy, ale nie było wszystkich płyt pomimo że pół Poznania zleciałam, teraz tez musiałam dobrać inne bo nie było.

Tak to już nic nowego, będę kończyć powoli na dzisiaj. Życzę Wam wszystkim zdrowych i wesołych Świąt Bożego Narodzenia, zostańcie z Bogiem i niech Was Bóg ma w swojej opiece. Jurek i Czesiu piszą lekcję, a Marylka płacze, bo nie chcą jej słuchać. Na tym kończę, zostańcie z Bogiem, ściskamy Was i całujemy mocno, mocno, mocno. Kochający Was Wszystkich.

Tata, Hala, Janek, Marylka, Jurek i Czesiu

Martyna (née Konieczna) and Jan Mikołajczak

I wanted to send them earlier, along with a remembrance from Częstochowa, but not all the records were available, even though I searched through half of Poznań for them. In the end I had to pick some other ones, because [the ones I wanted] were unavailable.

So there's nothing new. I will slowly end for today. I wish you each healthy and happy holidays of God's birth. Remain with God. May God have you in His care. Jurek and Czesio are doing the homework, and Marylka is crying because they don't want to listen to her. So on this, I'll end. Remain with God. We embrace you and kiss you very, very, very much. Loving you all, we are

Father, Hala, Janek, Marylka, Jurek and Czesio

1964

nad. Halina Grycz-Poczekaj
11.01.1964 rok
Włoszakowice

Nasi Najukochańsi,

Przede wszystkim zasyłamy Wam Wszystkim moc najserdeczniejszych pozdrowień i uścisków od całej naszej rodzinki. My tu jesteśmy wszyscy dosyć zdrowi, czego i Wam z całego serca życzymy. Tak wybieraliśmy się napisać do Was w Święta i Święta przeszły i znów jedenaście dni roku 1964 zleciały i teraz pisze. Tak cieszyliśmy się na telefon od Was w Wigilię. Wszyscy w napięciu czekaliśmy. Tak tylko martwiłam się czy tatuś zajdzie na pocztę bo choć to niedaleko, ale bardzo było ślisko i przypomniało mi się, że vis a vis przecież mamy Bank Spółdzielczy i telefony aż dwa z pocztą, a od nas do banku najwyżej 5 metrów, a że pracy mają moc, więc w Wigilię muszą dłużej siedzieć i właśnie w tym banku byliśmy i czekaliśmy wszyscy na Wasz telefon oprócz Janka bo on miał służbę i tatuś był również, szkoda tylko że Cie nie rozumiał. Tatuś zaraz płacze. Dawniej ja nie widziałam tatusia gdy płakał, ale od czasu wojny to tatuś bardzo często się rozczula. Ja Jasiu Cię rozumiałam, nie wiem tylko jak Ty mnie rozumiałeś. Twój głos to ja już rozpoznaje pomiędzy dziesiątkami innych głosów, a przez cały czas Twój głos, Twoje słowa brzmiały mi w uszach. To naprawdę wzruszające jest słyszeć Was tutaj aż z innego kontynentu i w te Święta miałam wrażenie, że jesteście z nami bo stale słyszałam Twój głos. Przy Wieczerzy popłakaliśmy się wszyscy. Naszej ukochanej i niezapomnianej śp. Mamusi już drugie Święta z nami nie było.

Janek miał służbę, więc byliśmy sami. U Babci na cmentarzu byliśmy w każde Święto. W Wigilie było mroźno, dużo śniegu, z Pasterki wróciliśmy zmarznięci a w pierwsze Święto szliśmy po kolana w śniegu na cmentarzu, natomiast w drugie Święto było ładnie i ciepło a wieczorem odwilż i deszcz i tak przez kilka dni, ale teraz znów mamy mróz i śnieg i to dobry mróz.

W dzień Waszych Jasiu urodzin, Twoich i Czesia byliśmy z dziadkiem taksówką w kościele, a i śp. Mamusi zanieśliśmy wiązankę świerzych kwiatów i dziś byliśmy tam również bo dziś jest rocznica

Halina Grycz-Poczekaj
1964.01.11
Włoszakowice

Our Dearest Ones,

 Before anything else, we wish you many heartfelt wishes and hugs from our whole family. We are all, here, quite well. I wish the same for you from my whole heart. We so often began to write to you over the holidays. And the holidays came and went, along with eleven last days of 1964, and I am only now writing.

 We were so delighted by your phone call on Wigilia. Everyone, excitedly waited. We were only worried if Father would be able to get to the Post Office. It is not far, but it is very slippery. I had just remembered that across the street from us is the Cooperative Bank. They have two phones in addition to the one in the Post Office. From us to the Bank is no more than 5 meters. And because they have a lot of work, they have to remain longer on Wigilia. So we could have been waiting for your call right there, in the Bank. We were all waiting for you with the exception of Janek, because he had duty. Father was there, but it was too bad that he could not understand you. Father immediately starts crying. I never saw Father crying in the past. Since the war, Father is quite often overcome by his feelings. I, Jan, understood you. I don't know how well you understood me. I can already recognize your voice from among the tens of other voices. Through the whole time it was your voice and your words that resounded in my ears. It is truly moving to hear you, here, in so distant a different continent. On these holidays I had the feeling that you were with us because I continued to hear your voice. In the evening we all broke down and cried. And our most beloved and unforgotten Mother, she of holy memory, was absent from us for a second holiday.

 Janek had duty, so we were alone. We went to Grandmother at the cemetery on All Saint's Day. Wigilia was freezing and there was a lot of snow. We returned from Midnight Mass frozen. On the First Day of Christmas we slogged through snow up to our knees, and then to the cemetery. But, in contrast, on the second Day of Christmas, it was nice and warm. That evening there was thaw and rain for several days. But now we again have freezing and snowfall; and its a hard freeze, too.

 On the day of your birth, Jan (yours and Czesio's), we took Grandfather to Church in a taxi. We carried a wreath of fresh flowers

jak tych Powstańców Niemcy Zbarzewem zabili. Garstka tych Powstańców co żyje zanieśli dziś wieniec na grób, gdzie leży jeszcze 8 rozstrzelanych na rynku u nas z ostatniej wojny. Życie jest nie takie jak marzyliśmy. Pamiętam jak mawiał zawsze ojciec, jak byliście jeszcze w domu. Mówił zawsze, że Ty Jasiu i Czesiu macie razem urodziny. To jeden przywiezie coś do palenia, drugi do wypicia a mamusia upiecze placek i zrobi kawę i urodziny Wasze u nas wyprawimy i nie stało się to tak ani jednego razu choć nie było to takie życzenie nie do zrealizowania. Nie jeden raz gdy tak myślę o tym wszystkim i myślę, że gdybyśmy się zobaczyli to pewnie miesiąc mielibyśmy sobie co do opowiadania. To wszystko co my i co Wy przeszliście od chwili gdy drogi naszego życia się rozeszły. Gdyby nam wtedy ktoś powiedział, że właśnie takie będzie nasze życie to byśmy nie uwierzyli. Może Bóg da, że zobaczymy się raz jeszcze kiedyś. Od czasu gdy mi śp. Mamusi zabrakło to jeszcze bardziej odczuwam tę nasza z Wami rozłąkę. Teraz bardziej niż kiedykolwiek chciałabym Was zobaczyć i z Wami porozmawiać i nie wiem czy Bóg da by to się spełniło a może i to marzenie już jest przekreślone. Tak jakoś się złożyło w naszym życiu, że sprawy takie proste a są nierealne. Wybaczcie mi moje pisanie, może Wam przykrość przez nie sprawię wspomnieniami. Nie mam się tu z kim mymi myślami, mym bólem i tęsknotą podzielić. Było mi dużo, dużo lżej, gdy Mamusia była, bo miałam z kim porozmawiać, a obie byłyśmy jak jedno, czułyśmy i myślałyśmy jednakowo. Lecz dość tego.

Co Wy tam porabiacie? Czy zdrowi Wszyscy? Jak Wam leci? W domu czy poza nim? Dawno nie mieliśmy od Was listu.

My to Święta spędziliśmy w domu, w drugie Święto była ciocia Kasia u nas i wuj Wojtek, Józia i Martynka. A w Nowy Rok to była u nas ciocia Bietka i wuj Staś oraz dwoje wnuczków, od Ani synowie. My nie wychodzimy nigdy. Niedzielę spędzamy w domu.

Najwyżej do nas ktoś przychodzi. A u nas jest tak jak kiedyś w domu było, bo tylko Janek, gdy ma wolną niedzielę to wychodzi na karty no i chłopcy na łyżwy, czy na telewizję do sąsiada. My siedzimy w domu, a Ty sądziłeś Jasiu w Wigilię żeśmy wyjechali lub też, że gdzie indziej mieszkamy, a to tylko, że nie byliśmy na poczcie a tu, w tym banku. Podobno wina w tym, że Was tak było w Wigilię źle

for Mother, of holy memory. Today we were also there because today is the anniversary of the soldiers of the Uprising in Zbarzew, where the Germans murdered them. [Cf.: p. **II** 936] Those of the Uprising who are still alive, found, today, a wreath on the tomb. With them, lie an additional 8 who were shot in the market square, here, during the last war. Life is not exactly the one for which we hoped. I remember how our Father always said when you were still both at home. He always said that you, Jasiu and Czesio, have your birthdays on the same day. So one should bring something to smoke, the second something to drink. Mother would bake a cake and make some coffee. We would make a suitable birthday celebration for you. I didn't happen even once, although it wasn't the kind of wish that couldn't be realized. Whenever I think of all this, (and I think of it frequently), I think that we'd have maybe a month of chatting with each other [in order to catch up] with all you went through and all we went from the moment the roadways of our lives separated. If, at that time, someone had told us that this would be the way our lives would unfold, we would not have believed them.

    Maybe God will permit us to see each other again sometime. Since I lost Mother, of holy memory, I seem to feel the separation from you, all the more. Now, more than ever before, I would like to see you and speak with you. I don't know if God will permit that this will come to pass. Maybe my wishes are already cancelled out. Somehow it turned out in our lives that straight and normal things became unreal.

    Forgive me for writing like this. Maybe I'll bring you sadness by sharing these memories. I have no one with whom to share my thoughts, my pain, and my loneliness. It was much, much easier for me while Mother was here. I had someone with whom to talk. Each was like the other. We felt and thought in the same way. But enough of this.

    What are you doing there? Is everyone healthy? How is it going at home and outside the home? We've not had a letter from you for a while.

    We spent the holidays at home. On the Second Day of Christmas, Aunt Kasia came to visit with Uncle Wojtek, Józia and Martyna. On New Years, Aunt Bietka came to us with Uncle Staś and their two grandchildren, Ania's sons. We don't get out ourselves. We spend Sundays at home. At most, someone comes for a visit. Here, it is as it was long ago. When Janek has a Sunday's free, he goes out for cards; and the boys, skating, or for television at the neighbors. We sit at home. You thought, Jan, that we had gone somewhere for Wigilia or that w had

słychać, bo u nas na poczcie nie mieli oby dwóch i kabli w porządku a i trzeci służbowy też szwankował. Janek w tym dniu rozmawiał z Zieloną Górą i nie mógł nic zrozumieć.

    Moi Kochani wczoraj otrzymaliśmy przekaz na bony z Warszawy od Was, bardzo, bardzo Wam Wszystkim serdecznie dziękujemy za pamięć. Ja się popłakałam, tak samo jak w Wigilię, gdy chłopcy zrobili mi niespodziankę prezentem gwiazdkowym. Spieniężyli makulaturę, stare żelazo, szmaty i butelki, a za to każdemu coś kupili, a Jurek dla Marylki to domek z dykty wyciął. Drobiazgi, ale uciechy było moc i bardzo byłam wzruszona. Dotychczas zawsze Babcia tą akcją kierowała a teraz już pierwszy raz sami.

    Niech Wam Bóg stokrotnie to wynagrodzi i raz jeszcze w imieniu wszystkich serdecznie Wszystkim Wam dziękuję. Musze już kończyć, bo już późno, a w pokoju zrobiło się zimno bo i na dworze dobry mróz, okna podwójne i marzną to oznacza, że solidny, a jutro mamy świniobicie, to znów pracy moc i za 3 dni kolęda u nas.

    To już kończę i zasyłam Wam moc serdecznych pozdrowień dla Was Wszystkich od nas wszystkich. Zostańcie z Bogiem i niech Was Bóg ma w Swojej opiece. Jeszcze raz za wszystko dziękuję, sprawiliście nam dużo radości i z tęsknotą czekamy na list.

    Ściskam Was mocno, mocno i całuje,

    Tata, Hala z rodzinką

moved. But it was only that we were not at the Post Office, but here, at this Bank. Apparently the reason it was so difficult to hear you at Wigilia was because the Post Office had neither of its public phone lines working. The third, business line, was also on the fritz. Janek was on the phone with Zielona Góra today. He couldn't understand anything.

My Dears, yesterday we received notification from Warszawa about the transfer of some funds from you. We thank you very, very much for your remembrance. I broke down and cried, the same way I had on Wigilia, when the boys had made for me a surprise Christmas present.

They collected waste paper, old iron, rags and bottle and for that. Each of them bought something, and Jurek made a little doll house from plywood for Marylka. These are all small things. But they give great joy. I was very, very moved. Up till now, Grandmother was in charge of [gifts]. This is the first time we are alone.

May God repay you one hundred times. In the name of all of us, we thank you very much.

I must end not because it is already late. It has become cold in this room because there's a hard freeze outside. We have double-glazed widows. When they are frozen it means it has frozen solid. Tomorrow we plan to slaughter a pig, so we will have a good deal of work. In three days, we'll have carols here.

So I will end now, sending you many heartfelt wishes. May God have you in His care. Once again, we thank you for everything. You have given us great joy. With longing, we await a letter from you.

I embrace you tightly; very tightly. And I send kisses,

Father, Hala with the family

nad. Halina Grycz-Poczekaj
18.02.1964 rok
Włoszakowice

Nasi Najukochańsi,

Przede wszystkim zasyłamy Wam moc najserdeczniejszych pozdrowień i niech Was te kilka słów przy najlepszym zdrowiu zastaną, bo u nas z tym zdrowiem nie bardzo. Wczoraj wieczorem tatuś dostał taki zawrót a od kilku dni narzeka, że co raz mu gorzej idzie.

Pobiegłam po lekarza, który mieszka nie daleko i pomimo późnej pory był w domu i zaraz przyszedł. Zbadał tatusia i okazało się, że nagle ciśnienie się bardzo obniżyło ze 180 na 130 i że serce jest bardzo słabe, dał zastrzyk na wzmocnienie i krople na serce i kazał leżeć bezwarunkowo. Mówił mi, że mam uważać, bo nagły spadek ciśnienia jest niebezpieczny, a serce bije ledwie, ledwie. Dziś tatuś leży i czuje się trochę lepiej, ale dobrze nie jest. Ja się bardzo zmartwiłam i w nocy co chwile się budziłam i patrzyłam czy oddycha.

Ja już zdecydowałam się by pójść na operację tego guza na tarczycy zaraz po Świętach Wielkanocnych, bo był u nas dobry lekarz co zastępował naszego i byłam z Marylką, a on zaczął mnie przekonywać, że mam iść na operację, że dla dzieci trzeba żyć, że mam wreszcie pomyśleć o sobie i zdecydowałam się iść, ale po wczorajszym przypadku odechciało mi się wszystkiego.

Tak stale myślałam jak ja pójdę do szpitala to ten ojciec zostanie na łasce losu, Marylki też było mi żal, bo Janek i chłopcy dadzą sobie radę, ale najgorzej to z ojcem i chyba jeszcze odłożę. U nas zima w całej pełni, jeszcze dziś w nocy dużo śniegu napadało i mróz jeszcze solidny.

Chłopcy dziś w szkole a Marylka w przedszkolu. Chłopcy się teraz lepiej uczą i sądzę, że przejdą do siódmej klasy a potem co będzie dalej nie wiem. Czesiu chce iść do technikum kolejowego do Poznania, a Jurek do technikum mechanicznego. Czesiu ładnie rysuje i dużo czyta a Jurek majsterkuje. Musiałam mu dać kącik na warsztat i tam ma swoje „przybory".

Halina Grycz-Poczekaj
1964.02.18
Włoszakowice

Our Dearest Ones,

Before anything else, we send you many heartfelt wishes. May these few words find you in good health, because, here, with health, its not so good. Yesterday evening Father had such a spell. He'd been complaining for several days that every time it was getting worse.

I ran for the doctor, who lives not far from us. Despite the late hour, he was at home, and came immediately. He examined Father. It turned our that his blood pressure suddenly dropped from 180 to 130 and that his heart was very weak. The doctor gave him a shot and drops for strengthening the heart and told him to stay in bed, unconditionally. He told me that I was to pay close attention, because a sudden drop in blood pressure is dangerous. [He also said] that [Father's] heart was beating, but very weakly. Today, Father is in bed. He feels a little better, but things are not all well yet. I became very worried and kept waking up every few minutes at night to see if he was still breathing.

I have already come to a conclusion that I should have an operation on the tumor on my thyroid after Easter. There was a good doctor who was substituting for our existing one. I went to see him, with Marylka. He began to convince me to have the operation telling me that one must live for the children; that I must finally think about myself; and that I should decide to have the operation. But after yesterday's experience, my determination for doing anything like that has disappeared. I constantly thought that if I went to the hospital our Father would just be at the mercy of Fate. I was also sorry for Marylka. Janek and the boys can take care of themselves. But the worst thing is with Father, so I will probably postpone the operation some more.

Winter is here in full. Even today at night there has fallen a lot of snow, and the freeze is still solid.

The boys are in school today, and Marylka in pre-school. The boys are learning better now, and I presume they'll pass on to seventh grade. After that, I am not sure what will be next. Czesio wants to go to a railway training in Poznań, and Jurek for mechanical training. Czesio is good at drawing and reads a lot, while Jurek is constantly making things. I had to give him a corner of the workbench for his constructions.

Każdą chwilę poświęca na majsterkowaniu, to coś lutuje albo wycina piłką, zbija i naprawia płoty, saneczki i tak dalej. Stale z młotkiem i dużo mi pomoże, a Marylka to siedzi przy Czesiu jak on rysuje i sam się do tego zabiera. Czesiu rysuje teraz pocztówki na Wielkanoc.

Ja jak zwykle kręcę się po domu i sweterki robię, choć teraz już mniej bo gorzej widzę.

Lekarze twierdzą, że to ta tarczyca wpływa. Niedługo będzie wiosna to i praca w polu się rozpocznie i w ogrodzie. Co nam jednak najbliższa przyszłość przyniesie to nie wiem.

Przesyłam Wam to sprawozdanie z Chorzowa co nam pani Michacz przysłała. Wszystko tam w porządku i po staremu. Pani Sakańska pojechała do Niemiec i miała operacje na obydwa oczy bo zaniewidziała.

W niedzielę była u nas ciocia Kazia na godzinkę, bo wuj Wojtek też jest chory, tez ma za niskie ciśnienie i serce osłabione. Tak starość nie radość.

Na tym kończę mój list i zasyłam Wam Wszystkim moc najserdeczniejszych pozdrowień.

Dużo uścisków i całusów. Niech Was Bóg ma w swojej opiece. Zostańcie z Bogiem. Ściskam Was Wszystkich mocno, mocno i całuję,

Tata, Hala z Rodzinką

He devotes every moment of his free time to dabbling with things, sometimes soldering things or cutting them out with his saw. He nails and repairs the fences, sleighs, and so on. He always is with his hammer and is very helpful. Marylka sits near Czesio when he is drawing and starts doing the same for herself. Czesio is presently drawing postcards for Easter.

As usual, I stir around the house and make sweaters, although fewer now, because I can't see as well as before.

The doctors believe that this is an effect of my thyroid problems. It will soon be Spring, so work in the fields and in the orchards will begin again. What the immediate future will bring, I don't know.

I am enclosing the accounting summaries from Chorzów that Mrs. Michacz sent me. Everything is in order, and as of old. Mrs. Sakańska emigrated to Germany. She had an operation on both her eyes because she had begun to go blind. [cataracts?]

On Sunday Aunt Kazia was with us only for an hour, because Uncle Wojtek is ill, as well. He also has low blood pressure and is very weak. So it is, that old age is not such a great delight.

With this, I will end my letter. I send you, each, many heartfelt wishes; many hugs and kisses. May God have you in His care. Remain with God. I embrace each of you very, very tightly, and kiss you,

Father, Halina with the little family

nad. Halina Grycz-Poczekaj
29.02.1964 rok
Włoszakowice

Nasi Najukochańsi,

Moc najserdeczniejszych pozdrowień zasyłamy Wam Wszystkim. Muszę Wam kilka słów napisać, ponieważ zapewne martwicie się o Tatusia. Tatusiowi znów trochę lepiej i chodzi, ale strachu wyżyłam. W poniedziałek ojciec zachorował w czwartek rano mieliśmy księdza z Panem Jezusem. W czwartek wieczór znów był lekarz i powiedział, że ojciec już nas tak dwa lata straszy i szkoda, że nie pojechał do Ameryki, bo już byłby z powrotem. Mnie potem mówił, że ojciec z tym może jeszcze pożyć jeżeli nie przyjdzie coś nagle i u niego na taka nagłą śmierć mam być przygotowana. Wiec wyobraźcie sobie w jakim napięciu stale jestem.

Nie zostawiam ojca samego. Zresztą ja bardzo rzadko z domu wychodzę. W niedzielę na Mszą Świętą i na cmentarz i znów do domu. Resztę załatwiają dzieci, a poważniejsze sprawy to Janek. U nas pogoda fatalna we dzień odwilż a w nocy przymrozek, ślisko na przemian z błotem.

Nie wiem czy pamiętasz ojca wuja co był w Bukowcu (gdzie ciocia Marynia z Leszna się wychowywała). Ten wuj już zmarł kilka lat temu a ciocia już 18 lat leży w łóżku. Oni to wychowali Andzię od wuja Józefa Grycza (to gospodarstwo naprzeciw Pytlika) i tej Andzi dali ta gospodarkę w Bukowcu i ta młoda chorowała na raka i w sobotę był jej pogrzeb, dziś tydzień temu. Tez tam tragedia, czworo małych dzieci zostało i ta ciotka chora. Janek był tam na pogrzebie, bo Andzia to ojca kuzynka. Jej najstarszy chłopiec jest w seminarium. I chciał doczekać przynajmniej –nie doczekała. Najmłodsze jej dziecko to ten sam rocznik co nasza Marylka.

Ja mam do Was prośbę, a raczej chłopcy. Zbierają obydwoje znaczki i gdybyście mieli kilka używanych znaczków to włóżcie w list, bo zawsze się umawiają jak przyjdzie list od Was z nowym znaczkiem.

Tak u nas nic nowego. Raz jeszcze zasyłamy Wam Wszystkim moc najserdeczniejszych pozdrowień, uścisków i ucałowań i życzymy Wam dużo szczęścia i zadowolenia w nowym domu. Cieszymy się

Halina Grycz-Poczekaj
1964.02.29
Włoszakowice

Our Dearest Ones,

I send each of you very many heartfelt wishes. I must write you a few words because you surely are worried about Father. Father is again a little better. He is walking. But I was living in fright. On Monday Father grew ill. On Thursday morning we had the priest with viaticum. On Thursday evening the doctor was here. He said that Father has been frightening us for the last two years, and it's too bad that he hadn't gone to America, because he would have been back by now. He later told me that Father might live with this for quite some time if nothing sudden happened. But he told me to be prepared for a sudden death. So you can imagine in what constant state, I am, of nervous tension.

I don't leave Father alone. I rarely leave the house anyway. Sunday I go to Holy Mass, and to the cemetery, and then back home. Everything else is handled by the children. And the more important things are handled by Janek. The weather is horrible here: thaw during the day and refreezing at night. Because of these changes, everything is slippery from the puddles.

I don't know if you remember the father of our Uncle from Bukowiec (where Aunt Marynia from Leszno was raised). That uncle died several years ago, and Aunt has been in bed for the last 18 years. They are the ones who raised Angie (from Uncle Józef Grycz - of the farm across from Pytlik). They gave Angie a farm in Bukowiec, but this young girl became ill of cancer. On Saturday was her burial, today, a week ago. There's tragedy there, too. Four young children are left with our Aunt who is ill. Janek was at the funeral, because Angie is Father's cousin. Her eldest son is in the seminary. He hoped she would last, at least... but she didn't. The youngest child of her's is the same age as our Marylka.

I have a request of you... or rather, our boys do. They are both collecting postage stamps. Should you have some used postage stamps, then put them in your letter. They always agree between themselves when a letter comes from you, which one will get the new postage stamp.

Beyond that, there's nothing new here. Once again, I send you each many heartfelt wishes, hugs and kisses. We wish you each much success

bardzo, że wyprowadziliście się z tej mglistej dzielnicy. Jeszcze raz dużo pomyślności. Wyobrażam sobie jak się ucieszyliście z okazji pobytu u Was „Mazowsza".

„Mazowsze" to kawałek Polski i zetknięcie z nimi daje Wam moc emocji. Ściskamy Was Wszyscy mocno i całujemy
  Zawsze Wasi

  Tata, Hala z Rodzinką

and happiness in your new home. We are happy that you have moved from the foggy district. Once again, much satisfaction. I can imagine how you enjoyed the performances of *Mazowsze*, there.

Mazowsze is a piece of Poland, and contact with them will arouse many emotions. We hug you each very tightly and kiss you,

Always your,

Father, Hala and the little family

nad. Halina Grycz-Poczekaj
14.03.1964 rok
Włoszakowice

Nasi Najukochańsi,

Zasyłamy Wam Wszystkim moc najserdeczniejszych pozdrowień, uścisków i ucałowań od nas wszystkich. My tu jesteśmy wszyscy dosyć zdrowi. Ojciec też trochę lepiej się czuje. Ja trzy tygodnie to też byłam marna, taka jakaś słaba pewnie grypy nie odleżałam. Dziś pierwszy raz od trzech tygodni wyszłam z domu i czuje się trochę lepiej. Może tez ta wiosna osłabia.

Wiosna jest późna tego roku. Jeszcze mrozy i zimno. Już 14 marca a ani w ogrodach ani na polu nic niezrobione. Zima nie taka ostra lecz bardzo długa –przewlekła. Dziś śp. Mamusi urodziny, wiec byłam na cmentarzu. Miała by dziś 69 lat a brak mi Jej na każdym kroku.

Wczoraj była u nas ciocia Bietka z dwoma wnukami od Ani Przesyłam Wam Marylki zdjęcie z małą owieczka.

Święta wielkanocne już blisko. Dziadziu z okazji Świąt życzy Wam Wszystkim wszystkiego najlepszego i Was Wszystkich mocno ściska i całuje. Ja chciałam w kwietniu iść na operację, ale jeżeli nic nie zajdzie to może zdecyduję się w czerwcu iść. Wtedy już chłopcy będą mieli wakacje. Już po powtórkach. Cieszymy się wszyscy bardzo, ze uczą się lepiej. Ich klasa to ostatnia która chodzi 7 lat już obecna piąta klasa będzie chodzić 8 lat. Marylka już będzie chodziła 8 lat, a niedługo już pójdzie do szkoły. Teraz chodzi do przedszkola i zadowoleni są z niej. Marylka jest przez wszystkich lubiana.

To już kończę na dziś. Jeszcze trochę pracy mam, bo dziś sobota. Raz jeszcze zasyłam Wam Wszystkim moc, moc serdecznych pozdrowień i uścisków i ucałowań od nas wszystkich i życzymy Wam spokojnych Świąt. Z serdecznym pozdrowieniem,

Tata, Hala z Rodziną

Halina Grycz-Poczekaj
1964.03.14
Włoszakowice

Our Dearest Ones,

    We send you each our most sincere wishes, hugs and kisses from each of us. We are all pretty well. Father is also feeling a bit better. I was pretty miserable for three weeks, having some kind of weakness, probably because I hadn't completely "slept through" the flu. Today is the first day in three weeks that I went outside. I am beginning to feel better. Maybe it was simply Spring that weakens people.

    Spring is late this year. There are still freezing temperatures. It is still cold. On the 14th of March there is nothing done either in the orchards or in the fields. We had such a sharp winter, and a very long one… chronic. Today it is Mother's, of holy memory, birthday, so I was at the cemetery. She would have been 69 today. I miss her more, each year.

    Yesterday Aunt Bietka was with us with two of her grandchildren from Ania. I send you Marylka's photograph with a small lamb.

    Easter is already close. On the occasion of the Easter holiday, Grandfather sends you special wishes for all that is good, hugs each of you very much, and sends kisses.

    I wanted to go in April for my operation. If nothing befalls, then maybe I'll decide to go in June. By then the boys will already be on vacation. It will be after any repeats [makeups?]. We are all very happy that they are studying better. Their class is the last one to go seven years. The current fifth class will be going for eight years. Marylka will be going for eight years. Pretty soon she will be going to that school. She is still in pre-school and everyone is very pleased with her. Marylka is liked by everyone.

    So I will end for today. I still have a little work to do because it is Saturday.

    Once again, I send you all many, many heartfelt wishes and hugs and kisses from all of us. We wish you peaceful holidays. With sincere best wishes,

Father, Hala with the family.

nad. Halina Grycz-Poczekaj
29.05.1964 rok
Włoszakowice

Nasi Najukochańsi,

Dziękujemy Wam serdecznie za list, który już dość dawno otrzymaliśmy. Tak stale wybieram się do napisania, ale nigdy do tego nie doszło. Pracy moc. Wiosna tego roku była późno, więc wszystka praca zwaliła się na raz a w dodatku i Święta wcześnie i jeszcze byliśmy na weselu u Józia. Od cioci Kasi syna. Ten co do Was dzwonił w dniu śmierci kochanej Mamusi i wierzyć się nie chce, że to już niedługo 2 lata będą od tego tragicznego dnia.

Tatuś jak zwykle jeden dzień czuje się lepiej a na drugi znów gorzej, teraz dwie ostatnie niedziele był w kościele. Zawieźliśmy go taksówka bo na te nogi już tak daleko nie może zajść. Przy okazji zawieźliśmy go też na cmentarz. Marylka, chłopcy i ja to tam często jesteśmy, a każda niedzielę to już obowiązkowo.

Ja jeszcze na operacji nie byłam, ale skierowanie do szpitala mam w kieszeni. Jutro jadę do Poznania by uzgodnić miejsce i sądzę, ze w przeciągu tygodnia już je otrzymam, bo o miejsce trudno. Szpitale przepełnione. Mam skierowanie do kolejowego szpitala na ul. Orzechowa.

Trochę się boję, bo to podobno poważna operacja. Pytałam się lekarza jak to długo potrwa, to mi powiedział, ze może 6 tygodni starczy a może i nie. Zależy od tego jak długo będą musieli mnie przygotowywać do operacji. Bo już po operacji to kwestia tygodnia czy dwóch.

Najbardziej boje się tego wyjazdu z domu, będzie mi na pewno ciężko- oby Pan Bóg dał by wszystko się dobrze skończyło. U nas teraz gorąca okropne a susza, ze strach wyjść do ogrodu. Zeszły rok był ciężki a jakby jeszcze i ten taki miał być to dobrze by nie było.

Chłopcy serdecznie dziękują za znaczki. Uciechy było moc i dużo zadowolenia i jeszcze raz bardzo dziękuje.

Tak to u nas nic nowego. Załączam Wam dwa zdjęcia z Józia wesela. Nie byliśmy na nim długo. Wieczorem o 9.00 byliśmy w domu ze względu, że ojciec był z nami, lecz najważniejsze, że byliśmy i

Halina Grycz-Poczekaj
1964.05.29
Włoszakowice

Our Dearest Ones,

We thank you very much for your letter, which we received some time ago. We continually determine to write you, but never quite get to it. There is a lot of work. Spring was late this year, so all the work fell upon us all at once. In addition, the holidays were early and we were at Joey's wedding (the son of Aunt Kasia); the one who called you on the day of the death of our beloved Mother. One doesn't want to believe that, pretty soon, it will be two years since that tragic day.

Father is, as usual. He feels better one day, and then on the next, worse. The last two Sundays he was at Church. We drove him there in a taxi. He can't get very far on his legs. On the way, we drove him to the cemetery. Marylka, the boys and I are there, often; and on every Sunday. It has now become obligatory.

I have not yet been in for my operation. But I have the admittance certificate to the hospital in my pocket. I am going to Poznań tomorrow to arrange for space. I expect that, within the week, I'll have gotten one. It is difficult to get beds. The hospitals are overcrowded. I have an admittance certificate to the companion hospital on Orzechowa Street.

I'm a little afraid. This is, apparently, a serious operation. I asked the doctor how long it would take. He told me it would be about 6 hours in duration, more or less. It depends on how long they will have to prepare me for the operation. After the operation, recovery is only a matter of one or two weeks.

I am most afraid to leave home. It will undoubtedly be difficult… May God permit that everything will end well. It is very hot here, now, drought conditions. It's fearsome to go into the orchard. Last year was difficult. If this one goes the same way, it wouldn't be good.

The boys thank you very much for the stamps. There was much fun and satisfaction from them. I thank you, once again.

So, for today, nothing more new. I am enclosing photographs from Joseph's wedding. We were not there long. In the evening by 9:00 we were at home, since Father was with us. What was most important is that we were there with Father. Otherwise it would have been sad for our Aunt. So now we have that off our heads.

ojciec był, ponieważ cioci byłoby bardzo przykro. I już mamy to z głowy.

Co u Was słychać? Czy wszyscy zdrowi? Co porabia Wandzia i Czesiu? Nasi chłopcy tego lata nie pojadą nigdzie a to przeze mnie. Pogodzili się już z tym, że wakacje spędzą tego lata w domu. Najważniejsze żeby się wszystko dobrze skończyło.

Tak poza tym u nas nic nowego.

Kończę na dziś to moje pisanie. Myśli dziś nie umiem skupić. Praca mi niezbyt idzie bo głowa i myśli zajęte tymi moimi sprawami są. Chłopcy, Marylka i Janek są zdrowi. Lato służy im a ciepło nie przeszkadza. Jak Wam czas pozwoli napiszcie. Bardzo się cieszymy, gdy od Was list przyjdzie.

Zostańcie z Bogiem i niech Was Bóg ma w Swojej opiece. Ściskamy i całujemy Was Wszystkich mocno, mocno. Dużo pozdrowień i uścisków dla Wandzi od Marylki a dla Czesia od chłopców. No i dziadek zasyła Wam Wszystkim również moc uścisków i ucałowań. Ja również zasyłam Wam wszystkim raz jeszcze dużo, dużo uścisków i ucałowań. Zostańcie z Bogiem

Wasza,

Tata, Hala z Rodzinka

What is there to hear from you? Are you all well? What are Wandzia and Czesio up to? Our boys this year won't be going anywhere. That's because of me. They've come to terms with the fact that they'll spend their vacation at home. The most important is that it all ends well.

Otherwise, there's nothing new with us.

I will end my writing for today. I can's seem to gather my thoughts today. Work doesn't go as well as usual. My head and thoughts are occupied with these matters of mine. The boys, Marylka and Janek are all healthy. The summer suits them and the heat doesn't bother them. When time permits, write. We are always happy when a letter from you arrives.

Remain with God. May God have you in His care. We embrace and kiss you each very, very much. Much satisfaction, and hugs for Wandzia from Marylka, and for Czesio from the boys. And, of course, Grandfather sends you each many hugs and kisses, as well. I also send each of you, once again, many, many hugs and kisses. Remain with God.

Your,

Father, Halina with the Family

nad. Halina Grycz-Poczekaj
18.06.1964 rok
Włoszakowice

Nasi Najukochańsi,

Jestem w szpitalu w Poznaniu i zasyłam Wam Wszystkim moc najserdeczniejszych pozdrowień. W domu wszyscy zdrowi i sobie radzą. A ja 16.06 miałam operację i dziś już chodzę. Boli trochę, ale na to nie ma rady. Sądzę, że to nie tarczyca a narośl. Dzięki Bogu, ze już jest po wszystkim. Czuje się dość dobrze. Janek był wczoraj u mnie i wszystko w domu w najlepszym porządku, co mnie bardzo cieszy. Czesiu dostał II nagrodę w konkursie z przeczytanych książek. Cieszy się chłopak i my też. W Poznaniu wystawa. Ruch, ze strach a upał niesamowity i susza okropna. Brak wody. Warta wysycha do tego stopnia, że jest zakaz podlewania ogródków. Będzie znów bieda. Dwa dni przed wyjazdem z domu był u nas straszny grad. Na naszym końcu nie było tak źle, ale u cioci Bietki i wuja Stasia to rozpacz patrzeć. U wuja Stasia to na niektórych polach zboża w 100 zniszczone, a na reszcie 50.

U cioci Bietki to cały ogród zbity, kapusta, groszek, pomidory to tylko łodyżki zostały. Takie już to nasze życie. Ja na dziś będę kończyć, gdy wrócę do domu to do Was napiszę. Co u Was słychać? Czy jesteście wszyscy zdrowi? Jak Wam leci?

Gdy Wam czas pozwoli to napiszcie znów kilka słów.

Moc serdecznych pozdrowień, uścisków i ucałowań ode mnie jak i od wszystkich z domu.

Ściskam Was mocno i całuje,
Kochająca Was Wszystkich

Hala wraz z Dziadkiem i Rodziną

Halina Grycz-Poczekaj
1964.06.18
Włoszakowice

Our Dearest Ones,

I am in the hospital in Poznań and send you all, my heartfelt wishes. Everyone at home is well and are managing for themselves. At 4:06 p.m. I had my operation and am already walking around. It hurts a bit, but there's nothing to be done about it. I believe that it isn't the thyroid, but the growth. Thank God that its all behind me. I feel quite well.

Janek was here yesterday with me. Everything at home is in good condition, which pleases me greatly.

Czesio received the Second Place prize in the competition for the most books read. The boy is very pleased, and so are we. There's the Fair in Poznań. So much traffic that its a fright. There's also an incredible heat wave and terrible drought conditions. There will be poverty because of it. Two days before I left home it was terribly hot. At our end it wasn't so bad, but at Aunt Bietka and Uncle Staś, it was awful to see. At Uncle Staś, some of the fields of wheat were 100% ruined, and on the others, 50%.

At Aunt Bietka's, the whole garden is ruined, cabbage, peas, tomatoes. Only the stems have remained. Such is our life.

I will end for today, since I will write you again when I return home.

What is there to hear from you? Are you all well? How is it going?

When time permits, write a few words again.

Many heartfelt wishes, hugs and kisses from me, as from everyone at home.

I embrace you tightly and kiss you.

Loving each and every one of you,

Hala as well as Grandfather and the Family

nad. Halina Grycz-Poczekaj
10.07.1964 rok
Włoszakowice

Nasi Najukochańsi,

    Dziękujemy serdecznie za list, który dziś otrzymaliśmy. Bardzo się cieszymy, że u Was wszystko w porządku i zdrowi jesteście bo już dawno nie mieliśmy listu od Was. Dziękujemy za życzenia urodzinowe. Dzień urodzin Dziadka przypadał w niedzielę, więc miał dziadek gości. Była ciocia Kasia i wuj Wojtek, Martynka z mężem i Józiu z żoną oraz wuj Staś.

    Chłopcy są już w siódmej klasie a Marylka dopiero do pierwszej klasy pójdzie. Tak się cieszy z tego, wszystko już do szkoły ma: książki, zeszyty, patyczki, układanki, tylko tornistra nie ma jeszcze. Zanim do szkoły pójdzie to i to będzie.

    Dziś jest dwa tygodnie jak do domu przyjechałam. Wszyscy się bardzo ucieszyli a najbardziej dziadek i Marylka. Rade sobie jakoś dali. Znajoma codziennie tu przychodziła na kilka godzin. Chłopcy i Marylka byli grzeczni i bardzo pomagali. Jurek to tak się krzątał jak dziewczynka. Szkoda, że nią nie jest. Po moim powrocie nic nie pozwolił mi robić, on wszystko robił. Okna czyścił, wodę i węgiel przyniósł. Dziadka pokój sprzątnął i we wszystkim mnie wyręczył.

    Ja powoli przychodzę do siebie. Jeszcze tak nie idzie jak przedtem, ale myślę, że powoli i to będzie. Cieszę się, że zdecydowałam się na operację, tym więcej, że to nie była torbiel na tarczycy tylko taka narośl a w środku krew i woda. Operacja trwała 5½ g. ale na drugi dzień trzeba było chodzić. Lekarze twierdzili, że nie mieli ze mną kłopotu i mogli by mnie operować co drugi dzień. Najważniejsze, że już jestem w domu z czego się bardzo cieszę.

    Tylko dziadek nie za bardzo się czuje. Przed wczoraj zrobiło mu się słabo, ze z krzesła spadł.

    Wczoraj leżał a dziś znów trochę wstał. Jeden dzień tak a drugi tak. „Starość nie radość" jak mówi przysłowie. Nie wiem jeszcze czy chłopcy pojada gdzieś na wakacje. Chciałabym by pojechali na wczasy wagonowe na 2 tygodnie z Jankiem nie wiem czy dostanie przydział.

Halina Grycz-Poczekaj
1964.07.10
Włoszakowice

Our Dearest Ones,

We thank you very much for your letter which arrived today. We are very happy that everything is well with you and that you are well. It's been a while since we had a letter from you. We thank you for your birthday wishes. Father's birthday fell on a Sunday, so Father had some guests: Aunt Kasia and Uncle Wojtek, Martynka with her husband and Joey with his wife, as well as Uncle Staś.

The boys are already in 7th grade, and Marylka will be going to 1st grade. She is so pleased by this. She has everything she needs for school: books, binders, sticks, puzzles. The only thing she is missing is a school bag. Before school begins, we'll go and get her one.

Today it's two weeks since I've returned home. Everyone was very pleased, most of all Grandfather and Marylka. I am managing to get along, somehow. My neighbor came every day, for a couple hours. The boys and Marylka behaved themselves and helped a lot. Jurek was as attentive as a girl. Too bad he isn't one. After my return he wouldn't allow me to do anything, but did everything instead. He cleaned the windows, brought in the water and the coal. He straightened out grandfather's room and was helpful to me in every way.

I am slowly returning to myself. It's not all going as well as before, but I think that, slowly, I will recover. I am happy that I decided to have the operation, especially since it wasn't a thyroid gland cyst, only some growth, filled with blood and water. The operation lasted 5½ hours. On the very next day one was expected to walk. The doctors maintained that they had no trouble with me and could operate on me every other day. The most important thing is that I am at home. I am very happy about that.

Grandfather isn't feeling particularly well. The day before yesterday he turned very weak and even fell off his chair.

Yesterday he lay in bed. Today he got up a little. One day after another. As the saying goes: "Old age is no pleasure." I don't yet know whether the boys will go anywhere for vacation. I would like them to go on a two-week holiday wagon ride with Janek. But I don't know if they'll manage to get places.

Marylka w przedszkolu dobrze się uczyła i pani była z niej zadowolona i mówiła, że nie będzie z nią kłopotu w szkole, a mnie pomaga w gotowaniu i pieczeniu. No i z dziadkiem się przekomarza a dziadek ją bardzo lubi.

Tak to u nas nic nowego. Tylko żniwa za pasem. Mendle już na polach stoją. A w Boszkowie masę domków i piękny hotel na 600 osób wybudowano. Długo nie potrwa a Boszkowo, Grotniki i Włoszakowice się połączą.

Dziadek dziękuje raz jeszcze za życzenia urodzinowe a szczególnie Wandzi. Popłakał się jak czytał. Dziadek wszystkich Was bardzo kocha i bardzo tęskni, ale tak i jemu jak i ś. p. Mamusi nie było i nie będzie dane Was zobaczyć i uścisnąć. To jest największa tragedia naszego życia.

Dnia 29.07 będzie już druga rocznica śmierci śp. Mamusi a ja jeszcze nie umiem się pogodzić z ta myślą, że śp. Mamusia przez tyle długich lat Was nie widziała i to co było jej największym marzeniem i pragnieniem w życiu nie spełniło się, a ja patrzyłam i patrzę dziś na wszystko i nie mogę nic poradzić. Jestem taka bezsilna. Tak „życie to nie sen rozkoszy ani baśń tęczowa tylko walka nieustanna".

Jurek to cały dzień majsterkuje cały dzień coś zbija. Hoduje króliki, koty, psy i kwiaty i tak cały dzień coś dla nich majsterkuje, że pewnie go damy na szkołę zawodową. Czesiu czyta i rysuje, to jak nam się uda damy go do technikum plastycznego. A Marylka chce być nauczycielką.

Muszę na dziś kończyć i zasyłam Wam Wszystkim moc najserdeczniejszych pozdrowień i ucałowań. Zostańcie z Bogiem i niech Was bóg ma w Swojej opiece. Ściskamy i całujemy mocno

Dziadek i Hala z cała Rodzinką

Marylka studied well in pre-school. Her teacher was very pleased with her and said that there wouldn't be any problem with her in school. She also helps me with cooking and baking. She is always attentive to Grandfather, and he likes her very much.

So there's not much new, here. The harvest is under our belt. The haystacks are standing in the fields.

In Boszkowo there are bunches of holiday cabins. They've built a beautiful hotel for 600 people. It won't be long before Boszkowo, Grotnik and Włoszakowice will all be connected.

Grandfather thanks you, once more, for his birthday wishes, especially Wandzia's. He cried when he read them. Grandfather loves all of you so very much and longs for you. But just as it was not given for Mother, of holy memory, it won't be given for him to see you and hug you. That is the greatest tragedy of our lives.

On July 29th will be the second anniversary of the death of Mother, of holy memory. I still can't reconcile myself with the thought that Mother, of holy memory, wasn't able to see you for any of those long years. That was her deepest longing and hope. And it wasn't fulfilled for her. I looked at her, and I look today at the situation. And there's nothing at all I can do about it. I am so helpless. Yes, "Life is not a dream nor a fairy rainbow delight, but a constant struggle."

All day long, Jurek is busy putting things together and nailing things. He raises rabbits, cats, dogs and flowers. And he's always working on things for them. We'll probably send him to a trade school. Czesio reads and draws. If we can do so, we'll send him to an art school. And Marylka wants to be a teacher.

I must end today. I send you each many heartfelt wishes and kisses. Remain with God. May God have you in His care. We hug you tightly and kiss you,

Grandfather with Hala and the whole Family

nad. Halina Grycz-Poczekaj
07.11.1964 rok
Włoszakowice

Kochana Władziu, Jasiu, Wandziu i Czesiu,

    Przede wszystkim zasyłamy Wam Wszystkim moc najserdeczniejszych pozdrowień i uścisków. Muszę Wam kilka słów napisać. Tak czekaliśmy na list od Was i daremnie. Od 7 lipca nie mamy żadnego listu od Was. Dziadek codziennie czeka na listonosza i wychodzi przed dom jak listonosz idzie i smutny i rozgoryczony wraca aż mi go żal. Mógłbyś Jasiu więcej pisać. To jedyna pociecha dla niego. Dziadek nigdzie nie wychodzi, Tylko w tym domu siedzi. Książki czyta i najwyżej po podwórzu, względnie po ogrodzie chodzi. Ciocia Kasia też już teraz bardzo rzadko jest u nas bo została babcią. Martynka ma córeczkę, więc pracy więcej. Jak wnuczka podrośnie to potem znów chyba częściej do nas przyjdą, bo ciocia Kasia to jedna z najbliższych ciotek. Zawsze pamięta o nas czy o chłopcach czy o Marylce.
    Marylka też teraz dużo u nich przebywa i bawi małą Danusię. Wuja Ludwika syn ma na 18.11 ślub w Bukowcu. Też mamy tam zaproszenie, ale wątpię czy będziemy. Ojciec już nie będzie a i mnie się nie bardzo chce. Choć po operacji czuję się dobrze to przed tygodniem byłam u lekarza i okazało się, że mam przepuklinę wewnętrzną. Lekarz na razie nie zlecił operacji, lecz mam nosić dobry gorset, ale nie wiem jak to będzie dalej i zobaczymy.
    Pisze dziś do Was najwięcej dlatego, że dostaliśmy list z Chorzowa od administratorki Władzi domu, w którym pisze P.S.S chcą kupić tą fabrykę i w tym celu chcą tu do nas przyjechać kierownik tej fabryki z adwokatem. W sobotę dostaliśmy list i zaraz odpisałam, że ojciec ma pełnomocnictwo tylko do załatwienia spraw, które leżą w granicach administracji i przyjazd jest zupełnie zbyteczny, ponieważ ojciec nie może i nie sprzeda tej fabryki. Jeden adwokat powiedział to mogą to upaństwowić. Pani Bordt natomiast twierdzi, że to nie tak łatwo upaństwowić jak właściciel jest za granicą. Ja się bardzo zdenerwowałam i zaraz Wam też o tym donoszę abyście wiedzieli co i jak gdyby do Was w tej sprawie pisali. To nic nie daje.

Halina Grycz-Poczekaj
1964.11.07
Włoszakowice

Dear Władzia, Jan, Wandzia and Czesio,

Before anything else, we send you all many heartfelt wishes and hugs. I must write a few words to you. We awaited a letter from you for so long, but for naught. We haven't had a letter from you since the 7th of July. Grandfather waits for the Postman every day and goes outside to meet him. When he comes back in, so sad and embittered, it makes me sad for him. You could write more often, Jan. It's his only pleasure. Grandfather never goes out, but just sits at home. He reads a book and sometimes walks on the porch or in the garden. Aunt Kasia visits infrequently now that she has become a grandmother. Martyna has a daughter, so there's more work there. But Aunt Kasia is one of his closest relatives. She always remembers about us, whether about the boys or Marylka.

Marylka spends a good deal of time there, and plays with little Danuśia. Uncle Ludwig's son **[D4]** will be married on the 18th of November in Bukowiec. We are invited but I doubt if we will go. Father will be unable to go, and somehow I don't want to go, either. Although I feel well after the operation, I was at the doctor last week, and it turns out that I have an internal hernia. For the time being, the doctor is not recommending an operation, but I am to wear a strong corset. Whether that will help or not remains to be seen.

I am writing to you most of all because we received a letter from the administrator of Władzia's house in Chorzów in which she writes that the P.S.S. wants to buy the factory building. Towards this end, the Director of the factory wants to come here with an attorney. On Saturday we received the letter, to which I immediately replied that Father has a Power of Attorney good only for matters that deal with the administration of the building, and that their trip here would be completely fruitless, since Father cannot, and will not, sell the factory building. One attorney said that they might nationalize it, instead. Mrs. Bordt, on the other hand, believes that it would not be so easy to nationalize when the owner is abroad. I became very nervous and immediately want to inform you about this so that you will know what is going on, in case they write you in this matter. There's no benefit in it, at all.

Gdyby Władzia to sprzedała to pieniądze za ta fabrykę poszły by do banku i nic by Władzia nie miała. Podjąć by te pieniądze mogła tylko Władzia, gdyby tu przyjechała. W banku leżą już pieniądze, które może Władzia tylko podjąć i to przeszło 200 tysięcy złotych, a poza tym tylko na to co masz rachunki z firm państwowych. Proszę sobie wyobrazić, że taki majątek Ojczulek zostawił i tyle pieniędzy jest w banku, a na utrzymanie grobu śp. Rodziców Władzi nie zwolnią ani grosza a przecież można im przedstawić rachunek grabarza, który przez cały rok dba o te groby. Jak z powyższego wynika sprzedaż jest bezcelowa, albo raczej niech lepiej upaństwowią niż byście to sprzedać mieli. Jedno od drugiego różni się tylko tym, że jak sprzedali to pieniądze weźmie bank a jak nie to fabrykę upaństwowią. Piszę Wam o tym żebyście wiedzieli Władziu jak sprawy stoją gdyby do Was pisali. Tak to u nas nic nowego.

Chłopcy chodzą do 7-ej klasy a Marylka do 1-ej. Marylka bardzo się dobrze uczy i cieszę się bardzo z tego. Jurek chce iść do szkoły zawodowej do Leszna na kierunek samochodowy i silników spalinowych. Czesie natomiast chce pójść do szkoły plastycznej w Poznaniu. Nie wiem czy się tylko tam dostaną bo tu i tam trudno się dostać, wszędzie przepełnione i znajomości trzeba mieć, zobaczymy. Małe dzieci mały kłopot, duże dzieci duży kłopot.

Jeszcze jedna mam prośbę do Ciebie Jasiu. Jak Ci wiadomo Mamusia zmarła bez testamentu a ta sprawa musi być załatwiona do 31 grudnia 64 roku. Dlatego proszę Cię o przesłanie mi zrzeczenia się Twojej części po śp. Mamusi na korzyść moją. Z dniem 1 stycznia 1965 roku wchodzi nowe prawo na mocy, którego niezałatwiona sprawa spadkowa przechodzi na rzecz państwa. Zrzeczenie musi być potwierdzone urzędowo. Na dziś kończę i proszę Cię Jasiu ze względu na pamięć ojca pisz częściej bo skarży się wszystkim, że o nim zapomniałeś i nie piszesz a mnie to bardzo, bardzo boli i wobec ludzi jest mi przykro.

Kończąc zasyłam Wam wszystkim moc serdecznych pozdrowień, zostańcie z Bogiem, niech Was Bóg ma w Swojej opiece. Ściskamy Was wszystkich mocno i całujemy,

Hala z ojcem i Rodzinką

If Władzia were to sell, then the money for the factory would go into the bank and Władzia would have no benefit of it. Only she would be able to withdraw the money if she came here, personally. There is already money in the bank which only Władzia can withdraw, and that amounts to over 200,000 złotys. Besides that, funds can only be disbursed as reimbursements for expenses for which you have receipts from State contractors. Just imagine what an inheritance Daddy has left you. So much money is there. But for the maintenance of the graves of Władzia's Parents, of holy memory, they won't release a penny even though we could produce receipts for the undertaker who minds the graves for the entire year. Given the above, the conclusion is that it is without purpose to sell. It would be better for them to nationalize the building than for you to sell it. The one differs from the other only that if you sell, the bank will take the money, and if not the building will be nationalized. I write you about this so that Władzia will know how the situation stands should they write to you. Otherwise, there is nothing new.

The boys go to 7th grade, and Marylka to 1st. Marylka studies very well and is learning. I am very happy about that. Jurek wants to go to a trade school in Leszno, studying automobiles and internal combustion engines. Czesio, however, wants to go to Art School in Poznań. I don't know if they will get where they want because it is difficult to be accepted. Everywhere, classes are overcrowded. One must have connections. We will see. Small children, small problems; big children, big problems.

I have one more request of you, Jan. As you know, Mother died without a will, and that situation must be regularized by the 31st of December 1964. I ask if you could send me a release from your part of Mother's, of holy memory, inheritance, for my benefit, instead. On the 1st of January 1965 a new law will go into effect that any unresolved inheritance affairs will become the property of the State. The release must be confirmed officially. For today, I end and I ask you, Jan, with respect to our Father's memory, that you write more frequently, because he complains to everyone that you have forgotten about him and that you don't write. That hurts me very, very much. I am embarrassed in front of people when he says this. Ending, I send you all many heartfelt wishes. Remain with God. May God have you in His care. We embrace each of you tightly, and kiss you,

Hala with Father and the little Family

nad. Halina Grycz-Poczekaj
28.11.1964 rok
Włoszakowice

Nasi Najukochańsi,

    Dziękuje Wam Wszystkim za list, który dziś otrzymaliśmy. Odpisuje zaraz. Przede wszystkim najważniejsze, że Wszyscy jesteście cali i zdrowi bo już bardzo się martwiliśmy i myśleliśmy, ale teraz już jesteśmy spokojniejsi bo wszyscy jesteście zdrowi. Dziękuję Wam za paczkę, o której piszesz i za pieniądze. Wy chyba mnie źle zrozumieliście, o tym grobie to ja Wam tylko dla przykładu pisałam. Ja mam grabarza już zapłaconego i to uregulowałam już w październiku. Płacę za cały rok pielęgnacji. Kupuje kwiaty, wieniec, świece i dajemy na Mszę Świętą i Zaduszki. Wszystko w Chorzowie. Jak Mamusia żyła to ja zawsze sama tam jechałam a teraz na Dzień Zmarłych chce być tu, więc wysyłam pieniądze, a sprawę ta dopilnuje administratorka. Ksiądz proboszcz Ochman w Chorzowie zawsze ceremonię na cmentarzu w Dzień Zaduszny zaczyna u grobu świętej pamięci Ojczulka Władzi. Choć Kochani tyle żeście mi już przysłali, że ja mogę to zapłacić, więc o to się nie martwcie. Ja już co roku o tym pamiętam i póki żyć będę to nie zapomnę. A teraz co do tej fabryki. Ja pojadę po Świętach i porozmawiam z kierownikiem z ich adwokatem Bortem. Gdyby za te pieniądze mogli Wam wysłać to co byście chcieli to było by dobrze. Może to będzie możliwe. Napiszcie tylko co byście jeszcze chcieli czy potrzebowali. W razie gdyby to było możliwe, aby za jak największa sumę można by Wam wysłać, a może za wszystko za zezwoleniem Ministerstwa Przemysłu i Handlu. Gdy żył świętej pamięci Sakański to mówił mi, że pieniądze jakie są w banku z dzierżawy może podjąć Władzia i zakupić co chce w Polsce to dostanie zezwolenie z Ministerstwa Handlu i może to bez cła wywieźć do Ameryki, więc może gdyby ta transakcja doszła do skutku to może dałoby się coś zrobić. Odpiszcie nam jeszcze co byście chcieli a ja w pierwszych dniach 1965 roku pojadę do Chorzowa i porozmawiam i się dowiem to Wam zaraz napiszę.

    Moi Kochani jak żeście jeszcze nie wysłali tej paczki to bardzo proszę włóżcie do niej trochę pieprzu, bo u nas nie można dostać a

Halina Grycz-Poczekaj
1964.11.28
Włoszakowice

Our Dearest Ones,

Thank you all for the letter, which we received today. I am replying immediately. In the first place, what is important is that you are all whole and healthy. We were worried and thought the worst. But now we're calmed because all of you are well. Thank you for the package about which you write, as well as for the money. You may have misunderstood me about the grave. I only wrote about it as an example. We have the undertaker already paid for. Everything was taken care of in October. I pay for a whole year of care. He buys the flowers, wreaths, candles and we also make a donation for Holy Mass and for All Soul's Day. All of it, in Chorzów.

While Mother was alive, I always went there myself. Now on All Saint's Day I want to be here. So I sent money and the Administrator, who will take care of it. The Pastor in Chorzów, Father Ochman, on All Soul's Day, always starts the ceremonies at the cemetery from the grave of Władzia's Daddy, of holy memory. Since, Dearest, you have already sent me so much that I can pay for this, you should not worry. I remember this every year and, while I live, I will not forget.

Now to the factory. I will go after the holidays and will, with attorney Bordt, come to some understanding with the Director and his attorney. Were it possible that I could send you whatever money is available, that would be good. Maybe it will be possible. Just write me what you would want or need. In the event it might be possible, what is the largest sum that you would want me to send you. It all might be governed by what is permitted by the Ministry of Industry and Trade. While he lived, Mr. Sakański, of holy memory, told me that the money from the leases that is deposited in the Bank can be withdrawn by Władzia to buy whatever she wants, without duty, to take to America. So, should this transaction come to fruition, you might be able to do something. Write it all out, what you would like. In the first days of 1965, I'll go to Chorzów and will discuss matters and find out what is possible. Then I'll write you immediately.

My Dears, if you have not yet sent off your package, I would ask you please put into it some paper. We can't get any here and we need it for the slaughter of the pigs. Also include aspirin, because what was left

my go potrzebujemy do bicia świń i aspirynę bo ta co została po świętej pamięci Mamusi to już się skończyła. A te rzeczy, o których piszesz przydadzą się na pewno i dla chłopców i dla Marylki. Co nie pasuje to poprzerabiam. Jeszcze raz za wszystko dziękuję.

Bardzo się cieszymy, że Czesiu chce do Polski przyjechać i bardzo byśmy się cieszyli, żeby Czesiu miał żonę Polkę. Może się jeszcze namyśli. Dałby to Bóg. U nas w Bukowcu był też taki przypadek przed miesiącem, był ślub Polaka z Ameryki z panną z Bukowca a teraz wyjeżdżają obydwoje do Ameryki. Już tu kilka takich przypadków w okolicy było.

A teraz moi Kochani co do tego telefonu. U nas teraz poczta czynna a raczej telefon 24 h na dobę a więc możecie dzwonić o każdej porze. Dla nas byłoby najlepiej gdybyście dzwonili w samą Wigilię wieczorem od 7-ej 9-ej czyli od 19.00 do 21.00. Będziemy już po kolacji Wigilijnej może tak o 20 –tej 24.12.64 roku. Będziemy na poczcie. Nie wiem czy ja Wam już pisałam, że była u nas p. Wesołowska z Lolkiem i najmłodszym Zbyszkiem. Zbyszek jechał w październiku do Ameryki na uniwersytet Columbia. Gdy będzie miał okazję to Was odwiedzi choć to jest bardzo daleko od Was, ale czasem są różne sytuacje w życiu i choć góra z górą się nie zejdzie, lecz człowiek może.

Chłopcy się też cieszą, że jak szkołę skończą i będą już mieć zawód pojada do Ameryki w odwiedziny. A Marylka też nie daje mi spokoju tym więcej, że bardzo dobrze się uczy. Ojciec serdecznie Wam dziękuje za pozdrowienia i jeżeli będzie można to w Wigilię będzie na poczcie. Żebyście choć przez telefon swoje głosy usłyszeli. Tatuś czuje się niezbyt dobrze.

Jeden dzień tak a drugi inaczej. Najgorzej z tymi nogami bo kiepsko może chodzić. Tak skleroza robi swoje. Tatuś bardzo płakał jak Wasz list czytałam. Wszystkich Was jeszcze ściska i całuje i mówi, że za dwa lata jak Czesiu przyjedzie to go pewnie nie zobaczy już.

Szkoda, że nie może wcześniej.

Jurek i Czesiu dziękują za znaczki, bardzo się cieszą. Jeszcze raz za wszystko dziękujemy i znów piszcie jak najprędzej.

after Mother, of holy memory, is now finished. And these things about which you write will certainly come in handy for the boys and for Marylka. What doesn't fit, I'll tailor. Once again, I thank you for everything.

We are so happy that Czesio wants to come to Poland. We would be very happy if he could find a Polish wife. Maybe he'll think about it. God grant it. In Bukowiec, here, there was such a situation a month ago. There was a wedding of a Polish man from America with a young lady from Bukowiec. And now they are both going to America. There have been several such cases in the vicinity.

And now, My Dears, about the telephone. Currently here, the Post Office is open, or rather the telephone is available, 24-hours a day. So you can call at any time. For us it would be best if you could call on Wigilia, itself, in the evening from 7:00 to 9:00 pm. We will be after the Wigilia supper by around 8:00 p.m. on the 24th of December 1964. We will be at the Post Office.

I don't know if I've previously written you that Mrs. Wesołowska was here with Lolek and the youngest Zbyszek. Zbyszek was going to America in October to Columbia University. Should he have an opportunity to visit you, he intends to; even though it is very far from you. Sometimes there are different situations in life such that if the top of a mountain cannot come down, nevertheless people can succeed.

The boys are very happy now that school has finished and they will soon have a career. Then they want to go to explore America. Marylka doesn't give me any rest either, particularly since she studies so well. Father thanks you very much for your wishes. If it is possible, he will be at the Post Office on Wigilia, too. May you, at least, hear each other's voices over the telephone. Father doesn't feel altogether well.

One day one way; the next another way. The worst is with his legs, because it is so hard for him to walk. Such is the way sclerosis goes its way. Father wept when I read him your letter. He hugs every one of you and kisses you and says that if Czesio comes in two years to visit, he will not live long enough to see him.

It is too bad that he can't come any sooner.

Jurek and Czesio thank you for the postage stamps. They make them very happy. Once again, we thank you for everything. Write again as quickly as you can.

Kończąc zasyłamy Wam moc serdecznych pozdrowień, ucałowań i uścisków od całej naszej rodziny a przede wszystkim od dziadka. Zostańcie z Bogiem i do usłyszenia,

    Tata, Hala, Janek, Marylka, Czesiu i Jerzy

    Opis weselnego zdjęcia:
Po prawej stronie Ojciec, przy nim wuj Staś z żoną, dalej wuj Wojtek i ciocia Kasia no i państwo młodzi Józiu z żona. Przy młodej pani jej ojciec (matka już nie żyje) i te dwie pary starsze co siedzą to ciotki i wujkowie panny młodej. Drugi rząd od ojca: ta dziewczynka to nie wiem, dalej Janek i ja, potem Janek i Marylka, z drugiej strony ten pan co trzyma butelkę to wujek i ciocia młodej pani. Następnie wuj Ludwik z ciocią i nasz Jurek. Następny rząd to nasz Czesiu. Ten leśniczy z żoną to znajomi. Następna para to Nowakowie (Heniu to syn cioci Maryni z Leszna co był z nami w Gdyni, pamiętasz?). Ta para z tym małym dzieckiem to brat z żoną młodej pani. Następnie dwie pary to kuzynka Józia z mężem i kuzyn Józia z żoną. I ostatni rząd znów od ojca. Pierwszy to syn tego leśniczego, dalej Władek (syn Wacka Pytlika) z żoną. Następna para to ze strony młodej pani. A ten chłopak z butelką to drużba jest nim Piotruś, syn wuja Ludwika z kuzynką młodej pani. Następni to kuzyn młodej pani z Józią (Wacka Pytlika z córką) i te dwie ostatnie pary to krewni młodej pani.
    Z dzieci to na dole siedzą Marylka co się poruszyła w białym sweterku, a ten chłopiec z tą wstążką to Henia z Leszna syn. Ta reszta to od młodej pani strony.
    I to wszystko.
    Jurek i Czesiu przesyłają Czesiowi kilka znaczków. Raz jeszcze moc serdecznych pozdrowień i uścisków i ucałowań. Zasyłają,

    Wszyscy z domu

In ending, I send you many heartfelt wishes, kisses and hugs from our entire family, above all from grandfather. Remain with God. Until we hear from you,

Father, Hala, Janek, Marylka, Czesio and Jerzy

Description of the wedding photo:
At the right side is Father. Next to him Uncle Staś with his wife. Further, Uncle Wojtek and Aunt Kasia and the young couple, Joey and his wife. Next to the bride is her Father (her Mother no longer lives.) The two elderly couples that are seated are aunts and uncles of the bride. In the second row, from Father: I don't know the young girl. Further, is Janek with me. Then, Jan and Marylka. On the other side, the man holding the bottle, is an Uncle and Aunt of the bride. Next is Uncle Ludwig with Auntie, and our Jurek. Next row: that is our Czesio. The forester with his wife are friends. The next pair is the Nowaks (Heniu is the son of Aunt Maryni from Leszno who was with us in Gdynia, remember?) The pair with the little child are the brother and his wife of the bride. The next two pairs is Cousin Józia with her husband, and Cousin Joey with his wife. And the last row, again, from Father. The first one is the son of the forester. Further is Władek (the son of Wacław Pytlik) with his wife. The next pair is from the bride's side. And the boy with the bottle is the best man. His name is Peter, the son of Uncle Ludwig. He is with the cousin of the bride. Next to the cousin of the Bride is Józia (Wacław Pytlik's) with her daughter, and the two last pairs are relatives of the bride.

Among the children at the bottom are seated Marylka, who has just moved [and is blurred] in the white sweater. The boy with the ribbon is the son of Henry from Leszno. The rest is from the bride's side.

And that is all.

Jurek and Czesio are enclosing some postage stamps for Czesio. Once again, we send many sincere wishes and hugs and kisses.

Sending them are…

Everyone from home

Jan M. Grycz
127 Starview Way, San Francisco
15.12.1964 rok

Podaje niniejszym do wiadomości, że zrzekam się udziału mojego w spadku po s.p. matce mojej Marii Grycz na rzecz siostry mojej Haliny Poczekaj, zamieszkałej przy ul. Dworcowej nr. 1, w Włoszakowicach, pow. Leszno, woj. Poznań

Jan M. Grycz

Jan M. Grycz
127 Starview Way, San Francisco
1964.12.15

By the following, I declare that I decline any portion due me of my inheritance from my Mother, of holy memory, Maria Grycz, in favor of my sister, Halina Poczekaj, who lives at 1 Dworcowa Street, Włoszakowice, county of Leszno, województwo of Poznań.

Jan M. Grycz

1965

nad. Halina Grycz-Poczekaj
05.02.1965 rok
Włoszakowice

Nasi Najukochańsi,

Zasyłamy Wam Wszystkim moc serdecznych pozdrowień, uścisków i ucałowań. Dziękujemy Wam Wszystkim za życzenia świąteczne. Bardzo Was było wszystkich ładnie słychać.

Emocji i wrażeń dużo. I całe Święta tą rozmowę wspominaliśmy. Obiecałam sobie, że w Święta do Was napiszę, ale skończyło się na dobrych chęciach. Zawsze coś w drogę weszło.

Dziękuję Wam Wszystkim za $50, które otrzymałam 8 stycznia oraz paczkę, która przed czteroma dniami nadeszła. Bardzo Wam za wszystko dziękujemy. Nasz Czesiu dziękuje za ubrania, za rok będą na niego dobre, a przyda mu się, gdy będzie w Poznaniu jak się dostanie.

To ubranie jest tylko o mankiet dłuższe od ich spodni. Jak oni urośli. Już są wyżsi ode mnie i mają 160 cm wzrostu. Stale się ze mną mierzą. Marylka paraduje w mufce i kołnierzu i chwali się, ze to od Was. A co to było po powrocie z poczty. Marylka, Jurek i Czesiu to już do Was „ jechali". Tak na wszystkie strony kombinowali jak to by było, gdyby to było możliwe i kiedy ewentualnie mogliby Was odwiedzić. A ja się z nich śmiałam i wytłumaczyłam, że jeszcze trzeba szkołę skończyć, zawód zdobyć no i wojsko mieć za sobą, to wtedy mogą pomyśleć o tym by Was odwiedzić. Marylka płakała, że ona nie rozmawiała z Wandzia i że ona chce do Wandzi także jechać. My oboje z Tatusiem tylko wspominaliśmy stare czasy i byliśmy zadowoleni, że choć przez telefon mogliśmy z Wami rozmawiać, tym więcej, że Tatuś bardzo dobrze Was słyszał. Święta spędziliśmy bardzo spokojnie. Pierwsze i drugie Święto siedzieliśmy oboje z dziadkiem. Chłopcy poszli z Marylką do kościoła na śpiewanie kolęd, a potem do zamku tam jest świetlica i telewizor. Janek na karty a my oboje z dziadkiem w domu. W trzecie Święto był u nas wuj Staś, ciocia Kazia z rodzina i wnuczką oraz ciocia Bietka z rodzinką. W poniedziałek po Świętach zachorował Tatuś, było źle. Dostał zapalenia gardła. Dusił się, nie mógł nawet śliny połknąć, był lekarz. W Sylwestra był ponownie lekarz z Leszna i miał Ojca zabrać do

Halina Grycz-Poczekaj
1965.02.05
Włoszakowice

Our Dearest Ones,

I send you all many sincere wishes, hugs and kisses. We thank you all for your holiday wishes. It was good to be able to hear all of you so clearly.

It elicited many motions and strong feelings. During the entire holidays we talked about it and remembered it. I promised myself that I would write to you during these holidays. But it ended up as only a good intention. Something always got in the way.

Thank you all for the $50, which I received on the 8th of January, as well as the package that arrived four days ago. We thank you very much for everything. Our Czesio thanks you for his suit. In a year, it will fit him perfectly. It will come in handy when he will be in Poznań where he can use it. The suit is only a cuff-length longer than their own pants. How they have grown. They are already taller than I am, at 160cm [5 ft., 3 in.] tall. They constantly measure themselves against my height.

Marylka parades around in her muff and collar and praises herself that it came from you. And what it was when we returned from the Post Office! Marylka, Jurek and Czesio wanted immediately "set out" to visit you. They tried to figure out any possible way for it to happen, whether it was possible, and when they might eventually visit you. I laughed at them and explained that they still had to finish school, gain a career, satisfy their military duty and, then, maybe they could think about visiting you.

Marylka cried that she didn't talk with Wandzia, and said she also wanted to go visit Wandzia. Father and I, together, recalled the old times and were pleased that, if only through the telephone, we could speak with you. The more so since Father was able to hear you very well.

We spent the holidays very quietly. On the first and second days of Christmas, I sat together with grandfather. The boys went to Church with Marylka for the singing of the carols, and afterwards to the palace where there is a projector and a television. Janek went to play cards and Father and I were alone at home. On the third day of Christmas, Uncle Staś visited us, Aunt Kazia with the family and grandchildren and Aunt Bietka with her family. On Monday after Christmas Father fell ill. It was bad. He had an inflammation of the throat and was choking. He couldn't

szpitala, lecz że to był Sylwester i lekarzy już nie było, więc zapisał lekarstwo i kazał mi uważać gdyby ojcu było gorzej, miałam zaraz dzwonić po pogotowie by go do szpitala zabrało. Czesiu pojechał do Leszna po lekarstwo i w pierwszy dzień Nowego Roku ojcu się poprawiło. Popłakałam się z radości, bo już myślałam, że ojciec z Wami rozmawiał po raz ostatni. Na szczęście Bóg dał inaczej. Później raz jeszcze mieliśmy lekarza, kazał Tatusiowi wstawać i znowu się jakoś to życie do przodu pcha.

13 lutego Józia wychodzi za mąż i będzie mieszkać w domu przed ciocią Kazią. Wesele będzie miała i my mamy wszyscy być. Józia bardzo lubi naszego ojca i szanuje a my kochamy się jak siostry. Józia nam a przede wszystkim Wam, oraz śp. Mamusi naszej zawdzięcza dużo i nie może zapomnieć żeśmy jej tak pomogli, a może i życie uratowali. Każde święta, każde imieniny i gdy tylko ojciec zachoruje, to zaraz Józia do nas przychodzi. Czy będziemy na tym weselu nie wiem jeszcze bo wuj Ludwik z Buza bardzo poważnie zachorował. Był przed dwoma tygodniami tu na pogrzebie i wszystkich odwiedził, u nas też był. Cztery dni później dostał zawału serca. Zabrali go do szpitala, a w dwa dni później dostał wylewu krwi do mózgu i było bardzo źle. Przed chwilą była u nas ciocia Kazia z wiadomością, że wujowi trochę lepiej, choć nadal stan poważny. Ciocia przy nim w szpitalu jeszcze jest.

Fatalnie się ten rok 1965 u nas zaczął. Tyle wypadków. My też miewamy pechą. Mamy owcę chorą i weterynarz przez cały styczeń prawie codziennie był przy owcy, która miała owieczkę. Weterynarz uratował i owce i owieczkę, ale mamy jeszcze jedną owce co będzie miała młode pod koniec lutego. I tak owca wybiegła mi z chlewa na podwórze, a tryk co był na dworze na oborniku złamał płot i zderzył się z tą owcą i to tak nie szczęśliwie, że owca tego tryka zabiła. Był to tryk hodowlany i zakontraktowany i na maj miał być odbiór i przepadło 3500 zł. Początkowo oboje z ojcem bardzo się tym przejęliśmy, a dziś dziękuję Bogu, że wszyscy zdrowi są, a resztę da Bóg i jakoś to będzie. Zimę mieliśmy łagodną, ale od kilku dni mróz coraz większy, a i dziś wszystko lodem skute. Luty pokazuje co umie. Wybaczcie mi dziś moje pismo, ale spać mi się już chce.

even swallow. The doctor came. On St. Sylvester's [the day after New Year's Day] a doctor from Leszno came and was supposed to take Father to the hospital. Since it was St. Sylvester's and there were no doctors on duty, he wrote a prescription for medication and told me to watch. If it got worse I was to call immediately for an ambulance to take him to the hospital. Czesio went to Leszno for the medicine. On the first day of the New Year, Father improved. I cried from joy. I thought Father had already spoken to you for the last time. Fortunately, God wanted something different. We had a doctor visit one more, last, time. He told Father he could get up. We are now pushing ahead.

On the 13th of February Józia is getting married. She will live in the house in front of Aunt Kazia. She will have a wedding. We are all to attend. Józia likes our Father very much and respects him. We love her like a sister. Józia is very indebted to us, (and in the first place to you, and to Mother, of holy memory.) She does not forget how much we helped her (and perhaps, even, saved her life.) Every holiday, every name day, and whenever Father falls ill, Józia immediately comes over to us.

Whether we will be at the wedding or not, I don't know yet because Uncle Ludwig from Bucza has turned very ill. Be was at a funeral two weeks ago and greeted everyone there. He also came by to see us. Four days later he had a heart attack. They took him to the hospital where, two days later, he had a stroke, which was very bad. Just a moment ago Aunt Kazia with with us with news that Uncle is a little better, although his condition is dire. Aunt is with him, still, at the hospital.

1965 has begun in a terrible way. So many accidents and illnesses. We are also skirting with bad luck. We had a sick sheep. The veterinarian was with the sheep almost every day during the month of January. She gave birth to a little lamb. The veterinarian was able to save both the sheep and the lamb. We have another sheep which will have young ones by the end of February. One of the sheep got away from me and ran out of the pigsty and into the garden, where the ram, which was outside, broke the fence and butted the sheep… but in such a way, unfortunately, that the sheep killed the ram. It was a breeding ram we had contracted. He was to be returned in May. Now, we've lost 3,500 złotys. At first, Father and I were completely preoccupied by this. Today, we thank God that everyone is healthy. God will take care of everything else and things will continue to go forward.

Dziś była wywiadówka i Marylka się najlepiej uczy, ale i chłopcy poprawili się.

Moi kochani mam do Was prośbę. Może byście mi przy okazji mogli przysłać to lekarstwo dla świń. Etykietę wam przesyłam. To można było dostać w tych składkach PKO, ale nie ma na razie w Poznaniu, a że jest bardzo dobre, więc chcielibyśmy na wszelki wypadek trochę mieć, bo jak przyjdzie lato to na gwałt trzeba szukać, więc weterynarz radził, że jak możemy to mamy się w ten lek zaopatrzyć. Gdybyście mogli bardzo bym Was prosiła napiszcie mi ile to kosztuje w dolarach i przesyłka. Napisz mi też Jasiu ile kosztuje puszka kawy 1/2 kg, kakao holenderskie wiesz takie jak kiedyś przysyłaliście. U nas kosztuje 1.60$. Chciałabym wiedzieć jaka jest różnica w cenie u Was, a tu w ekspozytorach PKO. Jak będzie cieplej to pojadę do Chorzowa, a dziś przesyłam Wam to zestawienie z Chorzowa. Tak to u nas nic nowego. Wuj Wojtek cioci Kazi mąż też choruje na serce. Dostaje zastrzyki i leży.

To już na dziś kończę i zasyłam Wam Wszystkim raz jeszcze serdeczne podziękowanie, oraz pozdrowienia i uściski dla całej rodziny. Całujemy Was Wszystkich mocno, mocno, a najmocniej Wandzię całuje Marylka.

Kochający Was Wszystkich,

Dziadek i Hala z rodziną

We had a mild Winter. But in recent days the freeze has been harder and harder, so that today everything is covered with ice. February will show what it can do. Forgive me for my handwriting today, but I feel very sleepy.

Today, a visitor [from school?]. Marylka is doing the best in her schoolwork, but the boys have also improved.

My dears, I have a request of you. Perhaps you might be able to send us some medicine for the pigs. I am sending you the label. One can get this through PKO, but it isn't available at present in Poznań. Because it is very effective, we would like to have some, "just in case". When summer comes, one has to look for it urgently. The veterinarian suggested that, if we could, we should try to obtain some. If you would be able to, I would ask it of you. Write to me how much it costs in dollars, including the postage costs. Write to me, also, Jan, how much a ½ kg can of coffee costs, and how much for Dutch chocolate. (You know the kind, like the one you sent us once.) Here it costs $1.60. I would like to know what the difference in price is there, compared to the export section of PKO.

When it is warmer, I will go to Chorzów. Today I am enclosing the accounting records from Chorzów.

So, there's nothing more new. Uncle Wojtek (Aunt Kazia's husband) also has heart problems. He had an injection and is abed.

So for today, I will end, sending each of you, once again, sincere thanks and wishes and hugs for the whole family. We kiss each of you very, very much. Most of all, Marylka kisses Wandzia.

Loving you all,

Grandfather and Hala with the family

nad. Halina Grycz-Poczekaj
28.03.1965 rok
Włoszakowice

Nasi Najukochańsi,

Zasyłamy Wam moc najserdeczniejszych pozdrowień, uścisków i ucałowań. Jesteśmy tak dosyć zdrowi, tylko ojciec jak zwykle jeden dzień czuje się lepiej a drugi trochę gorzej. Teraz znów wiosna, to pogoda zmienna, więc i samopoczucie zmienne jak i ta pogoda. Dziękujemy Wam serdecznie za ta drugą paczkę, która już dość dawno otrzymaliśmy, bo dzień przed ślubem Józi. Marylka się bardzo cieszyła, no i my wszyscy. Bardzo Wam Wszystkim serdecznie dziękuję za wszystko. Pieprz bardzo mi się przydał, ponieważ kilka dni później biliśmy świnie, a u nas nie ma nigdzie w sklepach nawet za dewizy PKO. Za aspirynę również dziękuję, a za resztę mocno Was wszystkich ściskamy. Marylka paraduje w futerku i przydało się bo mieliśmy mroźną zimę i w lutym i w marcu. Bardzo dużo śniegu i nawet pociągi w zaspach utknęły. Autobusy przez kilka dni u nas nie kursowały. Przez jedną noc byliśmy tak zasypani śniegiem, że trzeba było przejścia w śniegu kopać. Dla dzieci to raj, użyli tej zimy na łyżwach, na nartach i na saneczkach, ale teraz już wiosna i zaczęła się praca w ogrodzie. Ja mam już pomoc bo gdy sieje to Marylka mi pomaga zasypywać. Ona ma też kawałek ogródka i Jurek też ma swój ogród a Czesia nie ciągnie ani do kwiatków ani do ogrodu. On książki i rysunki. Już niedługo zobaczymy gdzie, do której szkoły uda im się dostać. W tym roku napływ do szkół młodzieży duży. Oni mają szczęście bo to ostatni rocznik, który kończy szkołę podstawową w siedmiu latach. Następni będą już chodzić 8 lat, a to chłopcy wysokie i wyglądają na 16 lat. Marylka uczy się z nich najlepiej. Ona już umie czytać i liczyć bez trudu. Chłopcy się teraz też biorą, bo zrozumieli, że chcąc żyć trzeba się uczyć, a obydwoje planują i marzą, że po skończonej szkole, gdy będą już mieć zawód w ręce to chcą Was odwiedzić, ale ja się boję, że jak Was odwiedzą to już ich nie zobaczymy, tak jak śp. Mamusia Was.

Ja mam do Was jeszcze jedną prośbę, ojciec ma na obydwóch rękach no i wierzchu dłoni całe czerwone, wygląda to jak odmarznięte

Halina Grycz-Poczekaj
1965.03.28
Włoszakowice

Our Dearest Ones,

We send you our most heartfelt greetings, hugs and kisses. We are all quite well, except that Father, as usual, who feels, one day better and the next, a little worse. It is Springtime again. The weather is changeable, so one's very frame of mind changes with the weather. We thank you very much for the second package, which we received some time ago. It was the day before Józia's wedding. Marylka was very happy, as, were we all. We thank you sincerely for everything. The pepper was very useful since we had, just a few days later, slaughtered the pig. There is no pepper in any of our stores, even at the western-currency PKO. We are also grateful for the aspirin. For everything else, we hug you in gratitude.

Marylka parades around in her fur, which will be very useful because we have had a freezing cold all through February and March. There has been a great deal of snow and the trains were even blocked by the drifts. The buses stopped running here for several days. One night the snow drifts were so high that we had to dig ourselves a passage through the snow. For the children, this was paradise. They spent the winter on their skates, on skis and on sleds. But now it is Spring. Work begins, anew, in the garden. I now have some help. When I sow, Marylka helps me cover over the seeds. She has a small plot of her own. Jurek also has his. The garden doesn't attract Czesio either for flowers or for vegetables. For him, it's drawings and books. Pretty soon we will find out where, and to which school they were able to get accepted. In this year, the applicant pool will be very large. They two, are lucky, because this will be the last year in which the fundamentals will be finished in seven years. The next class will go for eight years. The boys in those classes are tall and look like they are 16 years old. Marylka is the best student of them all. She already knows how to read and count without trouble. The boys are applying themselves, too, because the recognize that if one is to live, one must be educated. Both of them are planning ahead and hope that after finishing school, when they both have a trade in hand, they can visit you. But I am worried that if they visit you then we will never see them again, just as Mother, of holy memory, never saw you.

I have, for you, one more request. The surface of both of Father's

i czubek nosa też i to go bardzo swędzi. Lekarz ojcu zapisuje różne maści, ale nic nie pomagają, nadal jest czerwone i stale swędzi. Może u Was byłaby jakaś maść. Tu lekarz zapisywał mu maści: unguentum Hydrocortisoni, unguentum Detreomycyni 1, Oxycorton, ale te maści ojcu nie pomagają, może u Was coś by było.

Przesyłam Wam zdjęcie z Józi wesela. Naszej Marylki nie ma bo była w szkole a więc od prawej strony: wuj Staś i ciocia Bietka i te dwa chłopcy to od Andzi, dalej Ojciec, potem Pytlik i Wacek i druga żona. Przy Józiu matka młodego Pana i jego wujek i ciocia. Dalej kuzyn Wacka Pytlika. Drugi rząd od cioci Bietki: Staśka od wuja Stasia z mężem i Martynka z mężem. Z drugiej strony szwagier i siostra żony Wacka P. no i my z Jankiem, przy mnie Jurek a nad Jurkiem Czesiu. Następny rząd od cioci Bietki Stasiu Pytlik z żoną obydwoje trzymają najmłodsze pociechy, oni to są gospodarze Wacka Pytlika. Stasiu to brat Józiu a jego żona to siostra Józi męża, dalej to kuzynka młodego pana z mężem i córką. Następne dwie pary to dwie3 siostry młodego Pana z mężami. Hela (siostra Józi) i ta para przy Czesiu to kuzyn z żoną młodego pana, nasi sąsiedzi. I ostatni rząd również od Cioci Bietki, pierwszy pan to z orkiestry, następna para to siostra młodego pana z mężem. Następna para to Piotr od wuja Ludwika z żoną. Następna para to brat Józi z żoną i córką. Władek był więźniem w Oświęcimiu. Dalej Marylka od cioci Bietki ze swoim partnerem i zarazem kuzynem. Dalej kuzynka młodego pana z kuzynem Józi (po drugiej matce) z kuzynem młodego pana i ostatnia para to kuzynka młodego pana z kuzynem Józi i trzeci gość z orkiestry. To wszystko, wesele było małe, ale ładne. Nawet ojciec się dość dobrze czuł, ale młodzi państwo po niego pojechali i go przywieźli. Jak byście tę maść przysłali to może byście trochę złotych kropli dla ojca mogli przysłać, bo ojciec stale używa kropli na serce jedne i te same a może było by dobrze zmienić na jakieś inne.

To już kończę na dziś zasyłając Wam Wszystkim moc serdecznych pozdrowień i ucałowań oraz uścisków. Raz jeszcze za wszystko Wam bardzo dziękujemy. Ściskamy Was Wszystkich mocno, mocno. Bądźcie zdrowi i niech Was Bóg ma w Swojej opiece. Wasi:

Tata, Hala, Marylka, Jurek i Czesiu

hands and his palms are entirely red. It looks as if the tip of his nose is also a bit frozen. It tickles him annoyingly. The doctor recommends a number of different ointments, but nothing helps. It continues to be red, and it itches all the time. Maybe you might have some other ointment available, there. Here, the doctor recommended *unguentum Hydrocortisoni*, *unguentum Detreomycin 1* and *Oxycorton*, but these ointments have not been helpful. Perhaps you might have something else?

I am sending you a photo from Józia's wedding. Our Marylka is not on the photo because she was in school. So, from the right side:

Uncle Staś and Aunt Bietka and those two boys are Andzia's. Further, Father. After that, Pytlik and Wacek with his second wife. Next to Joey is the mother of the groom, and his Uncle and Aunt. Father is the cousin of Wacław Pytlik. In the second row from Aunt Bietka: Staśka from Uncle Staś with her husband and Martyna with her husband. On the other side, the brother-in-law, and the sister of Wacek P's wife. Janek and I. Then, next to me, Jurek and above Jurek, Czesio. Next row: from Aunt Bietka, Staś Pytlik with his wife. Both of them are holding their youngest joy. They are the ones on the farm belonging to Wacław Pytlik. Staś is the brother of Jóey and his wife, who is the sister of Józia's husband. Next is the cousin of the groom with her husband and daughter. The next two pair are the two sisters of the groom with their husbands. Hela (Jóey's sister) and the pair by Czesio are cousins and wife of the groom, our neighbors. In the last row, also from Aunt Bietka, the first man is from the orchestra. The next pair is the sister of the groom with her husband. The next pair is Peter **[D4]** of Uncle Ludwik with his wife. The next pair is the brother of Joey. The third person is with the orchestra. That's all. The wedding was small, but very nice. Even Father felt pretty well. The young couple came to pick him up and bring him back home.

If you happen to have not to have sent that ointment yet, perhaps you could send a little of those golden drops for Father, because he continually uses the drops for his heart. Maybe it is worth changing them for some other ones?

Here I will end for today, sending you all many heartfelt wishes and kisses and hugs, as well. Once again, I thank you very much for everything. We embrace you very, very tightly. Be well. May got keep you in His care.

Your, Father, Hala, Marylka, Jurek and Czesio

nad. Halina Grycz-Poczekaj
03.05.1965 rok
Włoszakowice

Nasi Najukochańsi,

Dziękujemy Wam Wszystkim za życzenia Świąteczne i pozdrowienia. My tu wszyscy dosyć zdrowi, czego i Wam z całego serca życzymy. Święta spędziliśmy spokojnie i w domu. Ciocia Kazia była u nas w Święta, lecz po Świętach przeżywaliśmy bardzo ciężkie i smutne chwile.

W piątek po Świętach został zabity mąż Martynki (cioci Kazi zięć). Pod Poznaniem była katastrofa i oni byli przy akcji ratunkowej. Trzy parowozy ciągnęły te gruzy liną od czołgów i hak się urwał. Lina przebiła dwie ściany wagonu i uderzyła w Janka (męża Martynki) i na miejscu był zabity. Cały był pokaleczony i brzuch rozszarpany, wątroba i nerki mu pękły.

Rozpacz u nich ogromna. Martynka została z pół roczną córką. Ciocia chciał mieć trochę lepiej, bo wuj też nie może chodzić, a tu takie nieszczęście. Wczoraj byli u nas ciocia Kazia z Martynką i córką i Józiu z żoną i córką bo Marylka nasza ma dziś imieniny i przyszli jej powinszować. Żal nam wszystkich u cioci i mojej Danusi, która już nie będzie mieć tatusia. Ja u cioci byłam prawie tydzień, bo oni tracili głowę, cios był tak niespodziewany. Pogrzeb miał bardzo duży. Koledzy z Poznania go nieśli i pięć delegacji przywiozło wieńce. Janek nasz był z Martynką i jej teściem w Poznaniu po trumnę ze zwłokami przywieźć tu, ale wszyscy szli im na rękę i pomagali, tak, że już w sobotę go przywieźli, a Martynkę z teściem z Poznania do domu przywieźli dyrektor autem na miejsce.

Cóż to jednak wszystko znaczy, życia już nikt nie wróci.

U nas wszystko tak starym trybem leci. Mamy już maj, a zimno, że strach ani drzewa nie kwitną jeszcze, ani nawet nie zielenią się. To już nie te moje co były dawniej. Świat się zmienia i klimat się zmienia i chyba i my się też zmieniamy. Człowiek wiecznie zagoniony i załatany i jakiś taki niespokojny i nerwowy i wiecznie w napięciu nerwowym i zapracowany od rana do wieczora, aby żyć. Chłopcy przygotowują się do egzaminów. Czesiu z malarstwa i rysunków ma

Halina Grycz-Poczekaj
1965.05.13
Włoszakowice

Our Dearest Ones

We thank you all for your holiday greetings and wishes. We are all, here, pretty well, which I wish for you from our whole heart. We spent the holidays quietly, at home. Aunt Kazia was with us for the holidays. But after the holidays we had very difficult and sad moments.

On Friday after the holiday, the husband of Martyna was killed (aunt Kazi's son-in law) **[D5]**. There was a catastrophe outside Poznań, and they were among the "first responders". Three locomotives were pulling the damaged tank cars by chain from [the wreckage], and the hook broke loose. The line broke through two walls of a wagon and struck Jan (Martyna's husband) killing him on the spot. He was all bruised and torn. His liver and kidneys were burst apart.

The grief was enormous. Martynka is left with a half-year old daughter. Aunt wanted to have it a little better, because Uncle can't walk either. Instead, here, such an unfortunate accident. Yesterday Aunt Kazia was here with Martyna and her little girl, and with Joey and his wife and daughter. Our Marylka has her name day today, so they came to express their congratulations. It was sad for all of them at Aunty's. My Danusia will no longer have a Father. I spent almost a week at Aunt's because they were losing their head. It was such an unexpected shock. He had a very big funeral. His colleagues from Poznań bore him. Five delegates brought wreaths. Our Janek went with Martynka and her father-in-law from Poznań to get the coffin with the corpse and bring it here. Everyone did what they could to be helpful. Already by Saturday they were able to bring him here. The Director drove Martyna and her father-in-law from Poznań all the way home in a car.

What does it all mean? Life will never return [after its gone].

Everything else runs in its usual rhythm. It is May already, and cold as fright. None of the trees are blooming yet, nor are they even green. My trees are no longer the ones they were before. The world is changing. The climate is changing. Perhaps we, too, are changing. A person is constantly chasing after something and is somehow unsettled and nervous. One is always in a state of anxiety, overworked from morning till night, just to live.

już egzamin 26 maja a z polskiego i matematyki 26 czerwca, aby się tylko stali. Lecz da Bóg jakoś to będzie.

Co do tych lekarstw dla ojca to nie złota woda tylko złote krople na serce, to co już kiedyś śp. Mamusi przysłaliście. Wszyscy twierdzą, że tatuś ma na tych rękach tak zwane egzemy, to bardzo swędzi, jest czerwone a od czasu do czasu popęka i woda taka wycieka, czasem też skorupka się robi, odpada i znów zostaje duża swędząca plama na całej ręce.

To już na dziś będę kończyć. U nas 1 kg kawy kosztuje 3 dolary i 20 centów a twierdzi się, że wszystkie towary w PKO są bez cła. Ja wzięłam coś towaru i sprzedałam i przed kilkoma dniami kupiliśmy 90 kg świnię za 1800 zł, bardzo się cieszę bo już jak nic się nie stanie to na gwiazdkę będzie co zabić. My już musimy zakonserwować coś na zimę do słoików, bo gdy przyjdzie lato i sezon w Boszkowie to u nas już bardzo trudno coś dostać w masarni, wszystko wysyła się do Boszkowa, a ruch tam ogromny. Wszędzie pełno domków kempingowych, las cały z prawej i lewej zabudowany, hotel na 600 osób w budowie.

Restauracja luksusowa już gotowa, duży parking. Dworzec w budowie. Jednym słowem niedługo a wszystko chyba połączy się razem Boszkowo-Grotniki i Włoszakowice.

Jeszcze raz Wam Wszystkim oraz Wandzi i Czesiowi dziękujemy serdecznie za życzenia Wielkanocne.

Zostańcie z Bogiem i niech Was Bóg ma w Swojej opiece. Moc uścisków, ucałowań dla całej Rodzinki zasyła,

Dziadziu i Hala z Rodzinką

The boys are preparing for their examinations. Czesio for painting and drawing has an exam on the 26th of May, and in Polish language and Mathematics on the 26th of June. May they just get in. But God will have it the way He will.

As to those medications for Father, it is not gold water, but gold drops for his heart; the kind you once sent for Mother. Everyone claims that Father has what is called "eczema" on his hands. It is very itchy. It is red. And from time to time it breaks out and weeps. Sometimes, too, a scar forms and then falls off. What is left is an itchy blemish on his whole hand.

So I will end for today. Here, 1kg of coffee costs $3.20, and it is claimed that all the goods offered at PKO are without duty. I took some goods and sold them. A few days ago we bought a 90kg pig for 1,800 złotys. I am very happy. If nothing [bad] happens, we will have something to slaughter for Christmas. We have already put up preserves in glass jars for the winter. When summer comes, with its holiday season in Boszkowo, it will be very difficult to get anything here at the butchers. They send everything to Boszkowo. The traffic, there, is enormous. Everywhere there are lots of camping cabins. The forest is built up at both the left and right hand sides. A hotel for 600 people is under construction. A luxurious restaurant is already ready, with a big parking area. The station is under construction. In a word, pretty soon we'll have to connect together Boszkowo, Grotnik and Włoszakowice.

Remain with God. May God have you in His care. Many hugs and kisses for the whole family are sent you by…

Grandfather with Hala and the little Family

nad. Halina Grycz-Poczekaj
29.07.1965 rok
Włoszakowice

Nasi Najukochańsi,

Serdecznie dziękujemy za list, który przed dwoma dniami dostaliśmy, jak i za paczkę z rzeczami i czekoladą. Sądzę, że to była czekolada bo nic za cło nie płaciłam a za kakao zapłaciłam 70 zł. Marylce bardzo podobały się kąpielówki, i bardzo się przydały bo pojechali nad morze na 14 dni do Ustki na wczasy wagonowe. Ja wszystkim za wszystko bardzo dziękuje. Chłopcy i Marylka mają już wakacje, naprawdę spokojne wakacje po ciężkich dniach. Chłopcy dwa ostatnie miesiące przed zabrali się porządnie do pracy a ja razem z nimi.

Wszystkie reguły wkuwali, powtarzali, że chyba przez cały rok nie nauczyli się tyle co przez te dwa miesiące. Czesiu miał już egzamin z malarstwa i rysunku, oba zdał na bardzo dobrze.

Do szkoły było przeszło 200 kandydatów a przyjęli 50, w tym Czesiu. Skakał na metr wysoko z radości jak dostał wiadomość, że go przyjęli. Nie dostał tylko internatu, więc jakoś będzie musiał sobie radzić z obiadami na prywatnej kwaterze, ale może w ciągu roku uda się coś wykombinować. Jakoś musimy sobie radzić bo dojeżdżać też mu nie pasuje bo to Liceum Sztuk Pięknych jest w Poznaniu. Czesiu przesyła Wam rysunki. Jurek będzie chodził do Leszna do Zasadniczej Szkoły Zawodowej na kierunek elektryczny. Też udało mu się tam dostać, choć w tym roku było trudno dostać się gdziekolwiek. Jurek będzie dojeżdżał pociągiem bo mu pasują a ma 17 kilometrów a my mieszkamy blisko stacji, tyle tylko co w Lesznie musi daleko iść bo aż przez całe miasto bo tam nową piękną szkołę wybudowano i warsztaty. Jurek dostał pokój u góry po cioci Annie, i teraz będzie zakładał światło jak wróci z wakacji, maluje i cieszy się, że będzie miał swój własny pokój z naszą najmłodszą. Marylka tez jest już w drugiej klasie, uczy się dobrze i nawet dostała książkę za pilność, grzeczność i dobrą naukę. Bardzo się cieszyła no i my razem z nią. Chciałam załatwić tą sprawę spadkową po świętej pamięci Mamusi,

Halina Grycz-Poczekaj
1965.07.29
Włoszakowice

Our Dearest Ones,

We thank you from our hearts for your letter which we received two days ago, as well as for the package with the things and the chocolate. I deduce it must have been chocolate because I didn't pay any duty. But for cocao I had to pay 70 złotys. Marylka very much liked the swimming suit. It came just in time, because they went to the sea for 14 days to Ustki on holiday wagons. I thank everyone for everything very much.

The boys and Marylka are on vacation now. They are very peaceful vacations after difficult days. The boys both have applied themselves to their work over the past two months. And I have, with them. They crammed everything, repeated it. They likely didn't learn, in the whole past year, what they learned in these past two months. Czesio already had his examination in painting and drawing, and passed both very well.

There are over 200 candidates for the school. They accept only 50, and among those, Czesio. He jumped over a meter high with joy when he received the news that they had accepted him. Only he did not receive boarding. So he will have to make things do, somehow, by finding dinners at private homes. Perhaps, during the year, he'll succeed in figuring out something better. We will have to work things out in other ways, because commuting is also troublesome. He's been accepted at the Fine Arts Lyceum in Poznań. Czesio is enclosing some of his drawings.

Jurek will be attending the Occupational Trades School in Leszno specializing in electrical studies. He also managed to get accepted, even though, this year, it was difficult to get in anywhere. Jurek will commute by train, because the schedule works. He has 17 kilometers one way, and we live near the station. The only problem is that in Leszno, he'll have to get across the whole city because that's where they've built a beautiful new school with the workshops. Jurek got the room upstairs that Ania used to occupy. Now, when he returns from vacation we'll install a light. He is painting it and is pleased that he'll have his own room. Marylka is in 2nd grade, studies well, and even received a book as a reward for good attention, behavior and studies. She was very happy by this, and we, with her.

ale musi być to twoje zrzeczenie się poświadczone przez konsulat polski, dlatego zwracam Wam to żebyście poświadczyli w konsulacie. Może dojdzie jeszcze zanim wyjedziecie to może w którymś mieście będzie konsulat bo nie wiem czy macie w San Francisco. Dziś była trzecia rocznica śmierci kochanej i niezapomnianej Mamusi, byliśmy wszyscy w kościele i na cmentarzu, naturalnie bez dziadka. Dziadek to już koło domu ledwo się porusza, często się przewróci, trzeba pomóc mu się ubrać i z krzesła się podnieść. On stale mówi, że chciałby już umrzeć a ja się cieszę, że żyje i że mam z kim pogadać. Dałby Bóg żeby żył do 100 lat. Ja też długo do Was nie pisałam bo to z chłopcami te egzaminy, a później od 1-15 lipca ich nie było bo byli w Ustce a ja w tym czasie malowałam dwa pokoje. Chciałam wykorzystać ten czas jak nikogo nie ma i nikt mi nie przeszkadza. No, ale mam koniec i jestem z tego zadowolona. Już połowa wakacji przeminęła a z nowym rokiem nowe kłopoty i wszyscy się rozjadą. Czesiu wyleci już z domu i wróci na wakacje, Jurek na cały dzień do Leszna a Marylka tu do szkoły. Nie chce się wierzyć jak ten czas leci.

Ciekawa jestem czy Zbyszek był u Was, ja jak będę w Poznaniu to wyśle Wam płyty. Mam jedna „Echo Ojczyzny", same piosenki przedwojenne, na pewno się ucieszycie. Z okazji Waszego wyjazdu po nowe auto w taką daleką podróż życzymy Wam moc przyjemności.

Dziadek mówi, że to stare możecie mu w liście przysłać, a Czesiu się z niego śmieje. Mówi, że prawa jazdy nie musi już zdobywać bo będzie jechał rowami, polami i polnymi drogami a tam niby przepisy drogowe nie obowiązują. Na tym kończę, bo chyba już dość napisałam na dziś. Zostańcie z Bogiem i niech Was Bóg ma w swojej opiece.

Ściskamy i całujemy Was mocno, mocno,

Ojciec, Hala, Janek, Jurek, Czesiu i Marylka

I wanted to take care of the issues concerning the inheritance from Mother. But your document refusing inheritance in favor of me, must be notarized by the Polish Consulate. So I am returning it to you in order to have that done. Perhaps it will reach you before you depart. Or there might be a Consulate in some place you will be. I don't know if you have one in San Francisco.

Today was the third anniversary of the death of our beloved and never-to-be-forgotten Mother. We were all at Church and at the cemetery. Of course, Grandfather could not be with us because he barely manages to move around the house or raise himself out of his chair. He constantly says that he would like to die now. But I am happy that he is alive and that I have someone with whom to chat. May God grant that he lives to his one hundred years.

I have not written you for so long, what with the boys examinations. After that, from the 1st to the 15th of July, when they were in Ustce, I had the time to paint two rooms. I wanted to take advantage of the time while no one was home to bother me. Now I am finished and am very pleased. Half the vacation has already passed by and in the new year there will be new problems with everyone going their different directions. Czesio will leave home and return only for vacations. Jurek will be gone the whole day to Leszno. Marylka will be in school. One doesn't want to believe how quickly the time flies.

I wonder if Zbyszek has been to visit you. When I am next in Poznań, I will send you more records. I have one, "Echo's of the Fatherland", which is a collection of pre-war songs that will doubtless please you. On the occasion of your departure to get a new car, so far away, we wish you much pleasure.

Grandfather says that you can send the old one in a letter to him. Czesio is chuckling at him. He says that he needn't even get a driver's license, because he'd be driving along back roads, fields, and country roads on which the laws don't apply.

With this, I'll end, because I think I've already written enough for today.

Remain with God. May God have you in His care. We hug and kiss you very, very much.

Father, Hala, Janek, Jurek, Czesio and Marylka

nad. Halina Grycz-Poczekaj
15.11.1965 rok
Włoszakowice

Nasi Najukochańsi,

Muzę do Was kilka słów napisać, ponieważ z dnia na dzień czekamy na list od Was, a tu jak nie było tak nie ma. Od lipca nie mamy od Was żadnej wiadomości, martwimy się co się stało, czy wszyscy zdrowi? Tym bardziej, że wybieraliście się w podróż w sierpniu. Napiszcie na kilka słów żebyśmy byli spokojni, że jesteście cali i zdrowi. U nas z tym zdrowie nie najlepiej. Najgorzej to tatuś się czuje. Pod koniec wakacji zasłabł tak bardzo, że mieliśmy lekarza i księdza. W nocy nas obudził i mówił, że umiera i żegnał się z nami i błogosławił nam. Lekarz zmienił mu lekarstwo, ale mówił, że jego serce jest już coraz słabsze, ale może uda się go trochę podciągnąć. Od tego dnia minęło już dwa i pół miesiąca, wczoraj znów był ksiądz, ojciec coraz słabszy. Ja go rozbieram, ubieram i do ubikacji muszę go zaprowadzić i przyprowadzić.

Często trzeba mu z krzesła pomóc wstać i z łóżka, samego już nie można go zostawić. Przed kilkoma dniami wyszłam do sklepu na zakupy na 20 i jak wróciłam to ojciec leżał na podłodze w pokoju. Z trudem udało mi się go podnieść, ale do pomocy przysunęłam krzesło i stół. Ja też ostatnio niezbyt dobrze się czuję, często boli mnie lewy bok i w brzuchu. Lekarz twierdzi, że choruję na trzustkę (śledzionę) i że ma przepuklinę, czeka mnie znów operacja.

Jednym słowem niezbyt dobrze u nas wygląda. Oby Bóg dał obyśmy wszyscy zdrowi tych świąt doczekali. Chłopcy jak już pewnie wiecie chodzą do szkoły. Jurek do Leszna do zawodowej na dział elektryczny, bardzo zadowolony i podoba mu się. Czesiu do Poznania, też zadowolony. Lepiej się uczą niż w podstawowej. Byliśmy w niedzielę na wywiadówce, Janek w Poznaniu a ja w Lesznie, a chłopcy i Marylka z dziadkiem w domu. Staramy się Czesia dostać do internatu bo teraz jest prywatnie a to drożej kosztuje. Czesiu jest na niedziele w domu. Marylka uczy się najlepiej w klasie. Bardzo się z tego cieszymy. Co do sprzedaży tej fabryki to rozmawiałam tu z adwokatem, ale mówi, że to jest możliwe jakby Władzia tu

Halina Grycz-Poczekaj
1965.11.15
Włoszakowice

Our Dearest Ones,

    I must write a few words to you. We wait, day by day, for your letter, but just as it hadn't been received before, it still isn't. We haven't had any news from you since July. We are worried about what might have happened, especially since you were departing for your trip in August. Are you all well? Write a few words so we will be calm and know that you are whole and well. Here, with health, it is not the best. The worst is how Father is feeling. Towards the end of vacation he became so frail that we had the doctor and priest in. He woke us up at night to say that he was dying. He said his goodbyes to everyone and blessed us. The doctor changed his medications. He said that although his heart is constantly a bit weaker, he might manage to live a while longer. It's been two and a half months since that day. Yesterday, the priest came to visit again. Father is weaker and weaker. I help him dress and undress, and have to walk him to the bathroom and back.

    We have to help him get up from his chair or bed. He can no longer manage that himself. Several days ago, I stepped out to go to the store for groceries. When I returned 20 minutes later, Father was lying on the floor of the room. With difficulty, I managed to get him up. But I had to push a chair and a table closer to us in order to manage it. I, myself, am not feeling perfectly well. I have a pain in the left side of my stomach. The doctor thinks I an suffering from a problem with my pancreas or that it may be the hernia. Another operation awaits me.

    In a word, things don't look so well, here. May God grant that we will all reach the holidays in some kind of health. The boys. as you already know, go to school. Jurek is going to Leszno to the Occupational Trades School in the area of electricity. He is very pleased with his classes. Czesio, in Poznań, is also happy. They are learning better than they had in Elementary School. On Sunday, we scouted out everything. Janek was in Poznań. I was in Leszno. The boys and Marylka stayed with Grandfather, at home. We are trying to get boarding for Czesio because getting meals privately is more expensive. Czesio is at home on Sunday. Marylka is the best student in her class. We are delighted by this.

przyjechała i pieniądze pobrała za zezwoleniem Ministerstwa. za te pieniądze z przemysłu i handlu mogła by tu wiele rzeczy kupić a resztę przehulać w Polsce, bo tak jak Wy chcieliście żeby Wam tokarkę wysłać to jest nie możliwe. Tokarki sprzedajemy tylko za dewizy. W Chorzowie to wszystko po staremu. Pisała mi Pani Michacz, że mam do Chorzowa przyjechać zobaczyć jak wszystko wyremontowali. Na wszystkich świętych wysyłam im pieniądze, że pielęgnują groby w Chorzowie, oraz na wieńce, kwiaty i świece. Pisali mi, że pięknie grób rodziców wygląda. Fela przyniosła żółte chryzantemy, ktoś jeszcze zaświecił lampki. Pisała mi pani Michacz, że wszystkie ceremonie na procesji ks. proboszcz Ochman prowadził. Grób rodziców znajduje się na wprost wejścia a Ojczulek z księdzem byli dobrymi znajomymi i pamięta o Nim zawsze.

    Ja może się wybiorę do Chorzowa choć na jeden dzień. Jedną noc pojadę, dzień będę a drugą noc wrócę. Tatuś mówi, że mam jechać. Janek będzie miał teraz wolne pod koniec listopada to jak tatuś będzie się dobrze czuł to pojadę. U nas zima w całej pełni, śnieg i mróz do 18 stopni. Da nam ta zima we znaki. Myśmy się już przyzwyczaili do zimy w styczniu a nie już w listopadzie. Największe zmarzluchy to ja i dziadek, mówią, że mamy mało krwi. Dziadek ubiera dwa swetry i dalej mu zimno. Tylko Marylka jak cyganka bosa by chodziła bo jej gorąco. Tak poza tym to wszystko po staremu, napiszcie nam czy zdrowi jesteście. Jak Wam tam leci. Co robi Władzia, Wandzia, Czesio, no i Ty Jasiu. A Zbyszek od państwa Wesołowskich czy u Was był ciekawi jesteśmy.

    Ania z dziećmi wyjechała na stałe do Konina (Jej mąż tam pracuje i dostał mieszkanie).

    Podoba jej się bardzo, ale tęskni. Ciocia Bietka jest tylko z tą Marylką i Wujkiem.

    Zasyłam Wam raz jeszcze moc serdecznych pozdrowień, uśmiechów i ucałowań od nas wszystkich. Dziadek osobno Was Wszystkich całuje i ściska mocno, mocno. A od Marylki cały pociąg całusów dla Wandzi no i całej Rodzinki. Zostańcie z Bogiem. Wasi,

    Ojciec, Hala z Rodzinką

Regarding the sale of the factory, I spoke with the attorney. He told me that, were Władzia to come and withdraw the money (with the approval of the Ministry), it would be permitted to use the money to buy any kind of goods or products. With what was left, you could spend carousing around Poland. But buying a lathe, as you wanted, would be impossible. Lathes can only be purchased with foreign currency.

In Chorzów everything is, as of old. Mrs. Michacz wrote me that I should come to Chorzów because everything has been upgraded. On All Saints I send them money for taking care of the graves in Chorzów, likewise for wreaths, flowers and candles. They wrote me that the grave of your parents looks lovely. Fela brought some gold chrysanthemums. Someone else lit the candles. Mrs. Michacz wrote that all the ceremonies and processions were led by the Pastor, Father Ochman. The grave of your parents is located directly opposite the entrance to the church. The Pastor and Daddy were close personal friends. So he always remembers Daddy.

I may make a trip to Chorzów, if only for a day. One night I'll go. I'll be there for the day. I'll come back the next night. Father says that I should go. Janek will have some time off at the end of November. So, if Father feels well enough, I will go.

It is Winter here, in its fullness. There's snow and the temperature is 18°C. This Winter will build character. We're used to Winter in January, but not in November! The biggest "shiver-people" are Father and me. They say it's because we don't have enough blood. Father wears two sweaters and he's still cold. Marylka is our little gypsy, walking around barefoot because she feels hot. Apart from that, everything is, as of old. Write us a few words about how you are doing. How are things, there? What are Władzia, Wandzia, Czesio and you, Jan, doing? Has Zbyszek Wesołowski been to see you? We are curious.

Ania with the children emigrated to Konin. Her husband managed to get a house there, where he works. They like it there very much, but are homesick. Aunt Bietka is left alone with Maryla and Uncle.

I send you, once again, many heartfelt wishes, smiles, and kisses from all of us. Father alone, kisses you and sends many, many hugs. And a whole trainload of kisses for Wandzia and the whole family from Marylka. Remain with God. Your,

Father, Hala and the Family

Chciałam Wam napisać byście nie dzwonili w Wigilię, bo ojciec już do poczty nie będziemy mogli doprowadzić, choć to jest niedaleko, ale dla niego jest za daleko, a znów gdybyśmy my z Wami tylko rozmawiali to byłoby mu bardzo przykro i jeszcze ciężej, więc wybaczcie, że tak piszę. Moc uścisków dla Was Wszystkich.

Hala

I wanted to write to ask you not to call on Wigilia, because we won't manage to get Father to the Post Office, even though it is close. But for him it is too far. If we were to chat with you, without him, it would only make him very sad and more difficult. So please forgive me for writing this. Many hugs for each of you.

Hala

nad. Halina Grycz-Poczekaj
08.12.1965 rok
Włoszakowice

Nasi Najukochańsi,

Piszę Wam kilka słów, przede wszystkim zasyłam Wam moc najserdeczniejszych pozdrowień, i dziękuje za te 50$, które dostałam przez PKO. Kupiłam wszystkim prezenty na święta w postaci ciepłej bielizny, no i coś jeszcze zostawiłem sobie na czarną godzinę.

Martwię się tylko bardzo dlaczego nie piszecie. Ostatni wasz list był z 8 lipca a drugi 8 grudzień. Mam różne koszmarne sny a ciocia Kasia mówi, że za dużo myślę. Bardzo się niepokoimy, czy wszyscy jesteście zdrowi? Czy z tej podróży wróciliście cali i zdrowi? Co się u Was dzieje? Codziennie czekamy na listonosza o tu jak listu jak nie było tak nie ma. U nas wszystko po staremu, jakoś się pcha do przodu. Czesiowi w Poznaniu bardzo się podoba i jest zadowolony i ja też się bardzo cieszę. Jurek w Lesznie też bardzo zadowolony, dostał nawet 50% stypendium w postaci 140 zł = 2 $. Pierwsze jego pieniądze, nie za dużo, ale dobre i to. Może Czesiu też dostanie stypendium to uda mu się dostać do internatu. Marylka jest najlepszą uczennicą w klasie, oj cieszyła by się św. pamięci babunia. Dziadek w dalszym ciągu narzeka, że nie może chodzić.

Taki słaby na te nogi, ale to wszystko to zwapnienie żył. Jeden dzień lepiej jeden gorzej. Sam mówi, że on już jest jak małe dziecko. Najważniejsze żeby jak najdłużej żył.

Kończę zasyłam Wam wszystkim jeszcze serdeczne pozdrowienia i uściski.

Zostańcie z Bogiem i niech Was Bóg ma w swojej opiece. Piszcie jak najprędzej. Czekamy na list. Przesyłamy moc całusów,

Dziadek i Halina z rodziną.

Halina Grycz-Poczekaj
1965.12.08
Włoszakowice

Our Dearest Ones,

    I am writing you a few words. Before all else I send you our most heartfelt greetings. Thank you for the $50, which I received through PKO. I bought everyone some presents for Christmas in the form of thermal underwear. And I also saved a bit for a rainy day.

    I am only worried why you don't write. The last letter we had was on the 8th of July and a second on the 8th of December. I have various nightmares [about what might be happening to you]. Aunt Kasia says that I think too much. But we are very unsettled. Are you all well? Did you return from your trip, whole and well? What is going on with you? We wait, every day, for the postman. And, here, just as there hasn't been a letter previously, there isn't one this day.

    Here, everything is, as of old. Somehow we push ourselves forward.

    Czesio likes Poznań very much and is so pleased that I, too, am pleased. Jurek is also happy with Leszno. He even received a 50% scholarship in the form of a rate of exchange of 140 złotys = $2. This is the first money he has earned. It's not too much, but it's good, even at that. Perhaps Czesio will get a scholarship as well, and maybe he'll be able to get meal service. Marylka continues to be the best student in her class. (Oj, how proud would be her Granny, of holy memory.) Grandfather continues to complain that he cannot walk.

    His legs are so weak. It is all probably due to the calcification of his veins. One day, it's better. The next day, it's worse. He, himself, admits that he is now, like a little child. What's important is that he live as long as possible.

    Ending, I will send you each, once again, our sincerest wishes and embraces.

    Remain with God. May God have you in His care. Write again as quickly as possible. We await your letter. We send you many kisses,

    Grandfather and Halina with the family

1966

nad. Halina Grycz-Poczekaj
18.01.1966 rok
Włoszakowice

Nasi Najukochańsi,

    Zasyłamy Wam wszystkim moc najserdeczniejszych pozdrowień i dziękujemy za list, który dopiero przed czteroma dniami przyszedł i za paczkę, którą otrzymaliśmy w drugie Święto gwiazdki. Uciecha był wielka. Marylka to skakała z radości. Serdecznie Wam Wszystkim za wszystko dziękujemy. Radość była tym większa, że po otrzymaniu paczki w drugie Święto wiedzieliśmy, że żyjecie i nic Wam się nie stało, tylko nie było czasu do napisania, ale myśmy się już pod taką gwiazdką urodzili, że na brak pracy nie możemy narzekać a na nudy nie ma czasu. Pisałeś Jasiu, że wysłałeś 2 paczki z odzieżą. Ciekawi jesteśmy czy wysłałeś je razem i która pierwsza przyjdzie, ponieważ Batory, który przypłynął do Gdyni 17.12 (a sądzę, że on właśnie tą paczkę przywiózł), miał na statku pożar w Anglii i to właśnie więcej niż połowa poczty, a raczej worków z pocztą się spaliło, a ponieważ tej drugiej paczki nie mamy jeszcze wiec być może, że i ona się spaliła jeżeli tym statkiem też przypłynęła. A więc w paczce były 2 puszki odżywki, 2 swetry męskie, 1 para spodni, 2 swetry dla dziewczynki, 2 sweterki trykotowe, Kąpielówki dla Marylki, spódnica i majteczki a więc to otrzymaliśmy i za to bardzo serdecznie dziękujemy. Może jeszcze przyjdzie. Paczki z owocami też jeszcze nie mamy, ale chyba jeszcze przyjdzie. Dzieci i Dziadek nie mogą się doczekać jak te owoce będą wyglądały i smakowały oczywiście o ile się nie spaliły.

    Cieszymy się bardzo, że Wszyscy jesteście zdrowi a tak żeśmy się już martwili co się też u Was stało, że tak dług nie piszecie, ale dzięki Bogu wszystko w porządku.

    Kochany Jasiu z okazji zbliżających się Twoich Imienin a minionych urodzin składamy Ci wszyscy moc serdecznych i gorących życzeń zdrowia, szczęścia, długiego życia, zadowolenia w życiu rodzinnym i zawodowym. Jednym słowem życzymy Ci wszystkiego czego sobie tylko życzysz. Niech Bóg Cię błogosławi i ma Was Wszystkich w Swojej opiece. W tym dniu ściskamy Cie mocno i całujemy. Tata i Hala z całą rodziną. Niestety tylko na odległość.

Halina Grycz-Poczekaj
1966.01.18
Włoszakowice

Our Dearest Ones,

We send you our most heartfelt wishes and thank you for your letter which arrived four days ago; and for your package which we received on the Second Day of Christmas. Our joy was great. Marylka was jumping up and down with delight. We thank all of you for everything. The joy was even greater, because, when we received your package on the Second Day of Christmas, we knew you were alive and that nothing had happened to you except lack of time to write. We were born under a star, such that we can't complain of lack of work. For boredom, alone, we have no time. You wrote, Jan, that you dispatched two packages with clothing. We're curious whether you sent them together, and which one will arrive first. *Batory* arrived in Gdynia on the 17th of December (and I presume that the packages came with the ship on this voyage). There was a fire aboard ship in England. More than half of the mail, or rather bags of mail, were burned. Since we have not yet received the second package, it is possible that it, too, was burned... if it, indeed, travelled on this ship. In the package we received were two boxes of nutrients, two men's sweaters, one pair of pants, two girl's sweaters, two knitted sweaters, a swim suit for Marylka, a skirt and panties. This is what we received, and we thank you very much for it. Maybe the second package will yet arrive. We've not received any package with fruit. But that, too, may eventually arrive. The children and Grandfather can't wait for how the fruit will look and taste... that is, of course, if they have not burned.

We are very pleased that you are all well. We were so worried that something had happened to you because you had not written for so long. But, thank God, everything is alright.

Dear Jan, on the occasion of your approaching name day and your already-passed birthday, we all express our most heartfelt and intense wishes for health, success, long life, satisfaction in both family life and occupational life. In other words, we wish you everything that you, yourself, wish for. May God bless you. May He continue to have you in His care. On this day, we embrace you very tightly, and kiss you.

Father and Hala with the whole family (unfortunately, only from a distance.)

Cieszymy się bardzo, że Zbyszek Cię odwiedził, może nie jedno się od niego dowiedziałeś nie tylko o Luboszu, ale i za czasów okupacji. Szkoda, że wtedy miałeś mało czasu właśnie i Zbyszek nie był jeszcze u nas, ale sądzę, że przyjadą jak cieplej będzie. Panna Irka czy to ta, która była w Anglii i gdy wróciła była w Chorzowie u śp. Ojca Władzi (czy to Władziu Twoja kuzynka?). Od nas teraz też wyjechał na stałe Wojtek Chrubik (prawdopodobnie takie nazwisko) nie wiem czy pamiętasz Jasiu? Jego brat był tu na odwiedzinach, gdy jego matka umierała, mieszka w Nowym Jorku, namówił brata Wojtka, który rok temu go w Ameryce odwiedził a teraz pojechał na stałe. Z zawodu jest rzeźnikiem i planuje otworzyć sklep i rodzinę w ciągu trzech miesięcy zabrać. On mieszkał w Poznaniu.

Chłopcy nadal chodzą do szkoły i uczą się, Marylka też była chora, ale dziś była już w szkole.

Święta Bożego Narodzenia i Nowy Rok spędziliśmy spokojnie. Ojciec zachorował po Świętach, już w Nowym Roku, dlatego też nie pisałam. Znów był chory na gardło, jak rok temu, ale dzięki Bogu minęło i znów jakoś leci. Czasami ojciec wstanie, czasami leży wszystko zależy jak się czuje. U nas zima w całej pełni. Zimno i mroźno, aż śnieg chrupie pod butami. Wszędzie biało a na ocieplenie nie ma na razie nadziei. Marylka paraduje w tym kożuszku co jej przysłaliście w tamtym roku i mówi, że jej ciepło a wszyscy jej zazdroszczą.

Marylka odgrywała przedstawienie na Nowy Rok i mówiła ładny i długi wierszyk. Bardzo ładnie jej wypadło.

Zaskoczyła nas wiadomość, że Czesiu chce się żenić. Młody jest jeszcze a małżeństwo to nie taki miód. No, ale jak już wybrał i tak zdecydował to tak musi być. Lata swoje już ma a jak sobie pościele tak się wyśpi. Każdy o swojej przyszłości musi sam zadecydować i daj mu Boże jak najlepiej. My wszyscy Czesiowi tego z całego serca życzymy. Ania od cioci Bietki jest w Koninie i bardzo jej się podoba, ale bardzo tęskni. Ciocia Bietka planuje tam pojechać.

Wuj Wacek jest już na emeryturze, ale we Włoszakowicach jest rzadkim gościem. U nas był raz od śmierci śp. Mamusi, a u cioci Bietki może ze trzy razy. A auto ma, więc mógłby częściej wpaść bo tylko oni dwoje zostali. Wacek i Bietka, ciocia Kasia też często do nas

We were very happy that Zbyszek was able to visit you. Maybe you learned a few things about Lubosz during the times of the Occupation. It is regrettable that you didn't have much time, then. Zbyszek has not yet been here, but I expect that he will come when it is warmer. Miss Irka… is she the one who was in England, and when she returned, was in Chorzów at Władzia's Daddy? (Is she your cousin, Władzia?).

A fellow recently emigrated from here, Wojtek Chrubik (I think that was his family name). I don't know if you remember him, Jan? His brother was here to look around when his mother was dying. He lives in New York. He was talking to the brother of Wojtek, who met him last year in New York, and went to live there permanently. He is a butcher, and plans to open a shop and to bring his family there within three months. He lived in Poznań.

The boys continue to study well at school. Marylka was a little ill, but is back at school already today.

We spent the holidays of the Lord's birth and New Year quietly. Father grew ill after the holidays, already by New Years. That is why I hadn't written. He had trouble with his throat again; just as he had had, a year ago. Thank God, it passed. So we're running forward again. Sometimes Father gets up. Sometimes he stays in bed. It all depends on how he feels.

It is a full Winter here. Cold and freezing, so that the snow crunches beneath one's boots. Everything is white. At present, there's no hope for a warming spell. Marylka parades around in that little sheepskin that you sent her the other year and says that she is very warm. Everyone is jealous of her. Marylka participated in a presentation at New Year, and recited a long and pretty poem. She did a really nice job of it.

The news that Czesio wants to marry surprised us. He is still young and marriage is not all honey. But, if he has already picked and decided, then that's the way it will be. He already has his years. How he makes his bed is how he will sleep. Everyone must decide about his own future, and God grant that it will be the best choice. We all send our best wishes to Czesio from our whole heart.

Ania from Aunt Bietka is in Konin where she likes it very much. But she is lonesome. Aunt Bietka is planning a trip there.

Uncle Wacek is retired, but we seldom get to have him as a guest in Włoszakowice. He was here once after the death of Mother, of holy memory. And he might have been at Aunt Bietka three times. He has a

wpadną. Danusia, jej wnuczka już większa i dobrze już chodzi wiec łatwiej do nas przyjść, a wuj Wojtek też nie może chodzić. Strasznie mu nogi puchną. Wuj Staś też do nas co niedzielę wpadnie, on to się jeszcze najlepiej czuje.

Kończę na dziś i zasyłam Wam Wszystkim moc serdecznych pozdrowień, uścisków i ucałowań. Zostańcie z Bogiem i niech Was Bóg ma w Swojej opiece. Dużo, dużo uścisków i ucałowań dla Władzi, Ciebie Jasiu, Wandzi i Cześka od

Dziadka, Hali i Janka, Marylki, Czesia i Jurka

Kochanej Cioci, kochanemu Wujkowi,
Kochanej Wandzince, Kochanemu Czesiowi,

Muszę kilka słów napisać. Zasyłam wam wszystkim moc serdecznych pozdrowień i ucałowań. Dziękuję Ci Wandziu za kąpielówki i majteczki, sweterki, bluzeczki. A za resztę Cioci, Wujkowi i Czesiowi. Sto pozdrowień. Pa, pa, pa całusów sto dwa.

Marylka

car, so he could stop by more frequently because only the two of them are left. Wacek and Bietka, Aunt Kasia also stops by frequently. Danusia, her grandchild is already bigger, and walks very well. So it is easier for them to come here. Uncle Wojtek also can no longer walk. His legs are horribly swollen. Uncle Staś stops by every Sunday. He is holding on the best of all.

I will end for today, enclosing for all of you many heartfelt wishes, hugs and kisses. Remain with God. May God have you in His care. Many, many hugs and kisses for Władzia, you, Jan, Wandzia and Czesio from…

    Grandfather, Hala and Janek, Marylka, Czesio and Jurek

    Dear Aunt, dear Uncle,
    Dear Wandzia, Dear Czesio

I must write a few words. I send you all many sincere wishes and kisses. Thank you, Wandzia, for the swim suit and panties, the sweater and the blouse. And for everything else, I thank Auntie, Uncle and Czesio. One-hundred wishes. Pa, pa, pa.[12] Kisses, one-hundred-two.

    Marylka

---

[12] "bye, bye, bye."

nad. Halina Grycz-Poczekaj
09.02.1966 rok
Włoszakowice

Nasi Najukochańsi,

Dziękujemy Wam wszystkim za tą drugą paczkę, którą przed kilkoma dniami otrzymaliśmy i wszystko w najlepszym porządku przyszło. Bardzo się wszyscy cieszyli a ja Wam również wszystkim za taki śliczny prezent dla mnie serdecznie dziękuje.

Chciałam zaraz napisać, ale tak ten czas leci a pracy dużo. Ale dziś zostawiłam wszystko i piszę, bo Wy też byście się martwili, że nie doszła ta paczka. My tu wszyscy dosyć zdrowi.

Tata jak zawsze jedne dzień lepiej drugi gorzej, i tak na zmianę jak pogoda. Na razie śniegu nie ma i zaczynają kwitnąć przebiśniegi, lecz znów śniegi i mrozy zapowiadają. Ja byłam też u lekarza i radzi mi iść do szpitala na operację, lecz chcę jeszcze zaczekać do wakacji jeśli można, choć coraz gorzej jest. Chłopcy mówią ze wtedy Oni będą w domu, więc przy Dziadku zrobią, ponieważ przy nim zawsze ktoś być musi i w dzień i w nocy. Sam nie daje sobie rady, a tak to Jurek i Czesiu będą mogli mnie zastąpić. Tak trudno jest z domu odejść jak kogoś słabego i chorego trzeba zostawić, bo dzieci to już nie tak źle. Oni beze mnie wyżyją i dadzą sobie jakoś radę. No zobaczymy.

Muszę na dziś kończyć. Czas obiad gotować bo Jurek wróci ze szkoły. Wczoraj była niedziela i była u nas Ciocia Kasia z Martynką i małą Danusią, która już dobrze chodzi i bardzo ładnie się z naszą Marylką bawi. Mają trochę rozrywki z Nią.

To już kończę, zasyłam wam raz jeszcze serdeczne podziękowania za wszystko co dla nas robicie. Jest to dla nas a szczególnie dla mnie bardzo duża pomoc. Ściskamy i całujemy Was wszystkich mocno, mocno, dużo uścisków i ucałowań dla Wandzi od Marylki. Zostańcie z Bogiem i niech Was Bóg ma w swojej opiece.

Pozostają Wasi,

Tato i Hala z Rodziną

Halina Grycz-Poczekaj
1966.02.09
Włoszakowice

Our Dearest Ones,

We thank you all for the second package, which arrived a few days ago, with everything in good shape. We were all very pleased, and I want to thank you for the lovely present you sent me.

I wanted to write, right away; but the time runs and there's always work. But today I left everything and am writing, because you will be worried that the package may not have arrived. Everyone is well, here.

Father, as always, is better one day and then worse, the next. And it changes just like the weather. At present there is no snow, but the crocuses are beginning to bloom. They are predicting more snow and freezing temperatures.

I was at the doctor. He is recommending that I go to the hospital for an operation. I want to wait until vacation if it is possible, although it is getting progressively worse. The boys say that they will be home, then, so they can care for Father. Someone must be with him day and night. He can't take care of himself. So Jurek and Czesio will be able to substitute for me. It is so difficult to leave home when someone is so weak and ill. It's not so bad with children. They will survive without me and will be able to take care of themselves. Well. We'll see.

I must end today. It is time to cook dinner because Jurek will soon arrive from school. Yesterday was Sunday. Aunt Kasia and Martynka and little Danusia **[E6]** was here. Danusia walks very nicely now, and plays with our Marylka. They have a little digression with her.

So I will end, sending you, once again, our deep thanks for everything you do for us. It is for us, and especially for me, a very great help. We hug you and kiss you all very, very much. Many hugs and kisses for Wandzia from Marylka. Remain with God. May God have you in His care.

Remaining yours,

Father and Hala with the Family

nad. Halina Grycz-Poczekaj
22.05.1966 rok
Włoszakowice

Nasi Najukochańsi,

Zasyłamy Wam wszystkim moc najserdeczniejszych pozdrowień. Dawno już do was nie pisałam, lecz i od Was bardzo dawno nie mamy wiadomości. Musze wam przede wszystkim donieść, że 19.04 zmarł Wuj Ludwik na zawał serca. Był w szpitalu w Poznaniu i gdy lekarze mieli już nadzieję, że go podleczą to wyszedł na korytarz, przewrócił się i już nie żył. Pogrzeb śp. Ludwika był 23 kwietnia w sobotę. Na pogrzebie byłam Ja i Janek. Ojciec niestety nie mógł jechać. Miałam w domu znajomą, która była przy ojcu, a ja w miejsce ojca pojechałam oddać śp. Wujkowi ostatnią przysługę. Pogrzeb miał bardzo duży. Gdy my byliśmy w Buczu na pożegnanie to do nas przyjechał Wuj Wacek z Ciocią Manią, pierwszy raz od śmierci śp. kochanej naszej Mamusi. Cieszyłam się, że byli bo przynajmniej ojciec się tak nie miał czasu przejmować i inne myśli dostał. Takie to nasze życie nic nie warte.

W Wielki Piątek był u nas Zbyszek Wesołowski z żoną i synkiem. Opowiadał nam o Was, o swoim pobycie u Was. Bardzo mu się tam podobało. Ostatnio przebywa w San Francisco córka sąsiadów Cioci Kasi. Wygrała ona w konkursie wyjazd do San Francisco wyjazd na 3 miesiące. Ponieważ jest w Poznaniu, ja dopiero dowiedziałam się przed kilkoma dniami, gdy byłam u Cioci Kasi, że córka sąsiadów jest w USA. Na tą wiadomość weszła do Cioci Kasi matka tej pani z napisanym listem do swojej córki i dowiedziałam się, że córka jest w San Francisco, dlatego dopisałam kilka słów i dałam adres Wasz. Sadzę, że będziecie się cieszyć, gdy Was ktoś nie tylko z Polski, lecz z Włoszakowic odwiedzi. Ta pani będzie w San Francisco trzy miesiące. Ja tak z dnia na dzień do Was chciałam napisać, ale wiecie jak to jest. Pracy bardzo dużo. Poza tym ojciec stale mnie potrzebuje, ze od rana do wieczora tak tyram to wieczorem mam dość. Poza tym to przepuklina mi bardzo dokucza i już zdecydowałam się iść na operację. Czesiu kończy rok szkolny 4 czerwca, ponieważ budynek szkolny potrzebują na noclegi dla gości na Światową Wystawę w

Halina Grycz-Poczekaj
1966.05.22
Włoszakowice

Our Dearest Ones,

    We send you all many heartfelt wishes. It has been a long while since I've written. But it is also a long while since we've had news from you. I must inform you, before anything else, that on the 19th of April, Uncle Ludwig died of a heart attack. He was in the hospital in Poznań and the doctors were hopeful that they'd cure him. But he walked out to the corridor, and fell over dead. The funeral of Ludwik, of holy memory, was on the 23rd of April on Saturday. I was at the funeral with Janek. Father, unfortunately, could not attend. I had a friend at home, who was with Father. I went on Father's behalf to give Uncle our last respects. The funeral was very big. Since we were in Bucz for our good-byes, Uncle Wacek and Aunt Mania came here for the first time since the death of our beloved Mother, of holy memory. I was happy that Father, at least, had an opportunity to be occupied with something else, and had new thoughts in his head. Otherwise our life is not worth anything.

    On Holy Friday, Zbyszek Wesołowski visited us with his wife and son. He told us about his visit with you. He liked it very much, there. The last person to visit San Francisco was the daughter of the neighbors of Aunt Kasia. She won a trip to San Francisco for three months, in a lottery. Since they are in Poznań, I only found out a couple days ago, when I was at Aunt Kasia's, that the daughter of her neighbor was in the USA. Just as I got this news, the mother of this lady came in to see Aunt Kasia with an already-written letter to her daughter. Through that, I found out that her daughter was in San Francisco. That is why I added a few words and gave them your address. I trust that you will be happy, since it will be someone, not only from Poland, but from Włoszakowice who might visit you. The lady will be in San Francisco only three months.

    Here, I wanted, day by day, to write to you. But you know how it goes. Work, and more work. Apart from that, Father continues to need me. From morning to night I tear around, so that, by evening, I've had enough of it. Other than that, my hernia really bothers me, and I have decided to go in for the operation. Czesio finishes his school year on the 4th of June, because they need the school building to house guests to the World Fair in Poznań. Czesio will take care of Grandfather, and in

Poznaniu. Czesiu chce się zająć Dziadkiem a ja w połowie czerwca wybieram się na operacje w Imię Boga. Będzie co Bóg da. Poza tym u nas nic nowego. Mamy piękny maj, ciepło, lecz sucho. Co Wy tam porabiacie? Jak się Wam powodzi? Jak się czuje Władzia? Co robi Wandzia? A Czesio czy zdecydował już o swoim ślubie? U nas tak powoli leci. Jurek będzie chyba przez dwa letnie miesiące pracował. Koniecznie chce sobie kupić rower a że na książeczce PKO ma tylko pół roweru, wiec na drugą połowę chce sobie zarobić w wakacje. Zobaczymy czy mu się uda.

Tak wszystko po staremu. Czekamy na list. Moc uścisków, ucałowań i pozdrowień dla Was wszystkich od całej naszej rodziny.

Dziadka, Hali, Janka, Marylki, Jurka i Czesia

P.S. Dziękujemy za paczkę z owocami, bardzo wszystkim smakowały.

the middle of June, I plan to have my operation in the Lord's name. What will be, is what God will give.

Beyond that, there's nothing new. We have a beautiful May. It is warm, but dry.

What are you doing there? How is everything going? How does Władzia feel? What is Wandzia doing? Has Czesio decided about his wedding?

Everything is slowly moving forward for us. Jurek will probably be working during the two summer months. He wants to buy a bicycle. He only has enough for half a bike according to the PKO catalog. So he must work for the second half during vacation. We'll see if he manages it.

Otherwise, all is, as of old. We await your letter. Many hugs, kisses and wishes for you all from our whole family.

Grandfather, Hala, Janek, Marylka, Jurek and Czesio.

P.S. Thank you for the package of fruit. Everyone enjoyed the way it tasted.

nad. Halina Grycz-Poczekaj
12.08.1966 rok
Włoszakowice

Nasi Najukochańsi,

 Przede wszystkim wybaczcie, że tak długo nie pisałam, ale człowiek zalatany od rana do wieczora i dzień po dniu leci jak woda, ani się człowiek spostrzeże jak te wakacje przeleciały już. Dziękuję Wam wszystkim za list z życzeniami dla Dziadka i dla mnie. List przyszedł w dniu moich imienin. Popłakałam się. Kilka dni przedtem dostałam przekaz na pieniądze z Warszawy, a kilka dni po moich imieninach przyszła paczka. Radość była ogromna. Ubranie w sam raz na Jurka dobre. Ta narzutka jakby na mnie, bo ja od czasu mojej operacji to jest 2 lata schudłam tylko 10 kilogramów. Serdecznie Wam wszyscy za wszystko dziękujemy. Ja szczególnie dziękuję Wam za taki piękny materiał na sukienkę, bardzo, bardzo się cieszę i raz jeszcze wszystkich za wszystko mocno całuję.

 My tu tak wszyscy dosyć zdrowi. Ja na operacji nie byłam, a właściwie byłam, ale nie chcą mnie operować. Powiedzieli mi, że te boleści to nie są od przepukliny, ale mam dwie choroby i to jedna to skomplikowane połączenie wątroby z trzustką, a druga to nerwy połączone z nadciśnieniem. Poszłam teraz do innego lekarza prywatnie i leczę się bo kasa chorych to by mnie pewnie wykończyła. Lekarz powiedział mi, że choroba nie jest taka prosta, ale właśnie dlatego warto spróbować i czuję się już trochę lepiej, może da Bóg, że się podleczę. Dobrze, że na razie nie potrzebuje iść na operację. Ta operacja jak operacja, ale potem będzie gorzej.

 Ojciec potrzebuje stale opieki i w dzień i w nocy. Są noce, że wstaje więcej do niego niż 10 razy, a w dzień swoje też trzeba zrobić. Ja śpię już od dłuższego czasu z dziadkiem.

 Dziadkowi trzeba pomagać się podnieść z łóżka, z dwóch schodów nie może sam zejść na podwórze, a często nawet z krzesła nie może się bez pomocy podnieść. Dla mnie po operacji nie byłoby dobrze, więc jeżeli nie jest konieczne to odłożę jeszcze, tym bardziej, że mi powiedzieli, że mam się najpierw podleczyć i zgłosić się później. Będzie jak da Bóg.

Halina Grycz-Poczekaj
1966.08.12
Włoszakowice

Our Dearest Ones,

First of all, forgive me that I've not written for so long. A person is is busy all day long from morning 'till night. The days flow after one another, like water. And before you know it, the vacation has almost gone. Thank you all for your letter with its wishes for Grandfather and me. Your letter arrived on my name day. I cried. A few days before I'd received the receipt from Warszawa for money. A few days after my name day, came your package. Rejoicing was mighty. The suits are perfect for Jurek. The gown is as if made for me. Since my operation two years ago, I've only lost 10 kilograms. I thank all of you for everything. I especially thank you for the beautiful material for a dress. I am very, very happy. Once again, I kiss you very mightily.

We are all pretty well here. I haven't gone in for my operation yet. Or, more precisely, I have been; but they didn't want to operate on me. They told me that my pains are from the hernia; but that I have two illnesses, one of which is a complicated connection between my pancreas and liver. The other is my nervous disposition connected with my hypertension. I just went to a private doctor and am taking treatments. Health insurance [?] would probably have wiped me out. The doctor told me that my illness is not so straightforward. But because it is not, it is worth trying some things to feel better. Maybe God will permit that I'll be better. It's good, in any case, that, for now, I don't need to go in for an operation. Any operation is an operation. It is usually worse afterwards.

Father needs constant care, day and night. There are nights I get up for him more than ten times. And during the day one still has to do what needs to be done. I have, for a long time, now, slept with Father in order to care for him.

One has to help Grandfather get up from bed. He can't get down two stairs to the patio. Often he can't even get out of a chair because he can't stand by himself. For me, it wouldn't be so easy after an operation. So unless it is mandatory, I'd prefer to put it off. They told me that I should first get a bit better, and then report to them, later. It will be as God wills.

Moi kochani ja mam jeszcze jedna prośbę do Was, a właściwie nie ja a moi chłopcy. Jurek i Czesiu prosiliby Was o „cyrafosy" do rysunku technicznego. U nas są, ale bardzo lipne a w komisach strasznie drogie. Poza tym Czesiu prosił by Was o kilka dłutek do rzeźby drewnie.

U nas są, ale miękkie i zaraz się tępią a nawet łamią. Przykro mi, że tylko dla mnie robicie, a ja jeszcze sprawiam Wam kłopot swoimi problemami a życia mi chyba nie starczy, żeby się Wam za wszystko odwdzięczyć. Moim najgorętszym marzeniem jest by chłopcy postawić na nogi, a potem jeżeli Bóg pozwoli odpocząć trochę. Jeszcze raz w życiu chciałabym Was wszystkich zobaczyć i uściskać. Trochę się rozczuliłam, więc muszę przestać. Nasi teraz nie jada nigdzie na wakacje. Tylko Marylka była tydzień w Lesznie u cioci Kasi, u Marylki (córki cioci Maryni) i śp. mamusi naszej kuzyna. Bardzo zadowolona. Pod koniec wakacji może pojadę z nią do Chorzowa i Częstochowy. Janek będzie miał urlop od 20 sierpnia, więc by z dziadkiem był w domu. Zobaczymy jeszcze.

Co robi Czesiek z swą młodą żoną? A jak Wandzia po utracie braciszka? No i Wy Wszyscy jak się czujecie? Pewnie Wam Czesia brak. Moc uścisków dla Was Wszystkich oraz dużo, dużo całusów. Zostańcie z Bogiem i niech Was Bóg ma w Swojej opiece. Ściskamy i całujemy Was Wszystkich mocno, mocno. Do zobaczenia.

Hala z dziadkiem i z Rodzinką

My Dears, I have one more request of you; in fact, not I, but my boys. Jurek and Czesio would ask you for a "cyrafos" [?] for technical drawing. We have them here in the commissaries, but they are poor and very expensive. Besides that, Czesio requests a few chisels for wood carving. We also have them here, but they are soft and become quickly dull and even break.

I am sad that only you do things for me. On top of that, I always trouble you with my problems. I don't think will live long enough to reciprocate for all that you do.

My deepest desire is to put the boys on their feet. Then, if God permits, I will relax a little. Once in my life, I would like to see you all, and hug you. I've become a little teary-eyed by these feelings, so I must stop.

None of us went on vacation this year. Only Marylka spent a week in Leszno with Aunt Kasia, and Marylka (the daughter of Aunt Marynia and the cousin of our Mother, of holy memory). She was very pleased. Towards the end of vacation, I might go with her to Chorzów and Częstochowa. Janek will have a break from the 20th of August. So he could be at home with Grandfather. We'll see.

What is Czesio doing with his young wife? And how is Wandzia after the loss of her brother? And how are you all feeling? You probably miss Czesio.

Many hugs for each of you, as well as many, many kisses.

Remain with God. May God have you in His care. We embrace and kiss you all, very, very much. Until we see you…

Hala with grandfather and with the family

nad. Jan Grycz
20.12.1966 rok
Włoszakowice

Nasi Najukochańsi,

    Z okazji Świąt Bożego Narodzenia oraz Nowego Roku składamy całej Rodzince moc serdecznych życzeń.

    Dziękuję za list, wszystko już mam gotowe, czekam tylko na odpis z Chorzowa, ponieważ brak mi jeszcze numeru konta Władzi oraz jaka suma znajduje się w Banku w Chorzowie. W Święta Wam Wszystko dokładnie opiszę. Nie wiem czemu mi pani Michacz tak długo nie odpisuje. W październiku wysłałam jej pieniądze na ubranie grobu rodziców Władzi, a w listopadzie wysłałam za całą roczną pielęgnację tego grobu i wysłałam list i list o napisanie mi numeru konta i wysokość wkładu i nie mam jeszcze odpowiedzi, ale musiało wszystko dojść do jej rąk, gdyż nic nie wróciło z powrotem. Sądzę, że na Święta otrzymam jakąś wiadomość to wszystko razem Wam opiszę. Tydzień temu ojciec nam zasłabł, ma bardzo słabe serce. Mieliśmy lekarza i księdza, było bardzo źle, lekarz już nie miał nadziei, ale dzięki Bogu znów trochę lepiej chodzi. Często mnie dzieci wyręczają, są dni, że o własnych nogach nie może z pokoju do kuchni przejść tylko trzeba go przytrzymać. No, ale dość o nas.

    Marylka bardzo Was Wszystkich prosi byście przyjechali na jej Pierwszą Komunię Świętą, która będzie w czerwcu 1967 roku. My wszyscy chętnie byśmy Was tu widzieli póki jeszcze dziadek żyje. U nas już od 4 dawna mrozy a dziś cały dzień pada śnieg. Mrozy i śniegi wcześnie tego roku przyszły a dziadkowi i mnie stale zimno, aż Janek z nas się śmieje, że latem nam za gorąco a ledwie mróz to zamarznąć chcemy. Ja mówię, że my krwi nie mamy, może jednak do mrozów się przyzwyczaimy. Załączam Wam swoje ostatnie zdjęcie. Pani Jankowska u nas była zaraz po powrocie, ale ja mam inne zdanie niż Wy co do niej. Otóż zaproponowała mi, że będzie pośredniczyć mi w sprzedaży towarów z paczek, które od Was dostaje. Ja jej powiedziałam, że to co ja od Was dostaję potrzebuję dla dzieci i dla nas, a w razie gdybym coś chciała sprzedać to mam koleżankę w komisie w Poznaniu i mogę wszystko przez komis lub „Galux"

Jan Grycz
1966.12.20
Włoszakowice

Our Dearest Ones,

On the occasion of the Feast of the Lord's birth, and the New Year, we send your whole family many sincere wishes.

Thank you for your letter. I have everything ready and am only waiting for a reply from Chorzów, since I don't have Władzia's account number, nor the exact balance from the Bank in Chorzów. During the holidays I will describe everything in detail. I do not know why Mrs. Michacz is taking so long to reply. In October sent her the money for maintaining the gravesite of Władzia's parents. In November, I sent her the whole annual fee for caring for the graves, and sent her a letter requesting the number of the account and the existing balance. But I don't yet have her answer, even though everything must have reached her hands, because nothing was sent back. I presume that I will get some news after the Holidays. I will write it all up for you.

A week ago, Father weakened because of his very poor heart. We had the doctor and the priest in. It was very bad. The doctor didn't expect him to live. But, thank God, he is again a bit better and walks a little better. Often, the children assist me. There are days he can't move from his room to the kitchen on his own legs, but one must help him. Well, enough about us.

Marylka would like to ask you all if you would come for her First Holy Communion. It will take place in June of 1967. We would all eagerly see you while Grandfather is still alive.

For the past 4 weeks, it has been freezing here. Today, all day long, snow has fallen. Freezing temperatures and snow is early this year. Grandfather and I are constantly cold. Even Janek laughs at us, saying that in the summer it is too hot for us; and, now, it has just barely begun to get cold, and we're ready to freeze. I say it's because we don't have enough blood. But maybe we will eventually get used to the cold. I am enclosing our most recent photographs.

Mrs. Jankowska was here immediately after her return. I have a rather different opinion of her than you do. She proposed that she can be a go-between in the sale of goods from the packages I receive from you. I told her that what I get from you I need for the children and for

sprzedać. Wyczułam jednak, że to jej się nie odpowiadało i, że będzie coś innego kombinowała bo paczki od znajomych czy krewnych z zagranicy są bardzo łakomym kęsem u nas. Nie pisałam do Was, ponieważ czekałam jak dalej ta sprawa się potoczy i przeczucie mnie nie omyliło. W niedzielę, gdy wychodziłam z kościoła podeszła do mnie matka pani Jankowskiej i z wielkim zadowoleniem oświadczyła, że jej córka wysłała do Was paczkę z książkami oraz serwetkami z „Cepelii" –wartości 1000 zł i płyty będzie do Was wysyłać bo ja jak powiedziała nie mam czasu, dlatego ona się tym zajęła, a rozliczać się będziecie w ten sposób, że Wy będziecie jej wysyłać paczki z różnymi artykułami atrakcyjnymi. Choć Drodzy wierzcie mi, że było mi bardzo, bardzo przykro i czułam jakby mnie ktoś w twarz uderzył. Zaraz się z nią pożegnałam pod pretekstem, że idę na cmentarz bo chyba bym nie zapanowała nad sobą i kilka słów prawdy bym jej powiedziała. Trzy dni chodziłam z myślami czy pisać czy nie i dziś piszę. Jestem oburzona postępowaniem pani Jankowskiej, wciskania się pomiędzy Was a nas. Nikt a szczególnie ja nie upoważniał ją do twierdzenia, ze ja nie mam czasu na wysyłanie paczek do Was. Moi Drodzy jak dotychczas o to o co pisaliście starałam się Wam załatwić i załatwiałam i zawsze znajduję czas na wysyłanie Wam Wszystkiego co tylko sobie życzycie i jeżeli Wam zależy na handlu wymiennym to moją osobę daję Wam do dyspozycji. Dlaczego zyski z Waszych paczek mają brać obce osoby, a Wy macie w Polsce siostrę i krewnych. Ja rozumiem teraz, że ona widziała u Was bardzo dobry stan materialny i postanowiła z tego wyciągnąć zyski materialne dla siebie. A przecież ja mam na utrzymaniu ojca i choćbym chciała pracować to nie mogę. A ona pracuje tylko na siebie, ma dobra stanowisko, ma własny samochód i dom w Poznaniu. Brat jej buduje się w Lesznie. Mają krewnych w Niemczech Zachodnich, ponieważ bracia i siostry jej rodziców są tam i wspomagają ich paczkami. Podczas wojny byli Volks Deutsche- dziś partyjni i wszystko to za mało. Jeszcze pragną z Was korzyści ciągnąć. Zastanów się Jasiu zanim połkniesz przynętę w postaci paczek, które są już w drodze. Ojciec bardzo tym postępowaniem tej pani jest oburzony, a także ciocia Kasia, przed którą to jej sąsiadka chwaliła się również o nawiązaniu pomiędzy jej córką a Wami paczek wymiennych. Dziś bardzo żałuję, że dałam im

ourselves, and that if I wanted to sell anything, I have a girlfriend in the commissary in Poznań. I can sell everything through the commissary or through "Galux". I felt, however, that this didn't much please her, and that she'll try to figure something else out. Packages from friends or relatives from abroad are very tasty morsels for us. I didn't write about this to you, because I was waiting to find out how this matter would unfold. My instincts didn't fail me.

On Sunday, as I was leaving Church, Miss Jankowska's mother came up to me with great enthusiasm and stated that her daughter had sent you a package of books and napkins from "Cepalia" worth some 1,000 złotys. She said she would also be sending you some recordings, because, she claimed that I didn't have the time… which is why she was taking this on. She would settle accounts by your sending her packages [in return] with various attractive items.

But, My Dears, believe me that this made me very, very sad. I felt as if someone had slapped my on the cheek. I immediately excused myself on the pretext of going to the cemetery. Otherwise, I would likely have lost my control and told her a few honest words. For three days I walked around and thought whether or not to write you. Now I'm writing.

I am outraged by Miss Jankowska's behavior, insinuating herself between you and us. Nobody, and specifically not I, gave her any authority to believe that I don't have enough time to send anything to you. My Dears, up 'till now I have carefully sought to obtain anything about which you wrote. I always found time to take care of anything you cared for. If you depended on trade I could give you my contact for your disposition. Why should someone else profit from your packages when you have a sister and relatives of your own here in Poland?

I can understand now, that she saw in you a good material situation and decided to exploit it for herself. But I have a Father to care for. Even if I wanted to work [in that way] I couldn't. She works only for herself, has a good living arrangement, has her own automobile and a house in Poznań. Her brother is building one in Leszno. She has relatives in Western Germany, since her brother and sisters are there and assist her with their packages. During the war, they were "VolksDeutsche". Today, they are Party members. And still it's too little. Now she wishes to draw benefits from you. Reflect, Jan, before you swallow the bait in the form of the packages that are already on their way to you. Father is also outraged by the audacity of this young lady, as is Aunt Kasia, before whom her

adres, ale nie sądziłam, że tacy są ludzie na świecie choć u nas w prasie piszą stale o takich właśnie osobach. No, ale dość tego. Namyślcie się dobrze nim coś postanowicie.

    Muszę Wam jeszcze napisać, że mieliśmy tu obchody z okazji 1000-lecia Chrztu w kościele i Marylka śpiewała solo a chór dziewczynek i chłopców powtarzał refren. Pięknie śpiewała, wszyscy aż w ławkach wstawali a ksiądz proboszcz później dziękował „małej artystce".

    Kończę na dziś i zasyłam Wam Wszystkim moc uścisków i ucałowań. Proszę pozdrowić przy okazji żonę Czesia oraz Czesia, życzymy im wszystkiego najlepszego. Zostańcie z Bogiem.

    Wasi kochający Was zawsze

    Tata oraz Hala z rodzinką

neighbor was praising the opportunity to exchange packages between yourselves and her daughter.

Today, I regret very much that I gave them your address. But I did not expect that there are people like that on this earth, even though, in the papers here, there are always stories about just such persons. Well. Enough of that. Think carefully before you make any decisions.

I have to write you that we had some festivities here in our Church, on the occasion of the 1000-year anniversary of the Christianity [of Poland]. Marylka sang a solo in the girl's choir, and the boys sang the refrain. She sang beautifully. Everyone stood in their pews and the Reverend Pastor, later, thanked the "young artist."

I end for today, sending you all many hugs and kisses. Please convey our wishes to Czesio's wife as well as Czesio, for whom we wish everything that is good. Remain with God.

Your, loving you, always,

Father and Hala with the family

nad. Jan Grycz
26.12.1966 rok
Włoszakowice

Kochana Władziu, Jasiu i Wandziu,

    Zasyłamy Wam Wszystkim moc serdecznych pozdrowień. Piszę do Was kilka słów w drugie Święto Bożego Narodzenia. Święta mieliśmy i mamy bardzo smutne bo dziadek leży bardzo poważnie chory. W środę przed Bożym Narodzeniem ojciec mi zasłabł. Nie było nikogo w domu i z trudem go rozebrałam i zawlekłam do łóżka a w piątek był lekarz i powiedział mi, że ojciec jest o krok od wylewu krwi do mózgu i trzeba temu zapobiec i to musi się rozstrzygnąć albo ten bezwład (ojciec ma lewa rękę niewładną) cofnie się po obniżeniu ciśnienia albo dojdzie do wylewu krwi co nie jest wskazane, z powodu, że ojciec już dwa razy paraliż miał.

    Ja te dni chodzę jak pijana. Kłębek nerwów ze mnie. Całe noce przed Świętami siedziałam i pracowałam bo spać nie mogłam. Taka byłam niespokojna i pełna najgorszych przeczuć. Ojca muszę w łóżku przewracać (bo sam nie może) i karmię go jak małe dziecko i proszę Boga by żył jeszcze. Są chwile, że Ci Jasiu zazdroszczę, że jesteś daleko i, że nic nie widzisz co tu się dzieje. Ja na Mamusię patrzyłam przez 2 lata i nic pomóc nie mogłam choć miała takie bolęści i tak się męczyła, a teraz ojciec. Muszę miną nadrabiać i „grać" komedię i śmiać się choć myśli mam czarne jak noc i słuszne są słowa piosenki „uśmiech na ustach a w sercu ból to najtrudniejsza z życiowych jest ról" wszystko w ręku Boga i zobaczymy co będzie dalej.

    Jak to się skończy. Ja mam mało nadziei i może w ostatnich dniach jestem nerwowo wyczerpana. A teraz druga smutna wiadomość. Jutro jest pogrzeb śp. Wojtka Koniecznego, męża cioci Kasi a ojca Martyny i Józia, a Józiu to ten, który do Ciebie, do Was dzwonił w dzień śmierci naszej kochanej Mamusi. Chorował na serce i wyszedł na podwórze, przewrócił się bo dostał zawał i znaleźli go nieżywego. Ty sobie wyobraź co się u nich działo. Naszego ojca powoli przygotowywaliśmy na tę smutna wiadomość i dopiero w piątek żeśmy mu powiedzieli. Boże co się wtedy działo, musiałam lekarza

Jan Grycz
1966.12.26
Włoszakowice

Dear Władzia, Jan and Wandzia,

I send you may heartfelt wishes. I am writing a few words to you on the Second Day of Christmas. We had somber holidays and sad ones because Grandfather is ill and in very critical condition. On Wednesday before Christmas, Father weakened. There was no one at home. Only with difficulty could I get him undressed and into bed. On Friday, the doctor told me that Father is one step from a serious stroke to the brain and we needed to prevent this. It had to be resolved or the condition (Father's left arm is paralyzed) will result in a sudden lowering of blood pressure or will cause a stroke, which is particularly problematic since Father has already had two such events. I am staggering around as if I was drunk. I am a bundle of nerves.

Before the holidays I would sit and work the whole night long because I couldn't sleep. I was so nervous and full of the worst premonitions. I have to turn Father in his bed. (He can't do it, himself). I feed him like a little child. I pray to God that he may survive longer. There are moments, Jan, in which I'm jealous that you are so far away and don't see what is happening here. I watched Mother for two years, and nothing helped. I couldn't take a way the slightest amount of her pain. I watched her suffer. And now, Father. I have to force an expression on my face. I must play-act a comedy and smile. Meanwhile my thoughts are dark as night. The words of the song are appropriate: "A smile on the lips while the heart is in pain is the most difficult role to play". Everything is in Gods hands. We will see what comes next; how it will end. I have little hope, though maybe it's only because during these last days my nerves have been worn out.

Now I have a second piece of sad information. Tomorrow is the burial of Wojtek Konieczny **[C2]**, of holy memory, the husband of Aunt Kasia and the Father of Martyna and Joey. Joey is he, who telephoned you on the day of the death of our beloved Mother. Wojtek had heart problems. He went outside, where he fell over. He suffered a stroke and they found him dead. Can you imagine what went on there? We prepared our Father for this sad news very carefully. Only on Friday did we tell him about Wojtek's death. My God, what happened then! I had to

wzywać a ten krzyczał na mnie i wyzywał, że nie powinnam ojcu o tym mówić, lecz to naprawdę nie dało się dłużej ukryć.

Jutro jest pogrzeb wujka. Tak się cieszyli na te Święta. Martynka kupiła telewizor by wujek mógł się trochę rozerwać bo też nie wychodził z domu, jak nasz ojciec nie mógł też na nogi chodzić i na Święta miała być radość a jest rozpacz i płacz. Jeszcze jutro najcięższy dzień.

Dziś była u nas Józia i też jej ojciec zachorował na tą samą chorobę co nasz ojciec, tylko, że on dostał bezwładu nóg i same smutne wiadomości. Chyba dość już tego złego.

Załączam Wam opłatek z naszej ostatniej wieczerzy Wigilijnej, życząc Wam wszystkiego, wszystkiego najlepszego. Drogi Bracie a z okazji Twoich urodzin składamy Ci wszyscy gorące życzenia, zdrowia, szczęścia, długich lat życia oraz wszystkiego co sobie życzysz, a ojciec Cie mocno ściska i całuje jak i my wszyscy.

To zostańcie z Bogiem i niech Was Bóg ma w swojej opiece. Ściskamy i całujemy Was wszyscy mocno,

Dziadek i Hala z Rodziną

P.S. Pisała mi pani Michacz z Chorzowa na Święta życzenia i pisze, ze rozmawiała z Felą, która twierdzi, że wybieracie się do Polski. Pisze mi dalej, że jeżeli tak jest to tak 3-4 miesiące wcześniej musicie się starać w Banku Dewizowym w Warszawie o zwolnienie z konta Władzi pewnej sumy bo jak tu przyjedziecie to będzie już za późno. Ja znam tą sprawę doskonale, ponieważ gdy byłam kiedyś w Poznaniu to spotkałam się z Halą od wuja Romana i byłyśmy razem u dyrektora banku w Poznaniu. Oni mają podobną sprawę. Jak sobie może Jasiu przypominasz wujek budował w Lesznie dom dla cioci brata, który był we Francji i przysłał forsę. Teraz ten brat cioci we Francji zmarł a jego żona i dzieci nie chcą wrócić na stałe do Polski i chcą dom ten sprzedać, ale pieniądze ze sprzedaży tego domu będą w banku zablokowane a w razie ich przyjazdu muszą na odpowiednim formularzu zrobić wniosek do Banku Dewizowego i właściciel dostanie za każdy miesiąc 15 000 zł, a członek rodziny 10000 zł. Tak,

call the doctor, and he yelled at me that I shouldn't have told Father about it. Really, however, it wouldn't have done to hide it from him any longer.

Tomorrow is Uncle's burial. They were so happy during the holidays. Martyna bought a television so that Uncle might relax a little. He wasn't leaving the house either. Just like our Father, he couldn't walk on his legs. Over the Holidays there was such joy. Now there is misery and crying. Tomorrow will be the hardest day.

Today, Józia was here. Her Father suffered from the same disease as our Father. He lost the use of his legs and had no good prognosis. Maybe it's enough of these bad things.

I am enclosing our opłatek from our most recent Wigilia evening, wishing you everything, just everything that is the best for you. Dear Brother, on the occasion of your birthday, we all express our warmest wishes for health, success, many years of life and the fulfillment of all your wishes. Father sends his hugs and kisses, just as we all do.

Remain with God. May God have you in His care. We embrace and kiss each of you very much,

Grandfather and Hala with the Family

P.S. Mrs. Michacz wrote to me from Chorzów with Christmas greetings. She writes that she spoke with Fela who maintains that you are preparing to come to Poland. She writes, further, that, if so, you must begin 3-4 months earlier, to seek approval at the Foreign Exchange Bank in Warszawa, to release a specific amount from your account, Władzia. If you try doing that when you arrive, it will be too late. I am fully aware of these conditions, since I was once in Poznań and met with Hala (from Uncle Roman). We were together at the Director of the Bank in Poznań. They have a similar situation. If you can recall, Jan, Uncle was building a house in Leszno for his wife's brother who was in France and sent money. Now, this brother in France died. His wife and children don't want to return permanently to Poland and want to sell the house. But the money for the sale of the house will be held in a blocked account in the bank. Should they come here, they have to fill out a specific form to apply to the Exchange Bank. Doing so, the owner will get a monthly payment of 15,000 złotys, and each member of the family 10,000 złotys. So if you three were to come together, you would receive 35,000 złotys. The way

ze jakbyście w trójkę przyjechali otrzymacie 35 000 złotych i jak nam tłumaczył pan dyrektor Banku Polskiego, że za każdy miesiąc choćbyście ostatniego przyjechali to możecie 35 000 zł podjąć i drugi dzień pierwszego już na nowy miesiąc. A więc jak się zdecydujecie to mi napiszcie a ja postaram się o formularze w Banku i przyślę Wam do wpisania numerów dowodów, resztę wypełnimy sami i wyślemy do Banku Polskiego i jak przyjedziecie to już pieniądze będziecie mogli podjąć i będziecie mieć tu na wydatki, czy kupno pamiątek. Druga sprawa to pamiętajcie, że u nas są dwa kursy dolara a więc w PKO po 72 złote, ale gdy przyjedziecie to na granicy Bank Polski wypłaci Wam po 24 złote za dolar. Pewną mniejsza sumę możecie na granicy zadeklarować i przywieźć do kraju, ale potem musicie mieć pokrycie na nie. Wolno Wam je sprzedać tylko w PKO no, ale po 72 złote. Wuj Wacek te sprawy bardzo dobrze zna, ponieważ znajomi zabierają go na punkty celne po odbiór aut. Często jest w Rzepinie. Nie gniewajcie się, że Wam to wszystko piszę, ale czasem jest dobrze jak wiecie więcej niż za mało. Tylko, że ja już nie wierzę w Wasz przyjazd, albo przyjedziecie jak już nas tu nie będzie.

Kończę i raz jeszcze ściskamy i całujemy Was mocno,

Dziadek i Hala z Rodziną

the director of the Bank Polski explained it, for every month you can withdraw 35,000 złotys. So, if you arrived on the last day of the month you could withdraw that amount, and the very next day withdraw the same amount for the next month. Once you decide, write me and I will get the proper application form from the Bank and send it to you so you can enter the proper identification information. The rest, we can fill out ourselves and send to the Bank Polski. That way, when you arrive, you will immediately be able to make a withdrawal and have some money for your expenses while here, or for buying souvenirs.

The second thing to remember is that there are two exchange rates here. At the PKO you can get 72 złotys. But at the border, when you arrive, they'll only give you 24 złotys to the dollar. You can declare a small sum at the border and bring it into the country. But afterwards you must have receipts to account for it all.

It is only allowed for you to use foreign currency in the PKO, but, of course, at 72 złotys to the dollar. Uncle Wacek is well aware of these matters, since he has some friends who take him to the Customs Offices to pick up their cars. Often, this is in Rzepina.

Don't be angry that I write all this to you. It is often good to know too much, than too little. Only, I no longer believe in your coming; nor do I believe that you will arrive when any of us are any longer alive.

Ending, we once again hug and his you very much,

Grandfather and Hala with the Family

1967

nad. Halina Grycz-Poczekaj
16.01.1967 rok
Włoszakowice

Kochana Władzia, Jasiu i Wandziu,
Dziękujemy serdecznie, za życzenia Świąteczne Wasze i Wandzi. Od Czesia i jego żony też dostaliśmy piękne życzenia i list i bardzo żeśmy się ucieszyli. Dziękuję Wam wszystkim za pieniądze. Każdemu podzieliłam i każdy włożył sobie na książeczkę PKO, aby były na czarną godzinę bo ojciec mi powiedział, żebym nic nie kupowała tylko mam je zostawić i kupić mu trzewiki do trumny i resztę mam zostawić na jego pogrzeb. Było już z ojcem bardzo źle, ja już nie wierzyłam, że będzie lepiej, ale znów się poprawiło na tyle, że pierwszy raz trochę wstał w Sylwestra i teraz już siada po parę godzin w fotelu. Sam o własnych siłach nie podniesie się z łóżka ani z fotela, musimy go podnieść, w łóżku przewracać a z łóżka na fotel to mi Marylka pomaga ojca przytrzymać. Te nogi są takie słabe, że nie ma mowy by się na nich utrzymał. Marylka i Jurek mi dzielnie pomagają przez cały tydzień a Czesiu w niedzielę.
Wtedy Jurek idzie do „radio klubu", który w zamku mają a Marylka do cioci Kasi na telewizor. Czesiu się cieszy, że w tą niedzielę w domu jest i nigdzie nie wychodzi. Uczy się i pomaga mi przy dziadku. Janek lubi grać w karty, więc w niedzielne popołudnia i wieczory spędza na kartach oczywiście gdy ma wolne.
Wujowi Wackowi Pytlikowi trochę lepiej choć nie bardzo. Teraz jeszcze zachorował wuj Staś, czyli ojca brat choć dotychczas on nie wiedział co to choroba. Wuj cierpi na głowę, czasami ma zanik pamięci, nie wie co robi. Wszędzie niezbyt wesoło, ale to wszystko robi już wiek. Ja zawsze mówię, że my już takich lat nie doczekamy. Ja bym tak chciała, żeby ojciec doczekał się jeszcze Waszego przyjazdu do Polski. Mama się już nie doczekała a ojciec też już jest bardzo kruchy. Ja to już na temat Waszego przyjazdu z nikim nie mówię, bo mi bardzo przykro jak wszyscy krewni mi zarzucają, że tylu przyjeżdża z Ameryki a dlaczego Wy nie. Niektórzy już po kilka razy tu byli. Już jest 20 lat po wojnie a Was jak nie ma tak nie ma, a ja trzymam się tego co nasza śp. Mamusia, że każdy musi wiedzieć sam

Halina Grycz-Poczekaj
1967.01.16
Włoszakowice

Dear Władzia, Jan and Wandzia,

    We thank you very much for your holiday greetings, yours and Wandzia's. We also received a beautiful card and letter from Czesio and his wife. So we were very happy. Thank you all for the money. I distributed it among everyone. Everyone put it into their bank accounts, for a rainy day. Father told me that I should not buy anything. I should, instead, buy him some shoes for the coffin, and save the rest for the cost of his funeral.

    It was pretty bad with Father. I no longer believed he would recover. But, once again, he got a bit better. He got up for the first time on St. Sylvester's Day. Now he sits in the stuffed chair for a few hours at a time. On his own, he can't get out of bed or from the chair. We must lift him. We have to turn him over in his bed. Marylka helps me hold him up when we go from the bed to the stuffed chair. His legs are so weak that there's no hope he can stand on them. Marylka and Jurek dutifully help me through the whole week; and Czesio, on Sundays.

    On Sundays, Jurek goes to the Radio Club they have in the Palace. Marylka goes to Aunt Kasia to watch television. Czesio is happy that he can be home on Sunday and doesn't go out anywhere. He studies and helps me with Grandfather. Janek likes to play cards. Sunday afternoons and evenings he spends on them if he has the time free.

    Uncle Wacek Pytlik feels a bit better; but not much. Now, Uncle Staś has fallen ill. Father's brother never knew a day of illness up 'till now. Uncle suffers in his head. Sometimes he has amnesia; he doesn't know what he is doing. Everywhere it's not very happy. But this is all because of age. I always say that we won't manage to reach the years [they have reached]. I so desire that Father will survive to see your return to Poland. Mother wasn't able to; and now Father is in pretty poor condition.

    I no longer talk about the possibility of your returning with anyone. I get so sad when all our relatives point out that so many people come from America. Why not you? Some, have even been here several times. It is already twenty years after the war. As you were not here, then; so you are not here, now. I just hold on to what our Mother, of holy memory, did: that everyone must know, for themselves, what they are doing, and

co robi i sam decydować co robić. Teraz Tatuś jest trochę lepszy to może, może doczeka. Dałby Bóg. Tak to u nas nic nowego a co nowe to nie dobre. Moi Kochani, Władzi kuzynkę tą Irkę z Łodzi to ja znam. Ona była u Was i po powrocie do Polski odwiedziła ojca Władzi w Chorzowie i tam żeśmy się poznały, choć dziś po tylu latach nie wiem czy bym ją poznała. Pisała mi też ta administratorka z Chorzowa, że był proboszcz po kolędzie (Władziu, Twój ojciec i on to bardzo dobrzy przyjaciele) i mówił, że na razie nie masz tej fabryki sprzedawać, bo nie masz sprzedawać spuścizny po Ojcu, nie masz marnować dziedzictwa. Zresztą tu na koncie masz Władziu 311 tysięcy złotych, to raczej patrzcie by z tego coś wydostać jak byś przyjechała.

Tyle by się chciało z Wami pomówić, że nie wiem co mam a co nie mam pisać a chciałabym dla Władzi jak najlepiej, ponieważ takie było życzenie śp. Ojca Władzi, a tak rodzice jak i ja przyrzekliśmy Twojemu Ojcu pracować i robić dla Ciebie dobrze.

Na dziś kończę i raz jeszcze za wszystko Wam serdecznie dziękuję. Do Czesia i Anny napiszę inny list a przy okazji proszę ich również pozdrowić. Byliśmy wzruszeni listem Anny i Czesia. Zostańcie z Bogiem i niech Was te kilka słów przy dobrym zdrowiu zastaną. Bo zdrowie to skarb. Ściskamy i całujemy Was wszystkich mocno, mocno

Wasi kochający Was zawsze,

Dziadek, Hala z Rodziną

W dniu imienin moc serdecznych życzeń, zdrowia, szczęścia, błogosławieństwa Bożego, długiego życia, 100 lat oraz spełnienie wszystkich życzeń i marzeń, a przede wszystkim byśmy się mogli jak najprędzej zobaczyć w Polsce. Życzy,

Ojciec i Hala z całą Rodzinką

only they can decide what to do. Since Father is a bit better now, maybe; just maybe, he'll live long enough. May God grant it.

Otherwise, there's nothing much new here... or what is new, is not very good.

My Dears, I know Władzia's cousin Irka, from Łódź [J5]. She was with you. After her return to Poland, she visited Władzia's Daddy in Chorzów where we met each other. After all these years, I don't know if I would recognize her. The Administrator [Mrs. Michacz] wrote from Chorzów that the Pastor stopped by after carols. (Władzia, your Daddy and he were very good friends.) The Pastor said that you should not sell the factory for the time being, because you should not sell your Daddy's inheritance. You should not squander what he left you. In any case, you have 311,000 złotys in your account. You should concentrate on what you can get out, if you come here.

There's so much I'd like to discuss with you. I don't know what I should and should not write you. But I would like the best outcome for Władzia since that was the wish of Władzia's Daddy. Our Parents and I, too, promised your Daddy that we would work and do everything on your behalf.

I end for today. Once again, I thank you for everything. I'll write a separate letter to Czesio and Anne, but please send our greetings, along the way. We were moved by their letter. Remain with God. May these few words find you in good health. Health is a treasure. We hug and kiss each of you very, very much.

Your, loving you always,

Grandfather, Hala and the Family

On the day of your name day, we send particular wishes for health, success, the blessings of God, long life, "Sto Lat", and the fulfillment of all your wishes and dreams. Most of all, that we might see each other as soon as possible in Poland. This is wished by...

Father and Hala and the whole Family

nad. Halina Grycz-Poczekaj
07.03.1967 rok
Włoszakowice

Kochana Władziu, Jasiu i Wandziu,

Dziękuję serdecznie za list oraz dwie paczki, które otrzymaliśmy. Marylka to już naprawdę nie wie co najpierw ubrać. Bardzo Wam za wszystko dziękuję. My jesteśmy tu wszyscy dosyć zdrowi, czego i Wam z całego serca życzymy. Ojcu też jest trochę lepiej o ile to tak nazwać możemy. Każdego dnia wstaje i przez parę godzin siedzi w fotelu, bo chodzić nie może.

Wstaje około 10 albo 11 rano, ubieram go no i jakoś pomagam mu usiąść w fotelu. A wieczorem to jest różnie. Najczęściej daję sobie sama radę. Jak jest gorzej to mi Marylka i Jurek pomoże, a są dni, że muszę go na plecy wziąć i do łóżka jakoś przyprowadzić. Ale jeszcze się cieszę, że choć w dzień parę godzin posiedzi i chociaż sam się naje bo chusteczki z kieszeni już sam sobie nie wyjmie ani guzika nie zapnie. Co to z człowiekiem stać się może.

Lekarz daje mu na wzmocnienie witaminy oraz wyciągi z wątroby na wzmocnienie. Ja już dawno wybierałam się z tym listem bu do Was napisać, ale jak chcę wieczorem pisać to przy liście zasnę. Dziś zabrałam się za pisanie rano. Dopóki się chodzi to idzie, ale jak usiądę to śpię. Zresztą to nic dziwnego bo wiosnę mamy w pełni, dużo słońca i ciepła, już przebiśniegi przekwitają, przylaszczki kwitną i „złoty deszcz" zaczyna w ogrodach kwitnąć a i agrest zaczyna się zielenić, a po zimie to zawsze człowiek słabszy, a ja nie pamiętam, kiedy spokojnie noc przespałam. Co noc wstaję do ojca 10 i więcej razy, to mi się nie dziwcie, że śpiąca jestem. Zimę mieliśmy bardzo łagodną, 2-3 dni zimno, śnieg, zawierucha, ale już na czwarty dzień ciepło i tak całą zimę. A w styczniu i w lutym dużo deszczu u nas było. Czesio z Anną też do nas pisali piękny list, żeśmy się wszyscy popłakali i muszę im również odpisać.

Co do Waszego przyjazdu to Wy musicie już wiedzieć kiedy możecie przyjechać. Każdy ma swoje zmartwienia i kłopoty a oczywiście, że tego roku musicie być w domu choćby ze względu na to, że Władzia- babcią a Ty Jasiu-dziadkiem zostaniecie a Wandzia

Halina Grycz-Poczekaj
1967.03.07
Włoszakowice

Dear Władzia, Jan and Wandzia,

Thank you sincerely for your letter as well as for the two packages which we received. Marylka doesn't know, any more, what she should wear first. Thank you very much for everything. We are all well, here. We hope the same is true of you. Father is feeling a little better, if that's what we can call it. Every day he gets up for a few hours and sits in his chair, because he can't walk.

He rises at about 10:00 or 11:00 in the morning. I get him dressed and somehow help him sit down in his chair. In the evening, it varies. Most often I can manage him myself. When it's worse, then Marylka or Jurek lends a hand. There are days I have to put him on my back and somehow carry/drag him to bed. But I'm still happy that he will get up and sit, if only for a few hours. And I'm happy he can eat a little by himself. Otherwise, he can no longer even take a handkerchief out of his pocket, nor can he close a button. What changes can a human undergo.

The doctor gives him vitamins or liver pills to strengthen him. I've started this letter to you long ago. But if I get to it at night, I fall asleep. So today, I've begun it in the morning. As long as I keep walking, things go alright; but the moment I sit down, I fall asleep. Its no surprise, though, because Spring is here with lots of sun and warmth. Already the crocuses have blossomed, now the *hepatica* is flowering and the *Golden Rain* is just starting to do so. The gooseberries are greening.

After Winter everyone is a little weaker. I can't remember the last time I slept through the night unbroken. Every night I get up for Father ten or more times. So don't be amazed that I am sleepy. We had a rather mild winter. There were two or three days that were very cold, snowy and turbulent. On the fourth day it was warm; and remained so for the rest of the winter. In January and February we had a lot of rain. Czesio and Anne wrote a beautiful letter to us. We all cried over it. I must respond to them.

With respect to your trip here, you must know already, when you expect to come. Everyone has his own worries and troubles, but, of course, you will need to be home this year given that you Władzia will be a Grandmother, and you, Jan, a Grandfather, and Wandzia, an Aunt.

ciocią. Te dwa akty urzędowe też otrzymałam, za które dziękuję. Jeden wysłałam zaraz do Chorzowa, ponieważ tam na niego czekali, a drugi oddałam w sadzie. Jeszcze raz dziękuje. Dzieci się cieszą, że już niedługo Święta. Czesiu i Jurek cieszą się, że będą znów kilka dni w domu.

Obydwoje dość dobrze się uczą. Czesiu to bardzo spokojny i jak przyjedzie to siedzi w domu i zawsze jakieś zajęcie sobie znajdzie. Rad jest, że te 24 h na tydzień w domu jest. A tyle ma do gadania, że aż mi cierpliwości brak go słuchać. Lecz nie mogę mu tego okazać. Jurek też dużo majstruje. Tylko, że Jurek jest więcej żywy i za panienkami lubi się oglądać.

Zobaczymy co będzie dalej. Jak się to życie ułoży. Wuj Staś też lepiej się czuje i teraz częściej jest u ojca, ponieważ przekazał zięciowi gospodarkę. Pytlikowi też lepiej, wstaje już i chodzi. Ciocia Kasia z Martynką już też trochę ochłonęły po śmierci wujka Wojtka. Mają tą małą Danusię, która jest bardzo żywa, więc im te chwile samotności wypełni i muszą się śmiać choćby nie chcieli. Tak to u nas nic nowego. Święta za pasem a jeszcze przedtem trochę pracy w ogrodzie. Pogoda piękna, więc już można siać marchew, groch, szpinak i sałatę. Mamy nadzieję, że mrozy już nie wrócą, przecież już marzec. Cieszymy się, że może za rok się zobaczymy. Choć rok to bardzo długi okres czasu, lecz i on minie. Oby Bóg dał, aby ojciec doczekał tego dnia no i my wszyscy, bo gdy człowiek tak pomyśli to i ja do starych się już zaliczam. Ani nie wiem jak szybko się to stało, ale proszę Boga codziennie, aby dał mi żyć dłużej niż ojciec. Bo kto by się nim opiekował, byłby biedny. No, ale będzie co Bóg da.

Ja przestałam się już przejmować bo by człowiek w końcu w „Kościanie" wylądował a ja nic nie zmienię. Kończę już, trzeba obiad gotować. Marylka niedługo wróci z kościoła z religii, a Janek ma dziś służbę a ojciec jeszcze śpi. Z okazji Świąt Wielkanocnych życzymy Wam Wszystkim zdrowych, wesołych Świąt oraz smacznego jajka. Zostańcie z Bogiem i niech Was Bóg ma Wszystkich w Swojej opiece. Życzymy Wszystkim dużo zdrowia i radości.

Ściskamy i całujemy Was mocno, mocno,,

Dziadek, Hala, Janek, Marylka, Jurek i Czesiu.

I received the two notarized documents, for which I thank you. I've already sent one to Chorzow, since they were waiting for it. I turned over the other one to the Clerk. Once again, I thank you. The children are happy that Christmas will soon be here. Czesio and Jurek are happy that they will again be at home for a few days.

They are both working hard at school. Czesio is very quiet. When he comes home, he stays home and always finds something to keep him busy. It is a big help that he is at home 24 hours a week. But he has so much to tell about, that even my patience gets thin. But I can't show him that. Jurek also is still putting things together. Jurek is a bit more lively and likes to look at all the nice girls.

We'll see what comes next. How their lives will come together. Uncle Staś is feeling better. He comes over to spend some time with Father, especially as he's turned over his farm to his son-in-law. It has also improved with Pytlik. He gets up and walks. Aunt Kasia with Martyna have calmed down a little after the death of Uncle Wojtek. They have little Danusia, who is very lively. She fills their moments of loneliness and they have to laugh even if they might not want to. Other than that, there's nothing new, here.

The holidays will soon be under our belts, and there's yet a little work in the garden before then. The weather is excellent. So we can sow carrots, peas, spinach and lettuce. I trust it won't freeze again since its already March. We are so happy that we might see you this year. Even though a year is a long period of time, even it passes. May God grant that Father will live to see the day; and, well, that we all will. A person just thinks about it and I can already count myself among the elderly. I don't even know how it happened so quickly. But I pray to God every day that he allows me to live longer than Father. Who would take care of him? He would be poor. Well, it will be as God grants. I have already stopped worrying about it because, in the end, a person lands in the madhouse and can do nothing to change it. I end now. I must cook supper. Marylka will soon be back from church and religion class. Janek is on duty today. Father is still asleep. On the occasion of the Easter Feast, we wish you all healthy, joyful holidays and "tasty egg." Remain with God. May God have all of you in His care. We wish each of you much health and much joy.

We embrace you. We kiss you very, very much.

Grandfather, Hala, Jan, Marylka, Jurek and Czesio

nad. Halina Grycz-Poczekaj
25.05.1967 rok
Włoszakowice

Kochana Władziu, Jasiu i Wandziu,

Obiecałam, że napiszę do Was przez Święta Wielkanocne i nie napisałam i od tego czasu upłynęły już miesiące. W Święta mi się nie chciało, byłam tak zmęczona, że każdą wolną chwilę przespałam. Dziś jest Boże Ciało. Czesiu już pojechał do Poznania a ja siedzę i piszę.

Napisałam już do Anny i Czesia a teraz i do Was. Wczoraj dostaliśmy od nich list, że dziadek został pradziadkiem, a Władzia babcią a Jasiu dziadkiem. Z tej okazji składamy Wam moc serdecznych życzeń. Byście mieli radość i uciechę z tej całej rodzinki i Michałka.

U nas wszystko po staremu. Dziadek nadal nie może chodzić. Muszę wszystko przy nim zrobić, ale Bogu dziękuję, że choć na fotelu go posadzę to cały dzień siedzi. Poprawić się nie poprawiło, ale trzeba przyjąć co Bóg da. Teraz jest tylko bardziej niecierpliwy. Ja teraz czuję się dobrze, ten lekarz mnie jednak wyleczył. Już kilka miesięcy jak nie mam boleści, a jeść mogę wszystko, apetyt mam za pięciu. Poprawiłam się teraz, czuję się dobrze i mam chęć i siłę do pracy a już myślałam, że jest ze mną koniec bo ani chleba z masłem nie mogłam jeść bo mi szkodziło a teraz wszystko mogę jeść i nic mi nie szkodzi. Jednym słowem dałby Bóg oby było tak dalej. W niedzielę byliśmy w Bukowcu na prymicji u Bogdana. To jest syn od dziadka kuzynki. Na zdjęciu z pogrzebu śp. Mamusi on jest przy naszym księdzu w komży ten wysoki. Chodził już wtedy do seminarium. Teraz idzie na rok za proboszcza na odpoczynek. Na dalsze studia wybiera się za granicę. Bardzo zdolny ksiądz. Ja pierwszy raz byłam na prymicji i było bardzo uroczyście. Było bardzo wzruszająco. Było 18 księży. Nie wiem czy wiesz, że Twój kolega ksiądz Gierliński z Kwilcza jest na probostwie na Krzywieniu koło Leszna. Przed kilkoma dniami otrzymałam paczkę z odzieżą. Takie piękne sweterki, płaszczyk i sukienki. Sukienki sobie przerobię i będę miała dla siebie.

Halina Grycz-Poczekaj
1967.05.25
Włoszakowice

Dear Władzia, Jan and Wandzia,

I promised myself that I would write you over the Easter Holiday. I didn't write. Since then, months have passed by. During Easter, I didn't feel like it. I was so tired that I slept through every available minute. Today is the Feast of Corpus Christi. Czesio has already left for Poznań. I am sitting and writing.

I already wrote to Anne and Czesio; and now, to you. We received a letter from them yesterday, letting us know that Grandfather has become a Great Grandfather; you, Władzia, a Grandmother; and Jan, a Grandfather. On this occasion, we wish you many good wishes. May you have joy from the whole family and Michał.

Everything here is, as of old. Father still cannot walk. I have to do everything for him. I thank God he can sit in the stuffed chair. I get him into it and he sits, there, all day. Recovery, it is not. But one must accept what God gives. Now he is a bit less patient.

I feel fine now. The doctor has succeeded in curing me, after all. For several months, now, I don't have any pain. I can eat everything. I have an appetite enough for five people! I have recovered, now. I feel well. I have the will and strength for work. And, here, I thought that it was the end for me. I was able to eat neither bread nor butter because it was bad for me. Now I can eat anything. Nothing is bad for me. In other words, Got permitted that I'd be able to go a bit further like this.

On Sunday we were in Bukowiec at Bogdan's ordination. He is the son of Father's cousin. On the funeral photograph of Mother, of holy memory, he is near our priest. He is the tall one in the surplice. He was a student in the seminary at that time. Now he is going for a year to replace the Pastor for a break. He will be going abroad for higher studies. He is a very capable priest. This was the first time I've been at an ordination. It was very impressive. It was very moving. There were 18 priests. I don't know if you know that your colleague, Father Gierliński from Kwilcza is a pastor in Krzywieniu near Leszno.

A few days ago I received a package with clothing. Such beautiful sweaters, coats and dresses. I will tailor the dresses and will have them for

Bardzo Wam za wszystko dziękuję i bardzo się cieszę, nie wiem jak Wam się za to odwdzięczę.

Kończę na dziś, zasyłam Wam moc serdecznych pozdrowień, uścisków i ucałowań. Zostańcie z Bogiem i niech Was Bóg ma w Swojej opiece. Jeszcze raz całuję i pozdrawiam,

Wasza

Hala, Dziadek z Rodziną

myself. I thank you very much for everything, and I am very happy. I don't know how I will ever repay you.

Ending for today, I send you many heartfelt wishes, hugs and kisses. Remain with God. May God have you in His care. Once again, I kiss you and send wishes,

Your,

Hala, Grandfather and Family

nad. Halina Grycz-Poczekajowa
25.05.1967 rok
Włoszakowice

Kochana Anno, Czesiu i Michałek,

Przede wszystkim z okazji powiększenia się Waszej Rodzinki o małego Michałka składamy Wam to jest drogiej i kochanej Annie oraz Tobie kochany Czesiu moc serdecznych i gorących życzeń, by zdrów Wam się chował, byście dużo radości mieli. By rósł Wam i Bogu na pociechę oraz by z Wami do Polski przyjechał. Kraj ojców Waszych zobaczył. Jednym słowem wszystkiego najlepszego, tego życzy Wam przede wszystkim dziadek jak i cała rodzinka Poczekajów. Annę bardzo serdecznie ściskamy i całujemy wszyscy a Dziadek najbardziej. Drogą i Kochana Annę przyjmujemy do naszej rodziny z otwartym sercem i cieszymy się bardzo, że Czesio ma taką kochaną i dobrą żonę. Szanujcie się, kochajcie i rozmnażajcie. Proszę mi wybaczyć, że na pierwszy list nie odpisałam, czas tak leci jak woda, a ja pracy mam dużo. Dziadek w dalszym ciągu nie może chodzić. Ja jednak cieszę się, gdy go przeprowadzę na fotel i tam siedzi przez cały dzień, a świat widzi przez okno i cieszy się, gdy go ktoś odwiedzi. Czesio i Jurek uczą się. Czesio napisze do Was w wakacje, u niego wakacje zaczynają się o miesiąc wcześniej, ponieważ szkoła potrzebna jest na Międzynarodowe Targi w Poznaniu. Czesiu przyjeżdża w sobotę wieczór, a niedzielę popołudniu musi wracać. Nauki mają dużo bo oprócz nauki z zakresu szkół średnich dochodzą jeszcze przedmioty zawodowe. Jurek dojeżdża do szkoły do Leszna o 6.30 rano a wraca o 16.00. Jest w szkole zawodowej na dziale elektrycznym. Oprócz tego należy do klubu krótkofalowców. Zajmuje się też radiomechaniką a jesienią będzie zdawał egzamin na prawo jazdy. Marylka chodzi do 3 klasy, uczy się bardzo dobrze, a teraz 25.06 przystąpi do Pierwszej Komunii Świętej. Z tego powodu też mamy dużo pracy bo sami odmalowujemy i odświeżamy mieszkanie. Jurek jak ma wolne to maluje okna i drzwi. Jednym słowem pracy mamy moc. Dziś Święto Bożego Ciała. Czesiu już pojechał a ja zabrałam się do napisania listu do Was, bo wczoraj otrzymaliśmy Twój Czesiu list, że dziadek został Wielkim Dziadkiem. Nazwa ta bardzo nam się podoba i już jej nie

Halina Grycz-Poczekaj
1967.05.25
Włoszakowice

Dear Anne, Czesio and little Michał,

In the first place, on the occasion of the enlargement of your family by little Michał, we send you, that is, you, Dear Anne; and you, Dear Czesio, many heartfelt and warm wishes. May Michał grow in health so that you may have great joy of him. May he grow to be pleasing to you and to God. And may he come with you to Poland. May he see the country of our parents. In other words, all the best. That is what your Grandfather wishes, and the whole Poczekaj family with him.

We welcome you, Dear Anne to our family with open hearts, and are very happy that Czesio has such a loved and good wife. Honor each other, love one another and multiply. Please forgive me for not responding to your first letter. Time runs like water, and I have a good deal of work to do.

Grandfather continues not to be able to walk. I am, however, happy to be able to transport him to his stuffed chair. There, he sits through most of the day. He can see the world through the window, and is happy when someone comes to visit him.

Czesio and Jurek are studying. Czesio will write to you on his vacation. His vacation starts a month earlier, because the school building is needed for the International World's Fair in Poznań. Czesio comes home on Saturday night, and must return for classes on Sunday afternoon. He has lots to study, because, in addition to the normal secondary school classes, he has laboratory classes in his field.

Jurek commutes to school in Leszno at 6:30 in the morning and returns at 4:00 p.m. He is in a specialized school in the area of electrical training. Besides that, he belongs to a short-wave radio club. He is interested in radio technology and in the autumn will be taking examinations to earn a driver's license.

Marylka goes to 3rd grade, and is learning a lot. On the 25th of June she will have her First Holy Communion. For that reason, we have a lot of work, because we plan to paint and freshen up our house ourselves. Jurek, when he is free, paints the doors and windows. In other words, we have a lot to do. Today is the Feast of Corpus Christi. Czesio has left already, and I have determined to write a few letters to you. Yesterday, we

zmienimy na pradziadka. Mam nadzieję, że nie znudzicie się czytając mój list do Was Trojga. Marylka mówi na Michałka „mały Gryczek". To już na dziś kończę i zasyłamy Annie i Tobie i Michałkowi moc uścisków, ucałowań i pozdrowień. Chowajcie się zdrowo. Annie życzymy szybkiego powrotu do zdrowia a Michałkowi by szybko urósł a Tobie Czesiu byście byli szczęśliwi i Was Wszystkich polecamy Boskiej Opiece, Jeszcze raz dużo uścisków zasyła,

 Wielki Dziadziu i cała rodzina Poczekajów

received your letter, Czesio, that Grandfather has become a "Great Grandfather". This suits him very well. We are not going to change it back to "pradziadek[13]". I hope you will not get bored reading this letter to you, three.

Marylka now says that Michał is a "little Gryczek". So I will end for today, sending Anne, you and Michał many hugs, kisses and wishes. Take care of yourselves. We hope that Anne will quickly return to health after giving birth to Michał, and that Michał will quickly grow. And for you, Czesio, we send wishes that you will be happy together. And we pray God's care upon you all. Once again, many hugs are sent you by…

Great grandfather and the entire Poczekaj family

---

[13] "Pradziadek" is the formal Polish word for "grandfather"; the father before your father's father.

nad. Halina Grycz-Poczekajowa
06.08.1967 rok
Włoszakowice

Nasi Najukochańsi,

Muszę do Was kilka słów napisać, ponieważ tak zabieram się z dnia na dzień do pisania i nie mogę znaleźć czasu. Serdecznie Wam dziękujemy za różaniec, który otrzymaliśmy na dwa dni przed Marylki uroczystością, bardzo się cieszyła. Ona też napisała do Was list i leżą tu jeszcze i sądzę, że go dziś z moim wyślę. Dziękuję Wam wszystkim za paczkę z rzeczami. Ja tydzień przed Komunią Marylki spadłam drzewa jak owoce zbierałam i naderwałam ścięgna i więzadła w kolanie. Bardzo bolało i ledwie chodziłam. Na szczęście mogłam jeszcze być na Mszy Świętej, jakoś zaszłam. Teraz jest lepiej, już tak mocno nie kuleję, ale chodzę codziennie do nagrzewanie do przychodni lekarskiej i nareszcie ta opuchlizna schodzi. Da Bóg a znów będzie dobrze. Dziadek tak jakoś się trzyma. Chodzić nie może, cały dzień przesiedzi w fotelu. Coraz bardziej narzeka i coraz bardziej niecierpliwy. Ja jednak się cieszę, że choć trochę siedzi, mimo że się z nim umęczę, ale jestem przygotowana na gorsze. Da Bóg siłę i zdrowie to jakoś dam sobie radę. Jeżeli przyjedziecie w przyszłym roku to sami zobaczycie jak jest bo opisać nie jestem w stanie. Co do mnie to gdyby nie ta noga to by mi jakoś szło. Na razie wszystko mi smakuje a przede wszystkim mogę jeść, bo gdyby było tak jak rok temu, to chyba bym leżała już obok śp. Mamusi. Jurek jest na obozie 16 km stąd. Jest tam na kursie „krótkofalowców". Śpią pod namiotem a obóz maja blisko jeziora. Co sobotę wieczorem przyjedzie a w niedzielę popołudniu wraca. Przynajmniej jest w niedzielę w kościele i zawsze trochę żywności zabierze, a przede wszystkim owoców. On taki amator na owoce, taki jak Ty byłeś Jasiu w młodości. Czesiu zajął jego pokój na górze i tam samotnik siedzi prawie cały dzień. Jak jest ładnie to jedzie z kolegami do Boszkowa albo samotnie wyrusza malować czy szkicować. Jechać nigdzie nie chce. Czesiu mówi, że po całorocznym pobycie w Poznaniu to on w domu jest jak na wakacjach. Ksiądz Bogdan (ojca kuzynki syn) jest w Krzywiniu koło Leszna u Twego kolegi Gierlińskiego na praktyce. Marylka też jest w

Halina Grycz-Poczekaj
1967.08.06
Włoszakowice

Our Dearest Ones,

I must write you a few words, since I've been gathering myself to do this from day to day, and can't find any time for it. I thank you very much for the rosary which we received two days before Marylka's happy day. She was very happy. She has also written a letter to you which is lying here, still. I intend to send it along with mine. Thank you all for the package with the things in it.

A week before Marylka's Holy Communion I fell from a tree when I was picking fruit. I tore the ligaments and tendons of my knee. I could hardly walk, it hurt so badly. Thank goodness I was able, somehow, to hobble my way to Mass. Now it is better. I don't limp as badly as I did. But I go daily to the general surgery for heat treatments. Finally the swelling is going down. God willing, it will all get better.

Father is somehow hanging on. He can't walk. He spends the entire day in his stuffed chair. He complains more every day, and he is less patient every day. I, however, am happy that he is sitting for a while, even if am tired caring for him. But I am prepared for the worst. God give me the strength and health to take care of it somehow. If you come in the coming year, you will see for yourself; because I'm not in a position to describe it very well.

As for me, if it weren't for my leg, I might just be getting along. For the time being, I have my taste back. Most of all, I can eat. If it were now, as it was a year ago, I think I'd probably be lying next to Mother, of holy memory.

Jurek is at a camp 16 km from here. He is there for a course on short-wave radio. They sleep in tents and the camp is near a lake. Every Saturday in the evening he'll come home. And then on Sunday afternoon, he goes back. At least he's in Church on Sunday. He always brings some fresh produce home, primarily fruit. He loves fruit, just as you did, Jan, in your youth.

Czesio has moved into his room upstairs, and there, the little hermit stays almost the whole day. When it is nice outside, he rides with his friends to Boszkowo, but sometimes returns alone to paint or sketch. He doesn't want to go anywhere. Czesio says that after his year-long stay in

domu, lecz w przyszłym roku wyślę ją na kolonię bo stale marudzi, że nigdzie nie jedzie.

Oczywiście jak znajomi jadą do Boszkowa to ją zabierają, ale dla niej to wszystko mało.

Może z ojcem na 2 dni pojedzie do Krakowa i Częstochowy. Może na tydzień do cioci Kasi do Leszna pojedzie. Marylka idzie już do czwartej klasy a z nowym rokiem będzie chodzić uczyć się grać na fortepianie. U nas w zamku jest ognisko muzyczne i przyjmują uczniów czwartej klasy, tam są też instrumenty muzyczne tak, że może tam ćwiczyć i przez 2 lata nie potrzebuje fortepianu a potem się zobaczy. Niedługo się wakacje skończą, Boże jak ten czas leci.

Ania z dziećmi też jest u cioci Bietki na wakacjach. Wuj Staś przekazał gospodarkę zięciowi i teraz się poprawił ze zdrowiem a też już było bardzo źle z nim, lecz to człowiek twardy.

Zupełnie inny niż ojciec.

Muszę już kończyć, bo i papier się kończy. A co u Was słychać? Żyjecie w ogóle, bo ostatni list otrzymaliśmy od Was w styczniu. Zasyłamy Wam Wszystkim moc serdecznych pozdrowień, uścisków i ucałowań. Zostańcie z Bogiem. Ściskam Was i całuje,

Ojciec i Halina z Rodziną

Poznań, he is at home as if he were on vacation. Father Bogdan (Father's cousin's son) is in Krzywina, near Leszno working with your friend, Gierliński for practice.

Marylka is also at home. We will send her to a youth camp next year, because she's beginning to complain she never goes anywhere. Of course, when our friends go to Boszkowo, they take her along. But that "doesn't count" for her. Maybe she will go for a couple days to Kraków and Częstochowa with her father. Maybe a week to Aunt Kasia in Leszno. Marylka is already going to 4th grade. With the new school year, she will go to learn how to play the piano. Here, in the palace is a music group and they accept students in the 4th grade. There are lots of musical instruments, so students can practice for two years without needing their own. After that, we'll see.

Pretty soon the vacations will end. Dear God, how the time flies.

Ania with the children is at aunt Bietka's for vacation. Uncle Staś has turned over his farm to his son-in-law. His health has improved because it had been very bad with him. But some people are tough. Completely different than our Father.

I must end, because I'm running out of paper. What is there to hear with you? Are you even alive? Our last letter from you was in January. I enclose for each of you, many heartfelt wishes, hugs and kisses. Remain with God. I embrace you and kiss you…

Father and Halina with the Family

1968

nad. Halina Grycz-Poczekaj
01.04.1968 rok
Włoszakowice

Nasi Najukochańsi,

Muszę do Was kilka słów napisać. Z okazji zbliżających się Świąt Wielkanocnych zasyłamy Wam Wszystkim zdrowych i wesołych Świąt oraz smacznego jajka.

Muszę Wam dowieść, że z urzędu celnego dostałam dwa pisma, pierwsze by złożyć opłatę skarbową w znaczkach stemplowych a treść drugiego pisma podaję niżej. „W związku z podaniem pani Władysławy Grycz z dnia 8 marca 1968 roku (data wpływu) uzupełnionym przez obywatela w dniu 18 marca 1968 roku opłatą skarbową przypadającą od podania w sprawie udzielenia pozwolenia na wywóz do USA frezarki Główny Urząd Celny zawiadamia, że sprawa powyższa może być załatwiona dopiero wtedy, gdy wywóz za granicę przedmiotowej frezarki stanie się aktualny. Przy odpowiedzi prosimy podać wartość frezarki oraz powołać się na numer niniejszego pisma". Tyle z urzędu cła. Dostaliśmy też pismo z „Narbanku" zawiadamiający nas, że wysłali pismo z Chorzowa do Narodowego Banku Polskiego w Chorzowie tej treści: Narodowy Banka Polski, Wydział Dewizowy w załączeniu przesyła pismo ob. Władysławy Grycz zamieszkałej w USA w sprawie wypłaty z rachunku zagranicznego zablokowanego z prośbą o potwierdzenie salda rachunku oraz stwierdzenie czy podpis złożony na piśmie ob. Grycz jest zgodny ze wzorem podpisu złożonym w Waszym Oddziale.

Te dwa dokumenty dostałam wczoraj, odpisy Wam wysyłam, a oryginały zostają u nas jak przyjedziecie to możecie sobie zobaczyć. Tak u nas nic nowego. Jako tako się tu wszyscy trzymamy, a że zimę mamy poza nami, więc sądziliśmy, że jakoś to będzie. Czesio był wczoraj w domu, ponieważ na niedzielę przyjeżdża zawsze. Jurek tez dziś w szkole, jedzie o 6.30 a wraca o 16.00. Jurek dostał zezwolenie na stację krótkofalową i chodzi zadowolony jak paw, a w zamian tego ja jestem zmartwiona, ponieważ gdy pracuje na krótkofalówce to my nie możemy radia posłuchać, a sąsiedzi się skarżą, że obraz w telewizorze skacze.

Halina Grycz-Poczekaj
1968.04.01
Włoszakowice

Our Dearest Ones,

I must write a few words. On the occasion of the forthcoming Easter holidays, we send each of you healthy and happy feast day, as well as "tasty egg".

I must let you know that I received two letters from the customs bureau. The first was to pay the duty in cancelled stamps. I am copying the second for you, below.

> "In the matter presented by Mrs. Władysława Grycz on the 8th of March 1968, for duty payment for an application to export a drill press to the USA, the Main Customs Office informs you that the above matter can only be judged at the time the export across the border is actual. In your response, we request that you provide the value of the drill press as well as the number of this application."

So much for the Customs duty.

We also received a letter from "NarBank" letting us know that they sent an authorization to the National Polish Bank in Chorzów with the following:

> "National Polish Bank, Export Division, encloses an authorization concerning Władysława Grycz, residing in the USA, in the matter of withdrawals from a foreign blocked account, requesting confirmation of the value of the account and confirmation whether the signature on the enclosed letter from Grycz is consistent with the signature in your Division."

I received these two documents yesterday. I have sent replies. The originals remain with us so that you can see them, yourself, when you arrive.

Otherwise, there's nothing new here. We are all more or less hanging together. Winter is now behind us. So we assume we'll get along somehow. Czesio was at home yesterday because it was Sunday when he always comes home. Jurek is in school today. He leaves at 6:30 a.m. and returns at 4:00 p.m. Jurek received a permit for a shortwave broadcast station and is walking around, proud as anything. For my part, however, I am worried. When he activates his shortwave station, we can't listen to

Czas Waszego przyjazdu coraz bliżej. Już tylko 2 i pół miesiąca. Wszyscy czekają na Was niecierpliwie, a Jurek się zakłada, że gdyby pojechał po Was do Gdyni czy Gdańska to Was pozna a ja znów wątpię czy gdybym Cię Jasiu spotkała na ulicy to chyba bym Cię Jasiu po tylu latach nie poznała. Jak to będzie nie umiem sobie sama wyobrazić. Będzie jak Bóg da.

Zobaczymy. U nas nic nowego. Resztę ustnie jak przyjedziecie, a wszyscy się cieszymy, że Was Wszystkich wreszcie poznamy i zobaczymy.

Zostańcie z Bogiem i niech Was Bóg ma w Swojej opiece. Jak jeszcze dostanę jakąś wiadomość z Banku to Wam napiszę. Ściskamy i całujemy Was Wszystkich mocno, osobne pozdrowienia dla Czesia z Rodziną,

Wasi,

Ojciec i Halina z Rodziną

our radio and the neighbors complain that their television signal is jumpy as a result of his signals.

The time of your arrival is getting closer. It's only two-and-a-half more months. Everyone is awaiting in great anticipation. Jurek claims that if he were to go for you to Gdynia or Gdańsk, he would immediately recognize you. I, myself, doubt whether, if I met you, Jan, on the street, I'd be able, after so many years, to recognize you. How it will be, I'm incapable of imaging. It will be as God wills.

We will see. Here, there is nothing new. I will convey everything else in person when you arrive. All of us are so happy that we will be finally able to get to know and see you.

Remain with God. May God have you in His care. If I receive any further information from the Bank, I will write you right away. We embrace and kiss each of you greatly. Separate wishes for Czesio and his family.

Your...

Father and Halina with the Family

nad. Halina Grycz-Poczekaj
13.05.1968 rok
Włoszakowice

Nasi Najukochańsi,

Muszę do Was kilka słów napisać, ponieważ kilka spraw mam Wam do zakomunikowania.

Przed kilkoma dniami otrzymaliśmy wiadomość, że Warszawa zwolniła wszystkie Władzi pieniądze w Banku w Chorzowie. Sądzę, że pismo z Warszawy zostało Wam również wysłane, ponieważ było adresowane do Władzi, a do nas do wiadomości. Z Urzędu Celnego tez jest odpowiedź i piszą, że gdy sprawa kupna frezarki będzie aktualna to mamy do Urzędu Celnego napisać i powołać się na pismo. A u nas te akta leżą, więc jak przyjedziecie to je otrzymacie. Teraz dobrze by było gdybyście byli na Targach w Poznaniu. Targi są 2 tygodnie a kończą się 23.06 tam najlepiej byście mogli sobie zobaczyć, bo tam wszystko jest na miejscu.

Wczoraj otrzymałam list od pani Michacz z Chorzowa, w którym donosi, że te pieniądze Władzia ma zwolnione i są do podjęcia w Chorzowie. Pismo już leży w banku. Jak ostatnio była w banku to ją powiadomiono i zdumieni są wspaniałomyślnością Warszawy. Pisała również, że Feli mąż zmarł i jest pochowany w Bochni, 28 kwietnia 1968 roku był pogrzeb, nie wiem czy Władzia o tym wiesz, dlatego Ci piszę a może Fela Ci już pisała. Tak u nas nic nowego. Dzień Waszego przyjazdu zbliża się i ciekawa jestem Was Wszystkich zobaczyć i czy Was poznamy. Jeszcze 6 tygodni obyśmy wszyscy szczęśliwie dożyć mogli tej chwili. Ja bardzo się cieszę i zarazem się boję, aby tylko wszystko było dobrze.

To jest chyba mój ostatni list przed Waszym przyjazdem, a więc życzymy Wam szczęśliwej podróży. Niech Bóg ma Was Wszystkich w Swojej opiece, do zobaczenia w Polsce. Czesiowi chyba będzie ciężko, że nie jedzie z Wami.

Moc uścisków, ucałowań dla Was Wszystkich. Do zobaczenia w kraju.

Dziadek i Hala z Rodziną

Halina Grycz-Poczekaj
1968.05.13
Włoszakowice

Our Dearest Ones,

    I must write a few words to you since I have several matters to communicate to you.

    A few days ago we received news that Warszawa has released all of Władzia's funds in the Bank in Chorzów. I presume that the authorization from Warszawa was sent you you as well, since it was addressed to Władzia; and to us, only for information. From the Customs Bureau also came a reply. They write that when the purchase of the drill press is actual, then we are to write to the Bureau and ask for an export application. These letters are here with me, so when you arrive you can have them. Now it would be good if you were at the Exposition in Poznań. The Exposition is two weeks long and ends on the 23rd of June. It would be the easiest for you to see what is available, because everything will be in one place.

    Yesterday I received a letter from Mrs. Michacz in Chorzów in which she informs us that Władzia's money has been released and is available for withdrawal in Chorzów. The authorization is already at the bank. When she was last in the bank, they informed her of this, full of respect for the generosity of Warszawa.

    She also wrote that Fela's husband died and was buried in Bosnia. The funeral was on the 28th of April 1968. I don't know if you know about this, Władzia, which is why I am writing about it. But perhaps Fela has already written you. Otherwise, there's nothing new. The day of your arrival is getting closer. I am curious to see you all and to see if we recognize you. There's only six more weeks for us all to live to see this moment. I am so happy and at the same time am frightened. I hope everything will turn out well.

    This is probably my last letter prior to your arrival. So let me wish you a successful trip. May God have you all in His care. Until we see you in Poland. It will probably be difficult for Czesio not to be with you.

    Many hugs, kisses for all of you. Until we see you in your homeland.

    Grandfather and Hala with the Family

nad. Halina Grycz-Poczekaj
25.12.1968 rok
Włoszakowice

Nasi Najukochańsi,

Przysyłam Wam opłatek ze stołu Wigilijnego i dzieląc się z Wami Wszystkimi opłatkiem życzymy wszystkiego najlepszego oraz Szczęśliwego Nowego Roku. Muszę do Was kilka słów napisać. Dziś mam trochę czasu bo są Święta, a przed Świętami czasu nie było. Święta mamy nie za bardzo. Dziadek jeden dzień lepiej się czuje, jeden gorzej. Czesiu też ma grypę a i ja niezbyt dobrze się czuję. Jurek wyjechał w góry, chciał wrócić na Wigilię, ale do tej pory nie przyjechał. Nie wiem co się stało a więc Święta niespokojne. Siedzimy sami, nikt nas nie odwiedza, każdy ma swoich gości w Święta a ja mam spokój do pisania. Marylka wygrywa na akordeonie kolędy. Mamy choinkę. Cieszę się, ze Jurka wyjazd nie doszedł do skutku bo gdyby był u Was to martwiłabym się, że macie z nim kłopot, bo to niespokojny duch i słowa nie dotrzymuje.

Co do Jurka to do pracy poszedł w swoim zawodzie i obecnie robi starz czyli roczną praktykę.

Po praktyce chce iść do technikum dla pracujących, albo do normalnego technikum elektrycznego. Ja osobiście już w to nie wierzę bo on teraz dużo ogląda się za spódniczkami.

Ja mu swoje powiedziałam, a jak sobie pościeli tak się wyśpi. Gdyby dostał się do technikum to za 4 lata miałby maturę, ale ja w to nie wierzę. Dlatego nie zaprzątaj sobie Jasiu Jurkiem głowy. On już w Ameryce dalej nie będzie studiował bo musiałby mieć uniwersytet i dobrze znać Wasz język, a to nie tak łatwo. Ty wiesz jak to jest bo 5 lat uczyłeś się angielskiego a jeszcze miałeś trudności, jak byłeś pierwszy raz na angielskim okręcie. A więc nie martw się o Jurka. On ma dobry zawód w rękach a reszta od niego zależy. Drogi bracie chciałam Cie zapytać czy wysłały te pieniądze w NRF bo nic nie odpisują. A chciałabym umierać bez długu. Jurka wyjazd do Was nastąpi dopiero za jakieś 8 lat jeżeli go jeszcze puszczą. No, ale to mało ważne już. U nas wszystko po staremu. Pani Michacz pisała do nas.

Halina Grycz-Poczekaj
1968.12.25
Włoszakowice

Our Dearest Ones,

    I send you our opłatek from the Wigilia table and share it with you all. We wish everything the best for you, as well as a Happy New Year. I must write you a few words. I have a little time because of the holidays, whereas there was no time at all before them.
    Christmas is not so great this year. Father is better one day, and then worse the next day. Czesio has the flu. I don't feel particularly well, myself. Jurek went to the mountains. He wanted to arrive back by Wigilia, but hasn't gotten home yet. I don't know what might have happened.
    So Christmas is unsettled. We are sitting alone. No one is visiting us. Everyone has guest over the holidays. But I have peace in which to write.
    Marylka is practicing her carols on her accordion. We have a Christmas tree. I am happy that Jurek's plans to leave with you didn't come about. Were he to be with you, I'd be worried that you'd be having trouble with him, because he's an unsettled soul and doesn't always comply with words. So Jurek has gone to work in his profession. Presently he is doing his annual review. After that, he will enroll in the technical courses for professionals working in the field, or in the normal electrical technician courses. I, myself, am not convinced by any of this, because he's spending a lot of time studying skirts.
    I have told him what I think. How he makes his bed is how he will sleep in it. Were he to get into the technical schools, in four years he'd have his diploma. But I don't believe that will happen. Therefore, don't worry your head, Jan, about Jurek. In America, he would not continue his studies. He'd have to go to the university and that would require good knowledge of your language. That is not easy. You know how it is, because you studied English for five years, and still had difficulty when you were, for the first time, on an English ship. So don't worry about Jurek. He has a good calling in his hands. The rest depends on him.
    Dear Brother, I wanted to ask whether you sent that money to the NRF, because I have not heard anything from them. I would like to die without obligations. Jurek's trip to you would take place in about eight

Kończąc zasyłamy Wam Wszystkim moc serdecznych pozdrowień, uścisków i ucałowań dla Elżbiety, Czesia i Michałka osobne pozdrowienia.

Całuję Was,

Halina z Ojcem i Rodziną

years, if they would let him go. Anyway, its not so important. Everything here is, as of old.

Mrs. Michacz wrote to us.

Ending, I send you each many good wishes, hugs and kisses; and separate ones for Elizabeth [sic], Czesio and Michałek.

I kiss you...

Halina with Father and the Family

1969

nad. Halina Grycz-Poczekaj
25.03.1969 rok
Włoszakowice

Moi Kochani,
Dziękujemy za życzenia gwiazdkowe. Muszę Wam kilka słów napisać. Pani Michacz przysłała mi to sprawozdanie za rok 1968, które Wam załączam. Pisała niedawno bo była chora na grypę Hąg-Kąg z powodu ciężkiej zimy, a mieszkanie jest wysokie to i zimne, a zima była ciężka. Jeszcze teraz są śniegi i mrozy i Wielkanoc po lodzie. Niedługo kwiecień a nie ma jednego zielonego listka i wszystko zmarznięte. Pani Michacz pisze, że Władziu Twój ojciec chrzestny dr Bordt zmarł w Chorzowie początkiem grudnia. Pisze, że teraz jej się ciężko pracuje bo adwokat Czarliński wyjechał z całą rodziną na stałe do Anglii. Pani Michacz brakło jakby prawej ręki. Zapomniałam Wam napisać, że pieniądze, które chłopcy przywieźli te 9500 zł Czesiu złożył na książeczkę i w każdej chwili możecie odebrać, albo u Czesia albo u mnie. Zasyłamy Wam Wszystkim raz jeszcze moc serdecznych pozdrowień i uścisków.
Halina z ojcem i rodziną

Marylka Poczekaj

Kochana Ciociu, Wujku i Wandziu,
Przede wszystkim dziękuję za różaniec, który otrzymałam dwa dni przed Komunią Świętą.
Bardzo się cieszyłam i jeszcze raz serdecznie dziękuję. Dziękuję również za paczkę z rzeczami, którą także otrzymaliśmy. Dziękuję, piszę dzisiaj za Mamusię, ponieważ mamusia choruje.
Tydzień przed moim świętem spadła z drzewa i zrobiła sobie coś w kolano. Na szczęście noga nie jest złamana ani pęknięta, lecz odbita i naderwane ścięgna i więzadła. Mamusia musi dużo leżeć i robić okłady, ponieważ noga puchnie i boli. Lekarz jednak powiedział, że będzie boleć bardzo długo. Mamusia cieszy się, że nogi nie ma w gipsie, bo mogło być jeszcze gorzej. A tak to przynajmniej była jeszcze na Mszy Świętej, na której ja przystępowałam do I Komunii Świętej.

Halina Grycz-Poczekaj
1969.03.25
Włoszakowice

My Dears,

Thank you for your Christmas wishes. I have to write a few words.

Mrs. Michacz sent me the accounting summary for 1968 which I enclose. She wrote recently that she was down with the Hong Kong flu due to the severe winter. Her apartment has high ceilings and is cold.

The winter has been fierce. There is still snow and freezing temperatures. Easter on ice. Pretty soon it will be April. But there's not a single green leaf. Everything is quite frozen. Mrs. Michacz wrote that your godfather, Władzia, Dr. Bordt, died in Chorzów at the beginning of December. She writes that it is difficult for her to work because the attorney Czarliński emigrated with his whole family to England. Mrs. Michacz is, as if, without her right hand.

I forgot to write you about the money the boys brought, the 9,500 złotys. Czesio put them into his account and you can get them any time you want; either from Czesio or from me. I send you all, once again, many heartfelt wishes and hugs.

Halina with Father and the family

Marylka Poczekaj

Dear Aunt, Uncle and Wandzia,

First of all, thank you for the rosary, which I received two days before my First Holy Communion.

I was very happy and once again sincerely thank you for it. Thank you, too, for the package with its things, which we also received. These thanks, I am writing to you today, because Mother is sick.

A week before my Communion day, she fell from a tree and did something to her knee. Fortunately she didn't break her leg. But it is all bruised and her ligaments and muscles are torn. Mother must lie in bed and apply compresses because her leg is swollen and hurts badly. The doctor said, however that it is likely to hurt for quite a while. Mother is happy that her leg is not in a cast, because that would have been worse. This way, she was at Holy Mass at which I received my First Holy Communion.

Ponieważ list ten nie dokończyłam i nie wysłałam a mamusia napisała do Was list, to ja mój list włożę do listu mamusi. Kończąc zasyłam Wam wszystkim moc serdecznych pozdrowień, uścisków i ucałowań.

Raz jeszcze dziękuję za różaniec, zostańcie z Bogiem.

Cześć. Pa.

Całusów 122 dla Wandzi!!!

Since I hadn't finished this letter and hadn't sent it; and since Mother was writing a letter to you, I will put this letter in with Mother's. Ending, I send you all many sincere wishes and hugs and kisses.

Once again, thank you for the rosary.

Remain with God.

Honoring you. Bye.

122 kisses for Wandzia!!!

1970

nad. Halina Grycz-Poczekaj
12.01.1970 rok
Włoszakowice

Nasi Najukochańsi,

Z powodu zbliżających się Twoich imienin Bracie, składamy Tobie moc gorących życzeń.

Dużo zdrowia i radości w życiu, oraz wszystkiego co sobie życzysz. Życzą Ci tego Ojciec i Hala z Rodziną.

Muszę Wam kilka słów napisać bo tak ten list odkładałam na Święta, bo przedtem nie było czasu, a to W Święta jak w Święta od 10 lat, gdy się ma starych Rodziców w domu to choroba jest stałym gościem a w Święta to przede wszystkim. Dzień przed Wigilią to Ojciec bardzo zasłabł, że myślałam, że to już koniec. Lekarz twierdził, że serce bardzo słabe a na dodatek w Wigilię przyjechali Halina i Stasiu od Janka brata z Pniew. To miałam w Święta i po Świętach dużo roboty. Oni byli u nas do 5 stycznia. W Sylwestra tą noc już też myślałam, że koniec, ale jakoś minęło. Lekarz bał się, że dostanie zapalenie płuc bo to i pogoda fatalna. Zima 100-u lecia. Mrozy do 30 stopni i więcej i dużo śniegu. Dziś mamy na odmianę deszcz i ciepło, więc ślizgawica, że strach, a już mrozy zapowiadają. Lato mieliśmy upalne, bez kropli deszczu. W ogrodzie u nas wszystko wyschło bo i podlewać było zabronione by tylko woda dla ludzi była, a u nas piaski. No, ale teraz dużo śniegu, to może przyszły rok nie będzie taki zły jak zapowiadają. Ojca znów na fotel sadzamy, bo już się odleżał, a teraz znów trudno mi to zagoić. Do fotela przywiązuje ojca pasem, bo tak raz w te raz drugą stronę leci i by spadł, a zresztą lepiej nie pisać o tym bo ten kto tego nie przechodził to trudno mu sobie to wyobrazić, a mnie nikt i tak nie pomoże. Takie jest już życie. Czesiu dalej się uczy. Marylka już ładnie gra i już gra w orkiestrze dziecięcej. Jurek kończy staż w Lubiniu (to jest za Głogowem).

Jedzie codziennie autobusem już o 5 rano i wraca o 17 a teraz zimą to różnie nawet o 22. To jest tak daleko jak od nas do Poznania, autobusy są z kopalni miedzi. Od 1 lutego będzie w hotelu robotniczym bo chce przez dwie zmiany robić 16 godzin. Martwię się, bo będzie 8 godzin pod ziemia a 8 an powierzchni, a pod ziemią

Halina Grycz-Poczekaj
1970.01.12
Włoszakowice

Our Dearest Ones,

On the occasion of your forthcoming name day, Brother, we wish you very warm wishes.

Much health and joy in your life. May you have all you wish for. We wish this to you... Father and Hala with the Family.

I must write a few words to you because I've been putting this letter off until the holidays. Before that, there was no time. And during these holidays (as with holidays for the past ten years), if you have some elderly parents at home, then sickness is your constant guest. Above all, during the holidays.

The day before Wigilia, Father became extremely weak. I thought it was already the end. The doctor confirms that his heart is very weak. In addition Halina and Staś (from Janek's brother in Pniew) came for Wigilia supper.

So I had a lot of work, both before the holidays and after. They were with us until the 5th of January. On the night of St. Sylvester's, I also thought it was the end. But somehow, that passed. The doctor was worried that he might get pneumonia because the weather was dreadful. An every-century kind of cold. It was -30 degrees and lower, and lots of snow. Today, just be different, we have rain, but a warm one. So it's so slippery its a fright. And now they are predicting more freezing temperatures.

We had a very hot summer, without a drop of rain. In our garden everything dried up. It was forbidden to irrigate, lest there not be enough water for people. So then we had sand dunes, here. But now there is lots of snow, so maybe the coming year will not be as bad as they predict.

We are seating father in his stuffed chair again, because he's had enough of lying down. In addition, it is difficult for me to heal. I tie Father to his chair with a belt, because he weaves once this way; once that. He might fall out. But, as a matter of fact, its better not to write about this because no one who has not gone through this can imagine what it is like. In any case, no one will help me with this. This is just the way life is.

to strach, tyle przecież wypadków się zdarza, lecz on chce sobie zarobić, żeby się ubrać. A ja już bym wolała, żeby do wojska go wzięli niż pod ziemią pracować. Z rejestracji już byli, więc jesienią pewnie pójdzie.

Nie wiem czy wiecie, że pani Wesołowska w Luboszu zmarła. Leży w Poznaniu na Janikowie na cmentarzu. Stary Nowak jeszcze żyje. Pani Michacz też na Gwiazdkę pisała. Dziękuje za wysłane pieniądze do Niemiec, też mi ta pani na Gwiazdkę pisała, że otrzymała. Bardzo się cieszę, kamień mi z serca spadł.

Zasyłamy Wam, Wszystkim moc serdecznych pozdrowień, dla Czesia Rodziny również,

Hala z całą rodziną

Czesio is still studying. Marylka plays very nicely and even plays in the children's orchestra. Jurek is finishing his apprenticeship in Lubin (that's beyond Głogów). Jurek takes the bus at 5:00 a.m. and returns at 5:00 p.m. But since its winter, his arrival is unpredictable. He's even gotten home as late as 11:00 p.m. Lubin is as far away from here as is Poznań. The busses are from the copper mines. From the 1st of February he'll stay in a worker's hotel because he wants to do two shifts (16 hours).

I worry, because that would be 8 hours underground and 8 hours above. Underground its frightening because accidents happen. But he wants to earn some money so he can have some nice clothes. I would rather he go to the Army than work in the mines. But he was already registered, so in the autumn he'll probably go.

I don't know if you know that Mrs. Wesołowska from Lubosz died. She is buried in Poznań at the cemetery in Janików. The old man Nowak is still alive. Mrs. Michacz wrote at Christmas. She thanks you for sending the money to Germany. The lady there, who received the money, also wrote me. I am very grateful. A rock has fallen from my heart.

I send you all many good wishes; also for Czesio's family, too.

Halina with her whole family

nad. Halina Grycz-Poczekaj
23.02.1970 rok
Włoszakowice

Nasi Najukochańsi,

Zasyłamy Wam Wszystkim moc serdecznych pozdrowień od całej rodziny. Pani Michacz przysyła nam to roczne sprawozdanie dla Władzi, dlatego je przesyłam i list Pani Michacz do mnie, również Władzi załączam. U mnie to tu urwanie głowy. Ojciec od tej choroby Świątecznej nie może dojść do poprzedniego stanu. Mam bardzo dużo kłopotu z nim. W dodatku Janek już tydzień leży a Jurek też chorował i dziś pojechał do pracy. Ja też nie za bardzo się czuję, ale ktoś musi robić, grypa u nas panuje, że całe rodziny leżą. Zimę też mieliśmy okropną. Już nam ta zima bokami wychodzi, bo i długa i mroźna, a i śniegu bardzo dużo, kilka dni było odwilży, ale dziś znowu mroźno i śnieżyca. Wszędzie sam lód na ulicach, chodnikach, w ogóle wszędzie. Węgla jak na lekarstwo, tym gorzej, że latem nie było go na wolnej sprzedaży, a przydział nie wystarczy. My mamy mieszkanie zimne a kuchnię przede wszystkim ostatnio woda w kuchni w kranach zamarza, odpływ do szamba też zamarzł to możecie sobie wyobrazić jaka mamy zimę. Wiosna dopiero pokarze ile ziemniaków w kopcach pozamarzało. Lato było tak suche, że my z pola nie zebraliśmy tyle ziemniaków ile zasadziliśmy. Pole żeśmy oddali, już nie mamy dzierżawy. Ja tylko rano lecę do kościoła jak ojciec jeszcze jest w łóżku, a potem cały tydzień z domu się nie ruszam, co potrzebuję to mi Marylka i Jurek załatwią. Jurek też się spodziewa, ze go na wiosnę lub na jesień wezmą.
Ciocia Kasia ładny domek postawiła przez lato. Już tam mieszkają, jak przyjedziecie to nie traficie. Ona jedna z Martyną i tą małą Danką do nas co drugą niedzielę wieczorem przyjadą.
Wuj Staś nie był u nas już bardzo dawno. Mówi, że mu do Jasia za daleko. On też choruje na tą samą chorobę co ojciec, tylko on ma bardziej nasiloną sklerozę, a ojciec bardziej na nogi cierpi. Oni teraz mi współczują i pytają jak daję sobie radę z ojcem tyle lat. Tak wszyscy tylko widzieli że rentę ojca biorę, ale ile się napracuję i kiedy wstaję lub spać idę to nikt nie widzi. Ja codziennie wszystko muszę

Halina Grycz-Poczekaj
1970.02.23
Włoszakowice

Our Dearest Ones,

I send you all many good wishes from our whole family.

Mrs. Michacz has sent us a variety of accounting records for Władzia. I am sending these along with the letter Mrs. Michacz' sent me, for Władzia.

Here, I'm tearing my hair out. Father can't seem to regain his head after the illness of the holidays. I have a lot of trouble with him. In addition, Janek has been in bed for the last week. Jurek was also sick and only today went to work. I don't feel at all well, but someone must work. The flu has free reign here. Whole families have been felled. We also had a terrible winter. Winter is already coming out of our sides, because it has been long and freeze-filled, with a lot of snow. There were a couple days of thaw. Today, it is again below zero and snowing. There is ice everywhere: on the streets, on the sidewalks; generally, everywhere.

Coal is just as hard to get as is medicine. It is even worse, because there was none available on the open market during the summer. Our allocation is insufficient. We have a cold house and the kitchen is the coldest room. Recently, the water in the pipes froze. The flow to the septic tank also froze. You can imagine what kind of winter we have. Spring will let us know how many of our potatoes froze in the ground. Summer was so dry, that we couldn't harvest as many potatoes as we had planted.

We gave away our fields. We no longer have any leased. As soon as it is morning, I run to Church while Father is still in bed. And then I don't leave the house all week because Marylka needs me. Jurek handles all everything. Jurek anticipates that in the Spring or Autumn, they will take him for the Army.

Aunt Kasia put up a nice home over the summer. They live there already. When you come, you won't miss it. She and Martyna [D5], with her little Danusia, come visit us every other Sunday evening.

Uncle Staś hasn't been here for a very long time. He says that it is too far to go see Jan. He is ill with the same disease Father has. Only his sclerosis is farther along, whereas Father is worse with his legs. They are now sympathetic and ask how I've been able to care for Father all these

prać i z nocy i z dnia, bo ojciec nic nie czuje. Czas wielki by przyszła wiosna. Ja Wam głowę zawracam moimi kłopotami, a Wy swoich spraw macie dosyć.

Dla Władzi mam książkę „Ludowe pieśni i tance wielkopolskie" z rysunkami i opisami i ten szpikulec, to przy okazji wyślę.

Kończę, bo i papier się kończy. Zostańcie z Bogiem. Moc serdecznych pozdrowień dla Was Wszystkich i rodziny Czesia.

Całuję Wszystkich.

Ojciec i rodzina Poczekajów

years. Before, everyone thought I was simply living off Father's pension, but they couldn't see how much I worked, when I got up, or how little sleep I got. That, they could not see. Every day I have to wash both day and night, because Father doesn't feel anything.

Its about time for Spring to arrive. But here I am, bothering your heads with my problems. You have enough of your own.

I have a book for Władzia "Folk Songs and Dances of Greater Poland." It has drawings and descriptions and I'll send it to along the way.

I am ending, because my paper is running out. Remain with God. Many heartfelt wishes for all of you and for Czesio's family.

I kiss you all.

Father and the Poczekaj family

nad. Halina Grycz-Poczekaj
03.03.1970 rok
Włoszakowice

Nasi Najukochańsi,

Ponieważ list mój nie został wysłany a to dlatego, że i mnie grypa zmogła i musiałam w łóżku leżeć i dopiero od 3 dni wstaje, więc dopisuje kilka słów. Ja też byłam chora i to na grypę i pomordowałam się i w dodatku przemęczenie i organizm odmówił posłuszeństwa. Kilka dni musiała Marylka robić. Ja wstawałam codziennie by dziadka ubrać i posadzić go na fotel, a wieczorem by go rozebrać i położyć do łóżka, a resztę zrobiła Marylka. Janek jutro idzie pierwszy dzień do pracy. U nas zima w całej pełni. Dwa dni temu to śnieg sypał i taka zawierucha, że świata nie było widać. Za to dziś wyglądało jak w bajce. Słońce świeciło a śniegu tyle, że gałęzie drzew, druty pokryte były grubo śniegiem a na dodatek w radiu zapowiadają nadal opady śniegu i mrozy i przypominają i się słowa a raczej wierszyk z pamiętnika ś.p. Mamusi „ Święty Piotrze chciej Wierzyć pomału, że nam tu strasznie braknie opału, że to marzec a nie żaden luty…" itd. Ale miejmy nadzieję, że byle do wiosny, przecież w końcu musi przyjść. A teraz coś dla Ciebie Bracie. Twierdziłeś, że nie chodziłeś do gamaii z Goździem a ja podaję Ci opis uczniów z klasy VI z roku 32/33 szkolnym. 1) Brodniewiczówna, 2) Ceglarski, 3) Dominik, 4) Gierliński, 5) Gomułka, 6) Góźdź Stanisław, 7) Grocka, 8) Grycz, 9) Kilanowski, 10) Klecha, 11) Kordylewski, 12) Marcała, 13) Nowaczyński, 14) Nowak, 15) Patanówna, 16) Pawlicki 17) Poszwiński, 18) Zagrodzka. Oto Twoi koledzy. Bracie Twoja pamięć Cię zawiodła. Będę kończyć bo czas najwyższy iść spać bo już 24 godzina i już wszyscy śpią.

Zostańcie z Bogiem. Moc uścisków i ucałowań zasyłają Wam wszyscy z domu.

Hala

P.S. Jurek ma wezwanie do wojska na 16.03 i kto wie czy na Święta Wielkanocne będzie jeszcze w domu, raczej już nie.

Halina Grycz-Poczekaj
1970.03.03
Włoszakowice

Our Dearest Ones,

My letter was not mailed because the flu overcame me and I needed to lie down. Now it is three days later, and I am rising. So I will add a few additional words to it. I was ill with the flu. And I murdered myself and tired myself out so that my organism refused, any longer, to obey me. For several days, Marylka had to do things instead of me. I would get up every day to dress Father and seat him in his stuffed chair. In the evenings, I would undress him and get him into bed. All the rest, Marylka did. Janek is going to work for the first day tomorrow. It is deep winter here. Two days ago, the snow was falling from such a turbulent sky that you couldn't see the world. In contrast, today it looks like a fairy tale. The sun is shining and there's so much snow that the limbs of trees, and the wires are covered with thick snow. In addition, the radio says to expect more snow and freezing temperatures. It reminds one of the words of the poem from the memorial of Mother, of holy memory:

"St. Peter wants us to believe slowly, that we, here, are very low on fuel; that this is March and no February..." and so on.

But we have hope. We can make it to Spring. It must, after all, get here sometime.

And now for something for you, Brother. You asserted that you did not go to school with Góźdź, but I show you a writeup of the students in class VI from the 1932-1933 school year:

1. Miss Brodniewicz, 2. Ceglarski, 3. Dominik, 4. Gierliński, 5. Gomułka, 6. Stanisław Góźdź, 7. Miss. Grocek, 8. Grycz, 9 Kilanowski, 10. Klecha, 11. Kordylewski, 12. Marcała, 13. Nowaczyński, 14. Nowak, 15. Miss Patanów, 16. Pawlicki, 17. Pszwiński and 18. Miss Zagroda.

Those were your colleagues. Your memory has failed you, Brother. I will end now, because its about time to go to sleep because it is already midnight and everyone is asleep already.

Remain with God. Many hugs and kisses are being sent you be everyone at home.

Hala

P.S. Jurek has been called into the army on March 16 and who knows whether he will be back for Easter. Rather unlikely.

nad. Halina Grycz-Poczekaj
02.11.1970 rok
Włoszakowice

Nasi Najukochańsi,

Dawno już nie pisałam, ale ciężko mi wziąć pióro do ręki, ponieważ u nas nic nowego nie ma. Jak Wam już kiedyś pisałam wuj Staś, ojca brat, nie bardzo zdrowy był, ostatnio leżał 3 miesiące i w końcu odbył się jego pogrzeb. Ojciec widział się z nim jeszcze przed zimą. Zimę było mu już za ciężko przejść. Zima była ciężka i długa a już wiosną zachorował. Przez te trzy miesiące co leżał on chciał zobaczyć ojca, a ojciec jego. Niestety nie zobaczyli się i już się nigdy nie zobaczą, choć mieszkali tak blisko bo w jednej wiosce. Ciężki dzień miałam w dzień pogrzebu. Chciał byśmy go na cmentarz zabrali, niestety było to nie możliwe. Trzy tygodnie temu także zmarł syn młodszy cioci Maryni i wuja Maksa- Henryk. Jeden z tych chłopców, który przed wojna był z nami w Gdyni, u Ciebie Bracie. W wakacje była u nas Wasza znajoma z San Francisco z siostra i szwagrem z Wrocławia. Dziękuję Wam serdecznie za pamięć. Bardzo się ucieszyłam. Gdy oni u nas byli to był w domu Jurek, Dziadek i ja.

Janek był w pracy, Czesiu na praktyce a Marylka na wczasach PKP[14] w Wągrowcu całe 4 tygodnie. Teraz już jest większa wiec ją sama mogę puszczać. Z ojcem to raz gorzej, raz lepiej a niekiedy nawet bardzo źle. Nogi ma już całkiem bezwładne i lewą rękę i mówi tak, że więcej się domyślam niż słyszę. Wierzcie mi, że nigdy sobie nie wyobrażałam, że można na starość być aż tak niedołężnym. Aż zazdroszczę wszystkim tym po 80-ce, którzy chodzą.

Teściowa też choruje, ale ma 84 lata i chodzi jeszcze. Trudno trzeba życie brać jak leci, choć na mnie szczególnie się uwzięło.

Jurek już jest w wojsku i to daleko bo aż w Mrągowie, za Olsztynem i w dodatku na takiej szkole co nasz brat śp. Czesiu był. Będziemy mieli bardzo smutną Wigilię, bo ani już śp. Mamusi ani Jurka, oby jeszcze reszta została. Jurka chyba zobaczymy za pół roku jak skończy szkołę, bo na przysięgę to nie

---

[14] Polskie Koleje Państwowe

Halina Grycz-Poczekaj
1970.11.02
Włoszakowice

Our Dearest Ones,

I have not written for a long while, but it is difficult for me to take pen to hand since there's nothing new to report. I wrote you once before that Uncle Staś, Father's brother, was not very well. He was abed for the last three months. In the end, we held his funeral. Father visited with him just before winter. The Winter was just too difficult for him to live through. The Winter was severe and long, and just as Spring arrived, he got worse. For the three months he lay in bed, he wanted to see Father; and Father wanted to see him. Unfortunately, they didn't see each other, and never will; even though they lived so close together in a small little village.

I had a bad day on the day of his funeral. Father want us to take him to the cemetery. But it was impossible. Three weeks ago, Henryk, the youngest son of Aunt Maryni and Uncle Maks also died. One of those boys who was with us at your place, brother, in Gdynia, before the war.

Your friend from San Francisco was here during vacation. She and her sister and brother-in-law from Wrocław. Thank you very much for remembering me. I was very pleased. When they were visiting us, Jurek was at home. So it was Jurek, Grandfather and me. Janek was at work.

Czesio has a apprenticeship, and Marylka was on a holiday PKP[15] camp for four weeks, in Wągrowiec. She is older now, so I can let her go alone.

With Father it is always a bit worse, rather than better. It is even very bad. Now his legs are completely useless as is his left arm. He speaks in such a way that I figure out what he is trying to say more than understand him. Believe me, I never imagined that old age could ever lead to such an infirmity as his. I find I'm jealous of every 80-year old who can still manage to walk. My mother-in-law is also ill. She is 84, and she can still walk. Well, its too bad. One has to accept life as it comes, although if feels as if it has particularly picked me out.

Jurek is in the Army and far away in Mrągów beyond Olsztyn. In addition, he is in the same kind of school our brother Czesio, of blessed

---

[15] Polish State Railways

wiem czy ktoś pójdzie, zimą tak daleko. Ja już nie bo muszę być przy dziadku. Moi Drodzy jak się czujecie? Co porabia Władzia, Wandzia i Ty Bracie? Jak powodzi się Czesiowi i Rodzince? Czy wszyscy zdrowi? Zasyłamy Wam Wszystkim moc serdecznych pozdrowień, uścisków i ucałowań, od nasz wszystkich...

Hala z Ojcem i Rodziną

Nie wiem czy napiszę jeszcze przed Gwiazdką. Dlatego z okazji Świąt Bożego Narodzenia życzymy Wam Wszystkim zdrowych i wesołych Świąt, bogatego Gwiazdora oraz Wszystkiego najlepszego

Od całej naszej Rodziny

memory, was in. We will have a very sad Wigilia since neither Mother, of holy memory, or Jurek will be here. May the rest be. We will probably see Jurek in half a year when he finishes school. I don't know if anyone will go see him graduate. It will be in the winter, and so far. I must stay near Father.

My Dears, how are you feeling? What is Władzia doing, Wandzia, and you, Brother? How are things faring for Czesio and his family? Is everyone healthy? I send you all many heartfelt wishes, hugs and kisses from us all…

Hala with Father and the Family

I don't know if I will write again before Christmas. Therefore, on the occasion of the forthcoming feast of the birth of God, I hope you all have healthy and happy holidays, a generous Santa.

All the best from…

Our whole family

nad. Halina Grycz-Poczekaj
31.12.1970 rok
Włoszakowice

Nasi Najukochańsi,

Muszę Wam Drodzy donieść, że dzisiaj to jest 31 grudnia 1970 roku o godzinie 5.15 rano zmarł nasz ukochany Ojciec i Dziadek. W głębokim smutku pogrążeni

Halina, Janek, Czesiu, Jurek i Marylka

Halina Grycz-Poczekaj
1970.12.31
Włoszakowice

Our Dearest Ones,

I must, dear ones, inform you that today, on the 31st of December 1970 at 5:15 a.m. our beloved Father and Grandfather died. Immersed in deep sorrow,

Halina, Janek, Czesio, Jurek and Marylka

1971

nad. Halina Grycz-Poczekaj
03.03.1971 rok
Włoszakowice

Kochana Wandziu, Władziu i Jasiu,

    Dziękuje Wam serdecznie za list i zaproszenie do Was. Teraz mogła bym do Was przyjechać i to w duże wakacje, na lipiec i sierpień. Nie ma św. pamięci Ojca, Jurek jest w wojsku, a Czesio ma praktyki przez miesiąc wakacji. Janek dał by sobie rade w domu ponieważ mamy tylko owce i kury. Poza tym na polu i w ogrodzie działkowym wszystko już porobione. Pola już nie mamy. Nie jesteśmy produktywni bo świniaka chowaliśmy tylko dla siebie. Ojca działkę też na zabrali, byłam już na milicji, przywiozłam formularze do wypełnienia, jednym słowem byłam zdecydowana z Marylką wyjechać. Marylka cieszyła się ogromnie, i ciężko mi o tym pisać, ale po dłuższym zastanowieniu zrezygnowałam z tej podróży. Maryla nie wybaczy mi tego do śmierci. Mówi, że zrezygnuje z jedynej takiej szansy w życiu, ale pomyśl bracie sam. Mnie ta podróż też będzie kosztować, a wydatków miałam już dość., a i Was tez by to kosztowało i nie wiem czy 1000$ by starczyło. To za wysoka cena za 2 miesiące przyjemności. Choć po 10 latach opieki nad mamusia a później nad św. pamięci tatusiem, który miał niedowład nóg i ręki, przyjazd do Was był by dla mnie wspaniałym lekarstwem.

    Uciekłabym od wspomnień, ale doszłam do wniosku, że jednak lepiej jakbyście pomogli mi materialnie, proszę nie gniewać się na mnie, Janek po 25 latach pracy zarabia 2000 zł.

    Czesiowi oprócz ubrania daje co miesiąc 1000 zł. Nasi ekonomiści obliczyli, że rodzina 4 osobowa powinna mieć ponad 1000 zł na osobę, a mi zostaje 1000 zł na 3 osoby, a jeszcze Jurkowi do wojska parę groszy trzeba wysłać. Jurek wróci w październiku 72 to tez będzie go trzeba ubrać od stop do głów, a Czesiu tez ma jeszcze kilka lat. Ja chciałam iść do pracy na PKP[16], ale za stara jestem. Przetwórnia tez zwolniła parę osób. Ja dorabiam trochę w domu, ale w zimie mało kto korzysta z moich usług. Na prace w gospodarstwie

---

[16] Polskie Koleje Państwowe

Halina Grycz-Poczekaj
1971.03.03
Włoszakowice

Dear Wandzia, Władzia and Jan,

Thank you for your letter with its invitation to come visit you. Now I would be able to come visit you for a long vacation, from July to August. Our Father, of holy memory, is, no longer living. Jurek is in the army. Czesio has an apprenticeship during a month of vacation. Janek would be able to take care of the house since we only have sheep and chickens. Besides that, everything is done in the fields, orchard and gardens. We don't have any large fields. We are not "productive" because we only raised the pig for ourselves. Father's field, they've now taken away. I was at the Police Station, I brought the form that needed to be filled out. In a word, I had decided to go with Marylka. Marylka was very happy.

It is very difficult for me to write about this, but I have thought about it a long time, and I have decided against the trip. Marylka will not forgive me for this until she dies. She says that I have given up my one chance in a lifetime. But think, Brother, yourself. Such a trip will also cost me something. And I've already had enough expenses. And it would cost you, also. I don't know if $1,000 would be enough. That is too high a price for two months of pleasure. It's true, even though, after ten years of caring for Mother and later for Father, of holy memory, who did not have the use of his legs or arm, a visit to you would be wonderful medicine for me. I would run away from my memories.

However, I've come to the conclusion that it would be better if you could help me, materially. Please don't be angry at me. Janek, after 25 years of work, earns 2,000 złotys. He gives Czesio, in addition to clothing, 1,000 złotys per month. Our economists tell us that a family of four should have more than 1,000 złotys per person. I am left with 1,000 złotys for three persons. And we must send Jurek a few pennies while he is in the army. Jurek will return in October of 1972. So we'll also have to dress him from feet to head. And Czesio still has a few years at home.

I wanted to go to work on the PKP[17] but am too old. The processing factory has laid off a number of people. I earn a little at home, but in the Winter few people benefit from my efforts.

---

[17] Polish State Railway

nie ma już siły. Mówisz bracie, że mamy dom, ale i ten dom nas nie mało kosztował, była na nim hipoteka, spłacaliśmy ją 10 lat, a teraz już pasowałoby wymienić dachówkę, i płot też jest, że pożal się Boże. Dekarz obliczył nam wymianę dachu na 15 000 zł. Pomyśl, że Ojca pogrzeb kosztował nas 9 000 zł, wydaje się nie możliwe przy Janka zarobkach. Wierz mi ze 10 każdego miesiąca to po pieniądzach, a potem żyje się z dnia na dzień. Jak ojciec żył to miałam te dodatkowe 1 600 zł, choć się napracowałam, ale z drugiej strony to dziękuje Bogu, że sama dałam sobie z nim rade do końca, ale i mi siły się już wyczerpały, bo mam już prawie 50 lat. Lekarz sam się dziwił skąd wzięłam tyle siły żeby go na krzesło sadzać. Wybaczcie mi, że tyle Wam opisałam. A bracie znasz mój ogląd na tą sprawę i uczyń jak uważasz. Dwa dni przed śmiercią mamusi przyrzekłam jej ze nie będę cię o nic prosić, i nie prosiłabym Was jakbyście i nie zaproponowali tego wyjazdu. Mam nadziej, że mnie zrozumiecie, że pieniądze przeznaczone na wyjazd bardziej by mi się przydały. Jak Czesiu skończy to damy sobie już radę, zresztą mi już do życia dużo nie potrzeba.

Ojciec zasłabł nam 30 XII o 16.30, prawie na godzinę, nie oddychał, ale po godzinie otworzył oczy. Był ks. Proboszcz z komunią św., olejami. Była ciocia Kasia, Martyna, Józia i brat Józi Stasiu z żoną. Wszyscy się z nim pożegnali. Na noc zostali przy mnie żona Stasia i znajoma staruszka. Janek miał służbę w nocy. Była Marylka i Czesio, Tatuś był zupełnie przytomny do 3 nad ranem, zmarł o 5.15, tak samo jak św. pamięci mamusia, coraz wolniej oddychał aż w końcu serce stanęło. Na dworze była ogromna śnieżyca a mróz dochodził do −30 stopni.

Okropne te wspomnienia, cały tydzień przed świętami pytał czy pisałeś. Wigilie mieliśmy bardzo smutną. W drugie Święto był u nas Józio, ten co do Was dzwonił dzień po śmierci mamusi, z żoną i dziećmi. Ojciec im podziękował, że przyszli, bardzo się cieszył bo to była piękna niedziela. Była to jego ostatnia niedziela, dobrze, że przyszli.

Wuj Staś żył by do dziś gdyby nie jego przypadek, pojechał do Leszna w marcu i nie zdążył na pociąg i chciał wrócić autobusem. Wsiadł do autobusu w kierunku Wrocławia, na pierwszym przystanku

I no longer have enough strength to work on a farm. You say, Brother, that we have a house. But this house cost us a good deal. There was a mortgage which we paid off in ten years. And now it would be good to replace the roof. The fence stands so that even God would pity it. A roofer estimated that a new roof would cost 15,000 złotys. And think, that Father's burial cost us 9,000 złotys, which seems impossible given Janek's income. Believe me, that on the 10th of each month we go for the paycheck, and then we live from day to day. When Father was alive, I had his additional pension of 1,600 złotys, even though I worked hard for them.

And on the other hand, I thank God, I was able to take care of him myself to the very end. But it has taken all my strength and I am almost 50 years old. The doctor, himself, was amazed at the source of my strength to carry and put him into his chair. Forgive me, please, that I've written so much about this.

And, Brother, you know my view on these matters, and you will do as you see fit. Two days before Mother's death, I promised her that I would never ask you for anything. And I wouldn't ask if you hadn't suggested this trip. I hope that you will understand me that the money set aside for the trip would be much more useful for me [than the trip]. When Czesio finishes, we'll be able to take care of ourselves. There's not much more that I need for living.

Father failed us on the 30th of December at 4:30 p.m., almost to the minute. He wasn't breathing but after an hour, he opened his eyes. The Rev. Pastor was here with Communion and the Holy Oils. Aunt Kasia was here, with him, and Martyna, Józia and her brother, Staś with his wife. Everyone said good-bye to him. For the night, the wife of Staś stayed with me as well as an old neighbor lady. Janek had duty at night. Marylka, Czesio and I were completely awake to 3:00 in the morning. He died at 3:15 a.m., the same way as Mother, of holy memory. He simply breathed slower and slower until, in the end, his heart stopped. Outside there was a huge snowstorm and the temperature dropped to -30°.

Those recollections are horrible. The whole week before Christmas he kept asking if you had written. We had a very sorrowful Wigilia. On the Second Day of Christmas Józio, the one who called you on the day of Mother's death, came with his wife and children. Father thanked them

konduktor go wysadził. Była bardzo zimno, na zmianę padał śnieg z deszczem, Wuj poczuł się słabo i poszedł schronić się pod drzewa, gdzie zasłabł, znaleźli go po 36 godzinach. Wzięli go do szpitala, gdzie leżał 3 miesiące całkowicie bezwładny. W czerwcu zmarł. Gdyby nie ten wypadek może żył by do dziś. Ot takie to życie człowieka.

Kończę już, przesyłam Wam serdeczne pozdrowienia i uściski. Pozdrowienia dla całej rodzinki Czesia i przybranej córki.

Zostańcie z Bogiem.

Halina z całą rodzinką

W drugim liście wysyłam dla Władzi sprawozdanie oraz fotografię z pogrzebu św. pamięci Ojca

for coming and was very happy because it was such a beautiful Sunday. That was his last Sunday. It was good that they came. Uncle Staś would have lived 'till today were it not for his accident. He went to Leszno in March and wasn't able to catch the train. So he wanted to return by bus. He got onto the bus going in the direction of Wrocław, and on the first stop, the conductor made him get off the bus. It was very cold with rain alternating with snow. Uncle felt very weak, and went to protect himself under some trees, where he fainted. They found him 36 hours later. They took him to the hospital where he lay for three months completely in a coma. In June he died. If it hadn't been for that accident, he might have lived till now. Such is life.

I will end now, sending you sincere wishes and hugs. Best wishes for Czesio's whole family and your new daughter.

Remain with God

Halina with the whole family

In my next letter I will send Władzia the accounting sheets, along with photographs of the funeral of our Father, of holy memory.

nad. Halina Grycz-Poczekaj
14.04.1971 rok
Włoszakowice

Nasi Najukochańsi,

Dziękujemy serdecznie za życzenia świąteczne. Musze Wam dziś kilka słów napisać, ponieważ byłam w Poznaniu i otrzymałam w banku za 1$ 1 bon PKO co równa się 72 zł.

Natomiast gdybym pobrała pieniądze to otrzymałabym za 1 $ 24 zł. Ale jeżeli chodzi o pannę Annę to raczej niech sobie załatwi tak jak Wy dawniej wysyłaliście na Bank Polska Kasa Oszczędności (PKO) ponieważ ten bank wypłaca za 1 $ 1 bon albo 72 zł. Wszystkie inne banki mają urzędowy kurs po 24 zł za 1 $ a szkoda by miała być stratna o ⅔. Jeżeli chodzi o mnie to sprzedam 1 bon za 72 zł, ale w żadnym wypadku nie podjęłabym w zł polskich z banku handlowego. Tyle o tym. Święta spędziliśmy spokojnie. Jurek był w domu, ale 13 kwietnia już musiał odjeżdżać. A dziś wieczorem jedzie Czesio. Marylka w tej chwili gra.

Idzie już jej dobrze. Należy do orkiestry. Już występują przed publicznością i w orkiestrze i jako soliści. Zadowoleni jesteśmy z niej. Jak zauważyliście na zdjęciu to Marylka naprawdę urosła. Ponieważ na tym zdjęciu ma płaszcz który ja nosiłam podczas okupacji a że moda jest na płaszcze długie to nosi go bez przeróbki i bez skracania. Tylko, że ja miałam wtedy 19-20 lat a ona zaledwie 14 lat. Ciekawa jestem jaka z niej „tyczka" wyrośnie. Te wycinanki dla Władzi wyśle. Mamy znajomych koło Łowicza i pisałam do nich. To jak je dostane to natychmiast Wam wyśle. A więc tyle na dziś. Kończę raz jeszcze Wam Wszystkim za wszystko bardzo dziękuje. Ściskamy i całujemy Was Wszystkich mocno. Pozdrowienia dla Czesia i całej rodziny oraz Panny Anny. Zostańcie z Bogiem.

Hala z Jankiem i dziećmi.

Halina Grycz-Poczekaj
1971.04.14
Włoszakowice

Our Dearest Ones,

Thank you very much for the holiday wishes. I must write a few words to you since I was in Poznań and received a PKO coupon from the bank for dollars. $1 equals 72 złotys. On the other hand, if I had asked for the money in currency, I would have gotten for 24 złotys for $1. So, as concerns Miss Anne, she should just take it the way you previously sent things, i.e., directly to the PKO bank. That bank pays out coupons or currency at an exchange rate of 72 złotys to the dollar. All the other banks have the official state exchange rate of 24 złotys to the dollar. It would be a shame for her to lose ⅔. As for me, I will sell my coupon for 72 złotys, but under no circumstance would I take the złotys from the Bank of Trade. Enough of this.

We spent the holidays quietly. Jurek was at home, but on the 13th of April had to return. Today in the evening, Czesio leaves. Marylka, at this moment, is playing. It is going well for her. She belongs to an orchestra. She already plays in front of the public in the orchestra as a soloist. We are very pleased by her. As you have noticed from her photograph, Marylka has really grown a lot. She is wearing, in this photograph, a coat that I wore during the Occupation. The current fashion is for long coats, so she wears it without any tailoring or shortening. Only, when I wore it, I was 19 or 20. And she is just 14! I wonder what kind of "stick" she'll grow to be.

I will send the "wycinanki[18]" for Władzia. We have some friends near Łowicz, and I've written to them. As soon as I receive them, I'll send them on to you. So, now, that is all for today. Ending, I thank you all, once again, for everything. We hug and kiss each of you very much. Best wishes for Czesio and his whole family as well as for Anne.

Remain with God.

Halina with Janek and the children.

---

[18] Polish decorative and artistic paper cutouts made in the region of Łowicz.

Założyciel „Godziny Polskiej" umiera
Monitor, 22.07.1971 rok

Jan Marceli Grycz, który zainicjował „Polską Godzinę Kulturalną", obecnie transmitowaną cotygodniowo przez KQED-FM, zmarł 19 czerwca. Urodzony w Polsce, Pan Grycz ukończył studia w Morskiej Akademii w Gdyni w 1938 roku i wypłynął na morze. Podczas wojny pływał na polskich statkach handlowych przewożąc broń ze Stanów Zjednoczonych do Wielkiej Brytanii.

Podczas jednego rejsu pożar wybuchł w maszynowni statku. Jako odpowiedzialny oficer, Jan Grycz rozkazał ewakuowanie maszynowni a sam pozostał na posterunku. Dzięki jego wysiłkom tak okręt jak i jego załoga szczęśliwie dotarli do celu. Za ten czyn Grycz otrzymał „Krzyż Walecznych" wyróżnienie rzadko przyznawane cywilom.

W 1948 roku zamieszkał w Stanach Zjednoczonych, wybierając San Francisco jako swój dom. Krótko po przyjeździe on i jego rodzina przyjęli obywatelstwo amerykańskie.

Po zatrudnieniu w wielu zakładach maszynowych, w roku 1961 otworzył swoje własne przedsiębiorstwo. Był aktywnym w polsko-amerykańskiej społeczności, został wice-prezydentem oddziału Północnej Kalifornii Polsko-Amerykańskiego Kongresu i przez ostatnie dwa lata był jego prezydentem. W dodatku do serii radiowej, Pan Grycz zainicjował biuletyn tego oddziału „Echo San Francisco", który obecnie jest redagowany przez Profesora Ks. Andrzeja Woźnickiego z Uniwersytetu San Francisco.

Grycz pozostawił żonę Władysławę, syna Czesława i córkę Wandę, studentkę filozofii na Uniwersytecie San Francisco.

Founder of "Polish Hour" dies
The Monitor, July 22, 1971

Jan Marceli Grycz, who initiated "The Polish Cultural Hour," now broadcast each week on KQED-FM, died on June 19. Born in Poland, Mr. Grycz completed studies at the Maritime academy in Gdynia in 1938 and went to sea. During the war years he sailed on Polish merchant ships carrying ammunition from the U.S. to Great Britain.

During one of his voyages, a fire broke out in the engine room. Being the responsible officer below, Jan Grycz ordered the engine room evacuated, remaining himself at his post. Due to his efforts the ship and its crew safely reached their destination. For this action, Grycz received the "Krzyż Walecznych" ("The Cross of Valor") in 1942, a distinction seldom granted civilians.

In 1948 he took up residence in the United States, choosing San Francisco as his home. Not long after their arrival he and his family became naturalized citizens.

Employed in various machine shops, he founded his own company here, in 1961. Active in the Polish-American community, he became vice-president of the Northern California division of the Polish-American Congress, and for the past two years was president of the division. In addition to the radio series, Mr. Grycz also initiated the Divisional Bulletin, "ECHO San Francisco." It is currently being edited by Professor Andrew Woznicki of USF.

Grycz is survived by his wife, Władysława, a son Czesław, and a daughter Wanda, a philosophy student at USF.

nad. Halina Grycz-Poczekaj
26.10.1971 rok
Włoszakowice

Kochana Władziu i Wandziu,

    Zasyłamy Wam moc serdecznych pozdrowień. Piszę do Was kilka słów, ponieważ już cztery miesiące od śmierci Janka, a ja tak z dnia na dzień czekam na list od Was. Obiecałaś Władziu, że napiszesz o pogrzebie Janka i jak dotychczas nie mamy listu. Może zaginął w drodze, albo ciężko Ci o tym pisać? Ale ja chciałabym wiedzieć gdzie jest pochowany i czy ciało jego zostało spalone? Różne myśli przychodzą mi do głowy, krewni pytają a ja nie wiem co mam powiedzieć. Raz jeszcze bardzo Cię proszę napisz mi o Nim. Przecież to mój brat. Tak mało wiem o moim bracie Czesiu, a teraz tak niewiele i o Janku. A miałam ich tylko dwóch. Tak mało ich widziałam i teraz tak daleko leżą na obcej ziemi. Dla mnie jest to bardzo bolesne. Za kilka dni Dzień Zaduszny, a ja ani jednemu ani drugiemu nie mogę tej świeczki zapalić. Jak wyjeżdżaliście z Polski miałam nadzieje, że się jeszcze zobaczymy. Niestety stało się inaczej.

    Pisałam do pani Michacz. Pani Michacz prosiła bym przyjechała do Chorzowa na Wszystkich Świętych. Ja jednak chciałabym być tu na grobie rodziców. Do Chorzowa wysłałam pieniądze jak co roku na ubranie grobu Twoich rodziców, a do Chorzowa pojadę jak Marylka będzie miała wolne, to ją zabiorę. Boję się sama jechać, nie za bardzo się jeszcze czuję po ostatniej chorobie. Tak dużo było tych wszystkich ciężkich i bolesnych przeżyć, że trudno teraz przyjść do sił. Nie dużo jednak będę mogła pani Michacz poradzić, bo to już leży w Twoim zakresie Władziu, a mianowicie z chwilą śmierci mego ojca, pani Michacz ma nie ważne pełnomocnictwo na Twoją własność w Chorzowie. Dotychczas jakoś leciało, ale w każdej chwili może wyjść na jaw, że ojciec już nie żyje, a przecież to on miał od Ciebie pełnomocnictwo, które z kolei sądownie dał pani Michacz.

    Co słychać u Was? Jak dajecie sobie teraz obydwie radę? Zapewne na każdym kroku Wam Janka brak. Trudno mi o tym pisać. Już czwarty miesiąc mija, a ja nie umiem się z tym losem pogodzić.

Halina Grycz-Poczekaj
1971.10.26
Włoszakowice

Dear Władzia and Wandzia,

    I send you my most heartfelt wishes. I am writing you a few words because it has been four months since Jan's death, and I have been waiting day by day from a letter from you. You promised, Władzia, that you would write about Jan's funeral, but we've not had any letter yet. Perhaps it got lost in transit, or maybe it is difficult for you to write about it. But I would like to know where he is buried and whether he was cremated? I have different thoughts going through my head. Relatives ask other questions. And I don't know what to tell them. I would ask, once again, to please write me about him. He is my Brother, after all.

    I know so little about my Brother, Czesio. And now, not much about Jan. And I only had the two of them. I saw them so little. Now they both lay in foreign soil. For me, this is very painful. In a few days it will be All Souls Day, and I can't light a candle on the grave of either one. When you were departing from Poland, I had such hopes that we would see each other again. Unfortunately it happened differently.

    I wrote to Mrs. Michacz. Mrs. Michacz asked that I come to Chorzów on All Saints. I would rather, however, be at the grave of my parents. I send money to Chorzów, as I do every year, for the care of the grave of your parents. I will go to Chorzów when Marylka will have time off school. Then I will bring her with me. I am afraid to go alone, because I done yet feel well after my last illness. There have been so many of these heavy and painful things to live through, that it is difficult to regain one's strength.

    I won't be able to help Mrs. Michacz too much, because most of it lies within your discretion, Władzia, specifically. At the moment of the death of my Father, Mrs. Michacz does not have a valid Power of Attorney for your property in Chorzów. Up till now, it all proceeded well, but at any moment someone might notice that Father is no longer alive. It was he who had the Power of Attorney from you, which he, in turn, was conferred through the courts to Mrs. Michacz.

    What is there to hear from you. How are you both managing now? Undoubtedly, at every step, you miss Jan. And I don't know how I can reconcile myself to his fate.

Kochana Władziu, mam jeszcze prośbę do Ciebie. Chciałam po śmierci ojca ten dom we Włoszakowicach przepisać na mnie, ale w sądzie zażądano ode mnie dokumentu zgody śp. Janka. Dlatego proszę Cię bardzo byś możliwie szybko ten dokument mi przysłała. Ojca testament uznano za nieważny. Wybacz, że Cię tym trudzę. Masz swoich kłopotów zapewne dosyć.

Zasyłam Tobie Władziu i Wandzi moc serdecznych i gorących pozdrowień i uścisków.

Serdeczne pozdrowienia dla Czesia i jego rodziny.

Halina.

Kochana Władziu i Wandziu,

Dzielimy się z Wami opłatkiem i życzymy Wam zdrowych i spokojnych świąt, dużo, dużo jeszcze radosnych dni oraz szczęśliwego Nowego Roku.

Z serdecznym pozdrowieniem,

Halina z całą rodziną.

Dear Władzia, I have one more request for you. I wanted, after Father's death, to write over this house in Włoszakowice in my name. But the judge is requiring of me a document confirming the agreement of Jan, of holy memory. So I'd ask that you send the document to me as quickly as possible. Father's testament is being treated as invalid. Forgive me. You have your own difficulties and problems enough.

I send you, Władzia and Wandzia many heartfelt and warm greetings and hugs.

Sincere greetings for Czesio and his family.

Halina

Dear Władzia and Wandzia,

We share our opłatek with you and wish you healthy and peaceful holidays, lot and lots of Joy still, and a successful New Year,

With heartfelt wishes,

Halina with the whole family.

1972

nad. Halina Grycz-Poczekaj
06.02.1972 rok
Włoszakowice

Kochana Władziu i Wandziu,

Przede wszystkim dziękuję Ci Władziu za obydwa listy. Ten z broszką otrzymałam w imieniny Janka 27 stycznia, a list z tym dokumentem dwa dni później. Jestem Ci wdzięczna za nie i mocno Cię całuję. Uspokoiły mnie trochę choć są chwile, w których się załamuję i nie mogę się pogodzić, z tym, że los tak ciężko nas doświadcza, zabierając wszystkich najbliższych, których się kochało. Cieszę się, że i Ty jakoś wracasz do życia, bo pomimo wszystko trzeba żyć. Tyle razy traciłam Najdroższych, że doskonale Cię rozumiem jak ciężko wszystko przeżywałaś. Dobrze, że masz Wandzię i Czesia z rodziną, którzy są Ci podporą w chwilach ciężkich. Kochana Władziu jeśli byś mogła tą taśmę o Janku nagrać taką co by do naszego magnetowidu pasowała, byłabym Ci wdzięczna a o ile nie to przyślij taką jaką masz, o ile nie sprawi Ci to dużo kłopotu. Jakby nie było jest to zawsze dokument i droga pamiątka po tych co od nas odeszli na zawsze. Co do Jurka to ma poważne zamiary. Na razie Jurek jest w wojsku, w październiku kończy swą służbę i planuje ślub w kwietniu 1973 roku. Ja chciałabym, żeby Jurek jeszcze trochę na siebie popracował, lecz nic nie mówię bo gdy byłam panienką powiedziała mi cyganka, że mam nic nie planować bo każdy mój plan Pan Bóg kreśli i zgadła. Więc niech robią jak uważają a ja swojego zdania nie wypowiadam. Jej rodzinie zależy na tym by się pobrali, gdyż w domu są jeszcze 2 panienki. Jedna jak Marylka a druga młodsza no i chłopak po wojsku, który się też może w każdej chwili ożenić. Rodzina porządna, Małgosia naprawdę miła i sympatyczna panna a próbę już prawie przeszli(Jurek już prawie półtora roku w wojsku i trzymają się, więc nie mam nic przeciwko temu. Marylka w tym roku też kończy 8 klasę i chce iść do ogólniaka, gimnazjum do Leszna, do tego co i Jasiu chodził. U nas teraz już trochę cieplej, od kilku dni świeci słońce. Tego roku zima była krótka. Nie lubię zimna a i upału dużego też nie. Co robi Wandzia i Czesiu z Rodziną? Kończąc zasyłam Ci Władziu moc serdecznych pozdrowień, uścisków i

Halina Grycz-Poczekaj
1972.02.06
Włoszakowice

Dear Władzia and Wandzia,

First of all, thank you for your two letters. The one with the brochure, I received on Jan's name day on the 27th of January. And the letter with the two documents a day later. I am very grateful for them and kiss you. They calmed me a bit, although there are moments in which I break down and cannot reconcile myself with the fact that fate has so heavily treated us, taking away all who are most close and whom one loved.

I am happy that you are returning to life, somehow. Despite everything, one must live. So many times I've lost those most dear to me. I very well understand how difficult it is, what you have lived through. It is good that you have Wandzia and Czesio with his family, who are your support during difficult moments.

Dear Władzia, if you could make me a copy of the tape with Janek that could fit our tape recorder, I would be grateful. If you can't make a copy, send the one you have if it won't cause you too much trouble. It is always a document and a dear remembrance of those who have left us forever.

As to Jurek, he has some serious aspirations. For the time being, Jurek is in the Army. In October he will end his service and plans to get married in April 1973. I would prefer that Jurek work on himself a bit more. He doesn't say much. But when I was a young maiden, a gypsy told me that I should not plan anything, because God would cross out every one of my plans. And she guessed it. So let them do what they think is best and I will not throw in my own opinions.

Her family depends on their getting married, since they have two more girls at home. One is like Marylka, and the second is younger. And the boy is after his Service, and has a right to get married any moment he desires. The family is a good one. Małgosia is truly a sweet and pleasant woman. They have already gone through a trial. (Jurek has already been one and a half years in the Army, and is still holding on to her. So I have nothing against it.)

Marylka is finishing eighth grade this year and wants to go to a general gimnazjum in Leszno, to the school where Jan went. It is now a

ucałowań a również dla Wandzi oraz Czesia z rodziną. Gdy Ci czas pozwoli napisz mi choć kilka słów. Zostańcie z Bogiem. Za wszystko raz jeszcze bardzo dziękuję.

 Halina z całą Rodziną

little better, here. For a few days the sun has been shining. This year, Winter was short. I don't like the cold and I don't like it extremely hot, either. What are Wandzia and Czesio and his family doing? Ending, I send you, Władzia, many heartfelt wishes, hugs and kisses and similarly for Wandzia, and for Czesio and his family. When time permits, write, if only a few words. Remain with God. I thank you, once again, for everything,

Halina with her whole family.

Małgorzata and Jerzy Poczekaj

nad. Halina Grycz-Poczekaj
19.03.1972 rok
Włoszakowice

Kochana Władziu i Wandziu,

Zasyłamy moc serdecznych pozdrowień. Chciałam Ci Władziu przysłać to sprawozdanie z Chorzowa, niestety nie mam go jeszcze. Pani Michacz złamała nogę 20 grudnia i dopiero 3 marca wróciła do domu, a że w Chorzowie przeprowadzono remont na 1 300 000 zł, więc nie ma jeszcze rozliczenia z banku. Pani Michacz chce dalej to prowadzić, ale chce sobie znaleźć kogoś do pomocy co w urzędach jej to na razie pomoże, aż będzie mogła chodzić dobrze. Jak tylko dostanę to Ci zaraz wyślę. U nas też nie wesoło. Jurek leży w szpitalu w Kołobrzegu już przeszło miesiąc. Jak był u nas na przepustce to naprawiał radio w dziadka pokoju i nagle dostał jakiś atak, stracił przytomność, na szczęście był Janek i ja. Wezwaliśmy pogotowie.

Przyjechali to już mu przeszło. Lekarz stwierdził ogólne wyczerpanie organizmu. Wrócił do jednostki i zgłosił się do lekarza wojskowego, ten z kolei na komisję i do szpitala na obserwację. I minęło już 4 tygodnie jak jest w Kołobrzegu. Pisze, że odżywiają go teraz bardzo dobrze i lekarz opiekuje się nim jak synem. W ostatnim liście pisze, że może będzie miał wojsko z głowy. Lekarz mu mówił, że go puszczą. Zobaczymy. Oby tylko był zdrów i nie powtórzył się mu ten atak. To było Władziu straszne. Myśleliśmy, że już koniec. Jak przyjechał nie bardzo mi się podobał. Taki strasznie nerwowy był i przemęczony, ale nie chciał się położyć i mogło się to źle skończyć. Na Święta nie przyjedzie, ale pisze, że na 15 kwietnia być może już na dobre będzie w domu. W Święta będzie tylko Czesiu no i my stali domownicy. Co u Was słychać? Wszyscy zdrowi? Wandzia jeszcze chyba ze dwa lata? A jak Czesiu z Rodzinką?

Kończę, zasyłam Tobie i Wandzi oraz Czesiowi i całej Rodzince moc pozdrowień, uścisków i ucałowań. Zostańcie z Bogiem i jeszcze raz zdrowych i wesołych Świąt życzy,

Hala z całą Rodziną

Halina Grycz-Poczekaj
1972.03.19
Włoszakowice

Dear Władzia and Wandzia,

I send you many best wishes. I wanted to send you, Władzia, the accounting reports from Chorzów. Unfortunately, I don't have them yet. Mrs. Michacz broke her leg on the 20th of December, and returned home only on the 3rd of March. They've conducted some repairs in Chorzów in the amount of 1,300,000 złotys, so she doesn't yet have a full financial report from the bank. Mrs. Michacz wants to continue as Administrator, but would like to find someone to help her. Someone there will do so until she is better able to walk again. As soon as I receive them, I will immediately send them on to you.

It is not cheerful here. Jurek has been in the hospital in Kołobrzeg for the last month. When he was with us on break he was repairing a radio in Grandfather's room and suddenly had some kind of attack and lost consciousness. Luckily both Jan and I were here. We called an ambulance. By the time they arrived, he had regained consciousness. The doctor said it was caused by a general deterioration of his organism. Jurek returned to his unit and reported to an Army physician. And that one, in turn, after a committee meeting, sent him to the hospital for observation. It has been four weeks since he has been in Kołobrzeg. He writes that they are treating him very well, and that the doctor is caring for him as for a son. In his last letter he writes that he might have the Army off his head. The doctor said that they would release him from duty. We will see. May he only be well and may he not repeat the attack. That was, Władzia, frightening. We though it was the end already. When he got home, he didn't look all that well to me. He was very touchy and exhausted. But he didn't want to lie down. It all might have ended badly. He won't be home for the holidays. But he writes that after the 15th of April he might be home, for good. For the holidays only Czesio will be here; and us permanent dwellers. What is there to hear from you? Are you all well? Wandzia still has a couple years? And how is Czesio and his family?

Ending, I send you and Wandzia and Czesio and his family many wishes, hugs and kisses. Remain with God. Once again, healthy and happy holidays are wished you by...   Hala with the whole family

nad. Halina Grycz-Poczekaj
04.06.1972 rok
Włoszakowice

Kochana Władziu i Wandziu,

Dziękuję ci Władziu za życzenia Wielkanocne oraz list, który dwa dni temu otrzymałam. Już od miesiąca zabieram się do napisania do Was, ale mi jakoś ciężko pisać. I gdybyś w ostatnim liście nie pytała o zdrowie Jurka, może bym Ci nawet nie pisała o nim. Mamy duże zmartwienie z Jurkiem. Jurek wrócił o pół roku wcześniej w przedtem był dwa miesiące w szpitalu w Kołobrzegu. Wrócił 24.04. Jurek jest chory na padaczkę (epilepsję). Po półtora roku pobytu w szpitalu dostał pierwszy atak i w szpitalu jeszcze dwa. Jeszcze rok musi brać lekarstwa. Nie może pracować na wysokościach i pod prądem, ani nigdy nie dostanie zezwolenie na jakiekolwiek prawo jazdy. Jurek już dawno nie jest taki jak kiedyś. Gdy wrócił wyglądał strasznie. Zupełnie załamany. Siedzi w domu. Nigdzie nie wychodzi. Jedyna jego rozrywka i hobby to krótkofalarstwo. Od dwóch tygodni pracuje w Lesznie. Jedzie o 5.58 rano do Leszna a wraca o 16.00. Jak pracuje ma lekarza i lekarstwo. No i trzeba żyć. Lekarze twierdzą, że to jest od silnego uderzenia w głowę w dzieciństwie. Możesz mi wierzyć Władziu, że dużo złego w życiu przeszłam, ale ta tragedia mnie dobiła. Taki młody.

Rozpaczałam bardzo i gdyby nie pani Rogalkowa, to kto wie czy nie byłabym w Kościanie.

Dziękuję Ci Władziu za chęci szczere zaproszenia mnie do Was. Wybacz, że podziękuję Ci i nie przyjadę. To jest nie możliwe. Jak widzisz z chwilą śmierci Ojca nie skończył się mój obowiązek, mam jeszcze teściową która ma 86 lat a już 7 miesięcy jak nie chodzi, a teraz jeszcze Jurek, więc opiekę nad chorymi mam do końca mego życia zapewnioną, ponieważ aż całe moje życie choroba mego domu nie opuszcza. Jak widzisz szkoda marzyć żeby dom opuścić choć na kilka tygodni, a i ja nie bardzo się czuję. Najgorsze te moje nogi. Jak w niedzielę idę do kościoła a potem się po domu pokręcę do obiadu to mam dość. No i na ogół nie bardzo się czuję. To stałe napięcie

Halina Grycz-Poczekaj
1972.06.04
Włoszakowice

Dear Wladzia and Wandzia,

Thank you, Władzia, for your Easter greetings and letter, which I received two days ago. For a month now, I've started to write you, but it was somehow difficult for me to write. If, in your last letter you had not asked about Jurek's health, I might not even have written about him.

We have a good deal of worries with Jurek. Jurek returned a half year early, having spent the prior two months at the hospital in Kołobrzeg. He returned on the 24th of April. Jurek has epilepsy. After a year and a half in the hospital he had his first attack; and in the hospital, another two. He must take medications for another year. He cannot work on any heights or with electricity. He won't get a driver's license. For a long while, now, Jurek is not as he once was. When he returned, he looked awful. He's completely broken. He sits at home. He doesn't go out anywhere. The only break he has is his hobby of shortwave broadcasting.

He has been working in Leszno for the past two weeks. He goes there at 5:58 in the morning, and returns at 4:00 p.m. When he works he [is close to his?] doctor and medications. Well, one has to live. The doctors believe it is the result of some strong blow to his head during childhood. You can believe me, Władziu, that I have lived through a lot of bad things in my life. But this one has stunned me. So young. I was in despair. Were it not for Mrs. Rogalek, who knows if I wouldn't already be in the madhouse.

Thank you, Władzia, for your sincere invitation to have me come to you. Forgive me that I will thank you, but not come. It is impossible. As you can see, even after the moment of Father's death, my obligations here have not finished. I still have my mother-in-law, who is 86 years old and hasn't been able to walk for the last seven months. And now Jurek. So I am assured of care of the sick for the rest of my life. Illness has not left my home for my entire life. As you see, it is fruitless to dream of leaving home, even for a few weeks. And I don't feel all that well, myself. The worst are my legs. When I walk to Church and back on Sunday, and then turn about making lunch, I have enough. Generally speaking, I don't feel great. The permanent tensions have their negative influence on the nerves. As you rightly say, we are no longer 20, but 50.

nerwów fatalnie się odbiło, ale masz rację, nie mamy już 20 lat tylko 50.

Pani Michacz przysłała mi niedawno te zestawienia z Chorzowa, które Ci przesyłam.

Doszłam do wniosku, że najlepiej gdybyś Ty przyjechała do Polski, ponieważ w Chorzowie jest już znów sporo pieniędzy, więc i podróż by Ci się zwróciła i jeszcze miałabyś na wydatki w Polsce. Czesio nadal we Wrocławiu. Marylka kończy ósmą klasę i chce do ogólniaka iść, jak się dostanie oczywiście. Jurek powiedział Małgosi całą prawdę o swej chorobie.

Zobaczymy jak się to dalej rozwikła. Kończąc zasyłam Tobie i Wandzi i całej Rodzince Czesia moc serdecznych pozdrowień, uścisków i ucałowań. Proszę napisz znów parę słów.

Mocno Was Wszystkich całuję.

Hala i cała Rodzina

Mrs. Michacz recently send me the accounting records from Chorzów, which I will send you.

I have come to the conclusion that the best thing would be for you to come to Poland, since there is a sum of money again accumulated in Chorzów. It would reimburse you for the trip, and you might still have some left over for expenses in Poland.

Czesio continues to be in Wrocław. Marylka is finishing 8th grade and wants to go to a general school (if she is accepted, of course). Jurek told Małgosia the whole situation about his health. We will see how everything will unfold.

Ending, I send you, Wandzia and Czesio's whole family, many sincere wishes, hugs and kisses. Please write a few words again.

I kiss you all very much,

Hala and the whole Family

nad. Halina Grycz-Poczekaj
25.10.1972 rok
Włoszakowice

Kochana Władziu i Wandziu,

Dziękuję serdecznie za list i bardzo się nim zmartwiłam. Serdecznie Wam wszystkim współczuję. Tak zabieram się do tego listu a to dzień za dniem leci, że za kilka dni jest 1 listopad i dzień naszych ukochanych Zmarłych. Jak to jesienią pracy dużo, bo to zima za pasem, a zapowiadają zimę ostrą i wcześniejszą, aż strach bo znów mamy od kilku miesięcy chorą teściową. Raz jej lepiej czy gorzej, ale ma już 86 lat to ładny wiek. Tylko w niektóre dni takie napady dostaje, że „szaleje" aż się boję jak Janek nocą jest w pracy. Czasem boję się, że sama do głowy dostanę. Jurek czuje się dość dobrze. Ataki się do tej pory nie powtórzyły. Najgorzej było w te upały. Dziewczynie wszystko powiedział i chciał odejść od niej, ale ona ani jej rodzice nie chcieli o tym słyszeć i mówią, że co ma być to będzie, ale Małgosia Jurka w nieszczęściu nie opuści. Ja już sama nie wiem co dobrze a co źle. Ja jednak nie będę żyć wiecznie, więc lepiej, że będzie miał własną żonę i rodzinę. Choć modlę się by było dobrze. Końcem marca chcą się pobrać i dlatego serdecznie Was Wszystkich na ten ślub zapraszamy. Ciebie Władziu i Wandzię, oczywiście i całą rodzinę Czesia, że oficjalnie zaproszenia Wam jeszcze wyślemy, ale piszę teraz (do Czesia też w tych dniach napiszę), abyście mogli się zdecydować przyjechać do Polski. Bardzo serdecznie zapraszamy. Marylka też już ósmą klasę już skończyła i jeździ codziennie do Leszna do liceum ogólnokształcącego.

Marylka chce być nauczycielką. Zobaczymy. Wandzia uczy się polskiego co nas bardzo cieszy, a Marylka uczy się angielskiego (i to bardzo pilnie), a Czesiu jej dopinguje. Czesiu w tej chwili pracuje. Nie byliśmy w stanie pomóc materialnie na studiach. Czesiu jest uparty i ambitny i chce się uczyć dalej. Mówi, że choćby miał paść na szczycie to i tak będzie się uczył i studia musi mieć. Zobaczymy jak się wykaraskamy z Jurkiem. Ja też czekam na przydział pracy chałupniczej dla inwalidów. Komisja uznała i przydzieliła mi trzecią grupę inwalidzką. Po śmierci ojca zaczęłam się starać i po roku dano

Halina Grycz-Poczekaj
1972.10.25
Włoszakowice

Dear Władzia and Wandzia,

Thank you very much for the letter. I was quite worried about it. Thank you very much for your understanding. I start to write this letter day after day. Suddenly in a few days it will be the 1ˢᵗ of November, the day of our dear dead.

In Autumn we have a lot of work, because Winter is just behind. They are predicting a severe and early winter. This is frightening because for the past several months, my mother-in-law has been ill. Sometimes its a little better; and sometimes a little worse. But at 86, its an elderly age.

Sometimes, however, I have periods when I go crazy. It actually scares me when Janek is at work at night. I sometimes worry that I will get it in the head. Jurek feels well now. His attacks, up to this time, have not repeated. The worst was during the heat wave. He told his girl everything and wanted to break off their relationship. Neither she, nor her parents wanted to hear of it. They say that what is to be, will be. And Małgosia won't drop Jurek in his unfortunate position. I, myself, don't know what is good and what is bad. I, after all, won't live forever. So it would be better if he had his own wife and family. But I pray that it will work out. They want to marry at the end of March. For that reason, I would like to invite you, sincerely, to their wedding. You, Władzia; and Wandzia; and, of course, all of Czesio's family. We will send you an official wedding invitation. But I am writing now (I will also write Czesio, separately, in the next day or so) so that you might consider coming to Poland. We sincerely invite you. Marylka has finished 8ᵗʰ grade and every day travels to Leszno to the General Lyceum. Marylka wants to be a teacher. We will see.

That Wandzia is learning Polish makes us very happy. Marylka is learning English (and is doing it very conscientiously.) Czesio is cheering her on. He is, at this moment, at work. We were not in a position to help him, materially, in his studies. Czesio is stubborn and ambitious and wants to continue his education. He says if he fails at the peak, he will nevertheless seek to get the education and studies he must have. We will see how everything will work out with Jurek. I am also awaiting an allocation for home work for invalids. The Committed has already

mi trzecią grupę. A teraz czekam na moją kolejkę aż będzie dla mnie praca w domu. I wtedy Czesiowi będę mogła pomóc i będzie się Mógł uczyć jak tak chce, tym bardziej, że jest bardzo zdolny z wszystkich przedmiotów plastycznych. Profesorowie mi mówią, że jest wybitnie utalentowany, Czesiu nie wierzy w talent.

Kończę moja Kochana Władziu. Moc uścisków i ucałowań dla Ciebie oraz Wandzi, a przy okazji ucałuj całą Rodzinę Czesia. Z serdecznym pozdrowieniem.

Hala

accepted me into the Third Class of invalids. After Father's death, I started to apply for this. In six months I received an allocation to the Third Group. Now I am waiting for my turn when there will be work at home. Then I may be able to help Czesio and he will be able to learn like he wants. This is suitable because he is very capable and has all of the necessary prerequisites in the plastic arts. The professors tell me that he is remarkable talented. But Czesio doesn't believe in talent.

I must end, my dear Władzia. Many hugs and kisses for you and Wandzia, and along the way, give a kiss to Czesio's family. With heartfelt wishes,

Hala

nad. Halina Grycz-Poczekaj
20.11.1972 rok
Włoszakowice

Kochana Władziu i Wandziu,

Serdecznie dziękuję Ci za list. Nasze listy minęły się w drodze. Sądzę jednak, że już go otrzymałaś. Tak to człowiek odkłada pisanie z dnia na dzień a czas tak nieubłaganie leci. U nas wszyscy zdrowi, oprócz babci, ale u niej to już robi wiek swoje. Ma już te 86 lat a to już jest coś. Teraz jest trochę spokojniejsza. Dostawała zastrzyki i nie jest już tak źle. Dzięki Bogu, ponieważ dużo by nie brakło a wszyscy byśmy się wykończyli.

Od wczoraj mamy mróz, a dziś pada pierwszy śnieg. Dziś byłam w Lesznie. Jeszcze nie mam nadziei, że pracę dostanę od 1.01.1973 rok, ale może nieco później uda mi się coś chwycić.

Muszę mieć nadzieję. A teraz co do Jurka. On czuje się dość dobrze. Atak się już nie powtórzył. Dzięki Bogu. Może się nie powtórzy. Bardzo bym się cieszyła. Chciałabym dla niego jak najlepiej. Ślub będzie początkiem marca 4 lub 11. Przy okazji powiedz Czesiowi, ponieważ do niego pisałam wtedy co do Ciebie, że ślub będzie końcem marca. Może będziecie mogli przyjechać. Bardzo bym się cieszyła. A teraz Władziu jeszcze jedno.

Przysyłam Ci list, który pani Michacz mi napisała, chodzi o to, że w 1975 roku minie 25 lat jak umarł Twój Ojciec i kto chce na dalsze 25 lat by te groby zostały musi na nowo miejsca na dalsze 25 lat wykupić. Dlatego list ten Ci przesyłam. Przeczytaj i zadecyduj co zrobić.

Cieszę się, że Czesiu z Tobą koresponduje. To dobry chłopak. Jak przyjedzie zawsze co niedzielę to wzajemnie dodajemy sobie otuchy. Trochę już w życiu przeszedł bo miał 14 lat jak znalazł się poza domem wśród obcych ludzi. Teraz we Wrocławiu jest u jednego profesora wyższej szkoły rolniczej na pokoju z jednym studentem, który jest na germanistyce.

Halina Grycz-Poczekaj
1972.11.20
Włoszakowice

Dear Władzia and Wandzia,

    I thank you very much for your letter. Our letters crossed in transit. I hope, however, that you have already received mine. A person puts off writing from day to day, and time inexorably flies. Everyone is well here, with the exception of Grandmother. In her case, age takes its toll. She is already 86 and that's something. She is a bit calmer of late. She had some shots, so things are not so bad. Thank God. Because it wouldn't have taken much for all of us to have reached the end of our tether.

    We've had freezing temperatures since yesterday. Today, the first snow is falling. I was in Leszno today. I still hope to have some work from January 1, 1973. It might be a little longer before I'm able to grab hold of something. I have to have hope.

    Now, about Jurek. He feels quite well. His attacks have not repeated themselves, thank God. Maybe they won't. I'd be very happy. I would like things to work out for him in the best way. The Wedding will be at the beginning of March; the 4th or the 11th. Tell Czesio, when you have a chance, since I wrote him at the same time I wrote to you that the wedding would be at the end of March. Maybe you will be able to come. We would be so pleased.

    And now, Władzia, one more thing.

    I am enclosing a letter that Mrs. Michacz wrote to me. It deals with the fact that in 1975 it will be 25 years since your Daddy died. Who wishes that the graves remain for another 25 years must pay for them. For this reason I am sending you this letter. Read it, and decide what to do.

    I am happy that Czesio is corresponding with you. He is a good boy. When he comes every Sunday, we each give the other some extra cheer. He's already lived through a little in his life. Sine he was 14 he found himself outside the house among different people. Now, in Wrocław, he lives with a professor from the Higher School of Agriculture, in a room with another student who is studying German.

    The professor is alone with his wife. She didn't have any children and the four of them live like a family. Czesio doesn't feel so alone, but it is

Profesor jest tylko z żoną, dzieci nie mają i ta cała czwórka żyje jak rodzina, Czesiu nie czuje się teraz taki samotny, ale nie jest mu na pewno lekko.

Kończę bo i papier się kończy. Moc uścisków, ucałowań dla Ciebie, Wandzi oraz całej Rodziny Czesia,

Hala z Rodziną

probably not so easy for him either. I will end because my paper is running out. Many hugs, kisses for you, Wandzia and all of Czesio's family.

    Hala with the family

1973

nad. Halina Grycz-Poczekaj
27.03.1973 rok
Włoszakowice

Kochana Władziu i Wandziu,

    Dziękujemy Ci serdecznie za list oraz telegram. Dziś otrzymałam Twój list z wiadomością o Waszym przyjeździe. Cieszymy się wszyscy bardzo, że jeszcze raz się zobaczymy i że poznamy Cześka. Czekamy z tęsknotą na Wasz przyjazd, to sobie o wszystkim pogadamy. A teraz Władziu co do pieniędzy w Chorzowie to dobrze by było byś napisała tam do Warszawy gdzie ostatnio pisałaś: Narodowy Bank Polski, Departament Zagraniczny Biuro Komisji Dewizowej Warszawa. Napisz Władziu jak najszybciej do Warszawy o wypłacenie Ci tych pieniędzy. Wprawdzie w tej chwili w Chorzowie jest dług, ponieważ tam na dużą skalę przeprowadzono remont, ale rozmawiałam tu z ludźmi co mają podobne sprawy i mówią, że nie weszli im na tą część dla nich wypłacaną, lecz tylko na pieniądze, które są co miesiąc wypłacane. F.G.M (Fundusz Gospodarki Mieszkaniowej). Jak przyjedzie do Warszawy to przede wszystkim idźcie do Banku Narodowego w sprawie wypłacenie tych pieniędzy, ponieważ kilka dni to zawsze zlecą zanim załatwią a potem wypłacą w Chorzowie. Co do papierów z posesji w Chorzowie to wszystko jest u Pani Michacz w Chorzowie u tej administratorka. I w Chorzowie w sądzie powiedzą Ci jak to lepiej zrobić czy zapiszesz to Wandzi i Czesiowi. Czy też zrobisz testament i zostawisz go w sądzie, jak długo będziesz żyła będzie Twoje, a po śmierci otrzymają spadkobierców (Wandzia i Czesiu). To wszystko załatwisz w Chorzowie w sądzie. Testament może leżeć nawet sto lat. To by było na razie tyle. My po weselu już ochłonęli. Małgosia i Jurek mieszkają na razie u nas, aż mieszkanie wyremontują. Wesele było udane z czego bardzo się cieszę. Ja poważnie zachorowałam 4 tygodnie przed ich ślubem i leżałam 2 tygodnie i się bałam, że nie będę na ich weselu, ale dobrze mnie pielęgnowali i jakoś przeżyłam. Teściowa też je przeżyła choć w domu. Jest krucha, ale jeszcze jakoś się trzyma na te swoje 87 lat, tylko bardzo niecierpliwa. Czesiu ma kłopoty z wojskiem i na 26 kwietnia dostał wezwanie. Zrobił odwołanie i w tym tygodniu się

Halina Grycz-Poczekaj
1973.03.27
Włoszakowice

Dear Władzia and Wandzia,

Thank you very much for your letter and telegram. I received your letter today with the news of your arrival. We are all very pleased that we will see you again and get to know Czesio. We await your arrival with longing, so that we can visit and talk with each other.

As to the money in Chorzów, it would be good if you would write to Warszawa where you wrote previously: The Polish State Bank, Foreign Office, Bureau of Foreign Exchange, Warszawa. Write, Władziu, as fast as you can for permission to withdraw your money. At the present moment, there is a loan against the property, since they performed a major renewal and repair. But I spoke with people who have had similar situations, and they tell me that the costs did not involve the funds set aside for them, but affected only the portion of the monthly income designated FGM (Household Management Funds).

When you arrive in Warszawa, before anything else, go to the State Bank and deal with the matter of obtaining your funds. It always takes them a few days before they will pay it out in Chorzów. As to any documents or paperwork having to do with the property, they are all in the hands of Mrs. Michacz, as administrator.

In Chorzów, at the Municipal Courts, they will tell you how to manage the Title and whether to include Wandzia and Czesio on the Title at this time. You can also enter your Testament and deposit it there. So long as you live, it will be yours. After your death your heirs will receive it (Czesio and Wandzia.) This you can take care of in the Municipal offices in Chorzów. The Will can be there for one hundred years. That, for now, is all.

We are after our wedding. Małgosia and Jurek are living, for the time being, with us, until they remodel their home. The wedding was very nice, about which I am happy. I became seriously ill some 4 weeks before the wedding and lay in bed for two weeks, fearing I wouldn't be at their wedding. But they nursed me carefully and I got through it. My mother-in-law also survived, but in her own home. She is very frail, but is somehow holding on for her 87 years. She is just a little less patient. Czesio has difficulties with his Army service. He was called for the 26th of

rozstrzygnie, albo wojsko albo dalsza nauka. Tak bym chciała, żeby go jeszcze odroczono, ale nie wiem czy to się uda. Martwię się, ale głową muru nie rozbiję. Sądzę, że już dość Ci napisałam a resztę ustnie, tylko przyjeżdżajcie, czekamy na Was Wszystkich.

Zasyłamy Tobie Władziu, Wandzi i rodzinie Czesia dużo, dużo serdecznych pozdrowień, uścisków i ucałowań. Do zobaczenia.

Hala z całą rodziną

April. He appealed. This week it will be decided: either the Army or further education. I would very much like for him to receive a postponement, but I don't know if we will be successful. I worry, but one can't beat down a brick wall with one's head.

I trust that I've already written enough, and will tell you more, in person. Just come quickly. We all await you.

I send you, Władzia, Wandzia and Czesio and his family, many, many heartfelt wishes, hugs and kisses. Until we see you...

Hala with the whole family

nad. Halina Grycz-Poczekaj
07.11.1973 rok
Włoszakowice

Kochana Władziu i Wandziu,

Moc serdecznych pozdrowień zasyłamy Wam z Polski. Dziękujemy za list, który dwa dni otrzymałam. Po śmierci teściowej ja chorowałam. Było już źle, tych przejść było ponad moje siły. Teraz już powoli wraca życie do normy. Muszę jednak na siebie uważać, a przede wszystkim nie denerwować się. Dziękuję za fotografię Wandzi oraz Czesia i Anny. To zdjęcie w strojach hiszpańskich jest naprawdę wspaniałe. Bardzo się ucieszyłam. Władziu bardzo bym Cię prosiła o fotografię dzieci Anny i Czesia. Nie mam jeszcze żadnej a tak chciałabym je zobaczyć, choć na fotografiach. Do Czesia zgubiłam adres. Dałam Jurkowi jak wysyłał zaproszenia na swój ślub i nie wie gdzie ten adres włożył.

Marylka chodzi do gimnazjum w Lesznie, do tego co śp. Janek chodził. Już drugi rok i dobrze się uczy. Marylka śpiewa ładnie i na różne okazje występuje solo. Jurek pracuje w Lesznie a Małgosia na razie w przetwórni warzyw i owoców we Włoszakowicach (dopóki nie będzie coś małego). Na razie ja im gotuję. Przybyło trochę więcej pracy. Janek jak ma trochę wolnego czasu to też jak okazja jest leci do pracy. Ja jeszcze tej chałupniczej pracy nie dostałam. Obiecują, obiecują a przydało by się. Czesiu już się trochę z losem pogodził. Choć miałam ciężkie z nim przeboje. Niepowodzeniami w życiu chłopak się załamał. Aby się dostać na studia musi jeszcze poczekać do czerwca 1974 roku. Jeżeli na studia się dostanie to go zwolnią 7 miesięcy wcześniej to jest 1.09.1974 roku. Może ja do tego czasu pracę dostanę to na niego bym miała. Zobaczymy jak się to wszystko ułoży i czy doczekamy. Człowiek planuje a Bóg kreśli. Cieszymy się, że Wandzia wybiera się do Lublina. Teraz dużo się na te tematy mówi i pisze. Mam nadzieję też, że w przyszłym roku Wszyscy się do Polski wybierzecie. Wybierałam się do Chorzowa, ale mój stan zdrowia mi na to nie pozwolił.

Jednak jak co roku tak i w tym roku prosiłam panią Michacz o ubranie grobu na Wszystkich Świętych. Dostałam wczoraj od niej list,

Halina Grycz-Poczekaj
1973.11.07
Włoszakowice

Dear Władzia and Wandzia,

We send you many sincere wishes from Poland. Thank you for your letter which I received two days ago. After the death of my mother-in-law, I was sick. It was bad. So many things to go through was just beyond my capacity and strength. Now I am slowly returning to normal life. But I have to take care of myself, after all. Mainly, I need not to get so nervous about everything.

Thank you for the photograph of Wandzia and Czesio and Anne. The photo with the Mexican costumes is really wonderful. I was very happy. Władzia, I would ask you to send me some photos of Anne and Czesio's children. I don't have any and I would very much like to see them, if only on a photograph. I lost Czesio's address. I gave it to Jurek when he was sending the invitations for his wedding, and I don't know where he put it.

Marylka is attending the gymnazium in Leszno, the same one that Jan, of holy memory, attended. She is in her second year and doing well. Marylka sings well and for various occasions, sings as a soloist. Jurek works in Leszno, and Małgosia for the time being, works at the processing plant in Włoszakowice for vegetables and fruits (until something small comes along). At present she does the cooking. There's a bit more work at present. Janek, when he has a little extra free time, also runs off to work there. I have not yet received any home work. They promise and they promise. And it would certainly be useful.

Czesio has already come to terms with his fate. I had some heavy fights with him. Facing some failures in his life, the boy broke down. In order to continue his studies, he has to wait to June of 1974. If he is admitted, then they will postpone his service for 7 months, which will be September of 1974. Maybe, by that time, I will get some work, so I would have a bit for him. We'll see how everything arranges itself. Whatever man plans out, God crosses out.

We are happy that Wandzia is planning to go to Lublin. Now there is lots that is talked about and written about those subjects. I hope that next year, you will all come to Poland. I am planning to go to Chorzów, but my health prohibits it at present. As every year in the past, so this year,

w którym to donosi mi, że po raz ostatni spełniła moją prośbę a to dlatego, że już trzy lata temu ta pani Getner co dbała o groby Twoich Rodziców odmówiła jej i od 3 lat robiła to dozorczyni, która z kolei w tym roku robiła ostatni raz, a na Wszystkich Świętych pani Michacz musiała jej pomóc w ubraniu, a że ona już jest stara i nie ma sił, więc w przyszłym roku już nie decyduje się. Nie wiem co mam robić. Pisze dalej, że z powodu wieku i chorych nóg (miała obydwie złamane) ciężko jej uprawiać administrację Tego Twojego domu w Chorzowie. Ma dużo z tym kłopotu i kosztuje ją to dużo pracy i nerwów. Pisze, że mam przyjechać bo jest dużo do omówienia i zapytuje kiedy Ty Władziu przyjedziesz. Ja się tam wybieram, ale z panią Rogalkową (sama ze względu na zdrowie się boję) albo w feriach gwiazdkowych pojadę z Marylką. Piszę także, aby Ci przypomnieć, że miejsce na cmentarzu w Chorzowie musi być wykupione na następne 25 lat, bowiem w przeciwnym razie groby te zostaną skopane. I w tym wypadku musisz Ty Władziu zadecydować. To by było tyle, a może przyjedziecie w przyszłym roku, to sobie różne sprawy załatwisz tu na miejscu. Obawiam się, że Michacz będzie chciała zrezygnować ze stanowiska administratora ze względu na wiek. Zresztą jak pojadę to Ci napiszę, bo w tym wypadku ja nic nie mogę Ci pomóc. Ojciec nie żyje a ja nie jestem upoważniona do tego typu spraw.

Kończąc zasyłam Tobie Władziu, Wandziu, Annie i Czesiowi oraz dzieciom moc serdecznych pozdrowień, uścisków i ucałowań. Do zobaczenia.

Halina i cała Rodzina z Polski

I have asked Mrs. Michacz to take care of the graves on All Saints' Day. I received a letter from her, yesterday, in which she informs me that she has fulfilled my request for the last time. This is because, three years ago, Mrs. Getner, who cared for the graves of your parents, refused her. For three years the housekeeper was doing it, who, in turn, did it this year for the last time. On All Saint's Day Mrs. Michacz had to help her with the maintenance. Because she is already quite old and has no strength, she has decided not to do it next year. I don't know what I should do. She writes, further, that because of her age and the condition of her legs (both of them were broken), it is difficult for her to continue being an Administrator of your property in Chorzów. She has a good deal of difficulty with it and it takes its toll on her nerve. She writes that I am to come to Chorzów because we have a lot to discuss and asks when you, Władzia, will be coming. I am planning to go there, but with Mrs. Rogalek (herself not so well, I'm afraid); or, during the Christmas season, I might go with Marylka. She also asks that I remind you that the sites in the cemetery in Chorzów must be purchased for the coming 25 year period. If they are not, they will be dug up.

In these cases, you will have to decide, Władzia. That would be all. But maybe you will come next year, so you can take care of a variety of these things on the spot. I fear that Mrs. Michacz will want to resign from her Administrative duties on account of her age. When I go there, I'll write you, because in that case, there's nothing more I can do to help you. Father is not alive, and I am not empowered to act in your stead for any of these things.

Ending, I send you, Władzia, Wandzia, Anne and Czesio as well as the children, many heartfelt wishes, hugs and kisses. Until I see you.

Halina with the whole Family in Poland

1974

nad. Halina Grycz-Poczekaj
01.03.1974 rok
Włoszakowice

Kochana Władziu i Wandziu,

Zasyłam Ci moc serdecznych pozdrowień od nas wszystkich. Jesteśmy wszyscy zdrowi, czego i Wam życzymy. Byłam w Chorzowie i przed dwoma dniami wróciłam. Wszystko poszło dobrze i pomyślnie załatwione, a więc sprawa grobu Twoich Rodziców. Miejsce na 25 lat kosztuje tyle co u nas, czyli 1000 zł i jest czas do końca tego roku z zapłatą. Poza tym jeden ze znajomych będzie się tym grobem opiekował. Właśnie w tym roku poszedł na emeryturę, więc chce o grób zadbać. Na razie w tym roku, ale jak przyjedziesz, zadecydujesz to zrobisz jak zechcesz. A teraz sprawa pieniędzy. W banku jest 200 000 zł. Do Warszawy nie potrzebujesz pisać. Załatwisz wszystko jak przyjedziesz. Musisz tu na miejscu napisać wniosek w Chorzowie do banku i do banku w Katowicach i to działu drugiego i od reki Ci zaraz załatwią, w jednym dniu. Tak, ze o nic się nie martw, jak przyjedziesz to sobie wszystko na miejscu załatwisz. Pani Michacz będzie to prowadzić aż przyjedziesz. Chce z Tobą porozmawiać, przedyskutować, doradzić. Może oby dwie znajdziecie kogoś zaufanego na jej miejsce, bo pani Michacz jest bardzo uczciwą administratorką. Wszystko co wiem to Ci napisałam a resztę załatwisz sobie jak będzie Ci dogodnie. Jeżeli jeszcze chcesz coś wiedzieć to napisz.

U nas wszystko po staremu. Czesiek nadal w wojsku, w czerwcu chce zdawać na studia.

Zrobił już wniosek. Oby pomyślnie wszystko załatwił i daj mu Boże żeby dostał się, tyle miał w życiu niepowodzeń, a nie załamał się, dążył uparcie do celu. Do Czesia na razie nie pisz, tak będzie lepiej. Jak będzie wolny, sam do Ciebie napisze. Często Was wspomina. Przesyła pozdrowienia dla Was i zapytuje co u Was słychać. Jurkowi też jakoś leci. Wszyscy są zdrowi a to najważniejsze. U nas bardzo zimno, ale dobrze, że słońce świeci. Marylka już chodzi do drugiej klasy gimnazjum. Nie wiem co będzie po maturze. Sama

Halina Grycz-Poczekaj
1974.03.01
Włoszakowice

Dear Władzia and Wandzia,

I send you many best wishes from us all. We are all well, which we wish for you as well. I was in Chorzów and arrived back two days ago. Everything went well and was successfully taken care of.

Specifically, regarding the graves of your Parents. Reserving the space for 25 years costs the same as here, i.e. 1,000 złotys. There is time to the end of the year for this payment. Besides that, one of our friends will care for the maintenance of the grave. Just this year he retired, so he wants to have something to do. For the rest of this year it's taken care of. When you come you will decide how you want things handled, yourself.

Next is the matter of your money. The balance in your account is 200,000 złotys. You do not have to write Warszawa. You can arrange everything when you arrive. You will have to fill out an application right here in Chorzów at the bank in Katowice, the Second Branch. And they will immediately handle the withdrawal that same day. That's right. Don't worry about anything. When you arrive you will be able to take care of the withdrawal on the spot. Mrs. Michacz will Administer until you arrive. She wants to talk with you, discuss things, and give you advice. Between the two of you, perhaps you'll find someone trustworthy on the spot, because Mrs. Michacz has been a very reliable and honest Administrator.

Everything I know, I've written you, and the rest you will arrange yourself as you see fit. If you want to know anything further, just write.

Everything here is, as of old. Czesio is still in the Army. He wants to apply for school in June. He's already put in his application. I just hope that everything will get handled properly. May God grant that he makes it. He's had so many failures in life but has not been broken by them. He continued to stubbornly go towards his goal. Don't write Czesio for the time being. That would be best. When he is free, he will write to you himself. He often speaks of you. He sends wishes for you and asks about you.

Things are also going well for Jurek. Everyone is healthy, which is the most important. It is very cold here; but good because the sun is shining.

jeszcze niezdecydowana, ale jeszcze ma dwa lata do namysłu, a zobaczymy jak będzie za dwa lata.

Tyle by było na dziś. Zostańcie z Bogiem. Moc serdecznych pozdrowień, uścisków i ucałowań dla Ciebie, Wandzi, Czesia oraz całej jego Rodziny.

Ściskam Was mocno i całuję.

Halina

Marylka is in her second year at the gymnazium. I don't know what she will do after graduation. She has not decided yet, herself. But she has two years to make up her mind. So we will see how things are in two more years.

That's all for today. Remain with God. Many heartfelt wishes, hugs and kisses for you, Wandzia, Czesio and his whole family.

I embrace you tightly and kiss you,

Halina

nad. Halina Grycz-Poczekaj
16.08.1974 rok
Włoszakowice

Kochana Władziu,

Dziś otrzymałam list, za który serdecznie dziękuję. Do Ireny mam już list napisany i wyślę go razem z Twoim. Jak tylko mi napisze to pieniądze wyślę jej pocztą. O to bądź spokojna. Tą paczkę co miałam wysłać do Ciebie a raczej dwie zwrócono mi z dopiskiem by zapakować to razem. Wysłałam im to już drugi raz, dziś dostałam z Leszna, że do 19 marca mam dopłacić za cło 952 zł. Paczka leży w Gdyni. Jeszcze dziś jadę do Leszna to zapłacić, to pójdzie dalej.

Za drugim razem wysłałam tą paczkę na Twój adres, a adres do Czesia jest adresem pomocniczym. Myślę, że teraz paczka z Gdyni ruszy. Po Waszym wyjeździe byłam w Chorzowie i te pieniądze wysłałam. Pani Michacz miała to uregulować po 22 lipca co tez uczyniła. Pisała mi, że nic się nie zmieniło i 16 000 zł musiała wpłacić jako podatek od wzbogacenia i że jeszcze 1000 zł za karę za to, że przyjęła pieniądze od obcokrajowców.

Powiedziano jej, że kara jest niska bo Michacz nie była karana. A teraz Władziu dyrektor banku chcąc być w porządku zgłosił Twoją darowiznę do urzędu finansowego do opodatkowania. A więc dyrektor jest w porządku, ale Tobie Władziu stała się krzywda i moim zdaniem nie należy go tak zostawić. Choć u nas jest wszystko możliwe. Rozmawiałam tu z naszym przyjacielem adwokatem oraz z kierownikiem naszego banku. Jeden i drugi nie rozumieją co oni zrobili przecież byłaś Ty tu i sama pieniądze mogłaś podjąć. Jeżeli mogłaś je podjąć dla Pani Michacz, radzą mi żebym Ci napisała byś tego nie zostawiła w spokoju i jak najprędzej napisz do ambasady PRL (Polska) w USA. Poproś o wyjaśnienie i o wypłacenie reszty (to jest to co zostało w banku w Chorzowie) Twemu pełnomocnikowi (jeśli przyślesz pełnomocnictwo mnie to na moje nazwisko). Władziu nie masz nic do stracenia. Najwyżej możesz zyskać. Pomyśl, że jeżeli do Polski już nie przyjedziesz a przyjedzie Czesiu lub ktoś inny to im nie wypłacą nic. A po Twojej śmierci (oczywiście żyj sto lat, tego Ci życzę z całego serca) będzie do płacenie przez Wandzię i Czesia

Halina Grycz-Poczekaj
1974.08.16
Włoszakowice

Dear Władzia,

I received your letter today for which I heartily thank you. I've already prepared a letter for Irena, and will send it along with yours. As soon as she writes, I will send the money to her. Be assured of that.

The package I sent you, or rather, the two packages, were returned to me with instructions that they should be packaged together. I've already sent them a second time. Today I received a note from Leszno that by the 19th of March I must pay duty of 952 złotys. The package is in Gdynia. I am going to Leszno today to pay the duty and it will resume its travels. I've sent this two times to your address, and the address to Czesio is a backup. I now think the package will move on from Gdynia.

After your departure, I was in Chorzów and sent the money. She wrote that nothing has changed and they had to pay 16,000 złotys a a tax against improvements and another 1,000 złotys as a penalty that they accepted the money from a foreigner. They told her the penalty was low because Mrs. Michacz was not penalized. A now, Władzia, the Director of the Bank, wishing to be conscientious, listed your gift to the Finance Bureau for taxation. So while the Director was dutiful, harm was done you, in my opinion. It shouldn't be left that way. Anything is possible here. I spoke with our neighbor who is an attorney and also with the Director of our Bank. Both cannot understand what they did. You were here, and you had the right to withdraw your own money. You could withdraw them for Mrs. Michacz.

They recommend that I write you to not let this alone. As quickly as possible you should write to the Embassy of Poland in the USA. Ask them for a clarification and for payment of the amount owed you (that is, what is left in the bank in Chorzów) to your legal representative (if you will send a Power of Attorney to me made out in my name).

Władziu, you have nothing to lose. At most, you can gain. Think, if you do not return to Poland, but Czesio or someone else does, then they won't pay out anything. And after your death (of course, live for one hundred years. That I wish with my whole heart.) the inheritance tax will be payable by Wandzia and Czesio. For many many years, there won't be

podatek spadkowy i przez długie, długie lata z Chorzowa nie będzie nic. Dlatego skorzystaj, że byłaś tu i szybko do ambasady polskiej w USA pisz. Gdyby to się udało to mogłabyś zrobić z tymi pieniędzmi to co chciałaś, to co planowałaś jadąc do Polski, albo można by Ci wysłać co byś sobie życzyła, albo złożylibyśmy tu w banku u nas i byłyby już pewne pieniądze jak byście do Polski przyjechali.

Ty lub Twoje dzieci. Ja mam nadzieję, że to by się nawet dobrze skończyło, ponieważ oni jednak liczą się z USA. Tyle co mogę Ci radzić w sprawie Chorzowa. Chciałam jeszcze napisać do czasopisma „Prawo i życie", ale dopóki nie mam Twego pełnomocnictwa, nie mam prawa pisać. Głowę Ci zawracam różnymi sprawami a Ty chyba masz też kłopotu dość z Wandzi ślubem. Jutro już 17.08. ślub Wandzi. Myślami będziemy z Wami wszystkimi i życzymy raz jeszcze Wandzi i jej mężowi wszystkiego najlepszego.

Kończąc zasyłamy Wam moc serdecznych pozdrowień, uścisków i ucałowań dla Ciebie, Wandzi z mężem oraz Czesia z całą Rodziną.

P.S. Czesiek był dwa tygodnie na urlopie. Marylka była w tym czasie na obozie harcerskim pod namiotami. Pogoda była nie bardzo, ponieważ jeszcze kilka dni temu padało, tak jak wtedy co u nas byliście. Lato mamy dopiero teraz i żniwa z powodu deszczów opóźnione o cały miesiąc i żniwa mamy dopiero teraz w całej pełni. U nas poza tym powoli leci, nie chce się wierzyć, że już 6 tygodni minęło od Waszego wyjazdu. Teraz już kończę i jadę do Leszna.

Jeszcze raz moc uścisków i ucałowań od całej naszej rodziny.

Hala

any income from Chorzów. So take advantage that you were here, and write immediately to the Polish Embassy in the USA. If that doesn't work, then you could do with the money what you intended to do; what you planned in coming here. Or I can send the funds to you to do with what you wish. Or we can put it into the bank, here, and there would be some funds available to you if you came to Poland again.

You make your own decision. But I hope that it might even end well. After all, they count on the USA. This is all I can advise you in the matter of Chorzów. I wanted, also, to write you about the magazine "Law and Life", but until I receive your Power of Attorney, I don't have any right to write.

I'm bothering your head with all these matters, and you probably have troubles enough with Wandzia's wedding. Tomorrow it is already the 17th of August, Wandzia's wedding day. We will be with you all in our thoughts and wish Wandzia and her husband, once again, all the best.

Ending, I enclose all my most sincere wishes, hugs and kisses for You Wandzia and her husband and Czesio and his whole family.

P.S. Czesio was here for two weeks of vacation. Marylka was at the same time at a scout camp beneath tents. The weather wasn't too accommodating since it had rained a few days ago, just as it had when you were here. Summer has finally arrived now, and the harvest is delayed by a whole month because of the rains. Harvesting is taking place right now. Other than that, things proceed slowly here. It is hard to believe that 6 weeks have already passed by since your departure. I now end and depart for Leszno.

Once again, many hugs and kisses from our whole family.

Hala

nad. Halina Grycz-Poczekaj
27.08.1974 rok
Włoszakowice

Kochana Władziu,

Zasyłam Ci moc serdecznych pozdrowień. Dzis dostałam list od pani Michacz, w którym pisze, że teraz Ty z kolei dostałaś nakaz płacenia na sumę 16 000 zł jako podatek, że podarowałaś jej te pieniądze. Jak Ci już w ostatnim liście pisałam, żebyś tą całą sprawę opisała do ambasady, po prostu zaprotestuj i proś o wyjaśnienie, tym bardziej, że w tym wypadku zawinił Narodowy Banka Polski w Chorzowie wprowadzając Ciebie w błąd, a oni nie znają przepisów to źle. Teraz dopiero doszli do wniosku, że Twoje konto w banku w Chorzowie jest do Twojej dyspozycji i całą sumę mogłaś podjąć bez niczego w Chorzowie.

To zadłużenie jakie jest będzie spłacane wyłącznie pieniędzmi jakie co miesiąc odprowadza pani Michacz na Fundusz Odbudowy Kraju. Dlatego zrób tak jak Ci pisałam w ostatnim liście i zwróć się w tej sprawie do polskiej ambasady i to jak najprędzej. Trzeba kuć żelazo póki gorące. To u nas kierownik banku wiedział, że powinni Ci Twoją część bez niczego wypłacić, a w Chorzowie z powodu braku znajomości przepisów narażono Was na stratę 33 000 zł i wypłatę z łaski, wtedy, gdy Ty miałaś prawo podjąć wszystkie pieniądze. Wierz mi, że jestem tą sprawą oburzona bo i w dodatku zmarnowali Wam 10 dni urlopu w Polsce. Proszę Cie bardzo pisz bo nie wiadomo z czym jeszcze wyskoczą. Dziś też jeszcze dostałam kartkę od pani Ireny z Kornowa, że rachunek przyśle mi później, ponieważ nie ma czasu, gdyż wyjeżdża na wycieczkę. Tak poza tym u nas nic nowego. Wszyscy jesteśmy zdrowi, czego i Wam z całego serca życzymy. Jak czuje się Wandzia w nowej roli a i u Ciebie pełniej w domu? Zasyłamy Tobie, Wandzi i jej mężowi oraz Czesiowi i całej jego rodzince moc serdecznych pozdrowień, uścisków i ucałowań. Ściskam i całuję Wszystkich mocno,

Hala

Halina Grycz-Poczekaj
1974.08.27
Włoszakowice

Dear Władzia,

I send you best wishes. Today I received a letter from Mrs. Michacz in which she says that you, in turn, have received a penalty to pay 16,000 złotys as a tax for giving her the money. As I wrote in my last letter, you should write about this whole affair to the Embassy, protesting it and asking for an explanation. This is the more important because, in this case, the State Polish Bank misled you into an error. If they don't know the law, its bad. They just now concluded that your account in the bank in Chorzow is for your complete disposition and you could have withdrawn the complete sum without any penalty at all.

The liability that exists will be paid off from the money set aside by Mrs. Michacz for the "Foundation for the Rebuilding of the Country". Therefore, do as I've written you in my last letter and refer this enter matter to the Polish Embassy as soon as possible. Once has to strike while the iron is hot. Here, the Banks know, and should have paid out your money without any questions. And, in Chorzów, because the Bank did not follow the law, you have been damaged with a loss of 33,000 złotys, withdrawn from your account, when, all along, you had your entire right by law to take all your money. Believe me, I am outraged by this matter, because, in addition, it ruined your ten day vacation in Poland. I ask you to please write. Otherwise, we don't know with what else they might jump out.

Today, I also received a card from Mrs. Irena from Koronowa. She will send you a receipt later, since she does not have time because she is leaving on a trip. Besides this, there is nothing new here. We are all well, which I also hope is true of you.

How is Wandzia doing in her new role. Is it a little fuller for you at home? I send you, Wandzia and her husband, as well as Czesio and his whole family, many heartfelt wishes, hugs and kisses. I embrace each of you very tightly...

Hala

nad. Halina Grycz-Poczekaj
17.11.1974 rok
Włoszakowice

Kochana Władziu,

Dziękuję serdecznie za list. I dobrze się stało, że interweniowałaś w ambasadzie. Ponieważ tej całej przykrej sprawy nie można przemilczeć. Człowieka to stale gryzie. Jak pisała mi pani Michacz (wczoraj dostała list, że już są dochodzenia w toku), że zobaczymy co z tego wyniknie. Choć ona nie ma dużo nadziei, żeby się coś wróciło, ale oni muszą Ci całą sprawę wyjaśnić. 4 listopada dostała pani Michacz ponownie wezwanie, ale teraz nie na Twoje, lecz na nazwisko Michacz, żeby zapłaciła 16 000 zł za drugą darowiznę to jest z kolei za to, że Michacz dała Tobie pieniądze z powrotem, oni nie wierzą, że Ty mogłaś obcej osobie podarować tak dużą sumę, ale na to nie ma dowodu. Powiedzieli Michaczowej, że wejdą na Twoje konto w banku. Banka natomiast oświadczył, że gdy chce urząd finansowy wejść na Twoje konto musi mieć specjalne zezwolenie. Będziemy czekać co dalej będzie. Przy okazji Michacz zapytuje jak jest z tym pełnomocnictwem daleko bo ona po tym deszczowym lecie (lało codziennie, prawie nie było dnia słonecznego bez deszczu, takie lato jak Wy byliście w Polsce) nie czuje się dobrze. Bo młody może a stary musi. Tyle na temat Chorzowa. Michacz jak już Ci pisałam dostała 1000 zł z powrotem tą karę za to wykupiła grób Twoich Rodziców na 10 lat. Ponieważ na 20 lat kosztuje 1000 zł jedno miejsce a tam są dwa, więc na 10 lat.

Potem możesz dalej dysponować. Na Wszystkich Świętych Michaczowa grób ubrała, dostała 500 zł od jakiejś pani. Pisała mi, że Ty wiesz od kogo i za te pieniądze ubrała. A więc tyle.

My jesteśmy tu wszyscy zdrowi czego i Tobie życzymy z całego serca. Pracujemy od świtu do nocy bo pogodę mamy piękną, po tylu miesiącach deszczu mamy prawdziwą Polską złotą jesień. Czesiek dostał urlop i był tu 48 godzin i przed wyjazdem otrzymał paczkę od Czesia z Cetrasetem. Ogromnie się ucieszył, ale nie zdążył już napisać i Czesiowi podziękować, ale prosił mnie, że na pisze i przyśle do mnie a ja z kolei mam wysłać Czesiowi. Marylka też w Lesznie jest

Halina Grycz-Poczekaj
1974.11.17
Włoszakowice

Dear Władzia,

Thank you for your letter. It was good that you asked the Embassy to intervene. The entire sad escapade could have passed by silently. It continues to gnaw at a person. Mrs. Michacz wrote me (she received a letter yesterday confirming that the matter is already under review). We will see what results. Even though she doesn't have much hope that anything will be refunded. But they must shed some light on the whole matter.

On the 4th of November Mrs. Michacz received another summons. This time, it was not in your name, but in the name of Michacz, telling her she must pay 16,000 złotys for the second donation. This is apparently because they don't believe she gave you back the money and that you could have, personally, given her such a large sum. But she has no proof of anything. They told Mrs. Michacz that they would inspect your account in the Bank. Whereas the Bank confirmed that if the Finance Bureau wishes to have access to your account, it must have special authority to do so. So we will wait what happens next.

By the way, Mrs. Michacz asks how it is with the Power of Attorney because after this rainy summer (It rained every day. There was hardly a sunny day without rain. The same kind of summer as when you were in Poland.) she doesn't feel very well. The young can, while the old must. So much on the matter of Chorzów.

Mrs. Michacz, as I've already written, received 1,000 złotys back for the penalty and paid for the care of you Parent's gravesite for ten years. Since a 20-year lease costs 1,000 złotys for one place, whereas there are two there, it is a 10-year lease.

Later, you will be able to proceed as you wish. On All Saints' Day, Mrs. Michacz dressed the grave. She received 500 złotys from some lady. She wrote that you know from whom that money came. And so this is all.

We are all well, which we pray from our whole heart is true of you. We work from dawn to night, because the weather is perfect. After so many days of rain, we really have, in Poland, a golden Spring.

Czesio had some time off and was here for 48 hours. Before leaving, he received the package from Czesio with Cetraset. He was very pleased,

od rana, od 7.00 a wraca o 20.30, że i mało ją widzę. Dwa razy w tygodniu chodzi dodatkowo na naukę księgowości i maszynopisania. Jak się nie dostanie na studia po maturze to też trudno będzie jej pracę dostać, a trzy razy w tygodniu zostaje na próbach „śpiewu z orkiestrą". Wczoraj dostała I miejsce w konkursie „Szukamy Młode Talenty" a w Domu Kultury II miejsce a ja w domu w dalszym ciągu żabki do firan robię. Nie jest to praca ciężka, ale pracochłonna. Poza tym gotuję, sprzątam, piorę no i Gwiazdka za pasem. Janek zbiera to co latem urosło a więc tyle na dziś. Co robi Wandzia z mężem? Pozdrów i uściskaj ich od nas. Moc pozdrowień, uścisków i ucałowań dla Ciebie a także dla Czesia i całej rodziny. Ściskam Cię i całuję.

Hala

and was able to send Czesio his thanks. But he asked me, if he wrote and sent me another letter, could I, in turn, forward it on to Czesio.

Marylka is in Leszno from 7:00 in the morning to 8:30 at night. So I don't see her very much. Twice a week, in addition, she goes to a bookkeeping and typing class. If she doesn't get accepted for higher studies after graduation, it will be hard for her to get work. Three times a week she stays for rehearsals of "singing with an orchestra". Yesterday, she took First Place at a competition "Looking for New Talent" and Second Place in the Dom Kultury.

I am making frogs for curtains at home. It is not heavy work but labor-intensive. Besides that, I cook, clean, wash and... well, Christmas is approaching. Janek is picking what has grown during the Summer.

So enough for today. What is Wandzia and her husband doing? Convey my wishes and hug them from us. Many wishes, hugs and kisses for you and likewise for Czesio and his whole family. I embrace you and kiss you,

Hala

1975

nad. Halina Grycz-Poczekaj
05.08.1975 rok
Włoszakowice

Kochana Władziu,

Zasyłam Ci moc pozdrowień od nas wszystkich. Muszę Ci kilka słów napisać. Dawno już nie miałam żadnej wiadomości od Ciebie, także pani Michacz z Chorzowa nie pisała.

Wybierałam się z Marylką do Częstochowy w te wakacje, więc i do Chorzowa byśmy wpadły, aż tu nagle dostaję list od pani Michacz, że miała nogę złamaną i leżała 3 miesiące w szpitalu. Prosi bym przyjechała, zapytuje czy mam już od Ciebie to pełnomocnictwo, ponieważ ona już długo nie będzie administratorem w Chorzowie. Michacz radzi byś swoją posiadłość oddała do zjednoczenia. Nie orientuję się jakie tam są warunki, ale chciałam jechać i zobaczyć sama, ale co robić Władziu, Ty już musisz sama zdecydować. Byłabym już w Chorzowie gdyby nie to, że dwa dni po otrzymaniu listu od Michaczowej to jest 27 lipca zmarł nagle teść Jurka (ojciec Małgosi) na atak serca, miał 56 lat i wszystko stanęło na głowie. W czwartek był pogrzeb. Jurek i Małgosia jadą po pracy na żniwa do Zbarzewa, Janek też bo przecież żniwa to ciężki okres na gospodarkach. Myślę jednak, że na 11.08 wyjedziemy do Częstochowy, a 12 wieczorem będziemy w Chorzowie. Dowiem się co to jest to zjednoczenie i porozmawiam z Michaczową i napiszę ci a dalej to już musisz Ty zadecydować. Pani Michacz chciała do Ciebie napisać, ale nie wiem czy to zrobiła. Tyle o Chorzowie.

Pogodę mamy piękna, ale nie ma czasu ani pojechać do Boszkowa. W ogrodzie latem więcej pracy i w ogrodzie też, a moje „żabki" do firan też swego czasu wymagają, a jeszcze chciałabym to i owo pomalować. Czesia mam w domu, pracuje w cegielni, wywozi gorącą, wypaloną cegłę z pieca, chce sobie trochę zarobić. W czerwcu zdawał na Uczelnię Wyższą, ale nie dostał się, zabrakło mu 3 pkt. Jak się później okazało należało mu się 4 punkty za pochodzenie robotnicze i powinien być przyjęty. Zrobił odwołanie do Ministerstwa Kultury i Sztuki i czeka na pozytywną odpowiedź. Na razie pracuje by móc później za co żyć. Co u Was słychać? Jak Ty się czujesz? Jak

Halina Grycz-Poczekaj
1975.08.05
Włoszakowice

Dear Władzia,

I send you many wishes from all of us. I must write you a few words. Its been a while, now, since I've had any news from you. Mrs. Michacz also has not written for some time.

I am preparing to go to Częstochowa with Marylka during the forthcoming vacation. I thought we'd drop by Chorzów, when I suddenly received a letter from Mrs. Michacz, that she had her legs broken and was in the hospital for three months. She asks that I come to see her and asks if I've already received the Power of Attorney from you. She has been the Administrator in Chorzów for a long while. Mrs. Michacz recommends that you give your property over to be reunited. I don't know what the details are, but I wanted to go there and see for myself. But what to do next, Władzia, you will have to decide for yourself. I would have been in Chorzów by now, were it not for the fact that two days after receiving the letter from Mrs. Michacz, Jurek's father-in-law (Małgosia's father) suddenly died of a heart attack. He was 56 years old, and everything has been thrown on its head. On Thursday was the funeral. Jurek and Małgosia are going to work the harvest in Zbarzew. Janek will go too, because the harvest is a difficult time on a farm. Yet I think that on the 8th of November we will leave for Częstochowa. We will be in Chorzów on the 12th. I will find out what this "Reunification" is, about which Mrs. Michacz writes. I will speak with her. I will write you more so that you can decide. Mrs. Michacz wanted to write you. I don't know if she has done so. That's all concerning Chorzów.

We are having beautiful weather. But I don't even have time to go to Boszkowo. In the orchard, there is always lots of work; as well as in the garden. The "frogs" for the curtains take their own time, too. On top of that, I'd like to paint this and that. I have Czesio at home. He is working in a brickyard, pulling hot fired bricks from the oven. He wants to make some money for himself. In June he took exams for college, but failed to get in. He lacked only 3 points. As it turned out, later, he was owed 4 points for belonging to the working class, and should have been accepted. He submitted an application to the Minister of Arts and Culture and is

Wandzia z mężem? Co słychać u Cześka i jego rodzinki? I pomyśleć, że już rok minął jak u nas byliście. Kilka tygodni temu zmarła też ciocia Kasia, ojca ostatnia siostra. Ta u której byliśmy wieczorem, jak byłaś rok temu z Czesiem.

Kończę Kochana na dziś. Ściskam Cię mocno i całuję. Dużo uścisków i ucałowań dla Wandzi z mężem oraz dla Czesia i całej jego rodzinki. Zostań z Bogiem i niech Bóg ma Was wszystkich w Swojej opiece. Całuję Cię,

Halina

awaiting a positive reply. For the time being, he is working so that he'll have something from which to live.

What is there to hear from you? How are you feeling? How is it going with Wandzia and her husband? What is there to hear from Czesio and his family? Just think, it has already been a year since you were here.

A few weeks ago, Aunt Kasia (Father's last sister) died. The one whom we visited one evening when you were here with Czesio.

I will end, Dear, for today. I embrace you tightly and kiss you. Many hugs and kisses for Wandzia and her husband, and for Czesio and his whole family. Remain with God. May God have you all in His care. I kiss you,

Halina

nad. Halina Grycz-Poczekaj
09.09.1975 rok
Włoszakowice

Kochana Władziu,

Jak Ci już pisałam, że pojadę do Chorzowa, to byłam tam już dwa razy ostatnio, ciężko mi pisać, ale wesoło tam nie wygląda. Pani Michacz złamała nogę i to w biodrze. Chodzi, ale trzyma się obiema rękami krzesła i tak się przemieszcza. Żal było patrzeć a ma już te 78 lat.

Jedna pani tam przychodzi jej pomagać, przynosi obiady i załatwia w urzędzie. Lecz tej pani też to jest za ciężko i chciałaby, żeby pani Michacz już zrzekła się administracji Twojego domu. Jak byłam u niej to z jednej strony chciałaby być tym administratorem (do renty jest zawsze te 950 zł więcej) a z drugiej sama już widzi, że poza własne mieszkanie nie wychodzi.

W każdym razie czeka co Ty zdecydujesz, może znajdziesz kogoś na jej miejsce. Ja widziałam się już z panem Gluchem (tym wspólnikiem) on już kogoś ma i powiedział mi, że jakbyś chciała to ten pan także może się zająć Twoją częścią. Byłaś u tego pana i poznałaś go.

Pani Michacz twierdzi, że to nie byłoby dobrze bo on jest chytry na pieniądze i z tym swoim administratorem będą kręcić ile się da, a po 160 000 wkrótce nie zostanie śladu (tyle masz Ty w Banku). Mnie się ten człowiek też nie podoba, ale to już Twoja wola. Lepiej by było gdyby to był ktoś inny. Gdy byłam drugi raz w Chorzowie to byłam na probostwie u tego sekretarza. On pamięta Twego Ojca i to on mi mówił (po śmierci Twego Ojca), że proboszcz chciał razem z nim tą administrację prowadzić. Ksiądz Ochman już nie żyje, lecz ten sekretarz tak.

Niestety jak tam byłam to on miał wakacje i wyjechał z Chorzowa. Jak nie on to może znał by kogoś kto mógłby to objąć. Ja miałabym też jedna panienkę co by to prowadziła. Ale ona chciałaby mieć mieszkanie po Michaczowej, a pani Michacz mówi, że radzą jej by poszła do domu starców to będzie mieć opiekę, ale ona nie chce tam iść. Zaproponowała mi, żeby Marylka do niej przyszła, Marylka

Halina Grycz-Poczekaj
1975.09.09
Włoszakowice

Dear Władzia,

As I already wrote you that I would go to Chorzów, I have recently been there two times. It is hard for me to write this, but it doesn't look so happy there. Mrs. Michacz broke her legs; and that, at the hip. She walks, but has to hold on two a chair with both hands in order to be able to move. It is sad to see. And she is already 78 years old.

One lady comes in to help her, and brings her dinners and straightens up the office. But it is also difficult for that lady. She wants Mrs. Michacz to give up the work of administering your home. When I was with her, on the one hand, she would like to be the administrator (her income is increased by another 950 złotys), but on the other hand she recognizes that she doesn't go out beyond her own apartment.

In any case, she awaits whether you will decide to find someone to take her place. I already met with Mr. Gluch (one of the co-owners). He already has someone [for himself], and told me that if I wished, that person could also take care of your portion. You were at his apartment and met him.

Mrs. Michacz believes that would not be good, because he is cunning with his money. He and his manager would take (for themselves) as much is possible. In the end, there wouldn't be a shadow left of the 160,000 that you currently have in the bank. I don't like the man, myself. But it is your choice. It would be better if it were someone else. When I was in Chorzów, one time, I spoke with the secretary of the Pastor. He remembers your Father and is the one who told me (after the death of Your Father), that the Pastor wanted to manage the building, along with him [the secretary]. Father Ochman no longer lives, but the secretary does.

Unfortunately, when I was there, he was on vacation and had left Chorzów. If not he, then maybe he might know someone who could take over. I also know a young lady who might do the work. But she would like to have the apartment after Mrs. Michacz. Mrs. Michacz says that they are recommending that she go to a home for the elderly where she would have better care. But she doesn't want to go there. She has proposed that Marylka live with her. Marylka has a year more before her

ma jeszcze rok do matury a potem chce iść dalej gdzieś do szkoły dwuletniej na maszyny do pisania i księgowość. W Katowicach jest 3 letnia szkoła maszyn cyfrowych, ale czy się dostanie, zresztą kto wie co będzie za rok. Co będzie za rok z panią Michacz lub ze mną. Nic nie wiadomo, a ja nie mogę planować bo co ja zaplanuję to Bóg kreśli. Tak już jest, że urodziłam się pod złą gwiazdą. No, ale mniejsza z tym.

Najważniejsze jest by w kraju miał ktoś pełnomocnictwo Twoje bo gdyby się coś stało z panią Michaczową to ja nie wiem co będzie dalej w Chorzowie. Wybacz, że ja o tym piszę w każdym liście, ale sprawa jest ważna. Nie myśl, że ja dlatego stale o tym piszę byś mnie to pełnomocnictwo dała. Możesz je dać komukolwiek chcesz, może masz znajomych w Chorzowie lub bliżej Chorzowa, najważniejsze by to był ktoś z kraju. Byłam w Lesznie w banku to poinformowano mnie, że jest ktoś kto prowadzi administrację takich domów jak Twój. Bo do zjednoczenia albo do związków prywatnych właścicieli to nie warto się przyłączać bo w krótkim czasie z Twoich 160 000 w Banku nic nie zostanie, oni za te pieniądze robią dodatkowe remonty domów należących do zjednoczenia. Dobrze by było gdyby konto w banku było zerowe. Szkoda, że nie udało Ci się podjąć tych pieniędzy jak byłaś w kraju. Kochana Władziu a co odpisali Ci na Twoją interwencję w ambasadzie? Czy milczą? Tyle na dziś. Kończę i zasyłam Ci raz jeszcze moc serdecznych pozdrowień i uścisków, również dla Wandzi i męża, oraz dla Czesia i całej jego rodzinki.

    Całuję Cię mocno,

    Halina z całą Rodziną

graduation and then wishes to go somewhere else for a two-year college for secretarial and accounting studies. There is a 3-year school in Katowice for computers. But whether or not she will be accepted is a question.

In any case, who knows what will be in a year? What will be Mrs. Michacz's condition in a year... or mine? Nothing is certain. And I can't make any plans, because whatever I plan, God will cross out. So that's the way it is. I was born under a bad star. But that's of little concern.

The most important thing is that you have someone in the country who has your Power of Attorney. If anything happens to Mrs. Michacz, I don't know what would be next in Chorzów. Forgive me that I write about this in every letter, but the matter is important. Don't think that that you should give me the Power of Attorney since I am always writing about it. You can give the Power of Attorney to anyone you want.

Perhaps you know someone in Chorzów or closer to Chorzów. The most important is that it be someone in the country. I was in Leszno at the bank and they told me there is someone who administers buildings such as yours. To a union or to a private collective of owners, its not worth binding yourself. In a short while, your 160,000 złotys in the Bank will be gone. For the money they collect, they make improvements to other houses regardless of the unification. It would be good if the Bank account had a zero balance. Too bad that it was not possible for you to withdraw the money when you were in Poland.

Dear Władzia, what answer have you had from the Embassy about your request for clarification? Are they silent?

So much for today. Ending, I send you, once again, many heartfelt wishes and hugs. Similarly, for Wandzia and her husband, and for Czesio and his family.

I kiss you.

Halina and the whole family.

nad. Halina Grycz-Poczekaj
04.12.1975 rok
Włoszakowice

Kochana Władziu,

Dziękuję Ci serdecznie za list i pełnomocnictwo. Leży mi to wszystko na sercu i co dzień myślę o Was i o Chorzowie. Pisałam do Michaczowej iż pełnomocnictwo od Ciebie mam, ale od niej zależy co zrobi dalej. Chce nadal nią być- możliwe, ale pisała mi, że powoli, bardzo powoli jest jej trochę lepiej i będzie jeszcze tą administratorką, a zobaczymy co przyniesie rok 1976 po siódmym zjeździe partii. Pisze, że różnie ludzie mówią co do prywatnych własności, a więc zaczekamy. Ja ją bardzo dobrze rozumiem, u Ciebie jest zatrudniona na pół etatu a te 1000 zł na ulicy nie leży, a te pieniądze bardzo się jej przydadzą. Myślę codziennie by żyła jak najdłużej bo dobrze jest, gdy administrator jest na miejscu. Chciałabym znaleźć kogoś kto by się przy Michaczowej przyuczył a w razie śmierci prowadził to dalej i zajął zaraz to mieszkanie, bo boję się, że tą sytuację będzie chciał wykorzystać Gluch (wspólnik) a on jest na miejscu. Mówiłam już tak delikatnie z Michaczową. Jak będę znów w Chorzowie to muszę z nią jeszcze na ten temat pomówić, a teraz zaczekamy jak ona pisze do roku 1976.

U nas wszystko po staremu. Czesiowi na szczęście udało się dostać na pierwszy rok i jest studentem pierwszego roku we Wrocławiu na architekturze wnętrz. Zadowolony ogromnie.

Solidnie zabrał się do pracy bo marzy mu się stypendium rektora. Na Święta będzie kilka dni w domu. Marylka robi ostatni rok liceum i w 76 roku matura, jak się powiedzie. Jurek chodził na kurs i dziś ma egzamin na zawodowe prawo jazdy na motocykl, ciągnik i samochód. Jak się nadarzy dobra praca chce iść na szofera. Ja z Jankiem męczymy się co miesiąc z „żabkami" a teraz i Święta za pasem. Małgosia zajmuje się Jackiem a mały Jacek to mały łobuz. Żywy jak srebro. Co u Was słychać? Jak sobie dajesz radę sama? Nie dokucza Ci samotność, bo mi bardzo. Nie mogę się nigdy doczekać jak Marylka wraca wieczorem.

Napisz jak Ci czas pozwoli.

Halina Grycz-Poczekaj
1975.04.12
Włoszakowice

Dear Władzia,

Thank you very much for your letter and the Power of Attorney. It all lies heavily on my heart. Every day I think about you and about Chorzów. I wrote to Mrs. Michacz that I have your Power of Attorney. It depends on her what will happen next. She might still want to stay on as Administrator. But she wrote me that slowly, very slowly, she is getting a little better. And we will see what 1976 will bring after the seventh Party Congress. She writes that some people say different things regarding private property and ownership. So we will have to wait. I very well understand her. She is employed half-time by you, and 1,000 złotys don't lie on the streets for the taking. The money is very helpful to her. Every day, I hope she will live as long as possible, because it is very good to have an administrator on the spot.

I would like to find someone who would learn from Mrs. Michacz, and be able, upon her eventual death, to be able to continue forward, living in the apartment. Because I fear the situation is one that Gluch would like to exploit, he being on the spot. I discussed this delicately with Mrs. Michacz. When I go again in Chorzów, I will need to speak to her about this matter again. For now, we wait, as the writes, for 1976.

Here, with us, it is all, as of old. With good fortune, Czesio managed to get into the first year, and is a first-year student in Wrocław in Interior Design. He is very pleased. He has taken to working very hard, because he hopes to apply for the rector's scholarship. He will be at home for a few days during the holidays.

Marylka is finishing her last year at the Lyceum and will graduate in 1976, if she is successful.

Jurek is taking a class in which he has an exam today, for a commercial driver's license for a motorcycle, tractor and car. Inasmuch as it is good work, he'd like to become a chauffeur.

I, along with Janek, labor ourselves with these "frogs", especially with the holidays approaching.

Małgosia is preoccupied with Jacek. Little Jacek is a rascal. He is as lively as silver.

Kończę zasyłam Władziu moc serdecznych pozdrowień, uścisków i ucałowań, także dla
Wandzi, Dicka i Czesia rodziny

Wszyscy z Polski

What is there to hear from you? How are you getting along? Is loneliness a bother to you? For it bothers me a great deal. I can't wait until Marylka arrives in the evenings.

Write when time permits.

Ending, I send you, Władzia, many heartfelt wishes, hugs and kisses. I send them, as well, to Wandzia, Dick, Czesio and his family…

Everyone from Poland

1976

nad. Halina Grycz-Poczekaj
23.02.1976 rok
Włoszakowice

Kochana Władziu,

Dziękuję Ci serdecznie za list. Tak zabieram się do napisanie listu do Ciebie i zawsze mi coś przeszkodzi. My tu wszyscy dosyć zdrowi, czego i Tobie z całego serca życzymy. Myślami każdego dnia jestem z Tobą, z Wandzi i Czesia rodziną, często jest mi bardzo ciężko, że tak daleko od nas mieszkacie. Niestety takie są czasem koleje życia ludzkiego. Pytasz co słychać w Chorzowie. Nic dobrego Władziu. Byłam w Chorzowie przed Gwiazdką i w styczniu.

Przed Gwiazdką pani Michacz złamała rękę i jak dostałam list od jej znajomej to pojechałam.

Leżała w szpitalu w Szarleju (tam jest szpital urazowy) a w styczniu jej znajoma, która jej pomaga, pisała żebym przyjechała i poszukała innego administratora bo pani Michacz nie ma innego wyboru jak zamieszkać w domu starców. Pojechałam z Marylką, ponieważ nie bardzo dobrze się czułam i bałam się sama pojechać. Okazało się, że Michaczowa nadal jest w szpitalu i zapewniała mnie, że ona zadecydowała zostać w Chorzowie i że będzie nadal tą administracją Twego domu się zajmowała i, że do domu starców nie pójdzie za żadne skarby świata. W każdym razie nadal to prowadzi a ja się na to zgodziłam, bo przecież tyle lat pracowała sumiennie i dopóki sama chce niech to robi a jej te 950 zł są teraz bardziej przydatne niż kiedykolwiek. Na wszelki wypadek podczas mojego pobytu w Chorzowie prosiłam szwagra Józefa Grycza (tego co był u Was w Edinburgu), jego siostra mieszka w Chorzowie na ul. Powstańców z mężem, żeby wpadł do Michaczowej jak wyjdzie ze szpitala i zaznajomił się z Twoją tam sprawą, a może mu się to spodoba i gdy Michacz zrezygnuje to może on zostanie administratorem. Oczywiście uzgodniłam to z Michaczową i ona zgodziła się go wtajemniczyć we wszystko. Zobaczymy może ten mój plan się uda. A na razie jak długo pani Michacz chce to niech jest. Pisałam Ci kiedyś, że Michacz miała zapłacić 16,000 zł wiesz to co ona Ci wysłała. Otóż pod koniec roku 1975 Urząd Finansowy zabrał

Halina Grycz-Poczekaj
1976.02.23
Włoszakowice

Dear Władzia,

Thank you very much for your letter. I always prepare myself to write you a letter. And always, something gets in the way.

We are all, here, very well, which we wish is also true of you. In our every day thoughts, I am with you, and with Wandzia and Czesio with his family. Often, it is very difficult for me to have you living so far away. Unfortunately, that's the way life goes, sometimes, in a person's life.

You ask what news there is from Chorzów. Nothing good, Władzia. I was in Chorzów before Christmas and again in January. Before Christmas, Mrs. Michacz broke her arm. When I received a letter from her neighbor, I went to see her.

She was in the hospital in Szarlej (there is a trauma hospital there) and in January, her neighbor—the one who helps her—wrote that I should come find a new administrator, because Mrs. Michacz has no other choice but to live in an elderly care home. I went there with Marylka, since I didn't feel altogether well and was afraid to go alone. It turned out that Mrs. Michacz was still in the hospital. She assured me that she had determined to stay in Chorzów and would continue to act as the administrator of your property. She [said] she would not go to the elderly care home for all the treasures of the world. In any case, she would continue to handle everything. I agreed to it, because she has faithfully worked for so many years. If she wants to work, then she should be able to. And the 950 złotys, for her, are more useful than ever before.

Just in case, while I was in Chorzów, I wrote to brother Józef Grycz (the one who was with you in Edinburgh). His sister lives in Chorzów on Powstańców Street with her husband. I asked her to drop in on Mrs. Michacz after she is released from the hospital and familiarize himself with your matters there. Maybe it will appeal to him. And when Mrs. Michacz resigns, maybe he could become administrator. Of course, I cleared this with Mrs. Michacz. She agreed to bring him in on everything. We will see. Maybe my idea will work. In the meanwhile, as long as Mrs. Michacz wants, let her be. I wrote you once before that Mrs. Michacz was to pay 16,000 złotys. You know what she sent you. At the end of 1975 the Bureau of the Treasury withdrew 16,000 złotys from

z Twojego konta te 16 000 zł i jeszcze 3000 tysiące kosztów, razem 19 000 zł. Smutne, ale prawdziwe.

Pisałam do Pani Michacz, ale nie mam jeszcze odpowiedzi czy Michacz jest w domu i czy może już pisać, bo złamała prawą rękę. Tyle na dziś o Chorzowie. Sądzę, że i w tym roku podatek w Chorzowie podnieśli bo i my mamy jeszcze raz tyle co w 1975 roku.

A teraz trochę o nas. Marylka za dwa dni ma studniówkę i 5 maja matura. Jak ten czas leci. Jak zda to chce pracować i zacznie studiować. Chce być przy domu i chce mieć pieniądze by się trochę ubrać, a my nie jesteśmy w stanie dwoje dzieci mieć poza domem na utrzymaniu. Czesio zaliczył pierwszy semestr i bardzo zadowolony. Nie miał żadnej poprawki, to dwa tygodnie był w domu początkiem lutego, a teraz już znowu we Wrocławiu. Janek nadal pracuje, a teraz zacznie się praca w ogrodzie i na działce. Zimę mieliśmy tego roku ostrą i śnieżną i choć w nocy mroźno, to w dzień słonecznie. Jurek ma kilka dni urlopu, więc pracuje na swojej działce. Mały Jacuś to bardzo żywy chłopiec i oni i my mamy z nim bardzo dużo radości.

Wszędzie go pełno i chłopak rezolutny. Małgosia też zdrowa a to najważniejsze. Dostałam list od Wandzi i tez muszę jej odpisać. Przy okazji uściskaj Wandzię i jej męża, proszę uściskaj Czesia i całą jego rodzinkę od nas wszystkich. Moc całusów dla Ciebie i wszystkich bliskich.

Całuję Cię mocno,

Halina z całą Rodziną z Polski

your account, along with an additional 3,000, for a total of 19,000 złotys. Sad, but true.

I wrote to Mrs. Michacz. But I've not yet received a reply as to whether she is at home and whether she can write again. She had broken her right hand. That's all. for now. about Chorzów. I believe that they have raised the tax on the property in Chorzów. It is once again as much as it was in 1975.

And now a little about us.

Marylka has her prom in two days, and graduates on the 5th of May. How time flies. If she passes, she wants to work and also to continue her education. She wants to be at home and wants to have some money so she can dress herself a bit. We don't have enough, with two children out of the house, for upkeep.

Czesio did well in his first semester and is very pleased. He didn't have to take any repeats, so he was at home for two weeks at the beginning of February. He is now, back in Wrocław.

Janek continues to work, and will soon occupy himself with the work in the orchard and in the garden. We had a sharp and snowy winter this year, with freezing nights, but with sunny days.

Jurek has a few days break, so he is working on his own garden.

Little Jacek is a very lively boy, and they have a great deal of fun with him. He is everywhere at once, and is very determined. Małgosia is healthy, which is the most important.

I received a letter from Wandzia, and must reply to her. Give her and her husband a hug, and please hug Czesio and his whole family from all of us. Many kisses for you and all those close to you.

I kiss you heartily…

Halina and the whole Family from Poland

nad. Halina Grycz-Poczekaj
07.07.1976 rok
Włoszakowice

Kochana Władziu,

Zasyłam Ci moc serdecznych pozdrowień. U nas wszyscy zdrowi, czego i Wam z całego serca życzymy. Wróciłam z Chorzowa, byłam tam z Marylką 3 dni i sądziłam, że wszystko załatwię. Stało się jednak inaczej i końcem lipca będę musiała tam jeszcze raz pojechać. Jak Ci już wiadomo (pisała Ci pani Michacz), że rezygnuje z administratorki. Miałam Apolinarskiego, ale on nie może tego prowadzić, dlatego że jest na rencie i pracuje na pół etatu, a oprócz renty może zarobić tylko 750 zł a to już ma za to pół etatu. Szukałam wśród znajomych w Chorzowie sprzed 25 lat i w końcu znalazłam. Na rencie jest pani Wanda, bufetowa Twojego Ojca. Ona to prowadziła Twojemu Ojcu restaurację i zbierała już czynsze itd. Rok z nią pracowałam i ona by to prowadziła. Lecz teraz jest temu przeciwna pani Michacz. Pani Michacz ma teraz też kandydata na administratora. Mieszka w tym domu na III piętrze, lecz jest bratankiem pana Glucha, Twego wspólnika. On jej obieca złote góry, że on będzie się nią opiekował i tak dalej. Jak tam byłam to go zaprosiła i tak go traktowała jak by on już był tym administratorem. Jemu na tym zależy, ponieważ obok jego mieszkania jest wolne mieszkanie, 3 pokoje i łazienka i z Michaczową ukartowali połączenie tych dwóch mieszkań. On wkupuje się w jej łaski i chwali pod niebiosa. A ona robi wszystko by nie dopuścić do tego by administratorem był ktoś inny jak on. Mówi mi, że Murzyn zrobił swoje i, że Murzyn może odejść. Za co będzie żyła, że renty ma tylko 1250 zł a za mieszkanie płaci 250 zł, że 20 lat pracowała wiernie, więc musisz jej co miesiąc dolary przysyłać, żeby mogła żyć. Ja jej powiedziałam, że my obydwoje pracujemy i mamy Czesia i Marylkę i nie mamy 1250 zł na osobę, a ona może jeszcze dostać 500 zł za niezdolność do pracy z opieki społecznej oraz pomoc dochodzącą (pielęgniarka), która będzie się nią opiekowała.

Powiedziałam jej, że jak długo ona chce prowadzić proszę bardzo, ale ona chce się zrzec bo twierdzi, że nie może dłużej pracować. Z

Halina Grycz-Poczekaj
1976.07.07
Włoszakowice

Dear Władzia,

I send you many heartfelt wishes. Everyone here is well, which I hope is true, also, of you. I've returned from Chorzów. I was there for three days with Marylka, and thought I'd be able to resolve everything. It turned out differently. At the end of July I will have to return once again. As you know (as Mrs. Michacz wrote you), she is resigning as administrator. I had Mr. Apolinarski, but he can't manage it because he is on a pension and already works half time. Apart from his pension, he can only earn 750 złotys, and he already has that from his half-time job. I searched among those known to me, from these last 25 years, in Chorzów and finally found one. Mrs. Wanda, the lady in charge of your Father's buffet, is on a pension. She managed your father's restaurant and already had collected rent, and so on. I worked with her for a year. She could manage this. But Mrs. Michacz is against it. Mrs. Michacz has a different candidate for the administrator position. He lives in the house on the 3rd floor and is the nephew of Mr. Gluch, your co-owner. He promises her mountains of gold; that he will care for her; and so on. When I was there, I invited him over and treated him as if he already was the administrator. He really wants to be, since the apartment next to his is vacant (3 rooms and a bathroom). He and Mrs. Michacz plotted to connect these two apartments. He is wheedling himself into her graces and praises her to highest heaven. She does everything to bring him into the position of administrator instead of anyone else. She says that a black man does what he wants, and he can leave when he wants. What will she live on, since her pension is only 1,250 złotys, and she pays 250 złotys for her apartment? So she says that since she has worked faithfully for 20 years, you must send her some dollars, regularly, so she can live.

I told her that we both are working and have Czesio and Marylka and we don't get 1,250 złotys per person, whereas she can get another 500 złotys for her disability to work, and social welfare assistance in the form of a nurse who would care for her.

I told her that as long as she wants to be administrator, please feel free to do so. But she wants to resign because she believes she can no longer do the work. In his turn, young Gluch maintains, that he would

kolei młody Gluch twierdzi, że on przyjmie administratora pod warunkiem, że pani Michacz będzie mu wszystko prowadziła na co Michacz się zgadza i to jest sprzeczne jedno z drugim. Wierz mi moja Droga, że mi się to bardzo nie podoba i co oni tam kręcą naprawdę nie wiem. W każdym razie jeżeli ja miałabym zadecydować to administratorem byłaby pani Wanda. Nie wiem jak Ty uważasz, ale Gluch jest właścicielem 22 a na Twoim 78 miałby być jego bratanek to nie byłoby dobrze. To tak jakby Gluch był właścicielem całości i będzie rządził jak będzie chciał. Teraz on mi wmawia, że on chciał dobrze dla Władzi, a ja mu psuję opinię, i że piszę teraz do Ciebie i temu młodemu tez opinię psuje, a mnie chodzi no to, żeby ta całość nie była w jednych rękach, bo oni będą mataczyć. I lepiej by było gdyby administratorem był ktoś niezwiązany z tą posiadłością, bo będą musieli się z ta osoba liczyć. Że osoba trzecia coś wie. Dałam jej czas do końca miesiąca, żeby się z ta myślą oswoiła. Ty zadecydujesz czy Wanda czy Gluch ten młody i teraz czekam na odpowiedź i decyzję do końca tego miesiąca. Pod koniec lipca raz jeszcze pojadę i postaram się załatwić po mojej myśli jeżeli Ty inaczej nie zdecydujesz. Tak długo myślałam, że Michaczowa jest w porządku, ale teraz jestem zdumiona jak „ starych" można urobić. Jak pochlebstwami i obiecankami można ich przeciągnąć na swoją stronę.

Powinna zdać pracę i nie wtrącać się już w nie swoje sprawy. Ma rentę, mieszkanie, mogłaby koło siebie wszystko zrobić, tym bardziej, że już tylko po mieszkaniu chodzi a to twarde głowy i chcą mieć rację. Chciałam zameldować na jej mieszkanie Marylkę lub Czesia i byłby ktoś z naszej rodziny i kiedyś mogliby oni w Twoim imieniu, tu w Chorzowie się tym zająć, to nie zgodziła się i teraz mi zarzuca, że ja chce korzyść dla siebie mieć z Chorzowa. Boże uchowaj. Poczekamy zobaczymy co będzie dalej. Marylka słysząc to wyszła od Michaczowej tak strasznie zdenerwowana, że musiałam ją uspokajać, choć mnie samej nerwy grały jak w kotle. Nie można Ci tego wszystkiego słowami opisać, ale jak się spotkamy może jeszcze to Ci wszystko opowiem. Dam Ci jeszcze jeden przykład: otóż dostaliście za te umeblowanie dla Ciebie 23 195 zł. Jak Michacz była w szpitalu to Gluch to wykorzystał i zabrał od niej podpis, swoje i Twoje pieniądze pobrał, lecz nie dał je nawet Michaczowej tylko chciał je dać Tobie,

only take over the administration if Mrs. Michacz would handle everything, for which Mrs. Michacz agrees... even though the one contradicts the other. Believe me, My Dear, I don't like this at all. What they are all plotting to achieve, I don't know. In any case, if I had to decide, I would chose Mrs. Wanda to be administrator. I don't know how you feel. But Gluch is a 22% owner. If his nephew were in charge of your 78%, it would not be good. It would be as if Gluch was the owner of the whole thing and would administer it as he wishes. He asserts that he would want only what is good for you, Władzia; that I am ruining his reputation; and that he will write to you and to the young man whose reputation I am also ruining. For me, it matters that the whole not be in one hand, because they will only take advantage of it.

It would be better if the administrator was someone uninvolved with the property. They would, then, have to report to the owners that a third party knows something. I gave them time to the end of the month, to get used to this idea. You must decide between Wanda and Gluch, the young man. I will now await your decision to the end of this month. At the end of July I'll go there, again. I will try to arrange things on my own, unless, in the meantime, you make a decision. Up to now, I have felt that Mrs. Michacz would be fine. Now, I am amazed how easily one can dupe "old folks." How, with false praise and promises, it is possible to turn them towards one's side.

She should just do her work and not get involved in issues that are not of her concern. She has a pension and an apartment. She could arrange everything around her. The more so, since all she does, is walk around her apartment. But these are stubborn heads that want to be right. I wanted to register Marylka or Czesio for her apartment so that someone from our family might eventually live there and could act in your name, and take an interest in Chorzów. But she won't have it, and accuses me of wanting to benefit, personally, from the property. God protect me. We will see what comes next. Marylka, hearing this, went up to Mrs. Michacz so unnerved that I had to calm her down, even though my own nerves were boiling as if in a pot. I can't explain all this in writing. But when we meet again, I will, perhaps, explain everything in person. I'll give you one more example. You received for the furniture, 23,195 złotys. Michacz was in the hospital, so Gluch took advantage of that fact and took from her, her signature seal, and collected his and your rental money. He didn't even give them to Michacz, but wanted to give it

ale jak ja byłam w Chorzowie to Michacz wysłała mnie do niego i zatrzymał dla siebie 750 zł, twierdził, że miał straty. Ja widziałam co się bo on najchętniej nie dałby nic. Liczył się z tym, że Michaczowa nie wróci do zdrowia i cała kwota będzie dla niego. Ja zaraz Michaczowej nie powiedziałam tego, lecz jej napisałam po powrocie do domu, a ona te pieniądze potrąciła Gluchowi z czynszu i dała teraz je mnie jak tam byłam, w sumie 23 195 zł. Sądzę, że dość tego złego na dziś. W każdym razie z kim tylko rozmawiam każdy twierdzi, żeby ten co ma większy udział nie podporządkował się temu co ma mniejszy, a tu w dodatku wszystko byłoby w jednych rękach. Nie mogę zrozumieć pani Michacz, ja jej to stale tłumaczę a ona swoje, że ja przez te pieniądze z wujem Gluchem straciłam do młodego Glucha zaufanie. Ja sądzę, że to jest tak. Gluch będzie tym administratorem przez to będzie miał to mieszkanie a Michacz będzie to prowadzić dalej aż do śmierci a pieniądze będzie brała Michacz dlatego tak się upiera a ja musze mieć od niej na piśmie, że się zrzeka. Chyba, że oddam sprawę adwokatowi. Proszę Cię odpisz zaraz może zdąży odpowiedzieć do ostatnich dni lipca.

    Kończę mój list, zasyłam Wam wszystkim moc serdecznych i gorących pozdrowień, uścisków i ucałowań. Pogoda u nas piękna, a deszczu mamy jak na lekarstwo. Na polach wszystko schnie a żniwa już się zaczęły. Od żniw do zimy już bardzo blisko.

    Czesio w plenerze cały miesiąc w Lądku Zdroju. Przyda mu się to bo sierpień i wrzesień znów praca na akord w cegielni. Chce jednak dopiąć swego. Jurek nadal pracuje za elektryka w betoniarni i zawsze ma ręce pełne pracy, że ani na odpoczynek nie ma czasu. Myśmy się chyba pod gwiazdą pracy urodzili bo praca nas bardzo kocha. Mały Jacuś już dobrze broi, już ma 2 i pół roku. Urwis, że aż hej. Marylka chodzi na czarne jagody i rwie czereśnie. Janek męczy się z działką a ja nadal te żabki do firan robię. Jeszcze dwa i pół roku. Nie jest to praca ciężka, ale pracochłonna. Nie zarobię dużo, ale ten 1000 zł też mi się przyda. A więc moja Droga chyba Ci już wszystkim napisałam. Zostań z Bogiem, trzymaj się i życzę Wam Wszystkim dużo, dużo zdrowia i radości. Z serdecznym pozdrowieniem,

    Halina

directly to you. But when I was in Chorzów, Michacz sent me to him, and he had kept 750 złotys for himself, maintaining that he had losses. I saw what was going on. He would have, happily, not returned any of it.

He had counted on the fact that Michacz would not recover and the whole pot would be his. I didn't explain this immediately to Michacz, but I wrote her after coming back home. She took the money from Gluch's portion of the rental income and gave it to me when I was there, a total of 23,195 złotys. I think its enough of this bad stuff for today.

In any case, with whomever I discuss this, they all agree that the one who has the greater proportion of ownership should not subordinate himself to those who have a lesser proportion. And here, instead, it would all have been in their hands. I can't understand Mrs. Michacz. I continue to explain it to her. But she clings to her own, that I, because of this money with Uncle Gluch, have lost faith in young Gluch.

But I maintain it is this way: Gluch wants to be administrator because he will get a gratis apartment. Michacz will continue to function until she dies. The rent will be collected by Michacz because she is so stubborn. I have to have a letter of resignation from her, otherwise I have to turn the whole matter over to the attorneys. So I ask you, reply quickly. Maybe it will suffice to reply before the last days of July.

I end this, my letter, sending you all many heartfelt and warm wishes, hugs and kisses. The weather, here, is beautiful. We have just enough rain that it's like medicine. In the fields, everything is drying and the harvest has begun. And from harvest to Winter is very close.

Czesio is outdoors, for the whole month, in Lądku Spa. That will come in handy because he'll have to be back at work under contract in August and September in the brickyard. He wants to meet his goal. Jurek continues to work as an electrician in the batching plant and always has his hands full of work. So he has neither any break nor any time. We must have been born under the star for work. Work loves us very much. Little Jacek is a competent urchin, and is 2-½ years old. He goes like the dickens. Marylka is picking for black currants and cherries. Janek is worrying himself over our plot of land, and I continue to make frogs for the curtains. Two and a half years more. It isn't hard work, but labor-intensive. I won't earn very much, but even 1,000 złotys will be handy. So, My Dear, I think I've written you everything. Remain with God. Hold yourself together. I wish you all much, much health and joy. With warmest wishes…   Halina

nad. Halina Grycz-Poczekaj
21.07.1976 rok
Włoszakowice

Kochana Władziu,

Zasyłam Ci najserdeczniejsze pozdrowienia od nas wszystkich. Piszę do Ciebie kilka słów, ponieważ znów się coś dowiedziałam. Byłam u notariusza w sprawie naszego domu i przy okazji zapytałam go czy możesz Władziu podarować pieniądze co masz na koncie zablokowanym w Chorzowie komuś co jest w Polsce i notariusz powiedział mi, że możesz. A więc chciałabym Ci coś poradzić. W banku w Chorzowie mogłabyś Ty podjąć 172 tysiące zł.

Napisz po prostu do banku (tak mi doradził notariusz) do Chorzowa, że prosisz o wypłacenie tych pieniędzy mnie, a jeszcze lepiej to po 50 tysięcy to jest na mnie, na Marylkę, na Czesia a resztę na Janka. Napisz im, że ja mam Twoje pełnomocnictwo do zarządzania Twoją nieruchomością i jeżeli cokolwiek potrzebują w tej sprawie niech zwrócą się do mnie. Ja te wszystkie pieniądze włożyłabym u nas w banku, a gdyby ktoś od Was przyjechał to miałby już na pewno te pieniądze. Bo wiesz jak było jak ostatnio tu byłaś. A dar do 50 tysięcy nie podlega opodatkowaniu. Pomyśl i doradź się Czesia może to było by dobre rozwiązanie. Tym bardziej, że za niecałe dwa tygodnie będę w Chorzowie i będzie nowy administrator. Nie wiem jak to tam wypadnie. W każdym razie obojętne kto będzie administratorem postaram się zablokować notarialnie te 172 tysiące, tak by administrator nie mógł poniżej tej sumy robić wydatki. Gdy byłam ostatnio w banku to mnie zastanowiła odpowiedź tej pani, Co pani tak zależy na tym jak będzie rządził administrator? Jak mu się uda to niech z tego coś ma, tak tych pieniędzy nie może nikt podjąć, tylko właścicielka nimi rozporządza. Dla Ciebie i mnie lepiej by było żeby te pieniądze były u nas w banku, w każdej chwili do podjęcia, a w razie gdyby straciły swą wartość to obojętne czy będą w Chorzowie czy będą tu, to jednakowo stracą. Siła nabywcza jest coraz mniejsza a co będzie dalej to niewiadoma. Jak Ci już pisałam to zadecyduj a jeżeli do banku w Chorzowie napiszesz to napisz zaraz też do mnie abym wiedziała co się dzieje.

Halina Grycz-Poczekaj
1976.07.21
Włoszakowice

Dear Władzia,

I send you most heartfelt wishes from us all. I am writing a few words to you, since I've, again, learned a little more. I was at the Notary in the matter of our house. While there, I asked whether you, Władzia, could give a gift of money to someone who is in Poland, from your blocked account in Chorzów. The Notary confirmed that you could. So I have an idea. You could withdraw from the Bank in Chorzów 172,000 złotys.

Simply write to the Bank (this was the advice of the Notary) in Chorzów, that you wish to withdraw the funds in my favor. Even better, you could do it in parts: 50,000 for me, Marylka and Czesio; and the balance in Janek's name. Write them that since I already have your Power of Attorney to manage your property, if they need anything further, they can turn to me.

We would put all that money into our Bank. And if any one of you were to come (to Poland), they would definitely and quickly have access to money. You know how it was when you were last here.

A gift of up to 50,000 złotys is exempt from tax. Think about this, and ask Czesio. This might be a good solution. The more so since I will be in Chorzów for almost two weeks, and there will be a new administrator. I don't know how this will work out. I any case, it makes no difference who is the administrator. I will seek to officially secure that 172,000 from them, so that the administrator can not, later, use any of that money for expenses.

When I was at the Bank the last time, the way the banker answered my question, made me wonder: "What's it to you how the administrator conducts his business? If he succeeds, let him have something from it. In any case, he can't access any of the balance, because only the owner can manage those funds." For you and me it would be better that the money was in our own bank accounts, available at any moment for withdrawal. In the event it might lose its value [through devaluation, for example] it would happen in Chorzów or here, equally the same. As I wrote you, you should decide whether you will write to the Bank in Chorzów. If so, write me right away so I'll know what is going on.

Marylka jest w Zakopanem, a właściwie 20 km za, jej koleżanka ma tam ciocię, która wyjechała do Kanady z cała rodziną na rok i mają całą wille wolną do 1 sierpnia. Same sobie gotują a mieszkanie mają wolne, a dwa tygodnie pobytu w górach dobrze im zrobi. Czesiu jest na plenerze przez cały lipiec w Lądku Zdroju. Tylko Jurek ciężko pracuje aż mi go żal. U nas straszne upały, bez deszczu, susza wszędzie, a że u nas lekkie zimie, więc zanosi się na wielką biedę. Już teraz wszystkiego brak, a co będzie dalej jak nie udadzą się żniwa, a przez te wielkie upały to i ziemniaków nie będzie. My tez tak się „męczymy" od świtu do nocy, bo i działka i ogród i te moje żabki. Cieszę się, że już mam 2 i pół roku przepracowane, jeszcze raz tyle i będę na rencie. Oczywiście jeżeli doczekam.

Przesyłam Ci ten wniosek, co dawałaś do banku jak tu byłaś i jeden formularz pusty, który też tu zostawiłaś. Jeżeli się zdecydujesz to pewne dane mogą Ci się przydać. Tyle na dziś. Co u Ciebie słychać? Wszyscy zdrowi? Co słychać u Czesia, co z jego córeczką? Często o nich myślę. Modlę się codziennie by mała wyzdrowiała i by cała rodzina miała jeszcze wiele pogodnych i szczęśliwych dni. Co słychać u Wandzi? Jak Ci czas pozwoli to napisz do mnie znów kilka słów. Zawsze się bardzo cieszymy jak jakiś list od Was przyjdzie. Kończę zasyłam raz jeszcze Tobie i całej rodzinie moc uścisków i ucałowań,

Halina i cała Rodzina z Polski

Marylka is in Zakopane, specifically, 20 kilometers beyond. Her girlfriend has an aunt there, who emigrated to Canada with her whole family for a year. They have their whole house to themselves until the 1st of August. They cook for themselves, and have the house, all alone. Two weeks in the mountains will do them good.

Czesio is also outdoors for the whole month of July in Lądku Spa.

Jurek is working so hard I feel sorry for him.

We've got a heat wave right now, without rain. Everything is dry. They predict a light Winter for us, which would mean widespread sorrow. Everything, already, is in short supply. What will it be like, later, if the harvests fail? Drought conditions mean there won't be any potatoes. We tire ourselves from sunrise to night with our plot and garden; and with my frogs. I am happy that I already have 2½ years behind me. That much more, and I'll be on a pension. That is, of course, if I last that long.

I am sending you the application that you gave to the Bank when you were here, along with one form, completely empty, which you also left here. If you decide, then certain information [on the application] might be useful to you. Enough for today.

What is there to hear from you? Is everyone well? What is there to hear from Czesio and his daughter? I often think of them. We pray every day that the little one [Anastasia Grycz] recover her health and that the whole family have many good and successful days ahead. What do you hear from Wandzia?

When time permits, write me a few words again. We are always so happy when some letter or another arrives from you. Ending, I send you, once again, and your whole family, many hugs and kisses…

Halina and the whole family in Poland

nad. Halina Grycz-Poczekaj
08.11.1976 rok
Włoszakowice

Kochana Władziu,

Zapewne czekasz z niecierpliwością na ten list. Wybacz: najpierw czekałam jeszcze na rozwiązanie jednej sprawy, a to sprawy mieszkania dla administratora (która nawiasem mówiąc do dzisiaj nie jest rozwiązana) wszystko leży jeszcze w urzędzie lokalowym. Ostatnio leżałam 10 dni, miałam zapalenie oskrzeli i dziś pierwszy dzień trochę wstałam i zaraz do Ciebie piszę. Z dniem pierwszego września masz nowego administratora i to Iwonę Małolepszą (córkę pani Wandy). Wanda miała zawał serca. Mąż tej pani jest pracownikiem fabryki samochodów (polski FIAT) w Tychach. Mają 3 letnią córkę, a ta pani pracuje w wydziale finansowym firmy „Społem" i ze względu na dziecko podjęła się tej pracy.

Warunek mieszkanie, bo administrator i dozorca muszą być na miejscu by wszystkiego dopilnować. Bardzo mi się Ci ludzie podobali. Oni już pracują, doglądają i zarządzają, niestety jak na razie muszą dochodzić z ul. Powstańców 69. Może sobie przypominasz tą starą hutę szkła. Na razie oni wszystko prowadzą, a zobaczymy jak rozstrzygnie się sprawa mieszkania. Bardzo duży mam żal do pani Michaczowej i żeby nie jej wiek to powiedziałabym jej parę słów prawdy, choć nawiasem mówiąc kilka słów ode mnie usłyszała, ale w delikatny sposób. Wyobraź sobie, że za żadną cenę przekazać mi nie chciała zarządzania ani książek meldunkowych. Upierała się przy swoim, że źle robię nie biorąc pana Glucha i ze kładę rękę w gorący rosół i mieszam i że konsekwencję z tego ja będę ponosić. Po 5 godzinnej takiej rozmowie zdenerwowałam się i kategorycznie zażądałam książki meldunkowej, ponieważ staram się o mieszkanie dla nowego administratora (dowiedziałam się przypadkiem z rozmowy Gucha młodego z Michaczową i on zajmuje 2 mieszkania.

Młody Guch stale towarzyszył Michaczowej i rozmawiali po niemiecku. Ponieważ ja nie odzywałam się młody myślał, że ja go nie znam i w ten sposób dowiedziałam się różnych rzeczy), ale moje oburzenie nie miało granic gdy wreszcie książkę meldunkową

Halina Grycz-Poczekaj
1976.08.11
Włoszakowice

Dear Władzia,

No doubt you await this letter with impatience. Forgive me. First, I was waiting for how one matter would unfold, the matter of the apartment for the administrator (which, speaking in parentheses, is not yet settled). Everything is in the hands of the local municipal office.

I've been in bed for the last ten days. I had bronchitis, and only today have I gotten up a little. So I immediately wanted to write you. From the first of September, you have a new administrator, Yvonne Małolepsza (who is the daughter of Mrs. Wanda). Wanda had a heart attack. The husband of this lady is a worker at the auto factory for Polish FIATs in Tychy. They have a three-year old daughter. The lady works in the financial section of the company "Społem", and because of her child, she took this work as admininistrator.

Her prerogative is an apartment since the administrator and the caretaker must be on the spot in order to take care of everything. I liked these people very much. They are already at work, looking into everything and managing it. Unfortunately, for the time being, they must come from #69 Powstańców Street. (Maybe you will remember the huge old glassworks.) Right now, they are handling everything. We will see how matters unfold in the matter of the apartment.

I feel very sorry for Mrs. Michacz. If it weren't for her age, I'd tell her a few words of truth. (But, speaking in parentheses, she's already heard a few words from me, but in a delicate manner.) Imagine, that for no price was she willing to turn over the management or the accounting books. She stubbornly guarded her own and claimed I was wrong not to accept Mr. Gluch, and that I was putting my hands in hot broth to stir things up, in consequence of which I would "pay". After a five-hour conversation of this kind, I lost my temper and categorically demanded the accounting books on the grounds that I was attempting to arrange for an apartment for the new administrator. (In the doing, I found out, by accident, about conversations young Gluch had had with Mrs. Michacz that brought to light that he occupies two apartments. Young Gluch is

dostałam i w bramie zaraz ją przeglądnęłam. I proszę sobie wyobrazić, że Joachim Gluch nie był w ogóle meldowany, a mieszkał tam 4 lata, tzn. od chwili remontu. On tam zajmował 2 mieszkania bez meldowania i bez przydziału. Sprawdziłam w meldunkowym i tam nie był meldowany.

Zrobiliśmy wniosek na jedno z tych mieszkań. Po miesiącu odpowiedź, że mieszkanie służbowe dla dozorcy jest już półtora roku przydzielone i zajmuje je obywatel. Który mieszka nad Michaczową i jest kolegą Glucha, a najlepsze to, to, że on nigdy nie był dozorcą. I teraz wniosek za wnioskiem. Udowodniliśmy, że mieszkanie nie jest zajmowane przez dozorcę, choć za zgodą pani Michacz. Michaczowa z dniem 1 sierpnia zmieniła dozorcę, który dochodził i zwolniła sprzątaczkę, która czyściła okna i sprzątała korytarze. Jednym słowem zrobiła wszystko, żeby mnie pozostawić bez oparcia, a przecież tak ładnie wszystko można by było załatwić gdyby pracowała ze mną. Byłam u niej w szpitalu 2 razy by to zdała. Ona już wtedy wiedziała, że to mieszkanie będzie wolne. Mając mieszkanie łatwiej by było dostać administratora, a przeciągała tak długo aż w końcu dała to mieszkanie Gluchowi. Oni ładnie jej gadali a z drugiej strony Niemiec do Niemca ciągnie. W ostatni dzień powiedziałam jej prawdę, choć jak pisałam Ci już w delikatny sposób i potem mi się przyznała. Że za to mieszkanie od tego kolegi (za mieszkanie dla dozorcy Gluch wziął 10 tysięcy łapówki), że te 2 mieszkania co on ma to gdyby był administratorem to połączył by razem i jeden pokój oddałby sąsiadowi oczywiście za 5 tysięcy odstępnego. Przyznała się, że ona ma w planie iść do domu starców, ale najpierw chce wszystko zdać. Na to ja jej powiedziałam, że rozumiem teraz dlaczego nie chciała się zgodzić by Marylkę tam zameldować lub Czesia. Gdyby Guch był administratorem to za mieszkanie Michaczowej byłoby znowu 10-20 tysięcy zł. Dlatego on się nie meldował by można było razem z Michaczową kombinować a wiedział, że Michaczowa ze względu na wiek nie będzie karana. Gluch ma swoją własność w Chorzowie starym i tam jest meldowany a tutaj z mieszkaniami kombinują (niebieskie ptaki) co teraz zrobi nie wiem. Jak byłam u starego Glucha przedstawić nową administratorkę i jej męża to facet był tak zdenerwowany, że aż prosiliśmy go żeby się uspokoił. On to właśnie

constantly friendly with Mrs. Michacz and speaks to her in German. Since I did not respond, the young boy thought I don't understand it. In this manner I learned a lot of different things.) But my outrage had no bounds when I finally received the accounting books and, in the courtyard, immediately looked through them. Just imagine that Joachim Gluch wasn't even recorded, event though he had lived there for four years, from the time of the remodeling. He occupied two apartments without being listed and without having an allocation. I checked in the allocations and he wasn't listed there.

We submitted an application for one of those apartments. After a month we received reply that the caretakers apartment has been assigned for the past one and a half years, and is presently occupied. This is a person who lives above Mrs. Michacz and is a friend of Gluch. Best of all, he never has been a caretaker. And now, suit after suit. We proved that the apartment was not occupied by the caretaker, but by someone with the permission of Mrs. Michacz. Mrs. Michacz changed the caretaker on the 1st of August to someone who came from afar. And she let her housekeeper go, who cleaned the windows and the hallways. In other words, she did everything to leave me without support, whereas it would have been possible to settle everything very nicely if she had been willing to work with me.

I was in the hospital to visit her two times in order to accomplish this. She already knew that the apartment would be vacant. Having an apartment, it would have been easier to get an administrator. She dragged it on so long, that in the end she gave the apartment to Gluch. They nicely talked her up. And on the other hand, one German pulls another along.

On the last day, I told her the truth. But, as I wrote you, in a very delicate manner. She later admitted it. For the apartment from his friend (for the caretaker's apartment), Gluch took a 10,000 złotys bribe so that he could take the two apartments that he has. If he became the administrator, he planned to link them together and give one room to his neighbor, for, of course, 5,000 złotys more. She admitted that she plans to go the home for the elderly, but first wants to fix everything. To this, I replied that I understood now, why she didn't want to agree to have Marylka or Czesio recorded there. If Gluch had become the administrator, then for Mrs. Michacz's apartment he could get another 10-20,000 złotys. This is why he didn't register himself, so that together

powiedział, że ten młody będzie teraz musiał swoją własność dać pod zarząd prywatnych właścicieli i starać się o zameldowanie przy ulicy Wieczorka (czuję, że to co zrobił pachnie kryminałem).

Mnie „staruszek" powiedział na osobności, że go obraziłam, i że on w niczym nie pomoże bo napisałam do Michaczowej, że to jest niewskazane ażeby ktoś kto ma 22 udziału, by jego krewny był administratorem bo wtedy mogą różnie kombinować. I powiedział, że Michaczowa dała mu ten list czytać. A ja mu spokojnie na to, że dziwię się bardzo Panu, że Pan cudze listy czyta, a to co pisałam do Michaczowej jest logiczne, a on jako człowiek interesu musi o tym wiedzieć. Z Michaczową skończyło się na tym, że kupiłam dużą bąbonierkę i 7 goździków i podziękowałam jej za pracę dla Ciebie. Dostałam od niej jeszcze jeden list by zwrócić 1200 zł z tych pieniędzy za meble bo była pomyłka co wyszło przy rozliczeniu ze starym Gluchem. Jeszcze jedno mi powiedziała, że jak Ty tu byłaś z Czesiem to nie dostałaś tych pieniędzy, ponieważ z powodu remontu było zadłużenie. Na to ja się pytam: „a czy teraz ma Pani to zadłużenie wciągnięte w hipotekę?". Nie powiedziała, bo pan Gluch jej radził, ze lepiej, że to nie jest na hipotece. Ja jej na to odpowiedziałam, że dla Glucha jest lepiej, ale nie dla Władzi. Gdyby jego krewniak był tam administratorem to znów na drobne remonty szło by lewe rachunki kombinować, więc dla niego lepiej, ze jak tu Byliście to Wam nie wypłacono tych pieniędzy. Dla niego by więcej zostało „ a teraz niech mi pani powie, czy teraz ma pani w hipotekę wciągnięte? Za rada Glucha -nie. O jeszcze jedno ją pytałam, dlaczego Urząd Finansowy zabrał Władzi z konta 16 000 zł ponownie, podatku od tych 100000 zł co dostałam i wiesz co mi powiedziała, że ona ma bardzo dobrych znajomych w Urzędzie Finansowymi, że jak tam kiedyś była po Twoim tu pobycie to zaczęli jej dogadywać. Dostała 100 000 od właścicielki, to co sobie za to kupiła? Auto, meble, albo co?

A ona im na to, że oddała Ci te pieniądze z powrotem. A ja jej na to- i tak sprawa wyjaśniona.

Ci dobrzy Pani znajomi z „finansówki" wysłali Tobie nakaz płatniczy na 16 000 zł od 100 000 zł, które pani Michacz podarowała Tobie. Tylko szkoda, że pani Michacz nie powiedziała im tego od

with Mrs. Michacz they could strategize. He knew that Mrs. Michacz, given her age, would not be fined. Gluch has his own property in Old Chorzów and is registered there. Here, with the apartments they conspire (the little bluebirds). Now, what to do with all this, I don't know. I visited old man Gluch to introduce the new administrator and her husband. He was so nervous that we had to ask him to calm himself. He finally told us that the young one will have to put his own property under private management and apply for registering at Wieczorka Street (which makes me feel that what he did may be a criminal offense.)

The old man told me to my face that he would not help me in any matter because I had offended him in writing to Mrs. Michacz that it was not acceptable for anyone who has a 22% ownership, to have a relative of his be administrator so they could conspire in various ways. He said that Mrs. Michacz had given him my letter to read. I told him, calmly, "I am very surprised, Sir, that you would read someone else's letter. But what I wrote Mrs. Michacz is simply logical, which you, as a business man must well understand."

With Mrs. Michacz it ended that I purchased a large bouquet and seven daisies and thanked her for her work for you. I received one more letter from her asking that I return 1,200 złotys from the money for the furniture because there was a mistake that was discovered in the accounting with old man Gluch.

She told me one more thing. That when you were here with Czesio and did not get your money it was because the repairs were extended. To which I asked "Do you now have the extension brought into the mortgage?" She did not answer, because Mr. Gluch advised her not to included it under the mortgage. I answered that it was better for Gluch, but not for you. If his relative was the administrator there, then there would again be small repairs, under the table. All of it would benefit him whereas, when you were there, they wouldn't pay out the money. Nothing would be left for him to take. "Now, would you please tell me if you have added this to the mortgage?" "On the advice of Gluch, no." I asked her about one more thing. Why did the Bureau of Finance take 16,000 złotys tax from the 100,000 that I got. Do you know what she told me? That he has a very good friend in the Bureau of Finance, that when she was there after your visit here, they started to talk with her. She received 100,000 from her friend. What did she get for that? A car? Furniture? or what?

razu, bo wtedy Ty już dostałaś 84 000 a nie 100 tysięcy. No, ale to już wszystko przeminęło z wiatrem. Zobaczymy co będzie dalej. W razie gdyby sprawa mieszkania nie wypadła pomyślnie i państwo Małolepszy zrezygnują to wtedy oddam to pod zarząd prywatnych właścicieli (poczekamy jeszcze i zobaczymy). Kochana Władziu wysłała Marylka list do Wandzi na imieniny i list ten wrócił. Pisałaś w ostatnim liście, że oni kupili sobie dom. Widocznie zmienili adres i list wrócił. Nowego adresu Wandzi nie znam, więc wysłałam do Ciebie i proszę i proszę oddać jej. Co u Was słychać. Gwiazdka znów za pasem.

Rok za rokiem leci. U nas nie wesoło wygląda. Brak żywności, to znaczy chleb i pieczywo jest a cukier na kartki. Za 1 kg mięsa stoimy raz w tygodniu 4 i więcej godzin. Masła, smalcu i margaryny jak na lekarstwo. Jak kostkę 250 gram dostaniemy raz na tydzień to się cieszymy.

Co będzie dalej nie wiem. Chcemy kupić od Jurka teściowej prosiaka do spółki z Jurkiem. Nie wyobrażasz sobie jaka drożyzna. 120 kg żywej wagi kosztuje 6 tysięcy (Janek musi dobrze na nią 2 miesiące pracować). Jak to długo potrwa i co będzie dalej, nie wiemy. Ale jak się zabije to przynajmniej będzie coś do smarowania. Co u Ciebie słychać? Zdrowie Ci dopisuje? Bo mnie nie bardzo. Co u Wandzi w rodzinie słychać? Jak Czesiu z rodzinką? Jak mała Krystynka? Czy jest jakaś poprawa? Często z myślami jestem z Wami. Jesteście mi wszyscy najbliżsi, a życie rozdzieliło mas taką przestrzenią. Napisałam Ci chyba dużo i głowę Ci zawróciłam różnymi sprawami, ale nie przejmuj się, będzie co ma być a my dużo nie zmienimy. Tyle na dziś. Kończę i zasyłam Ci Władziu moc serdecznych i gorących pozdrowień, uścisków i ucałowań. Serdeczne pozdrowienia dla Wandzi i jej rodziny oraz dla Czesia i całej jego rodziny. Jeszcze raz moc uścisków dla Wszystkich. Zostańcie z Bogiem.

Ściskam i całuje Cię mocno.

Halina z całą rodziną

She told them that she gave you the money back. And I told her that now the matter comes to full light. The good friend in the Financial Department sent you a demand for 16,000 złotys from the 100,000 złotys that Mrs. Michacz gave you. Only its too bad that Mrs. Michacz didn't tell them immediately that you had only received 84,000, not 100,000. But this has all gone with the wind. We will see what is next. If the matter with the apartment does not go well, and Mrs. and Mrs. Małolepszy decline the position, then I will turn this over to a private management firm. (We will wait a bit and see.)

Dear Władzia, Marylka sent a letter to Wandzia for her name day, and that letter was returned. You wrote in your last letter that they purchase a house for themselves. Apparently, they changed the address, and the letter was returned. I don't know Wandzia's new address, so I am sending you her letter and ask if you would pass it on to her. What is there to hear from you? Christmas is again approaching.

Year after year runs. Here, it is not so joyous. There are shortages of foodstuffs, meaning bread and sugar are rationed. For 1 kg of meat we stand for more than four hours in line, once a week. Butter, szmalec and margarine is the same as for medicine. If we get a bone of 250 grams once a week, we are happy.

What will be ahead of us, I don't know. We want to buy a piglet from Jurek's mother-in-law, in partnership with Jurek. You can't imagine the inflation we have. 120 kg live weight costs 6,000 złotys. (For this amount, Janek must work a full hard two months.) How long this will continue and what will be in the future, we don't know. However, when we slaughter the pig, then there will at least be something nice to spread.

What is there to hear from you? Is your health satisfactory? Mine is not very. What do you hear from Wandzia and her family? How is Czesio's family? How is little Krysia [sic] (Anastasia)? Has there been any improvement? We often are with you in our thoughts. You are closest to us, but life has separated us by such a great distance. I've written today more than enough. Your head is troubled with all these matters. Do not concern yourself overmuch. What will be, will be; and we won't change much. So much for now. Ending, I enclose, Władzia, many heartfelt and warmest wishes, hugs and kisses. Heartfelt wishes for Wandzia and her family and for Czesio and his whole family. Once again, many hugs for each of you. Remain with God.

I embrace you tightly, and kiss you… Halina with the whole family

1977

nad. Halina Grycz-Poczekaj
05.01.1977 rok
Włoszakowice

Kochana Władziu,

Zasyłam Tobie i całej Rodzince moc serdecznych pozdrowień. Pisze do Ciebie kilka słów, ponieważ jesteś zapewne ciekawa co dalej w Chorzowie. Otóż sprawa z mieszkaniem jeszcze nierozstrzygnięta. Jednak w wydziale mieszkaniowym przyrzekli nam, że mieszkanie a raczej przydział na mieszkanie, otrzyma administrator a dla młodego pana Glucha wydział lokalowy szuka mieszkania zastępczego, ponieważ jak Ci już pisałam mieszkanie zostało przez niego zajęte nieprawnie, nie ma na niego przydziału mieszkaniowego i nie był tam zameldowany.

Pani Michacz wystąpiła teraz o to by nie płacić czynszu za zajmowany lokal. Jak mogła mieć wolne mieszkanie to płaciła, a lokal służbowy dała komu innemu. Osobie, która nie była z administracją związana a teraz jak jej nie przysługuje, teraz się domaga. Jak Ci już też chyba pisałam gdy byłam u starego Glucha przedstawić nowego administratora to poprosił mnie do innego pokoju i powiedział całe kazanie między innymi i to, że w remontach pomagał pani Michacz, ale teraz on sobie nie życzy by ta młoda pani zwracała się do niego o pomoc w czymkolwiek, a także w sprawach remontu, on zupełnie się odsuwa. Powiedziałam mu, że oni do niego nigdy się nie zwrócą. Dadzą sobie radę sami i dobrze są obeznani w swoich obowiązkach. A wiesz co ten pan teraz potrafi robić. Otóż przeciekał dach i trzeba było drobnego remontu. Administratorka wszystko załatwiła i w umówionym dniu chciała odebrać i zapłacić. 10 minut przed nią przyszedł stary Gluch i on zapłacił rachunek. Administratorka poszła do pani Michacz, powiedziała jej żeby nie odbierała rachunku od Glucha bo ona jej nie zapłaci, a po pierwszym, gdy robiła z Gluchem rozliczenie on dał jej ten rachunek i wtedy ona mu powiedziała, że pierwszy i ostatni raz ten rachunek płaci, ale w przyszłości nie życzy sobie by on załatwiał sprawy należące do jej obowiązków. On jej przyrzekł, że nie będzie się mieszał. Ja sobie wyobrażam co by to było, gdyby młody Guch był administratorem. Byłaby to spółka

Halina Grycz-Poczekaj
1977.01.05
Włoszakowice

Dear Władzia,

I send you and your whole family many heartfelt wishes. I am writing a few words to you, since you are, doubtless, curious about what is going on in Chorzów. The matter with the apartment is still not resolved. But the Department of Housing promised us that the apartment, or, more properly, an allocation for an apartment, will be received by the administrator. The local division is looking for a temporary location for the young Mr. Gluch because, as I wrote you earlier, he has occupied the apartment illegally inasmuch as an apartment was not promised, and he was not recorded as being there.

Mrs. Michacz has applied that she won't pay rent for the occupied place. When she had a vacant apartment she paid, and the local administrator's space she gave to someone else. A person who was not connected with the administration. Now, when she is not entitled to it, she is not seeking it. I already wrote you, I think, that when I was at old man Gluch's to introduce the new administrator, he invited me to another room and told me the whole story. Among others, that during the remodeling he was helping Mrs. Michacz. But now he didn't wish the young lady to turn to him for any help whatsoever, not even in the matters of the remodeling. He is completely separating himself. I told him that they would never turn to him. They would be able to take care of things themselves, and are familiar with their obligations. Do you know what this man now is able to do? The roof leaked slightly and it was necessary to do a small repair. The Administrator handled it and on the agreed-upon day wanted to receive the pay. Ten minutes earlier, old man Gluch came a paid the invoice. The Administrator went to Mrs. Michacz and told her not to deduct the invoice from Gluch because she will not pay. First, since she balanced the books with Mr. Gluch and gave him the invoice, and then she told him that it was the first and last time she would pay the invoice, and in the future did not wish him to take matters that belonged to her obligations. He promised he wouldn't get involved. I can only imagine what it would be like had young Gluch become the administrator. It would have been a partnership of Gluch and Gluch. But enough of this. So far, the tenants are satisfied. The

Guch-Guch. Ale dość o tym, jak dotychczas lokatorzy są zadowoleni. Ten mojej kuzynki mąż ma kolegę co razem z nim pracował w hucie „Kościuszko„ i ten pan mieszka w Twoim domu vis a vis mieszkania pani Michacz, więc mówił kuzynowi, że są zadowoleni oby tak dalej. Co słychać u Was? Wszyscy zdrowi? Dawno nią miałam od Was wiadomości.

Jak Ci czas pozwoli to napisz jak Wam tam leci. Ja mam do Ciebie prośbę Władziu. Czesiu te wakacje ma wolne, trzy miesiące i chciałby wyjechać do Francji. Chciałam się Ciebie zapytać czy nie masz we Francji znajomych, którzy by mogli mu przysłać zaproszenie. Zaproszenie musi być zrobione przez konsulat, ale jest jeden warunek. Widzisz on tu sobie sam załatwi podróż i wszystko sam opłaci tylko kieszonkowe jakie mu wolno zabrać wystarcza mu na tydzień, dwa tygodnie. On chciałby tam przez dwa miesiące pracować i za to ten trzeci miesiąc trochę Francji pozwiedzać. Czy Twoi znajomi (oczywiście jeśli ich masz) mogli by się rozejrzeć czy gdzieś nie byłoby dla niego pracy, oczywiście prywatnie jako robotnik.

Francuski zna dobrze i pracować może przy każdych pracach, może gdzieś przy budowie czy obojętne gdzie. Koszty zaproszenia też by pokrył. My nie mamy nikogo we Francji. Wybacz, że zwracam się do Ciebie z tą prośbą. Może czasem masz kogoś i dałoby się coś załatwić. No a jak nie to mówi się trudno. Na wszelki wypadek podam ci adres Czesia we Wrocławiu: ul. Tomaszewska 26/10. W tej chwili jest na drugim roku na architekturze wnętrz. Tyle by było na dziś.

Jak tam się Wandzia czuje i jej mąż? Co robi Czesio z całą rodzinką? Jak tam ich córeczka, jest jakaś poprawa czy nadzieja na poprawę? Myślami jestem często razem z Wami wszystkimi. Ja dalej robię te żabki do firan, jeszcze 2 lata. Zobaczymy czy „zmęczę" te żabki czy one mnie. Zanudzisz się czytaniem tyle dziś napisałam. Janek wrócił z nocy i śpi.

Marylka w szkole, wróci o 16.00. Czesio we Wrocławiu ma dużo pracy, za trzy tygodnie egzaminy. Marylka na początku lutego jedzie w góry do Żywca jako wychowawca na 10 dni na ferie zimowe. Zobaczymy góry zimą i parę groszy zarobić.

husband of my cousin has a friend, who worked with him in the Kosciuszko Foundry. This man lives in your home, *vis à vis* the apartment of Mrs. Michacz. He told my cousin that they are satisfied that it continues as it is.

What is there to hear of you? Are you all well? Its been a long time since I've heard any news from you.

When time permits, write us again because time flies.

I have a request of you, Władzia. Czesio has these vacation days free and would like to go to France for three months. I wanted to ask you if you have any friends in France who could send him an invitation. An invitation must be made through the Consulate, but there is one condition. He will, you see, handle the travel. He will be able to pay with whatever pocket money they allow him to take across the border. That would last him for a week or two. He would like to work there for two months, and travel around France a little during his third month. Would your friends (assuming that you have some, there) be able to see if there wouldn't be some possibility of work for him, obviously as a private worker. He knows French well, and he can work in any kind of job; maybe in some construction wherever that might be. He would also cover any costs involved in submitting the invitation. We don't know anyone in France. Forgive me for bothering you with this request. Maybe, however, you might know someone and perhaps something could be arranged. If not, then one says "too bad." In any case, I will send you Czesio's address in Wrocław: Tomaszewska Street 26/10. At present, he is in the second year of Interior Design.

So that would be enough for today.

How is Wandzia feeling with her husband? What is Czesio doing with his whole family? How is their daughter, and is there any improvement or hope for improvement? With our thoughts, we are frequently with you all. I continue to make those frogs for the curtains... two more years. We will see if I "tire" those frogs before they tire me out. You will be bored with all that I have written. Janek came home last night and is asleep.

Marylka is in school and returns at 4:00 p.m. Czesio, in Wrocław, has a lot of work and in three weeks, examinations. Marylka will go to the mountains to Żywiec in the beginning of February, as a nanny for ten days of the winter holidays. She will see winter in the mountains, and earn a few pennies as well.

Kończę, zasyłam Ci moc pozdrowień, uścisków i ucałowań dla Ciebie, dla Wandzi i jej męża oraz Czesia i jego rodziny. Dużo, dużo uścisków i ucałowań od wszystkich dla wszystkich.

Halina z całą rodzina

P.S. u nas zima w całej pełni. Mrozy i duże śniegi. Drzewa białe i dachy białe. Jednym słowem urocza, piękna, polska zima a dziś to i nawet słońce świeci.

Ending, I send you all wishes, hugs and kisses for You, for Wandzia and her husband and for Czesio and his family. Many, many hugs and hisses for you all from all of us…

Halina with her whole family

P.S. We are in the middle of Winter. Freezing temperature and snow. The trees are white and the roofs are white. In a word, a lovely, beautiful Polish winter. Today, even the sun is shining on it.

nad. Halina Grycz-Poczekaj
22.03.1977 rok
Włoszakowice

Kochana Władziu,

Dziękuję ci serdecznie za listy. Zmartwił mnie list Czesia i twój. Żal mi jest bardzo Czesia, że życie nie ułożyło mu się. Bardzo żeśmy Czesia polubili wszyscy. Taki spokojny, rozważny i rozsądny mężczyzna. I jeżeli on tak zdecydował to na pewno wybrał rozwiązanie najlepsze.

Cieszę się, że znajduje wspólny język z Michałkiem i jestem święcie przekonana, ze ta przyjaźń pozostanie, a przebywanie od czasu do czasu Michałka u Czesia utrwali tą przyjaźń, bo przecież Michałek to już duży chłopak, z którym Czesio może sobie poważnie porozmawiać. Wiesz, że i Czesiowi życie przyniesie jeszcze wiele radosnych i wesołych dni.

Oboje z Anna są jeszcze młodzi, ułożą sobie jeszcze życie a i Michałek niedługo będzie tez dorosły. Choć Czesiowi jest na pewno ciężko, że nie może być z dziećmi razem. Jednak może takie rozwiązanie jest lepsze i dla nich. Do Czesia jeszcze też napiszę.

Dziękuję Ci Władziu za starania w sprawie wyjazdu Czesia do Francji i wybacz, że głowę ci moimi sprawami zaprzątałam, jak Ty swoich masz aż nadto. Czesio chciałby do Francji pojechać i zarobić sobie jakby mu się udało. Bo widzisz ma już te 25 lat i jest na stancji.

Gdyby udało mu się nawiązać kontakt z Francją to może jeszcze uda mu się wyjechać i zarobić trochę pieniędzy na mieszkanie. Bo mieszkanie dostać za polskie pieniądze to trzeba we Wrocławiu czekać 16 lat a za dolary czy obcą walutę pół roku. Tak robią jego koledzy.

W sprawie Chorzowa wiem tylko, że sprawę mieszkania będzie pozytywnie załatwiona. W każdym razie nowy administrator jest nadal, więc mają szansę mieszkanie załatwić, w przeciwnym razie już by się zrzekli. Jeszcze jedno Władziu mam do ciebie prośbę. Przysyłam Ci odpis dokumentu z 1967 roku, w którym to Janek zrzekł się części swojej po śp. Mamusi naszej na moją korzyść. Otóż ja wtedy sprawę dałam do adwokata, on powiadomił mnie, że sprawa jest załatwiona i w kilka dni później dowiedziałam się, że adwokat ten

Halina Grycz-Poczekaj
1977.03.22
Włoszakowice

Dear Władzia,

Thank you very much for your letters. Your letter and Czesio's worried me very much. I am very sorry for Czesio, that life did not arrange itself for him. We all very much got to like Czesio. He is very calm, prudent and sensible man. If he decided this way, he probably chose the best solution.

I am happy that he has a common tongue with Michałek, and I am completely convinced that this friendship will continue, and Michał's staying from time to time with Czesio will strengthen that friendship. Michał is, after all, already a big boy, with whom Czesio can discuss things seriously. Believe in it that Czesio's life will still bring you much joy and many happy days.

They are both, with Anne, still young and can arrange their life. Michał will also soon be grown up. It is true that it is surely very difficult for Czesio that he cannot be together with his children. Yet, perhaps such a solution will be better for them. I will write to Czesio also.

Thank you, Władzia, for your efforts on behalf of Czesio's visit to France. Forgive me for bothering you with my issues when you have your more than enough. Czesio would like to go to France and earn some money if it were possible. You understand, he is already 25 years old and is on his own. If he were successful in making contacts in France, then perhaps it would also be possible for him to go and earn some money for an apartment. To get an apartment in Poland, one must have money. In Wrocław one must wait 16 years; whereas, with dollars or other Western currency, merely half a year. That's what his friends do.

With regard to matters in Chorzów I only know that the matter of the apartments will be positively settled. In any case, the new administrator continues to work, so they have a better chance to arrange their own apartment. If the opposite were true, they would have resigned long ago.

Władzia, I have a request of you. I am sending you a copy of a document from 1967, in which Janek disavowed his interest in his inheritance from his mother, and turned it over to me. I had turned over

zginął w wypadku samochodowym. Byłam w zespole adwokackim i tego oryginału nie było, a była notatka, że sprawa załatwiona. Tymczasem chciałam teraz przepisać ten dom na Marylkę i okazuje się, że nic nie mogę zrobić, ponieważ śp. Janek jest w pisany na 1/4 tego domu. Byłam u notariusza i ten polecił mi abym wyciągnęła akta ze sądu, lecz tam był odpis tego dokumentu, a oryginału nie było. Dlatego prosiłabym Cię byś od notariusza, u którego był ten akt darowizny zrobiony przysłała mi odpis poświadczony przez konsulat polski. Ten odpis, który ja mam jest nieważny. Musi być odpis z oryginału, który znajduje się u notariusza Michalskiego. Bardzo Cię proszę załatw mi to i wybacz, ze Cię tym trudzę, ale chciałbym z moim domem tu załatwić.

Kończę i zasyłam moc serdecznych pozdrowień dla Ciebie, Wandzi z mężem, dla Czesia i
Michałka i Anastazji.

Całuję Was Wszystkich

Halina

the matter, at that time, to an attorney who told me that the matter was settled and a few days later I learned that the attorney was killed in an automobile accident. I was at the Attorney's Association and the original of this document was missing. There was a note that the matter had been resolved. Meanwhile, I wanted to write over the house to Marylka, and it turns out that I cannot do this because Janek, of holy memory, is written in as a 25% owner of this house. I was at the Notary. He suggested that I retrieve the act from the court. But there was only a copy of this document, not the original.

For this reason, I would request that you could go to the Notary who executed this document and send me a copy, confirmed through the Polish Consulate. This copy, which I have is not valid. It must be a copy of the original, which is to be found at the Notary of Mr. Michalski. I would ask you very kindly to take care of this.

Forgive me that I am troubling you with this, but I would like to settle matters with my house.

Ending, I send you many heartfelt wishes for you, Wandzia and her husband, and Czesio with Michał and Anastasia.

I kiss each of you…

Halina

nad. Halina Grycz-Poczekaj
31.03.1977 rok
Włoszakowice

Kochana Władziu,

Dziękuję Ci serdecznie za list, który dziś otrzymałam i zaraz Ci odpisuje. Chcąc wyjechać z kraju (Polski) na zachód musi być zaproszenie od kogoś kto mieszka na zachodzie. W sprawie Czesia to do Francji. Jest to zaproszenie i zobowiązanie, że zaproszona osobę utrzyma się i da mu się mieszkanie na lipiec, sierpień i wrzesień. To zaproszenie potrzebne jest aby pokazać na uczelni (Czesiu zgodę dziekana już ma), a potem to zaproszenie trzeba dołączyć do wniosku o paszport. Czesiu sam ponosi koszty paszportu oraz podróży w złotych polskich za zgodą Banku Dewizowego, a ponieważ jest studentem ma duże zniżki. A więc najważniejsze jest zaproszenie od kogoś kto we Francji mieszka poświadczone przez konsulat polski we Francji. Czesio gdyby wyjechać mu się udało chciałby tam popracować trochę i zarobić parę franków na swoje utrzymanie i zwiedzanie Francji. Ja Twój list wyślę do Czesia do Wrocławia i niech on Ci napisze. Zabrać może tylko 10 $. Kochana Władziu to jest podobne do naszego przypadku, to znaczy gdybym ja chciała do Was pojechać to też nic bym nie zrobiła bez zaproszenia od Ciebie. Czyli po prostu urzędowego zobowiązania, że mnie utrzymasz i będę miała gdzie mieszkać. Tyle na dziś o tym, list wyślę do Czesia.

Na razie za wszystko serdecznie dziękuję i za kłopot przepraszam. Piszesz, że u Was taka susza. U nas miesiąc było ciepło, piękna wiosna. Drzewa i krzewy się zazieleniły i już miały zakwitnąć a tu znów mamy zimę ze śniegiem i 10 stopni na minusie. Mróz, więc chyba wszystko pomarznie. Zrobiliśmy sobie też małą folie w ogrodzie (tunel foliowy) i zasadziliśmy ogórki, ale chyba wyjdziemy na tym jak w tym ludowym przysłowiu „jak Zabłocki na mydle". Miało już być ciepło a tymczasem takie mrozy i śnieg, ze palimy w dzień i w nocy, co godzinę trzeba naładować do obu pieców węgla by mieć te 20 stopni ciepła. Obyśmy je jeszcze utrzymali. Zobaczymy i nie będziemy się na zapas martwić. I znów Wielkanoc za pasem. Boże jak ten czas leci. Z okazji zbliżających się Świąt życzymy Tobie Władziu i

Halina Grycz-Poczekaj
1977.03.31
Włoszakowice

Dear Władzia,

Thank you very much for your letter, which I received today. I am immediately replying.

Wishing to leave the country (Poland) for the West, one must have to have an invitation from someone who lives there. With regards to Czesio's wanting to go to France, the invitation is also an obligation that the invited person will be supported and is needed to submit to the school for leave. (Czesio already has permission from his rector.) Then, the invitation must be attached with the visa in one's passport.

Czesio is carrying the cost of the passport as well as the trip in Polish złotys, with the agreement of the Exchange Bank. Because he is a student he gets a very high discount.

So the most important thing is the invitation from someone who lives in France, as authenticated by the Polish Consulate in France. Should Czesio succeed in being able to go there, he would like to work there and earn a few francs for his upkeep and for sightseeing in France.

I will send your letter to Czesio in Wrocław and he will write you. He can take with him only the equivalent of $10.00.

Dear Władzia, this is consistent with our experience. I mean, if I wanted to visit you, I also could not do so without an invitation from you. It's just a straightforward government obligation that you agree to my upkeep and guarantee a place for me to stay. Enough for today about this. I will send your letter to Czesio.

For now, I thank you very much for everything, and apologize for the trouble. You write that you have a drought there. Here, it was warm for a month, a beautiful Spring. The trees and shrubs became green and were just about to flower when we suddenly had Winter with snow and -10°C temperature. It froze, so, presumably, everything froze. We made ourselves a little greenhouse in the garden (a tunnel covered with plastic sheeting) and planted some cucumbers. But we're likely to come out of this as with that folk saying: "as Zabłocki on soap."[19]

---

[19] The fictitious Mr. Zabłocki, transporting soap across the border illegally, thought the soap was in watertight containers. He dumped the containers into a river and let the current carry it across the border. But when he tried picking it up, all had was soap suds.

całej rodzince Wesołego Alleluja i smacznego jajka. Moc serdecznych uścisków i ucałowań dla Wszystkich zasyła,

Halina

P.S. Zadzwoń do konsulatu polskiego to oni Cię poinformują jakie u nas są przepisy.

It was supposed to be warm already. Meanwhile, we've had such cold and snow that we are burning coal in the stove day and night. Every couple of hours, we must fill both stoves with coal in order to have just 20°C of heat. I hope we can keep them alive. We will see. There's no sense in worrying for the sake of it.

Easter is approaching again. Dear Lord, how the time flies. On the occasion of the forthcoming holidays, we wish you, Władzia, and your whole family "Happy Alleluja" and "tasty egg". Many heartfelt hugs and kisses for each of you are sent by…

Halina

P.S. Phone the Polish Consulate and they can inform you about our laws here.

nad. Halina Grycz-Poczekaj
[list bez daty]
Włoszakowice

Kochana Władziu,

Był przed chwilą u nas Jurek, widział, że piszę do Ciebie a, że się bardzo spieszył, więc prosił mnie bym Was wszystkich od niego, Małgosi i Jacusia serdecznie pozdrowiła, co też z miłą chęcią czynię. Małgosia nie za bardzo się czuję, ponieważ w 1977 rodzina im się powiększy.

Oni też w tym roku przechodzili tragedię. Jak wiesz ze względu na Jacusia Małgosia nie pracuje a za jedną pensję żyć jest nie możliwe. Jurek wziął pożyczkę i wybudował 3 namioty pod folią, w jednej ma już od miesiąca pomidory a w dwóch pozostałych posadził 1000 sztuk ogórków. Janek był im pomóc sadzić. Do późna w nocy byli w folii, o drugiej w nocy był jeszcze napalić, to znaczy dołożyć dom pieców bo w tą noc było -5'C, po powrocie do domu chciał się umyć i iść spać a tu przyleciał sąsiad, że ma przyjść zobaczyć bo mu ktoś folię pociął. Nie można sobie wyobrazić jak to wyglądało, Jurek i Małgosia płakali jak dzieci a my razem z nimi. Kompletnie byliśmy wszyscy załamani. W nocy zaraz sprowadzili psa milicyjnego i pies szedł po śladach do gościa z tej samej ulicy. Facet już był notowany, w sumie miał odsiedzieć 16 lat a siedział tylko 6. Dostali nie dawno zawiadomienie z milicji, że sprawa została umorzona ze względu na brak dowodów a pies jest tylko zwierzęciem. Nie dostali nic, ani grosza, choć mieli ubezpieczone, ale ubezpieczenie nie odpowiada za zmarznięcie jak ktoś złośliwie potnie folię. Nie licząc ich pracy to mieli na 60 tysięcy straty.

Oni chcieli raz jeszcze sadzić a my, żeśmy nic nie mówili. Ten gość od, którego mieli sadzonki sam im zaproponował nowe i powiedział, że jak mu obrodzą to potem mu zapłaci.

Folię mu pożyczyli i jeszcze raz sadzili. No i dobrze zrobili bo im się udały ogórki, a cena się trzymała dość długo, tak, że wszystko popłacili. Napracowali się i to dobrze, choć nic z tego nie mają, ale nie mają długów. A gdyby nie ryzykowali to nie wiem skąd by wzięli te 60 tysięcy by spłacić. Jedno mnie teraz tylko martwi, że Jurek się

Halina Grycz-Poczekaj
(letter undated)
Włoszakowice

Dear Władzia,

Jurek was here a few minutes ago and saw that I was writing to you. Since he was in a big hurry, he asked me to extend heartfelt wishes to you from all of them, Małgosia and Jacek, which request, with pleasure, I fulfill.

Małgosia has not feeling too well since in 1977 their family grew. They also underwent a tragedy this year. As you know, because of Jacek, Małgosia is not working. But it is impossible to live on one pension. Jurek took a loan to built 3 greenhouses. Last month, in one, he planted tomatoes. In the other two, he planted 1,000 cucumber plants. Janek was there to help them plant. They were working well into the night in the greenhouses. At 02:00 at night, he went to there to warm it up; that is, to add some coal to the stove, because it was -5°. Returning home, he wanted to wash up and go to sleep, but his neighbor came running to him to say that someone had cut the covering of the greenhouses.

You could not imagine how it looked. Jurek and Małgosia cried like babies, and we, with them. We were all completely broken. The police immediately brought in the canine corps, and their dog followed the scent to a guy who lived on the same street. The fellow was already known to the police. He was supposed to have spent 16 years in jail, but was only served 6.

They just received notification from the police, that the case has been closed for lack of evidence. The dog is only an animal. They have received nothing, not a cent; even though they had insurance. The insurance doesn't cover "freezing in the event someone damages their greenhouse". Not even counting their labor, they suffered a loss of 60,000 złotys.

They wanted to plant once again. We didn't say anything. The man from whom they had the seedlings told him he would give them new ones. They could repay him after they had some income from their eventual harvest. He even loaned them a new greenhouse. So they planted once again. And they did well, because the cucumbers grew very well and the price remained high for quite a long while, so that they were able to repay everything. They worked themselves, and hard. While they,

psychicznie załamał. Boi się iść wieczorem. Sam nie poszedłby do folii późno wieczór a co dopiero w nocy. Jurek taki uczynny, grzeczny, nikomu by nie powiedział złego słowa. Nigdy nie powiedziałabym, że ma wrogów, ale rok temu zrobił sobie jeden tunel z folii i właśnie od tego podejrzanego gościa wziął sadzonki i były one chore i musiał wszystkie wyrzucić i w tym roku wziął od kogoś innego, a ten się zemścił. Bał się, żeby Jurkowi w tym roku obrodziły. Tacy są ludzie zazdrośni i zawistni. A ja to już mówiłam, że już jakieś fatum nad naszą rodziną wisi i przez to i ja się więcej zamknęłam, ani bym najchętniej z domu nie wychodziła. W niedzielę do kościoła i na cmentarz a resztę co może to mnie Marylka wyręcza. A ja siedzę w domu, zajmuję się ogrodem, no i od rana do nocy „dłubię" te żabki do firan. Jeszcze 2 lata, a potem jak doczekam to na rentę inwalidzką. Dobrze, że mam to moją Marylkę i małego Jacusia, bo bez nich to całkiem bym chyba „zbikowała". I zobacz znów nazbierało się aż tyle, ale mnie lżej a papier wszystko przyjmie.

Teraz już naprawdę kończę. Jeszcze raz moc uścisków i ucałowań od wszystkich dla Wszystkich,

Halina

themselves, don't have much from it, neither do they have any loans to pay off. If they hadn't taken the risk, I don't know where they would have found the 60,000 złotys to pay it off.

Only one thing only worries me, and that is that Jurek was psychologically wiped out. He's afraid to go out at night. He doesn't want to go to the greenhouses in the evening, much less at night. Jurek is so obliging and kind. He would never say an angry word to anyone. I would never say he had any enemies. But a year ago, he built his first greenhouse and obtained, from the suspected person, some seedlings. But they were poor, so he had to throw them all away. This year, he got the seedlings from someone else, and the first guy got his revenge. He was afraid that this year, Jurek's harvest would be plentiful.

Some people are simply jealous and envious. I already told him that there is some fate hanging over our family's heads. Because of that, I am more private. I would, most agreeably, not even leave my house. On Sunday, I go to Church and to the cemetery, and the rest of it Marylka can help me. I stay at home. I occupy myself with the garden. And, well, from morning to night, just plug away at the frogs to the curtains.

Only two more years, and then—if I live so long—I can get a pension as an invalid. Its a good thing I have my Marylka and young Jacek. Without them I would probably go crazy.

Just look, I've scribbled away so much. But I feel lighter, now, having committed it all to the paper.

Now I must truly end. Once again, many hugs and kisses for all of you from all of us,

Halina

nad. Halina Grycz-Poczekaj
18.10.1977 rok
Włoszakowice

Kochana Władziu,

Przede wszystkim wybacz mi, że dziś dopiero piszę po tak długim milczeniu. Bardzo Cię przepraszam. Dziękuję Ci za przysłanie mi tego dokumentu dotyczącego domu. Właśnie dziś załatwiłam tę sprawę. Byłam już w sądzie we Wschowie 5 razy i jakoś nie miałam szczęścia zastać pana notariusza, aż wreszcie dziś powiedział mi, że wszystko w porządku i może notarialnie zrobić akt darowizny i to 3.02.1978 rok. Myślę, że teraz już nie będzie trudności.

Dziękuję też Tobie i Czesiowi i wszystkim za to co zrobiliście dla Czesia. Chłopak zwiedził kawał Europy. Nie był we Francji bo mu się to już nie opłacało, ponieważ założenie konta i otrzymanie paszportu dość długo trwało i zamiast do Francji pojechał do Austrii, a przedtem pracował w Berlinie w DDR. I dobrze i źle, że sobie świat trochę zwiedził. Jeżeli w przyszłym roku dostanie paszport to chce Francję zwiedzić. Na razie uczy się dalej. Jest na trzecim roku i jak jest okazja to pracuje. Marylka też już drugi rok jest na tym studium. A teraz się martwi gdzie dostanie pracę, aby gdzieś blisko domu, aby mogła w domu zostać. Chociażby nawet dojeżdżała.

Ja też choruję, coś mam z kręgosłupem i nogami. Sądzę, że to już rodzinne. Trochę mi tez ta folia dołożyła bo mieliśmy ogórki, a tego roku długo było zimno, że w Wielkanoc mieliśmy śnieg, a w kościele w zimowych płaszczach byliśmy. Całe noce nie spaliśmy, pół nocy Janek a pół ja i co godzinę trzeba było dokładać by nam nie pomarzło. To był ciężki rok, bardzo długo było zimno. Potem kilka dni bardzo gorąco a w końcu deszcz, deszcz i jeszcze raz deszcz. Dużo rzek wylało. Tysiące hektarów pól znalazło się pod wodą. Bardzo dużo zboża zgniło. Nie można było ani maszynami ani kosami na pola wyjść. Myśmy na folii nie stracili, zarobiliśmy trochę tak, że kupiliśmy lodówkę. Cieszę się ogromnie bo mi się bardzo przyda. Raz w tygodniu dostanie człowiek kawałek mięsa i to w czwartek to mając lodówkę można sobie do niedzieli przetrzymać. Tak samo jest z innymi produktami. W każdym razie cieszyliśmy się, że wyszliśmy

Halina Grycz-Poczekaj
1977.10.18
Włoszakowice

Dear Władzia,

Before anything else, forgive me that I am only now writing after such a long period of quiet. I very much apologize.

Thank you for sending me the document regarding the house. Just today, I was able to bring the matter to a close. I was in the Court in Wschów five times, and never had any luck in reaching the Public Notary. Finally, he told me today that everything was in order and he could write a Transfer of Title by February 3, 1978. I think, now, there will be no more difficulty.

Thank you, too, and to Czesio, for all you have done for my Czesio. The boy saw a big part of Europe. He was not in France, because it wouldn't pay to go there, because establishing accounts and obtaining his passport took quite a long while. So instead of going to France, he went to Austria. Before that, he worked in Berlin in the DDR. It was both good and bad that he saw a bit of the world. If he gets a passport next year, he wants to visit France. For the time being, he continues his studies. He is in his 3rd year. Whenever possible, he works.

Marylka is in her 2nd year at that Lyceum. Now she is beginning to worry about getting work that it is close to home, so she can live at home. At the very least, somewhere she can commute.

I have been ill. I have something wrong with my spine and with my legs. I believe it is hereditary. The greenhouse contributed to it. We grew cucumbers. This year, it was cold for a long while. At Easter we had snow, and we went to Church in our winter coats. Whole nights, we couldn't sleep because Janek and I would share the job of adding coal every hour to the stove so that the cucumbers wouldn't freeze. It was a difficult year. It was a very long Winter. After that, it was extremely hot for a few days, followed, in the end, by rain, rain and once again rain.

Many of our rivers overflowed. Of thousands of hectares, half found themselves under water. Much of the harvest was lost. It was impossible to go out on the fields either with tractors or hand scythes. We didn't lose anything on our greenhouses. In fact, we made a little, so that we bought a refrigerator. I am delighted, because it will be very handy. Only once a week does a person need to get a piece of meat. If that's on Thursday,

na swoje. Nie wiecie, że u Jurka jest jeszcze drugi syn Krzysiu. Mają teraz dwoje Jacka i Krzysia. W maju się urodził. Jacek trochę choruje, ale to ta pogoda okropna. Poza tym jakoś im tam leci. Pracy mają dość, ale jakoś dają sobie rady. W Chorzowie też wszystko w porządku. Grób Twoich rodziców ubierze ojca mego kuzynka z mężem z Chorzowa. Ja albo Marylka pojedziemy w listopadzie do Chorzowa, zobaczymy jak tam jest. Tyle na dziś.

Jutro napiszę też do Czesia, jak sobie tam radzi. Ciężko mu na pewno. Nam jest wszystkim bardzo żal Czesia, że mu się w życiu tak nie powiodło. Wszyscy żeśmy go bardzo, bardzo polubili jak byliście u nas i często o Was rozmawiamy. Tyle macie sami kłopotu, a jeszcze naszemu Czesiowi przysłaliście te pieniądze, że aż było mi przykro, że was na to naraziłam, ale nigdy nie przypuszczałam, że ta spraw tak się zakończy. Może kiedyś będziemy mogli Wam się w czymkolwiek zrewanżować. Jeszcze raz wszystkim Wam dziękuję a co złe to przepraszam. Co robi Wandzia z mężem? Jak im się życie układa. Powiedz Wandzi, że cały rodowód z mojej mamy strony to jest Ottów już mam. A teraz jeszcze kompletuję ojca.

Kończę na dziś, przesyłam Ci moc serdecznych pozdrowień, uścisków i ucałowań, zostań z Bogiem.

Halina

having a refrigerator, you can keep it until Sunday. The same with other products. In any case, we were happy that we made ends meet on it [the greenhouse].

You don't know that Jurek has a second son, Krzysio. They now have two: Jacek and Krzys. He was born in May. Jacek is a little sick right now, but the weather has been horrible. Other than that, they are somehow making it. Jurek has a good deal of work, but somehow manages it.

In Chorzów everything is also alright. The grave of your parents will be decorated by the husband of my married cousin in Chorzów. Either I or Marylka will go to Chorzów in November to see how everything is.

So much for today.

I will write Czesio tomorrow, if I am able. It certainly must be hard for him. We are very sorry for Czesio, that life didn't work out as well as it might. We all liked him very, very much when you were here and often speak about you.

You have your own difficulties, and yet you sent money for Czesio. It made me sad that I troubled you with it all. But I never imagined that the situation would end this way. Perhaps we will be able to reimburse you in some way in the future. Once again, I thank all of you. If I've done anything bad, I apologize.

What is Wandzia and her husband doing? How is it going for them? Tell Wandzia that I have the entire lineage from mother's side, that is, the Otto side. Now I am completing Father's side.

Ending for today, I send you many heartfelt wishes, hugs and kisses. Remain with God.

Halina

1978

nad. Halina Grycz-Poczekaj
08.06.1978 rok
Włoszakowice

Kochana Władziu,

Wybacz mi, że tak długo nie pisałam. Chciałam pisać w Święta, ale całe Święta przespałam.

Minęła Wielkanoc, ale dziś muszę parę słów napisać. U nas w domu jest znów tragedia. Jak Ci już pisałam Janek choruje i coraz więcej obowiązków na mnie spadło i jeszcze te żabki, a normę stale podnoszą i trzeba było zrobić 23 tysiące a nie 15 tysięcy. Siedzieliśmy nocami, aby to minimum wyrobić. Na kolei brak ludzi, więc zamiast 4 robili w 3 aż choroba zwaliła Janka z nóg. Zachorował w sobotę a we wtorek był u lekarza. Złe rozpoznanie choroby i w czwartek było już zakażenie. W piątek rano zabrano go do szpitala. Do Puszczykowa koło Poznania do kolejowego. Po południu miał o 17-ej operację, ale na dodatek miał zaawansowaną cukrzycę, nieleczoną bo nikt nie wiedział, że ją ma i to bardzo dużą 350.

Ty sobie Władziu wyobrażasz co to dla nas było, spadło jak grom z jasnego nieba. Janek leży już 10 dni, leży na separatce. Jak byliśmy u niego w niedzielę to się okazało, że ma zgorzel gazową. Jest to choroba bardzo poważna i powiedzieli nam, że mamy być na wszystko nawet najgorsze przygotowani. Jeżeli tą chorobę opanują to naprawdę będzie to cud. I teraz tak z dnia na dzień w nerwach żyję. Nie wiem czy jak ten list dostaniesz czy Janek będzie jeszcze z nami. Bardzo mi jest go żal. Jak jedziemy to możemy się z nim tylko zobaczyć na odległość z korytarza, ponieważ choroba ta jest bardzo zakaźna. Wierz mi, że dla nas jest ciężko, ale dla niego też. Tak daleko jedziemy by nie móc mu powiedzieć paru słów, uścisnąć i pożegnać się.

Siostry mówiły, że stale im opowiada o Jasiu (wnuku) co ma 4 lata. Wysłałam mu zaraz zdjęcie Janka z Marylką. Niech choć na fotografii ich ma. Wierz mi Władziu, że nie chce mi się w to wszystko uwierzyć i dopóki żyje mam jeszcze nadzieję, że wróci. Ja wzięłam urlop bezpłatny bo nie dałabym teraz rady. Ogród i działka to mam pracy aż nadto dość. Marylka kończy za tydzień szkołę a potem idzie do

Halina Grycz-Poczekaj
1978.06.08
Włoszakowice

Dear Władzia,

Forgive me for not writing for such a long time. I wanted to write over the holidays, but I slept through them all.

Easter passed by, and today I must write a few words. We have a tragedy, once again in our house. As I've already written, Janek is sick, and more and more obligations have fallen on me on top of those frogs! They keep increasing the goals. Now I had to make 23,000 of them instead of 15,000. We stayed up, overnight, in order to complete the minimum.

In turn, there is a lack of rail workers, so instead of four, there were only three, until the illness knocked Janek off his feet. He got sick on Saturday. On Tuesday he saw the doctor. Because of a wrong diagnosis of the disease by Thursday everyone was infected. On Friday morning, they took him to the railway hospital in Pszczykowa, near Poznań. In the afternoon he had an operation at 5:00 p.m. but he also had an advanced case of diabetes, untreatable because no one knew he had it... and it is far advanced because his blood sugar is 350 mml/L.

You can imagine, Władzia, what it was like here. It fell like hail from a bright sky. Janek has been in the hospital for ten days, already. He is in quarantine. When we were there, on Sunday, it turned out that he has gas gangrene. This is a very serious disease and they told us to be prepared for anything, even the worst. If he overcomes this disease it will truly be a miracle.

Now, from day to day, I live with apprehension. I don't know if Janek will still be with us by the time you get this letter. I am so sorry for him. When we go there, we can only seem him from a distance, from the corridor, since his disease is very infectious. Believe me, it is hard for us; but also for him. We go so far just to be able to say a couple words to him, hug him and say good-bye.

The Sisters told us he constantly tells them about Jasiu (his grandson) who is 4 years old. I sent him a photograph right away of Janek with Marylka. May he have them, at least, in a photo. Believe me, Władzia, I can't believe all this. As long as he is living, I have hope that he will return. I took unpaid leave because I wouldn't be able to manage it right

pracy na kolonie do naszej szkoły. Będzie niedaleko i codziennie będę choć na parę minut ją widziała. Czesio też ma w tej chwili ostatnie zaliczenia a przez wakacje będzie pracował. U Jurka też wszystko w porządku. Jak jedzie do pracy i z pracy to zawsze wstąpi. Tez się napracują to oprócz swej pracy ma w domu folie, co też dużo zabiegów kosztuje, ale dopóki człowiek chodzi to musi pracować.

    Wszystko drożeje z dnia na dzień a z jednej pensji wyżyć to jest niemożliwością. Krzysiu ma roczek a Jacek cztery, więc nie mogą jeszcze zostać bez opieki. Tyle o nas. Marylka była już dwa razy w tym roku w Chorzowie. Rozmawiała z panią Wandą i jej córką (administratorka) na różne tematy i pani Wanda radzi ci byś dom sprzedała, a zostawiła fabrykę, ponieważ grzyb atakuje już trzecie piętro. Woda w piwnicy jest stale, ale dopiero jak oni są administratorami to co dwa tygodnie wodę tą wypompowują. Pomimo, że był tam robiony remont kapitalny, stale jest coś do zrobienia. Z fabryką nie ma żadnego kłopotu bo oni swój czynsz zapłacą a sami przeprowadzają remonty, naprawy i utrzymują to wszystko w porządku. Dom natomiast za lat pięć będzie już niewiele wart i zadłużenie przekroczy wartość. Ciężko jest mi o tym wszystkim pisać, ale może kiedyś przyjedziesz do Polski to sama możesz z panią Wandą na te tematy porozmawiać. Ona zna ten dom i lokatorów prędzej niż ja. Chciałam tam pojechać w sierpniu, ale nie wiem jak się teraz wszystko ułoży. Co będzie dalej, nie wiem. Teraz gdy mogło by nam pójść lepiej. Od lutego 1979 roku może już przejdę na rentę? A Janek za dwa lata. Tak liczył ile mu jeszcze zostało kiedy będzie już w domu i odpocznie trochę, kiedy skończą się nocki a on ani tego nie doczeka. Takie nasze życie. Pracuj, pracuj a nie wiesz ani dnia ani godziny. Choroba jak złodziej uleci i zabiera kogo chce. Proszę Cię przeczytaj ten list Wandzi i Czesiowi, ponieważ pisać drugi raz o tym wszystkim jest mi bardzo ciężko. Lekarze twierdza, że jest wszystko za późno. Za późno pacjent zgłosił się do lekarza (nieleczona cukrzyca) i za późno dostał się do szpitala.

    Wszystko za późno, ale teraz nie ma kogo za to winić, ponieważ nic się już nie wróci. Moja droga kończę mój list. Jeszcze raz Cię przepraszam, że tak długo nie pisałam, a po długim milczeniu muszę Ci tak smutny list napisać. Zasyłam Wszystkim, Tobie Władziu,

now. The garden and plot gives me more than enough work. Marylka finishes school in a week and then goes to work at camp at our school. She will not be far, and I will be able to see here for at least a few minutes every day.

Czesio, at this moment, is taking his last exams and will be working over vacation. Everything is fine with Jurek. When he goes to or from work, he always stops in. They are also working because, aside from work, they have their greenhouses at home. That costs them a lot of labor. But as long as a person walks, he must work.

Everything is more expensive, day to day. To live from one pension is completely impossible. Krzys is a year old, and Jacek four. So they can't yet remain without care. So much about us.

Marylka was twice in Chorzów this year. She spoke with Mrs. Wanda and her daughter (the administrator) about different matters. Mrs. Wanda advises you to sell the house and leave the factory, because fungus is already attacking the third floor. There's water in the cellar all the time. Only since they became administrators are they pumping the water out every two weeks. Despite the fact that capital repairs were made, there's always something to repair. There's no problem with the factory, because they pay their lease and make their own repairs and maintain everything in good condition. The house, on the other hand, in five years will no longer be worth very much and the mortgage will soon be greater than its value. It is difficult for me to write about all this.

Maybe you will come to Poland so that you can speak yourself about these matters with Mrs. Wanda. She knows the house and its tenants better than I do. I wanted to go there in August, but I don't know how it will all turn out. What the future will bring, I don't know. Now, just as it was beginning to get better for us, from February 1979 I might go on pension, myself. Janek, in two years. He counted how much was still left and when he would be able to be home to rest a little; when the night duty would finish; but he probably won't live to enjoy it. Disease is like a robber who runs and takes whomever he wishes.

I ask you, please to read this letter to Wandzia and Czesio, because writing once again about all this would be too difficult for me. The doctors believe that it is all too late. Too late that the patient reported to the doctors he had untreatable diabetes), and too late that he arrived at the hospital. Everything too late. But there's no one to blame for all this, because there's nothing to retrieve by doing so. My Dear One, I'll end

Wandzi i Dikowi, Czesiowi i Michałkowi oraz małej Anastazji moc serdecznych uścisków, ucałowań oraz moc życzeń dużo, dużo zdrowia. Niech Was Bóg ma w Swojej opiece. Całujemy Wszystkich mocno

    Halina z Marylką

P.S. Kochana Władziu,

    Ponieważ listu jeszcze nie wysłałam to Ci jeszcze dopisuje. Dziś to jest 9.06 o godzinie 16.00 zabrali Janka do kliniki do Warszawy samolotem. Marylka dzwoniła o 18.00 i to jej powiedzieli. Poza tym powiedzieli, że choroba tak jakby się zatrzymała i musi leżeć pod specjalnym namiotem. Nie wiem co myśleć, ale iskierka nadziei mi została.

    Bóg z nami.

    Halina

my letter. Once again, I apologize for not writing for so long. And after such a long time I must write you such a sad letter.

I send all of you, You, Władzia, Wandzia and Dick, Czesio and Michałek as well as little Anastasia, many heartfelt hugs, kisses and many wishes for long, long health. May God have you in His care. We kiss each of you very much,

    Halina with Marylka

    P.S. Dear Władzia,

Since I hadn't yet posted this letter, I am adding to it. Today it is the 9th of June. At 4:00 p.m. they took Janek to a clinic in Warszawa by plane. Marylka called at 6:00 and they told her this. Beyond that, they said that the disease was, as if it had halted. He must be kept under a special tent. I don't know what to think, but a spark of hope remains.

    God be with us.

    Halina

nad. Halina Grycz-Poczekaj
14.06.1978 rok
Włoszakowice

Kochana Władziu,

Jak widzisz Władziu list ten piszę na raty. Dziś jest 14 czerwca, nie wiem nic co się z Jankiem dzieje, wiem tylko, że leży w Warszawie w Akademii Medycznej na ulicy Lindleja 4 na oddziale specjalnej opieki.

Czesio chciał wczoraj dzwonić z Wrocławia, a potem do nas (u sąsiada mają telefon), ale nie dzwoni, może zrobi to jutro.

Ja ma teraz moc pracy bo mamy folię z pomidorami i łąkę. Mamy łąki skoszone pszczoły i owoce i działkę, nie wiem jak długo w takim tempie wytrzymam. Zobaczymy co będzie dalej. Napłakałam się już oj napłakałam, ale trzeba się było w garść wziąć bo inaczej byłoby źle. Kończę bo słońce świeci i trzeba iść na łąkę suszyć siano. Moc pozdrowień i uścisków zasyła,

Halina

P.S. Jurek ma do Ciebie gorąca prośbę. U nas na szkoleniu mówili, że w Ameryce są pomidory, które można sprzątać kombajnami (lub mechanicznie). Ponieważ wszystkie grona dojrzewają razem. O ile jest to prawda to Jurek prosiłby Cię o przysłanie mu 10 gram albo choć 5 gramów nasion tych pomidorów i o ile jest to możliwe. Moc uścisków,

Halina

Halina Grycz-Poczekaj
1978.06.14
Włoszakowice

Dear Władzia,

As you can see, Władzia, I am writing this letter in installments. Today is the 14th of June. I don't know what is happening with Janek. I only know that he lies in Warszawa at the Medical Academy at 4 Lindleja Street in intensive care.

Czesio wanted to call from Wrocław, and then to us. (Their neighbor has a telephone.) But he has not called, so perhaps he'll do it tomorrow.

I have a lot of work right now because the greenhouse is planted with tomatoes and there's also the meadow. We have the meadow (already mown), the bees, the fruit and our plot to take care of. I don't know how I will last in this tempo. We will see what will be next.

I cried a lot. Oh, how I cried. But one must get a grip on oneself or else it will be bad.

I end, because the sun is shining and I must go onto the meadow to dry the hay. Many wishes and hugs are sent you by…

Halina

P.S. Jurek has a very great request of you. Here, in the grange they told us that in America there are tomatoes that can be picked with a combine (mechanically). If this is true, Jurek would ask if you could send him 10 grams, or even 5 grams, of seeds for such tomatoes… but only if it is possible. Many hugs,

Halina

1979

nad. Halina Grycz-Poczekaj
18.01.1979 rok
Włoszakowice

Kochana Władziu,

Dziękuję Ci serdecznie za życzenia świąteczne, które wczoraj dostałam. Przyszła tez wczoraj paczka z nasionami, z Anglii. To już druga. Przed Nowym Rokiem przyszła już jedna 2½ grama i wczoraj druga też 2½ grama. Bardzo Ci dziękuję, a także podziękuj Czesiowi za starania. A teraz proszę Cię napisz mi co chciałabyś w zamian za to ode mnie. Chętnie Ci się zrewanżuję, ponieważ bardzo Wam jestem wdzięczna. To są pomidory odporne na choroby, a u nas ostatnie trzy lata były bardzo niekorzystne. Ciepłe dni można było policzyć na palcach.

Stale zimno i deszcze. Na polach i ogrodach już dwa lata nie było z pomidorów nic a co było to w środku czarne. Może w końcu będzie lepiej bo i zimę mamy dobrą jak już dawno nie.

Duże śniegi i silne mrozy. Jak przez noc zaczął padać z 30 na 31 grudnia to do wieczora maiłam co robić, żeby się dokopać do owiec, do kur i przekopać ścieżkę przy naszym domu dla przechodniów. W Sylwestra byliśmy odcięci od świata, bez światła i wody, a pociągi miały 24 godziny opóźnienia. Marylka była na zabawie Sylwestrowej, która z konieczności odbyła się w stylu retro bo przy świecach i orkiestrze jak za młodych lat. Powoli się wszystko normuje, ale śniegu jeszcze napadało. Piszę patrząc na ogród przez okno, wszędzie biało.

Świerki grubo oblepione śniegiem, zresztą jak wszystkie drzewa. Cudnie to wygląda, ale z ciepłego pokoju. Czesiu już wrócił i kończy ostatni rok potem tylko praca magisterska.

Zadowolony. Jeszcze w tym roku chce pojechać, jak mu się plany powiodą to jakoś to już będzie. Po powrocie chce się ożenić, dziewczynę ma bardzo miłą i sympatyczną. Janek tez już powrócił 8.01.1979 z sanatorium. Czuję się dobrze. Samopoczucie ma dobre. Rany w zupełności się ładnie zagoiły i teraz czeka na komisję, bo do pracy już nie jest zdolny. Ma cukrzycę wiec już nie może pracować jako dyżurny. Dwa lata będzie na rencie inwalidzkiej a potem na emeryturze. Mam nadzieję, że jakoś te 2 lata przeżyjemy. Teraz już

Halina Grycz-Poczekaj
1979.01.18
Włoszakowice

Dear Władzia,

I thank you heartily for your holiday greetings which I received yesterday. The package with the seeds also arrived from England. This is the second package. Before the New Year one arrived with 2½ grams, and yesterday the second, also with 2½ grams. I thank you very much for this, and also thank Czesio for his efforts. And now I ask you to please write me what you would like in exchange from me. I will gladly repay you because I am so obligated to you. These are tomatoes resistant to disease, and for the last three years ours have been very unproductive. The warm days, you could count on your fingers. And it continues to be cold and wet. In the fields and gardens there haven't been any tomatoes. What were there, were black inside. Maybe in the end, it will be better because we've had a good Winter, such as we haven't had in a long while.

Much snow and hard freezes. When, at night, rain began to fall from December 30 to 31, I had plenty to do until evening just to dig my way to the sheep and chickens. I had to dig a fresh path in front of our house for pedestrians. On St. Sylvester's Day, we were completely cut off from the world, without light or water. The trains were all delayed 24-hours.

Marylka was at a Sylvester's Ball that, perforce, had to be conducted in a "retro style" with candles for light and for the orchestra, as from younger years. Everything is slowly returning to normal. But a lot more snow has fallen. I write, looking out on the garden through the window. Everywhere it is white.

The spruces are thickly covered with snow, as are all the other trees. It looks beautiful, but only from a warm room. Czesio arrived home and is finishing his last year. All that is left is his thesis. He is pleased. Still this year, he wants to go. If his plans work out, then somehow he'll be able to do it. After he returns he wants to marry. He has a very beautiful and kind girl. Janek also came back from the sanitarium on August 1, 1979. He feels well. His self-confidence is good. His scars have completely healed and he now awaits the committee, because he is no longer capable of working. He has diabetes so he can no longer work regular shifts. I hope we will make it through the next two years. Now we will

Czesia mamy z głowy a Marylka pracuje, jak wiesz, jako wychowawczyni w przedszkolu a za półtora roku magisterkę w tym kierunku. Podoba jej się ten zawód i zadowolona. Tym bardziej, że i praca na miejscu. Pracuje jeszcze z harcerzami. Tak, że zajęć ma aż nadto dość. Jurek tez z żona i dwoma „budrysami" dają sobie radę. Pracy też maja dużo. Już w sobotę posiał pomidory, oby tylko pogoda dopisała początkiem marca, bo na razie to mróz i śnieg aż hej. Ja też już pracuje jeszcze do sierpnia to wtedy się mogę starać o rentę. Myślę, że za rok o tym czasie już będę na rencie. Prace nie mam zbyt przyjemną. Muszę złożyć i zrobić 20 000 żabek do firan.

Robiłam 4 lata to i teraz tą resztę zrobię, a Janek jest teraz w domu to będziemy razem robić.

Jakoś to będzie. W każdym razie rok 1978 był ciężki, a przeszliśmy go to i dalej jakoś będzie.

Wyobraź sobie, że pani Michaczowa taka schorowana, a jeszcze żyje a nawet wtrąca się do zarządzania. Ma swoją werwę babki jeszcze. Przez te dwadzieścia lat przyzwyczaiła się, że była panią zarządczynią w Chorzowie i to już u niej zostało. Jej przyjaciele namawiają ją by poszła do domu starców, że miałaby lepiej, bo przecież nikogo przy niej nie ma. Wszyscy tylko dochodzą. Już kilka razy maiła miejsce załatwione, ale w końcu rezygnuje i zostaje w Chorzowie. Mówią, że starego drzewa się nie przesadza i to chyba racja.

20.01.

Dziś przyszła kartka od Czesia z Betlejem. Bardzo żeśmy się ucieszyli. Proszę mu serdecznie podziękować jak się z nim zobaczysz. Bardzo ładnie pisze Czesiu po polsku. Pozdrowienia i uściski też dla Michała i Anastazji. Michał musi już być dużym chłopcem. Serdeczne pozdrowienia dla Wandzi i jej męża. Jak tam oby dwojgu leci? Uściskaj i ucałuj wszystkich od nas. Kończę na dziś bo chyba bo chyba znudziłaś się już to wszystko czytać, ale ja muszę mieć natchnienie do listów pisania. Ściskamy Cię mocno i całujemy. Do zobaczenia.

Zostańcie z Bogiem.

Halina z całą Rodzina

have Czesio off our heads. Marylka is working, as you know, as a teacher in pre-school. In another year and a half, she will have her Master's in this discipline. She likes her career and is very happy. Its even better because the work is here. She also works with the Scouts. So she has work enough, and then some. Jurek and his wife and the two are doing well. They also have a lot of work. Already, on Saturday, he sowed his tomatoes. So now we hope the weather will hold to the beginning of March, because it is still very cold and snow to the gills.

I still must work until August. Then I can apply for a pension. I think that in a year, by this time I will already be retired. I don't have a very fun job. I have to put together and make 20,000 frogs for the curtains. I've been doing this for four years, and now will finish this lot.

Janek is at home again. So we can make them together. Somehow we'll make it. In any case, 1978 was a difficult year, but we got through it. So we'll get through whatever comes.

Imagine that Mrs. Michacz, who was so ill, herself, still lives; and even butts her head into administrative matters. She has her grandmother's verve still. Over these last 20 years she became used to the fact that she was the lady manager in Chorzów. This has remained with her. Her friends try to talk her into going to the home for the elderly, where she would have it better. Otherwise, she has no one with her. Everyone must come to her. Several times already, she had a place all arranged. But in the end, she rejects the idea and remains in Chorzów. They say you can't transplant an old tree. They are probably right.

January 20

Today a card arrived from Czesio from Bethlehem. We were so pleased. Please thank him very much when you see him. He writes very well in Polish. Best wishes and hugs for Michał and Anastasia. Michał must already be a big boy. Heartfelt wishes for Wandzia and her husband. How is it going for those two? Hugs and kisses for everyone from us. Ending for today, because you will probably become bored reading all this. I must have an urge to write. We embrace you tightly and kiss you. Until we see you…
Remain with God
Halina with the whole family

nad. Halina Grycz-Poczekaj
18.07.1979 rok
Włoszakowice

Kochana Władziu,

    Wreszcie zabrałam się do napisania do Ciebie listu który już dawno powinnam do Ciebie napisać. Te dni tak szybko lecą jak jest dużo pracy, że ani się nie obejrzy a tu już miesiąca nie ma. Ja nadal robię te żabki do firan, z roku na rok nam podnoszą normy, więc coraz gorzej to robić, a 23000 zrobić na miesiąc to jest bardzo dużo. Poza tym to wiosna to i w ogrodzie i w polu (a pomidory się udały) dużo pracy. Jeszcze pszczoły też mamy, więc wiosną i do połowy lata to bardzo człowiek zagoniony. Dziękuję Ci za list który mnie zasmucił bo masz na prawdę zmartwienia, a to co dotyczy dzieci, to boli też na równi i Ciebie. Sądzą jednak, że i Wandzi się jeszcze życie ułoży i ona jeszcze doczeka się wielu radosnych dni. Cieszymy się też, że Czesiu powoli wrócił do normalnego życia i znalazł sobie współtowarzyszkę. Tak samemu, tak młodemu, przez życie iść to sobie nie wyobrażam, a w dodatku mężczyźnie.

    Uściskaj ode mnie obydwoje i życz im dużo, dużo szczęścia. Jak tam czuje się Michał. Nadal Czesiu i Michał są bliscy, znajdują wspólny język? Sądzę jednak, że wszystko jest dobrze.

    Czesiu bardzo nam się wszystkim podobał, to wspaniały mężczyzna. Uściskaj także Wandzie od nas wszystkich i dodaj jej otuchy do przetrwania tych najgorszych chwil.

    Co słychać u Ciebie? Jak się czujesz? Jak ze zdrowiem? I jak sobie radzisz? Ja mam Ci też kilka spraw do zakomunikowania i może też dlatego tak zwlekałam z napisaniem listu do Ciebie. W tym roku byłam już dwa razy w Chorzowie, a i Jeszcze trzeci raz będę musiała pojechać. Otóż na początku roku zmarł Twój współwłaściciel Gluch i w Wielkim Tygodniu przed samymi Świętami byłam w Chorzowie i potem jeszcze raz. A teraz przed dwoma tygodniami zmarł mąż pani Wandy. On tam dużo pomagał tej córce co jest u Ciebie w Chorzowie administratorką. W Chorzowie się wszystko zaczęło komplikować po śmierci Glucha. Zaczęły wychodzić różne sprawy Glucha z Michaczową. Teraz żona jego nie chce tej swojej części dalej

Halina Grycz-Poczekaj
1979.07.18
Włoszakowice

Dear Władzia,

I have finally collected myself to write you a letter which I should, long ago have written to you. These days fly by when there is a lot of work. One doesn't even notice it, and a month goes by.

I continue to make frogs for those curtains. Making 23,000 in a month is a great many. In addition to that, it is Spring. In the garden as well as our plot (the tomatoes succeeded) there is a lot of work. We also have bees. So in Spring and halfway through Summer, a person is very active.

Thank you for your letter which saddened me. You certainly have your worries. As to that which concerns children, their hurt is equally yours. I think, however, that Wandzia's life will yet arrange itself. And that she will live for a lot of joyful days. We are happy that Czesio has slowly returned to normal life and has found himself a joint-companion. To go alone through this life and be so young, I can't imagine... especially for a man.

Hug them both for me, and wish them much, much success. How is Michał doing? Are Czesio and Michał still close? Do they find a common language? I suspect, however, that all is well.

Czesio appealed to all of us. He is a good man. Hugs also for Wandzia from us all, and give her extra support for going through the worst of these unpleasant moments.

What is there to hear from you? How are you feeling? How is your health? How are you managing?

I have a few matters to communicate to you. Perhaps it is because of these that I have kept putting off writing to you. I was already twice in Chorzów this year, and will most likely have to go a third time. At the beginning of the year, your co-owner, Gluch, died. I went to Chorzów during Holy Week, just before Easter. I'll have to go once again. Now, two weeks ago, the husband of Mrs. Wanda died. He was very helpful to his daughter who is the administrator in Chorzów.

Everything there began to get complicated at the death of Mr. Gluch. Various matters started coming to light regarding Gluch and Mrs. Michacz. Now, Gluch's wife does not want to continue holding on to her

prowadzić, bo nie umie mówić ani pisać po Polsku i po prostu nie umie tak mataczyć jak jej stary (mąż). Dlatego chce oddać swoją część pod zarząd prywatnych W odpowiedzi właścicieli i dlatego jeżeli ona to zrobi, to po prostu w jednym domu będzie dwoje rządziło i na to nie chce się zgodzić być dalej administratorem. Tym jeszcze jest gorzej, że jak tylko pani Michacz zdała swoje administracje to lokatorów stale buntuje, aby nie płacili czynszu jak nie mają zrobione lub coś naprawione. Już tak jest ciężko być administratorem w dzisiejszych czasach, a jak jeszcze coś czy ktoś podkopuje to w ogóle nic przyjemnego. Także ta pani która jest administratorem również nie chce nim być. Jeszcze przez jakiś czas, ale nie długi będzie to prowadzić, bo ma małe dziecko, więc jest zmuszona i chciała by to zdać jak będzie trochę spraw w Chorzowie uregulowanych, a wie przede wszystkim co zrobi pani Gluchowa. Jeżeli ona da swoją część pod zarząd prywatnych właścicieli, to i nam nie ma co szukać innego wyjścia jak zrobić to samo. Ponieważ bardzo trudno znaleźć uczciwych ludzi w dzisiejszych czasach. Jedno byśmy Ci wszyscy radzili, znając tutejsze warunki, byś do zera zlikwidowała twoje konto, ale to musisz zrobić przez notariusza. Jak tak dalej pójdzie to Ci napisze, jak i co masz zrobić, żeby ratować dla Ciebie co tam jest. Umówiłyśmy się z tą administratorką, że ona mi wcześniej już powie, tak, że się dowie jeszcze dokładnie o wszystkim jak i co ma zrobić i że będzie tyle jeszcze czasu by to z Tobą załatwić. Jak byłam tam ostatnio to w fabryce mówili, że kończy się umowa w 1980 roku i oni nie chcą dalej dzierżawić tej fabryki, a to była by makabra, bo nie wiem czy znalazłby się inny dzierżawca na ten obiekt, a ta fabryka jeszcze wszystko podtrzymuje, ale zobaczymy. Przed dwoma dniami przyjechał z Chorzowa kuzyn i spotkał się z panią Wandą na pogrzebie męża i kazała mu powiedzieć, że zarząd fabryki chce mieć zgodę na rozbiórkę tego magazynu (barak drewniany) - co Twój ojciec miał tam butelki. Chciała do mnie napisać, ale jeszcze nic nie mam, więc nie wiem dokładnie o co chodzi, ale jeżeli chcą się podjąć jakichś prac na terenie fabryki dowodzi to, że może noszą się z zamiarem dalszej dzierżawy. To było by dobrze bo z nimi to nie ma kłopotu. Oni wszystko robią we własnym zakresie, tylko moja kochana nie przejmuj się co będzie dalej to Ci napisze. Zwlekałam długo z

portion, because she doesn't speak or write in Polish, and just doesn't know how to wheedle the way her old (husband) did. So she wants to turn over her portion to private management. In reply, the daughter writes that if she did this, there would be two separate managers in the same building, and she didn't want to agree to this or continue to be an administrator.

It gets even worse. Immediately after Mrs. Michacz took over the administration, the tenants started complaining, or not paying rent if they didn't have something done or repaired. How difficult it is to be an administrator in these difficult times. And when, on top of that, something (or someone) undermines them, it is something quite unpleasant.

So the woman who is currently the administrator no longer wants to be one. She has agreed to continue for a while, but not long. She has a small child. So she wants to make it go, if a few situations in Chorzów are normalized. But she knows what would happen if Mrs. Gluch does what she intends. If she gives her part to private management, then there's no purpose in our trying to find another administrator, except to do the same.

Since it is very hard to find honest people in these times. One thing we would all counsel, given the situation here, is that you reduce your bank account to zero. You have to do this officially. If it continues this way, I will write you telling you how and what you should do to save for yourself what is there.

We agreed with the administrator, that she will give me advance notice, that she will find out precisely how and what needs to be done, and that she will remain in her job until there is a chance to settle everything with you. When I was there, the last time, the people in the factory said that their lease terminates in 1980 and they no longer want to rent the building. That would be macabre, because I don't know if we could find another renter for the building. But it is that, that holds up the whole thing. We will see.

My cousin arrived from Chorzów two days ago after meeting with Mrs. Wanda at the funeral of her husband. She asked him to tell me that the executives of the factory want to have permission to tear down the warehouse (a wooden hut where Daddy kept empty bottles). She intended to write me. But I don't have anything yet, so I am not perfectly sure what she is talking about. But if they want to take up some work on

napisaniem tego listu, ale w końcu musiałam to zrobić. Zobaczymy co będzie dalej, a na razie zbytnio się nie martw, na to zawsze będzie jeszcze czas, a może przyjedziesz do nas? Marylka ma teraz wakacje, dwa tygodnie pracowała. Tydzień będzie w domu a potem znowu do pracy, a w przedszkolu zaczynają 10.08. Czesiu też pojechał w to samo miejsce, gdzie ubiegłego roku. Chce do Ciebie napisać, być może, że list będziesz od niego miała prędzej niż ode mnie.

Tyle na dziś. Kończę i zasyłam Tobie i całej rodzince moc uścisków i ucałowań. Niech Was Bóg ma w swojej opiece, ściska i całuje,

Halina z całą rodziną.

the factory, then maybe they are planning to renew their lease. That would be good. We have had no difficulty with them. They do everything on their own.

So, My Dear, don't worry what is to be done next. I will write you. I have delayed writing this letter. In the end, I had to do so. We will see what will be next. In the meanwhile, don't worry too much. There is always time for worry. Maybe you will decide to come here?

Marylka is on vacation now, and has been working for two weeks. She will be at home for a week and then back to work. She begins at the pre-school on the 8th of October.

Czesio returned back to the same place he was last year. He wants to write you. Perhaps you will have received his letter before mine.

So much for today. Ending, I send you and the whole family many hugs and kisses. May God have you in His care. I embrace and kiss you…

Halina with the whole family

nad. Halina Grycz-Poczekaj
12.11.1979 rok
Włoszakowice

Kochana Władziu,

Przede wszystkim zasyłam Ci moc serdecznych pozdrowień i uścisków od nas wszystkich.

My jesteśmy tu wszyscy dosyć zdrowi i tego zdrowia Tobie i całej rodzince życzymy.

Dziękuję Ci za list. Odebrałam także list Wandzi i Czesia i im także chcę dzisiaj odpisać.

Cieszymy się ogromnie, że Czesiu życie sobie ułożył i do niego się szczęście uśmiechnęło po tych burzach życiowych. Żal mi go było, że taki samotny i martwiłam się czy sobie kogoś znajdzie. Czesiu taki fajny, serdeczny, że zasługuje na życie szczęśliwe a nie samotne, no i doczekałam się, że i on sobie ułożył i zadowolony z siebie. Na fotografii widać, że są szczęśliwi. Monika bardzo mi się podoba, również cała jej rodzina to widać, że sympatyczna.

Masz jeszcze kłopoty z Wandzią. Sądzę jednak z list, że to najgorsze ma już za sobą. Wiem dobrze ile to Ciebie i ją kosztowało nerwów, rozterek i nocy nieprzespanych i łez. Każda matka cierpi razem ze swoim dzieckiem. Cieszy się powodzeniem, ale też ubolewa nad cierpieniami swych dzieci. Wierzę jednak, że i Wandzia upora się z tym wszystkim. Dojdzie do równowagi psychicznej i ona również znajdzie sobie miejsce w życiu. Ja już dawno doszłam do wniosku, że życie trzeba brać jakie jest. Głową muru człowiek nie rozbije a nawet gdyby rozbił to i tak nic nie potrafimy zmienić. Takie jest życie i taka wola boska. U nas też różnie bywa. O Czesiu nie będę Ci pisać. Sądzę, że on sam do Was napisze. Ma fajną dziewczynę i chcą się pobrać, ale najprawdopodobniej nikt z nas nie będzie na ślubie. Jeszcze w tym tygodniu jadę z Marylką do nich to się spotkamy. W niedzielę rano będę z powrotem to coś więcej będziemy wiedzieli. Resztę on Ci napisze. Marylka chodziła z Jackiem (tego co znacie) był u nas jak Czesiu i Ty byliście w Polsce. Marylka na niego czekała aż z wojska wrócił, lecz on jej powiedział, że uczucie wygasło dla niej i po co maja się męczyć w małżeństwie, lepiej się teraz rozstać. Płakała i

Halina Grycz-Poczekaj
1979.11.12
Włoszakowice

Dear Władzia,

First of all, I send you many heartfelt wishes and hugs from us all.

We are all in good health. That health, we wish for you and your whole family.

Thank you for your letter. I also received letters from Wandzia an Czesio and intend to write to them today.

We are delighted that Czesio has arranged his life and that the sun of success has shined upon him after [experiencing] the storms of life. I was sad for him that he was alone, and worried whether he would find someone for himself. Czesio is so upright and sincere, that he deserves a happy life and not alone. Well, we lived to see it, that he arranged things and is happy. It is easy to see in the photograph that they are happy. Monika appeals to me very much, as well as her whole family. It is clear that they are very good people.

You still have challenges with Wandzia. I believe, however, that she has the worst behind her. I know how much this has cost you in your nerves, dilemmas, sleepless nights and tears. Every mother suffers along with her children. She is happy with her offspring, but also regrets the suffering of her children. I believe, however, that Wandzia will be able to deal with everything. She will come to psychic balance and she will also find her place in life.

I have, long ago, come to the conclusion that one needs to accept life as it comes. A person will not break a brick wall with her head. And even if that succeeded, we wouldn't be able to change much. Life is the way it is, as the Lord wills it. Here we experience the same difficulties. I won't write you about Czesio. I think he will write you himself. He has a good girl and they want to get married. However most—probably none—of you will be at their wedding. This week, I am going with Marylka to her parents so that we can meet. I will be back Sunday morning, and we'll know something further. I will write you.

Marylka is going with Jacek (whom you met... he was here when you and Czesio were in Poland). Marylka was waiting for him until he returned from the Army. But he told her that his feelings for her died and why should she suffer through marriage. It would be better to separate.

tez to przezywała, ale czas to najlepszy lekarz, goi wszystkie rany. Teraz ma chłopca, też Jacka. Bardzo się lubią, to miłość ze szkolnych lat.

On był na Śląsku w Mysłowicach w kopalni z bratem i ten brat miał wypadek w kopalni, długo chorował i w tym roku zmarł. I rodzice tego Jacka namówili go by wrócił do Włoszakowic. Stracili jednego 25- letniego syna i teraz bali się o drugiego. No i w ten sposób Marylka się z nim po tylu latach spotkała. Dobry chłopak, ale Marylka nauczona przeżyciami, boi się. Wszystko też tragizuje. Myślę jednak, że może i jej się jakoś ułoży Teraz pracuje w przedszkolu i to na półtora etatu. Rano od 6.30 do 17.00 po południu, śniadania, obiad i podwieczorki jada w przedszkolu. Marylka bardzo się zgadza z Czesiem i jego rodziną. U Jurka też wszyscy zdrowi, mają tych dwóch chłopców. Jacuś chodzi już do klasy zerowej do Marylki a Krzyś ma już 2 i pół roku. Oj ten czas leci, leci jak w bystrym potoku. Oni też obydwoje się napracują od świtu do nocy. Mają te tunele z folii i uprawiają ogórki i pomidory. Jacek już w tym roku pójdzie do szkoły. Janek też dobrze się czuję, dobrze teraz wygląda, bo to na rencie to każdą noc śpi i wypocznie. Tak powoli to życie dobiega do końca.

Moja Kochana Władziu, czas już chyba kończyć, na dworze mróz dziś, jakoś szybko zima przyszła. Oby nie była tak śnieżna i mroźna jak ubiegłego roku. Całujemy Cię wszyscy mocno i niech Was Bóg ma w Swojej opiece. Ściska Cię mocno i całuję,

Hala, Janek, Marylka i Jurek z rodziną

She cried and also had to live through it. But time is the best medicine. It heals all wounds. Now she has another boy, also Jacek. They like each other very much. It is a love from their earlier school years. He was in Śląsk in Mysłowicach, at the mines with his brother. That brother had an accident in the mines. He was ill for a long time and died this year. Jacek's parents talked him into returning to Włoszakowice. They lost one 25-year-old son, and worried about their other one. And, in this way, Marylka met up with him after so many years. He's a good boy, but Marylka—having been trained by her experience—is afraid. Everything is drama. I think, however, that maybe everything will come out well. She works at the pre-school in a one-and-a-half position. She starts at 6:30 a.m., and works until 5:00 in the evening. She eats breakfast, lunch and supper at school. Marylka is very close to Czesio and his family.

At Jurek's, everyone is well. They have those two boys. Jacek already goes to kindergarten to Marylka. Krzyś is already 2½. Oj, the time flies. It flies like a fast-running stream.

They both work hard, from sunrise to night. They have their greenhouses-made-of- vinyl and are raising cucumbers and tomatoes. Jacek will start going to school this year.

Janek is also feeling well. He looks well, now, because he is retired and can sleep all night long and get rested. So, slowly, life is closing in on its end.

My Dear Władzia, it is time finally to end. Outside it is freezing today. Somehow Winter has arrived earlier than usual. May it not be as severe and cold as last year. We kiss you all very tightly. May God have you in His care. I embrace you tightly and kiss you…

Hala, Janek, Marylka and Jurek with his family

1980

nad. Marylka Rzeźniczak
12.05.1980 rok
Włoszakowice

Kochana Ciociu,

 Już od kilku miesięcy zabieram się za napisania tego listu, ale jakoś nie wyszło. Zawsze mnóstwo pracy, zajęć, tym bardziej, że pracuję codziennie prawie po 10 godzin. Pracuję w przedszkolu, a więc jest to stanowczo za dużo. Trzy razy już w tym roku szkolnym byłam na zwolnieniu lekarskim. Prawdopodobnie początki choroby zawodowej. Jednym słowem za dużo trzeba w mojej pracy mówić i po prostu struny głosowe nie wytrzymują tego wysiłku.
 Mam jednak nadzieję, że po wakacjach nie będzie już tych kłopotów, ponieważ będę pracowała krócej bo 35 godzin tygodniowo a nie jak teraz prawie 50 godzin. Przede wszystkim chciałam napisać Cioci o jednej z najważniejszych decyzji w moim życiu, jaką podjęłam w styczniu. Postanowiłam wyjść za mąż, 20 września bieżącego roku odbędzie się mój ślub. Samej wierzyć mi się nie chce, że przecież jeszcze tak nie dawno byłam dzieckiem, malutką dziewczynką. Jak ten czas tak szybko mija. Zapewne jest Ciocia ciekawa co to za chłopak. Znaliśmy się w szkole podstawowej. Miałam wówczas 15 lat, a on 14 ponieważ jest rok młodszy ode mnie. Należeliśmy do harcerstwa, bardzo się przyjaźniliśmy. Później jednak nasze drogi rozeszły się, gdyż Jacek, bo tak ma na imię, wyjechał po skończeniu szkoły na Śląsk i tam pracował przez trzy lata w kopalni. Mieszkał tam na stancji wraz ze swoim starszym bratem, który kończył w Katowicach Technikum Górnicze. Na Święta Gwiazdkowe w 1979 roku Jacek przyjechał na urlop do domu i poszliśmy wraz z jego rodzicami na bal sylwestrowy. No i tak się zaczęło. W ubiegłym roku w czerwcu zmarł na raka brat Jacka.
 Miał zaledwie 25 lat i był wspaniałym, lubianym chłopakiem. Wówczas wrócił ze Śląska do domu. Obecnie pracuje w budownictwie. Mama bardzo go lubi i jak do tej pory jest wszystko w porządku. Nigdy jednak nie wiadomo, co los przyniesie. Wiem tylko jedno, że nie chciałabym mieć tak trudnego życia jak miała mama. Często zastanawiam się skąd brała siły, aby to wszystko przetrzymać.

Marylka Rzeźniczak
1980.05.12
Włoszakowice

Dear Auntie,

For several months now I have been meaning to write a letter to you, but somehow I was never able. There are always so many things to do and to take care of. I typically work about 10-hours per day. I work in a pre-school, so [10-hours] is decidedly too long. During this school year, already, I've been on medical leave three times. This is probably the beginning of a chronic illness from my profession. In other words, one must speak a lot in my line of work, and my vocal chords just can't stand the strain.

In any case, I expect that, after my vacation, I won't experience these same problems since I'll be working somewhat shorter hours, only 35 hours a week. Whereas, now, I have been working almost 50 hours a week.

Before anything else I wanted to write you, Auntie, of one of the most important decisions in my life. I made up my mind in January. I decided to get married. My wedding will take place on the 20th of September of this year. I can't even believe it myself, because not so long ago I was only a child, a small little girl. How the time passes by quickly.

You, Auntie, are surely interested in what kind of boy he is. We have known each other since primary school. I was then 15 years old, and he, 14 years old, since he is a year younger than I. We belonged to the Scouts together, where we got to know one another. Then, our paths separated when Jacek, (which is his name) went to Silesia at the end of school and worked for three years in the mines. He lived there in the dorms with his older brother, who was finishing his schooling in the Technical College of Mining in Katowice.

For the Christmas holidays in 1979, Jacek came home, and we went together with his parents to a St. Sylvester's New Year's ball. Well, that's how it started. Last year, in June, his brother died of cancer. He was barely 25 years old and was a wonderful, lovable boy.

Eventually, Jacek returned home from Silesia. Presently, he works with a construction firm. Mother likes him very much. Up to this time, all is proceeding well. One never knows, however, what fate will bring. I

Nie jest to jednak ten chłopak, który był u nas wówczas, kiedy Ciocia była w Polsce. Ta historia trwała długo, bo prawie cztery lata. Skończyła się krótko przed maturą. Byłam wówczas bardzo załamana, ale nie ma tego złego co by na dobre nie wyszło. Mam jednak cichą nadzieję, że wszystko się dobrze ułoży. Ciekawi jesteśmy co nowego słychać u Cioci, co porabia Wandzia i Czesio. Bardzo często mówimy o Was i bardzo pragniemy spotkać się z Wami. Poza tym co u nas, Jurkowi dzieciaki rosną. Krzysiu będzie miał w maju już 3 lata, a Jacek pójdzie już do szkoły po wakacjach. U Czesia zmieniło się bardzo dużo, ale o tych zmianach chciał sam Cioci napisać. Z Czesiem widzieliśmy się kilka dni temu. Wszyscy są zdrowi. Będę już kończyła, a mama dopisuje jeszcze parę słów. Duża buźka od wszystkich dla Cioci, Wandzi i całej rodzinki Czesia. Do zobaczenia,

Marylka

Kochana Władziu,

Korzystam z tego, że Marylka zabrałam się do napisania do Ciebie listu, więc też kilka słów piszę. Wczoraj otrzymaliśmy Wasze zdjęcia, które Czesiek wysłał z Waszego pobytu świątecznego. Bardzo nam się wszyscy podobacie. Raz jeszcze dziękujemy. Ty i Czesiek nie zmieniliście się dużo, Monika wygląda jak siostra Wandzi, Wandzi bym nie poznała.

Zmieniła się dużo, ale bardzo dobrze wygląda. Anastazja- ostatnie jej zdjęcie miałam jak byłą małą dziewczynką, zdjęcie Michała tez jak był małym chłopcem. Nie przypuszczałam, że zarówno Anastazja jak i Michał są tacy dorośli. Zawsze próbowałam sobie wyobrazić jak oni wyglądają, ale zdjęcia zaskoczyły mnie ogromnie. Anastazja to już duża panna. Najbardziej podoba nam się zdjęcie gdzie jest sama w tym czerwonym fartuszku i serdecznie śmiejąca się.

Michał też nam się podoba i to bardzo. Wygląda na chłopca bystrego a Marylka mówi, że taki fajny „fikuśnik". Zaraz mówiła, żeby chciała, aby Michał przyjechał do Polski jak najprędzej nawet sam, a ona by mu już cały czas pobytu w Polsce umiliła. Może

only know that I would rather not like to have as difficult a life as my Mother has had. I often wonder where she gathered the strength to carry on with everything.

This is not, however, the boy whom you met when Auntie was in Poland. That history took a long time, perhaps four years. It ended just before graduation. I was heartbroken at the time. But there is nothing bad, from which good cannot be taken. I have hope that all will turn out well.

We are curious what there is new to hear about you, Auntie. What are Wandzia and Czesio doing? We often talk about you and very much hope to see you again. Aside from this, Jurek's children are growing. Chris will be 3-years old in May, and Jacek will enter school immediately after vacation. Lots has changed with Czesio. But he wants to write all about that, himself. We were with him a few days ago. All are well. I will end now because Mother wants to add a few words. A big kiss from all of us, for Auntie, Wandzia and Czesio's whole family. Until we see you…

Marylka

Dear Władzia,

I am taking advantage of the fact that Marylka undertook to write you a letter, so I am also writing a few words. Yesterday, we received your photographs, which Czesio sent from your holidays. We are delighted at how you all look. Once again, we thank you. You and Czesio have not changed very much. Monica looks like Wandzia's sister. I would not have recognized Wandzia. She has changed a lot, but looks very well. The last photograph I had of Anastasia was when she was but a little girl. And the last of Michał was also when he was but a little boy. I hadn't expected that Anastasia as well as Michał had grown up as much as they have. I always tried to imagine what they looked like, but their photograph greatly surprised me. Anastasia is already a young lady. We like the photograph of her, best, where she's wearing the red apron and has such a warm smile.

Michał is also very attractive. He looks like a clever young man. Marylka says that he's very cute. She immediately responded by saying that she'd like it if Michał came to Poland as soon as possible, even alone, and she would make his entire visit to Poland as pleasant as could be.

mógłby się wybrać na jakieś wakacje latem to Marylka też ma wakacje. Do Warszawy byśmy po niego pojechali a może oboje z Wandzią by przyjechali. Oczywiście wszystkich Was zapraszamy do Polski.

Czesiek pisze, że przez najbliższe dwa lata się nie wybierają do Polski, ale myślicie o przyjeździe. Więc może Wandzia i Michał się wcześniej namyślą. Tyle na dziś. Do Czesia też w najbliższych dniach napiszę. Kończę, zasyłam Tobie jak i całej rodzinie moc pozdrowień, uścisków i ucałowań. Ściskamy i całujemy Was raz jeszcze. Zostańcie z Bogiem.

Halina z całą Rodziną

Perhaps he could come for a bit of vacation, since Marylka also has vacation. We could go for him to Warszawa. Maybe he and Wandzia could come together. Of course, we invite all of you to come.

Czesio writes that he will probably not come to Poland in the next couple of years. But he is thinking of making a trip. So perhaps Wandzia and Michał will decide to come earlier.

That is enough for today. I will write Czesio in the forthcoming few days. Ending, and send you, as for your whole family, many wishes, hugs and kisses. We embrace you and kiss you once again. Remain with God.

Halina and the whole Family

nad. Halina Grycz-Poczekaj
05.06.1980 rok
Włoszakowice

Kochany Czesiu wraz z całą Rodzina,

Dziękuję Ci serdecznie za list oraz zdjęcia. Zdjęcia są bardzo ładne, a że nie miałam zdjęć Wandzi, Anastazji i Michała, więc nigdy nie mogłam sobie ich wyobrazić a teraz choć nie patrzę na zdjęcia to wiem jak wszyscy wyglądacie. Ty się nie zmieniłeś. Masz tak bardzo miłą żonę, Wandzi nie poznałam, Anastazja ma bardzo ładne to zdjęcie gdzie się śmieje, a Michał musi być bardzo miły oraz sympatyczny chłopiec. Marylce się bardzo podobał i chciałaby go widzieć w Polce, a może byście go na wakacje przysłali. Marylka się nim zaopiekuje i pokaże mu Polskę. Kochany Czesiu, dziękuję Ci bardzo, że chciałeś pomóc Jurkowi. Bardzo Ci jestem wdzięczna i dziękuję Ci za to, za szczere chęci. Musimy sobie jednak poradzić sami.

Ty kłopotów masz i to sam dość. Jurek i Małgosia nie mogą tego domu sprzedać. Muszą być właścicielami 5 lat i to było dobre bo w pierwszej chwili obydwoje i my z nimi byliśmy załamani, ale życie, choć ciężkie jest trzeba sobie jakoś w nim radzić. Ja jestem wrogiem wszelkiego rodzaju pożyczek. Umierając nie chce być nikomu nic winna. Jak wiesz Marylka ma dostać ten dom gdzie jesteśmy, Czesiu dostał na szkołę, na wykształcenie a Jurek najmniej. Dlatego Marylka chce Jurka przez 3 lata spłacić i do każdej raty przez 3 lata dopłacać 10 000 zł. Jurek z Małgosią 50 tysięcy i Marylka 10 000. My natomiast z Marylką będziemy razem to jakoś jeden drugiemu pomoże i wesprze. Czesio myślę, że sobie tez da radę. Marylka jak wiesz bierze ślub we wrześniu 20, pomimo, że jej chłopiec idzie 27.06 do wojska na dwa lata. Robimy w domu skromne przyjęcie a w to miejsce możemy coś już Jurkowi pomóc. Jurek i Małgosia zrobili jeszcze jedna folię, żeby mieć na ta spłatę. Narobią się bardzo. Nie wiem kiedy się wyśpią, ponieważ tego roku mieliśmy zimna wiosnę. Pierwszy dzień ciepła to dziś, a tak to we foliach trzeba było palić dzień i noc a na dodatek nie mamy centralnego ogrzewania, piece na węgiel. 22 na 23 maja mieliśmy minus 6 stopni. Bardzo zimne noce i

Halina Grycz-Poczekaj
1980.06.15
Włoszakowice

Dear Czesio and your whole Family,

Thank you very much for your letter and, likewise, for the photographs. The photographs are very nice. Because I didn't have any photographs of Wandzia, Anastasia or Michał, I could never before imagine them for myself. Now, even though I am not looking at the photograph, I know how you all look. You have not changed. You have a very beautiful wife. I did not recognize Wandzia. Anastasia's photograph is very pretty where she is smiling. And Michał must be a very kind and agreeable boy. He appealed to Marylka very much and she would like to see him in Poland. Perhaps you could come for vacation. Marylka could take care of him and show him a little of Poland. Dear Czesio, thank you very much that you wanted to help Jurek. I am indebted to you and thank you for your honest efforts. We must, however, manage ourselves.

You have enough difficulties of your own. Jurek and Małgosia cannot sell their house. They must be proprietors for five years. That is good, because their first reaction was to be completely heartbroken. But one must somehow deal with life, even if it is sometimes difficult.

I am against every kind of loan. When I die, I don't want to owe anyone anything. As you know, Marylka will inherit the house where we are. Czesio got money for school. Jurek received the least. This is why Marylka wants to pay a percentage over three years to Jurek. In three years she would pay 10,000 złotys. Jurek and Małgosia would pay 50,000 and Marylka, 10,000. Meanwhile, we will be together with Marylka.

So somehow, one will help the other and support each other. I think Czesio will also take care of himself. Marylka, as you know, is getting married on September 20th, even though her boy will be going to the Army for two years on the 27th of June. We are having a modest reception at home, and instead [of something more lavish] we will be able to help Jurek some more. Jurek and Małgosia built one more greenhouse, on which they'll have to make payments. They will have work, aplenty. I don't know when they will sleep, since we've had a very cold Spring this year. The first warm day has been today. As a result, the greenhouses must be kept warm by burning [coal] day and night. In

zimne dni sprawiły, że pomidory pod folią jeszcze nie dojrzewają a na dodatek gniją, lecz dziś piękna pogoda, więc myślę, że jakoś to będzie. Przez ta pogodę wszystko jest o miesiąc i w ogrodnictwie i w rolnictwie. U nas tak jak i u Was ceny idą szybko w górę. W nocy dziś padało, ale może się poprawi. Raz jeszcze Ci dziękuję za chęć pomocy, jednak musimy tu wszyscy sobie jakoś poradzić. Zobaczymy co i jak będzie dalej. Tyle na dziś. Jutro wszystkie listy wyśle a dziś idę spać bo późno a jutro praca na nowo. Dziś święto Bożego Ciała. Kończąc zasyłam wszystkim moc serdecznych pozdrowień, uścisków i ucałowań.

Zostańcie z Bogiem. Ściskam Cię i całą rodzinę mocno, mocno i całuję wszystkich gorąco.

Do zobaczenia,

Halina z całą rodziną

addition, we don't have central heating. There is a stove for coal. On the 22nd and 23rd of May it was -6°C. Very cold nights and cold days resulted in the fact that the tomatoes in the greenhouses are not yet ripe. In addition, they are rotting. But today the weather is beautiful, so I think maybe enough will survive. Everything depends on the weather and is delayed by a month, both in the garden and on the farms. Here, our prices are hyper-inflating, too. At night today, it rained, but maybe the weather will improve.

I thank you, once again, for your willingness to help. But we, here, must all help one another somehow. We will see what the future brings.

That's enough for today. I will send all these letters tomorrow. I am going to sleep today, because it is late and work starts anew in the morning. Today is the Feast of Corpus Christi. Ending, I send you all many heartfelt wishes, hugs and kisses.

Remain with God. I embrace you and your whole family, very, very much. I kiss you all warmly.

Until we see you…

Halina with the whole family.

1981

nad. Halina Grycz-Poczekaj
21.04.1981 rok
Włoszakowice

Kochana Władziu,

Serdecznie dziękuję za list. Odpisuje dopiero dziś. Sądzę, że wiesz dlaczego. Na pewno otrzymałaś kartkę z życzeniami z mojego pobytu na zachodzie. Moją kartkę z Kleve też chyba dostałaś. Czesio wiedział jak bardzo kochałam braci i zorganizował mi wyjazd do Kleve na grób Czesia. Pojechałam tam sama, przesiedziałam na cmentarzu dwa dni. Zrobiłam sobie zdjęcia. Były to smutne przeżycia, ale i zarazem tak chciałam tam być i byłam w tym dniu w którym zginął, tylko 39 lat później. Moja mamusia mówiła, że zawsze śni jej się duża łąka a z tyłu jest wysoki las i jak stanęłam w bramie cmentarza to mi się jej słowa przypomniały. Z jej opowiadań tak sobie to miejsce wyobrażałam z tym tylko, że w tych trawnikach były pasma 1/2 metra ziemi, a w nich pomniki z białego piaskowca. Zabrałam ziemię z grobu rodziców i zawiozłam na grób Czesia, a przywiozłam z jego grobu i wysypałam na rodziców.

Powróciłam do domu na 12.04. W sumie byłam dwa miesiące. Dopiero po powrocie otrzymałam Twój list, za który bardzo, bardzo dziękuję. Także teraz otrzymałam zawiadomienie, które także leżało na mój powrót. Wszystko otrzymałam. Bardzo, bardzo dziękuję. Marylka też Ci kilka słów dopisze i sama podziękuje. Marylka z Jackiem mieszkają u nas i tu zostaną. Oni tu ten dom dostaną. Cieszę się, że jestem z Marylką, jak na razie dobrze nam jest razem. Dużo nam już z tego życia nie zostało. Do Czesia pisz na adres: Krystyna Sala 1000 Berlin 31 Sigmaringerstr 33. Zresztą ostatnio Ci chyba napisał. Co do Jurka i Małgosi to 1/3 mają już spłacone. Jeszcze dwie raty po 60 000 zł. Oby mu te dwa lata we foli obrodziły pomidory, to jakoś by spłacił. Przy tym wszystkim mieli dużo szczęścia, że sąd nie zgodził się przeliczania na zboże. Przy dzisiejszych cenach zboża nie byliby w stanie tego spłacić. Dzieci są zdrowe i oni też. Aby im się jeszcze w tym przyszłym roku powiodło.

To cośmy mogli to żeśmy mu dali. W myśl przepisów spadku nie można sprzedać przez 5 lat i to było dobre bo może już dawno by to

Halina Grycz-Poczekaj
1981.04.21
Włoszakowice

Dear Władzia,

 I heartily thank you for your letter, to which I am replying only now. I hope you know why. You must have received my card with my greetings during my time in the West. My card from Klewe you also probably received. Czesio[20] knew how much I loved my brothers and organized a trip for me to Klewe to visit Czesio's [21] grave. I went alone. I stayed at the cemetery for two days. I took some photographs. It was something very sad to live through. But I always wanted to be there, at least once; and was there on the day he was lost… only 39 years later.

 My Mother said she always dreamed about a huge meadow behind which was a tall forest. When I stood at the gate of the cemetery, I was reminded of her dream. From the description of her dream, it was as I had expected, except that there were long lines, half a meter wide with gravestones of white sandstone. I took with me some dirt from my parent's grave and brought it to Czesio's grave. And I brought some soil from his grave that I scattered it on the grave of my parents.

 I returned home on the 4th of December. I was away for two months. Only after returning home did I receive your letter, for which I thank you very, very much. I also received the announcement, which, similarly awaited my return. I've gotten everything. Thank you very, very much. Marylka will write you a few words as a postscript and will thank you herself.

 Marylka and Jacek live with us and will stay here. They will inherit this house. I am very happy to be with Marylka. It is good for us to be together, so far. Not much is left to us from this life. You can write Czesio under this address: Krystyna Sala, Sigmaringerstr 33. I think he already wrote you recently.

 As to Jurek and Małgosia, they already have their loan ⅓ paid off. There are only two more payments of 60,000 złotys each. May their greenhouses flourish with tomatoes these next two years, then they'll have it paid off. They've had a good deal of luck with all this, that the courts

---

[20] Halina's son. **[E4]**

[21] Halina and Jan's brother who was killed during WWII. **[D3]**

sprzedali, ponieważ wydawała się sytuacja bez wyjścia, ale jakoś dają sobie radę. I za dwa lata będą już spać spokojnie. Oby tylko to przetrzymali. Nie wiem co będzie za dwa lata, ale ten czas bardzo szybko leci. Cieszę się, że i u Was Wszyscy zdrowi i wszystko w porządku. My często o Was myślimy i mówimy. Dużo też z Czesiem Wasz wspominaliśmy. Nasza cała rodzina taka cała porozrzucana po świecie i teraz jeszcze Czesio. Jak ta historia naszego rodu się powtarza. Jacek jest na urlopie. Był przez Święta i do jutra będzie. Dobry to chłopak. Z Jankiem się zgadzają. Jeszcze 1 rok i będzie w domu. To by było tyle. Jutro załatwię u notariusza to pełnomocnictwo dla nowej administratorki. Chciałabym mieć i to załatwione. W tym roku mamy jeszcze folię, Janek się jeszcze na ten rok o opał się postarał i jakoś dalej brniemy. Bardzo zimno jest u nas w nocy i trzeba wstawać a już tak ciepło było jak w lipcu. Czereśnie i brzoskwinie już kwitły a teraz pomarzły. Nocą są minusowe temperatury. Zresztą zobaczymy jak to będzie. Nie ma się co martwić na zapas. Będzie jak Bóg da.

27.04

Dziś dopiero piszę dalej, byłam już u notariusza i mam już wszystko z nową administratorką załatwione. Bardzo mili są Ci nowi administratorzy. Zobaczymy jak się sprawdzą. W lipcu jak będzie wszystko dobrze i spokojnie to do Chorzowa znów się na dwa, trzy dni wybiorę i zobaczę jak tam jest. Ten list tak długo piszę jak jeszcze żaden. Zawsze coś wypadnie lub ktoś przyjdzie i muszę odłożyć pisanie. Dobrze, że jeszcze Janek jest naszym zaopatrzeniowcem. Bo ja po powrocie po prostu się gubię bo jak jadę do Leszna to nic nie przywiozę. Jak wejdę do składu to nie wiem co na kartki a co bez, a jednym słowem u nas nie wygląda dobrze. Marylka z Jackiem planują dzidziusia. I jak coś dostaną to od razu kupują, chociaż się na nic nie zanosi. Czesiek też odkładał wszystkie „ciuszki po Karolince" i mi dał dla Marylki. Bardzo się cieszyli, bo u nas teraz trudno o wszystko, a będzie jeszcze gorzej, bo to na dobre się nie zanosi, a my już dobrych czasów się nie doczekamy. Całe życie pracowaliśmy z nadzieją, że będzie lepiej a tu teraz jeszcze gorzej. Lepiej nie pisać bo najgorszy

did not force them to convert everything to corn. At today's prices, corn would not have given them sufficient yield to pay off their loan. The children are healthy, and so are they. May they have continuing success during this coming year. What we were able to give, we gave. In the mind of the law one can't sell an inheritance for five years. That was good, else they might long ago have sold it, because it appeared that their situation was without solution. But they are making ends meet somehow. In two years they will be able to sleep calmly. If only they hold on to everything until then. I don't know what will be after two years, but time goes by fleetingly.

We think of you and often talk about you. We also think a lot about your Czesio. The history of our family repeats itself. Jacek is on vacation. He was here over the holidays and will be here until tomorrow. He's a good boy. He gets along with Janek. One more year and he will be at home. That will be about all. Tomorrow I will take care of the Power of Attorney for the new administrator. I'd like to have that all finished. This year, we also have a greenhouse. Janek was able to get some fuel this year, so we're staggering along. It is very cold here at night. We must get up [to stoke the stove]. And it was already as warm as in July. The cherries and peaches all blossomed, but are now frozen. At nights, the temperature is in the minuses. But, we will see how it will be. There's no reason to worry, just in case. All will be as God wills it.

April 27

I am only today continuing my letter. I have been at the Notary and have everything dealt with, with the new administrator. They are very nice people, the new administrators. We will see how they turn out. In July, when everything is in good shape and quiet here, I'll go to Chorzów again for two or three days to see how its going. I have been writing this letter a longer time than any other. All the time something drops into my mind, or someone stops by, and I have to set aside my writing. It is good that Janek is still our reliable provider. Since my return, I've been forgetting everything. When I go to Leszno, I don't return with anything. When I enter the store, I can't remember what is rationed and what is not. In other words, it doesn't look too good here. Marylka and Jacek are planning to have a child. When they earn anything they immediately buy something, even though it is not yet needed. Czesio also put aside all his baby clothes from Karolina, and gives them to me for Marylka. They

jest ten ptak, który własne gniazdo kala. Jak wiesz byłam an grobie Czesia i powiedziałam mu, że ofiara ich młodego życia była daremna. Walczyli o Ojczyznę, by ludzie byli szczęśliwi, a co się dzieje. Głowa boli i myśleć strach. Dokąd idziemy a gdzie zajdziemy.

No, ale dość. Macie i Wy swoje kłopoty a ja Wam tu narzekam bez końca. Narzekania nic nie pomogą. Poza tym my na wsi zawsze coś hodujemy. Kilka kur, owce. To jak będzie trzeba to zabijemy. Mamy folię toteż zysk powinien na świniaka starczyć. Na razie starczy nam to co mamy. Od Czesia przywiozłam sobie margarynę, że starczy mi na 2 miesiące i coś żywności.

Za dwa miesiące chce mi znów przysłać cukier i tłuszcze a mąkę i przetwory zbożowe mamy, tak, że o nas się zbytnio nie martwimy. Ziemniaki mamy zasadzone, za miesiąc będą pomidory to już wędlin nie potrzeba. Gorzej w miastach. A paczki żywnościowe dostajemy od Czesia bez cła i w dwóch dniach są już u nas. No więc o nas się nie martwcie. Jakoś to będzie. Tyle na dziś. Nareszcie jutro to jest 6 maja ten list wyślę, ponieważ Marylka już też ma napisane. Jak Ci czas pozwoli to napisz znów parę słów. Jak tam Wandzi się układa? Jak tam Czesiek? Ile też lat ma Michał i Anastazja? Wszystkich pozdrów, uściskaj i ucałuj od nas wszystkich. Dla Ciebie również moc uścisków, ucałowań oraz moc pozdrowień.

Zostańcie z Bogiem.

Halina z całą rodziną z Polski

were very happy because everything is very difficult to obtain here, and it will be worse. It is not heading anywhere good. We will not live to see better days. We worked all our lives with the hope that things would improve. Instead, everything is worse. Better not to write about it because the worst is the bird that dirties its own nest.

As you know, I was at Czesio's gravesite. I told him that the sacrifice of his young life was useless. He fought for his fatherland, so that people would be happy. But what has happened? One's head hurts. Thinking about it is a fright. Where are we headed? Where will we get ourselves? But enough.

You also have your own problems. Here I am, complaining without end. Complaints will not help anything. Besides that, here in the country, we are always raising something: a couple of chickens; a sheep. When it becomes necessary, we can kill them. We have a greenhouse, so that investment ought to suffice for us to get a pig. For the time being, what we have is just enough. I brought some margarine with me from Czesio. So that ought to last me for a couple of months of something to eat.

In a couple of months, Czesio wants to send me some sugar, lard and flour. We have various vegetables planted. So we are not particularly worried about ourselves. The potatoes have been planted. In a month, the tomatoes should be ready to pick. So meat won't be required.

It is much worse in the cities. A package of foodstuffs comes to us from Czesio without duty. And in two days, they are already here. So don't worry about us. Somehow, we'll get along.

Enough for today. I will post this letter tomorrow, at last. That will be the 6th of May. Marylka already has her's written. When time permits, write a few words to us again.

How are things arranging themselves for Wandzia? How is Czesio doing? How old are Michał and Anastasia, now? Convey our best wishes to everyone. Kiss them all from us. For you, likewise, we send many hugs, kisses and our very best wishes.

Remain with God.

Halina and her whole family in Poland

nad. Marylka Rzeźniczak
04.05.1981 rok
Włoszakowice

Kochana Ciociu,

Już do kilku dni zabieram się za napisanie tego listu do Cioci, ale jakoś nie wyszło. Ostatnio mam mnóstwo obowiązków i pracy tak w domu jak i w przedszkolu, tym bardziej, że zbliża się koniec roku szkolnego, a na dodatek pracuję za koleżankę, która urodziła dzidziusia i jest na urlopie. Tak więc pracuję od rana do 16.30, 17.00, a w domu też trochę pracy. Muszę pomóc mamie bo jej też już nie jest tak lekko i nie zawsze czuje się najlepiej. Nie łatwe miała życie, ale dość tych narzekań. Przede wszystkim razem z Jackiem bardzo, bardzo gorąco dziękujemy Cioci za prezent. Nie mogłam go wcześniej odebrać bo pieniążki były wpłacone na mamy konto, a mama była u Czesia (chyba Ciocia już wie o tym). Tak więc wróciła tydzień przed Świętami Wielkanocnymi i zaraz na drugi dzień pojechała do Leszna i wyjęła je z konta. Ogromnie się z Jackiem cieszymy. Jest ostatnio trochę kłopotów z tymi pralkami, zresztą tak jak ze wszystkim u nas, ale moja znajoma już nam to załatwia. Może w niedługim czasie będziemy mogli już kupić. Jeszcze raz bardzo dziękujemy. Teraz parę słów o nas. Jak już się pewnie Ciocia domyśla mieszkamy u rodziców, tak więc adresu nie zmieniliśmy, jedynie nazwisko. Mamy dwa pokoje i na poddaszu z mojego pokoiku Jacek wraz z teściem przerobili, wymalowali i urządziliśmy sobie sypialnię. W prawdzie mebli nie mamy nowych bo po dziadkach, ale w sumie jest bardzo fajna i jesteśmy zadowoleni z tego co mamy, a przede wszystkim z mieszkania. Stosunki między nami a rodzicami układają się jak najlepiej.

Najwięcej bałam się o współżycie z ojcem, bo z nim niekiedy jest bardzo ciężko żyć. Ale tata wraz z Jackiem znaleźli wspólny język i oby tak dalej. Jacek jest jeszcze w wojsku. Do końca służby jest jeszcze 11 miesięcy. Trochę sporo, ale i to przeleci, tym bardziej, że bardzo często do domu przyjeżdża. Mamy jednak nadzieję, że jakoś się wszystko ułoży mimo tych wszystkich trudności jakie wystąpiły w naszym kraju. Ciekawi jesteśmy co nowego u Cioci, u Wandzi no i u

Marylka Rzeźniczak
1981.05.04
Włoszakowice

Dear Auntie,

For several days I have been getting ready to write this letter to Auntie, but it never got done. I've had a huge amount of obligations and work, recently; both at home and in the pre-school. The more so, since the end of the school year is approaching. I am also covering for my girlfriend who gave birth to a little baby and has been on maternity leave. I work from the morning to 4:30 or 5:00 p.m. At home, there is also a bit of work to do. I must help Mother because it is no longer as easy for her to do everything and she doesn't always feel very well. She hasn't had an easy life. But enough of these complaints.

In the first place, along with Jacek, we want to thank you very, very much for your present. I couldn't pick it up previously because the money was paid into Mother's account, and Mother was with Czesio. (I think you know about this already.) She returned a week before the Easter holidays and immediately went to Leszno the next day to withdraw them from the account. Jacek and I are so happy.

We have recently had a few problems with our washers (which is true of everyone here), but my friend has already arranged it for us. Maybe, not long from now, we'll be able to buy our own. Once again, we thank you very much.

Now a few words about us. As you probably have already deduced, we are living with our Parents, so we have not changed our address, only my name. We have two rooms in the attic, which used to be my room. Jacek and his Father remodeled it, painted it and set up a bedroom for us. In truth, we don't have any new furniture but only that we inherited from our Grandparents. But in the end, its all very nice. We are very pleased with what we have. Most of all, of our living arrangements. The relation between ourselves and our Parents are as good as they could be.

I was most afraid about living with Father. With him, it is often quite difficult to live. However, Father and Jacek have found a common language. May that continue. Jacek is still in the Army. It is still 11 months 'till he finishes his duty. Its quite a long time, but it will go by quickly, especially since he is able to come home frequently. We hope,

Czesia. Często mówimy i myślimy co tam u Was. Kończąc przesyłam moc serdecznych pozdrowień i uścisków oraz dużo, dużo buziaków.

Do zobaczenia.

Marylka i Jacek

however, that everything will arrange itself well, despite the difficulties that have befallen our country.

We are curious what is new with Auntie, with Wandzia, and with Czesio. We often talk and think about you.

Ending, I send you many heartfelt wishes and hugs, as well as many, many kisses.

Until we see you,

Marylka and Jacek

nad. Marylka Rzeźniczak
01.12.1981 rok
Włoszakowice

Kochana Ciociu,

Już od dawna zabieram się za napisanie listu do Cioci. Przede wszystkim jeszcze raz chciałam w imieniu moim i Jacka podziękować za prezent ślubny. Kupiliśmy sobie już tą pralkę automatyczną. To rzeczywiście ogromna pomoc w domu. Było trochę trudności z otrzymania jej, ale w końcu załatwiliśmy. Jacek załączył ją w łazience i już pierzemy. U nas wszyscy zdrowi i radzimy sobie jak możemy. Jacek do kwietnia 1982 roku będzie jeszcze w wojsku, a więc już niedługo, a będzie w domu. Też już będzie łatwiej, bo tata będzie odciążony od wielu prac. Chciałam się podzielić z Ciocią naszą ogromną radością. Otóż w lutym spodziewamy się dziecka. Bardzo się cieszymy i to wszyscy bez wyjątku. Właściwie mieć dziecko w obecnej sytuacji to luksus. Dosłownie nie ma nic dla tych maluchów, ale u nas nie jest tak źle, ponieważ Czesiu obiecał, że wszystkie rzeczy, które będą za małe na Karolinkę to przyśle. Tak więc na początek mam już wszystko a co może to jeszcze mi przyśle. Jestem mu więc ogromnie za to wdzięczna. Tak samo zresztą jak i Cioci za rzeczy, które otrzymałam po Wandzi. Niech sobie Ciocia wyobrazi, że jeszcze niektóre rzeczy noszę do dziś i mimo, że przytyłam teraz trochę są jeszcze dobre i ładnie wyglądają. Mamy więc nadzieję, że wszystko dobrze się ułoży. Kończąc zasyłam Cioci gorące pozdrowienia i uściski. Proszę również, aby przekazała Ciocia pozdrowienia i dużą, dużą buźkę od nas dla Wandzi.

Marylka i Jacek

Marylka Rzeźniczak
1981.01.12
Włoszakowice

Dear Auntie,

It has been a long time since I've started reading myself to write a letter to Auntie. First of all, one again, in my name and in Jacek's, I want to thank you for our wedding present. We bought ourselves an automatic washing machine. It is really an enormous help in the house. There was a little difficulty actually getting her; but in the end, we achieved it. Jacek connected it up in the bathroom and we are now using it.

We are all well, and are managing to the best of our ability. Jacek will still be in the Army until April 1982. That's not long from now. Then he will be at home. That will also make things easier, because Father will be relieved of a good deal of his work.

I wanted to share with you, Auntie, our great news. We are expecting in February. We are so happy. All of us, without exception. In all honesty, having a child under the present circumstances is a kind of luxury. There is absolutely nothing for these little ones. But it is not so bad for us, since Czesio promised that whatever is too small for Karolina, he will send to us. So, at the beginning, we already have everything, and what more he can part with, he will send to me. I am more than hugely indebted to him for this.

The same way, in fact, as I am to Auntie and all the things I received after Wandzia outgrew them. Can you imagine, Auntie, that I still wear some of those things to today, and even though I've gained a bit of weight. Everything will work out well.

Ending, I send Auntie warmest wishes and hugs. Please convey the same wishes and many, many kisses from us to Wandzia.

Marylka and Jacek

nad. Halina Grycz-Poczekaj
02.12.1981 rok
Włoszakowice

Droga Władziu,

Zasyłamy Ci wszyscy moc serdecznych pozdrowień, uścisków i ucałowań. Tak co dzień wybieram się do pisania i już dużo czasu upłynęło jak znów za długopis chwyciłam, bo to już za 22 dni Święta. Boże jak ten czas szybko leci, a szczególnie teraz, gdy dużo czasu traci się stojąc dosłownie za wszystkim w kolejkach. Na szczęście i Janek i ja jesteśmy na rencie, więc jest trochę więcej czasu na to. Nam już dużo życia nie zostało, więc lepszych czasów się już nie doczekamy. Przynajmniej nie będzie żal umierać. Po wojnie człowiek pracował jak osioł i wszystkiego się wyrzekał i zawsze miało się na myśli, że po wojnie to będzie już coraz lepiej.

A to już 36 lata po wojnie i szkoda mówić, aż głowa boli jak się to wszystko widzi. Lepiej nie patrzeć za siebie a i przed siebie od 1 stycznia to też człowiek się boi myśleć. Dobrze, że Czesiek nam od czasu do czasu przez kogoś jak ma okazję prześle cukier i margarynę, no i wszystkie rzeczy po Karolince. Marylka się bardzo cieszy bo na początek wszystko ma.

Nawet wózek chce jej przy okazji przesłać. Zobaczymy czy mu się to uda. Jakoś sobie poradzimy. Marylka zawsze mówi, że nie mam myśleć co będzie. Już w kwietniu wróci Jacek to już będzie trochę lżej. Marylka i Jacek bardzo pragną tego dziecka i już nie mogą się doczekać. Oboje lubią dzieci i dzieci ich lubią. My też się cieszymy. Chcielibyśmy dożyć tej chwili, żeby nasze wnuki urosły na tyle by nas zapamiętały zanim odejdziemy na zawsze. Tak jak nasze dzieci pamiętają naszych rodziców a my dziadków. Tak jak Czesiek kupił mi dwie sukienki, jak w nich byłam to przypomniało nam się, że takie materiały nosiła moja mama.

Pamiętasz powiedział, takie nosiła babcia. No, ale dość wspomnień bo człowiek się rozkleja.

W Chorzowie masz nowego administratora. Nie wiem jak długo bo trudno teraz nim być.

Halina Grycz-Poczekaj
1981.02.12
Włoszakowice

Dear Władzia,

I send you very best wishes from all of us, hugs and kisses. Every day I get ready to write you. A long time has passed and I've again taken pen to hand because in but 22 days, it will be the holidays.

Dear Lord, how the time flies by so quickly, especially now, when one wastes a good deal of time standing in line for absolutely everything. Fortunately, Janek and I are both on pensions, so we have a little more time for this. There isn't very much left of our lives, so we won't live long enough to see "better times." At least it won't be sad for us to die.

After the war, a person worked like donkeys and gave up everything, all the time thinking that after the war everything would get progressively better. And here it is, already 36 years after the war. Sorry to say, one's head hurts just to see what is going on. It is better not to look behind or ahead. From the 1st of January it hurts just to think.

It is good that Czesio can, from time to time, send us something, sugar or margarine, through the services of someone coming our way… and, of course, things Karolina has outgrown. Marylka is very happy because she has everything she needs for the very beginning. He even wants to send her their baby-buggy when chance allows. We will see if he'll succeed in this.

Somehow, we are getting along. Marylka always says that I'm not to think about the future. In April, Jacek will return. That will make it a bit easier. Marylka and Jacek are looking forward to this child and can hardly wait. They both like children. Children like them. We are also happy. We wanted to live long enough to see this moment, that our grandchildren would grow enough to remember us before we left them forever. Just like our children remember our parents, and we remember our grandparents. Just as Czesio bought the two dresses when I was there, with him, and we were reminded that my Mother wore the same pattern. "Do you remember?" he asked me. "Babcia wore this pattern." But enough of these memories or a person will get unglued.

You have a new administrator in Chorzów. I don't know how long [he'll last] because it is now difficult to be one, there.

Ludzie nie chcą się podporządkować, trudno cos naprawić bo niczego nie można dostać. Nawet szyb by wstawić nowe. Zobaczymy jak to dalej będzie. Ludzie stali się jacyś niecierpliwi, nerwowi, zawistni. Człowiek boi się wieczorem wychodzić. Zbliżają się Święta.

Załączam opłatek chcąc podzielić się z Tobą i całą Rodziną, życzymy Wam Wszystkim dużo dobrego. Wesołych, spokojnych Świąt, by Boża Dziecina pobłogosławiła Tobie i całej Rodzinie. Dużo zdrowia i szczęśliwego Nowego Roku, szczególnie będziemy myślami z Wami Wszystkimi. Nie znam adresu Wandzi, to przekaż jej ta kartkę i podziel się z nią i Cześkiem oraz rodziną opłatkiem. Do Cześka też kilka słów napisaliśmy i Marylka i ja. Co u Was słychać? Jak u Ciebie zdrowie i w ogóle? Jak sobie radzisz? Napisz jak Ci czas pozwoli.

Bardzo się cieszymy jak dostajemy listy od Was. Sprawiają nam zawsze dużo radości.

Kończę już, tak się rozpisałam, ale czasem jest dobrze jak człowiek myśli przeleje na papier.

Trochę to człowiekowi ulży. Moc serdecznych pozdrowień, uścisków i ucałowań od całej naszej rodziny. Serdeczne pozdrowienia i ucałowania od Jurka i Małgosi oraz Jacka i Krzysia dla Was wszystkich. Zostań z Bogiem i niech Bóg ma Was w swojej opiece.

Całuje Ciebie i Wszystkich mocno,

Halina i Janek
Marylka i Jacek oraz Jurek z rodziną

The tenants don't want to be disciplined. It is hard to repair anything because you can't get any materials, even to replace the glass in broken windows. We'll see what the future will bring. People have become, somehow, intolerant, nervous and envious. A person is afraid to go out at night.

The holidays approach. I am enclosing our opłatek, wanting to share it with you and the whole family. We wish you much good. Happy, peaceful holiday. May the Baby bless you and the whole family with much health and happiness during the New Year. We will especially be with each of you in our minds.

I don't know Wandzia's address, so convey to her, too, this card, and share with her and with Czesio and his family, our opłatek. I will also write a few words to Czesio; Marylka and I.

What is there to hear of you? How is your health and how are you, generally? How are you getting along? Write, when time permits.

We are always very pleased when we receive a letter from you. It always brings us great joy.

Ending because I've over-written myself. Sometimes, however, it is good for a person to put their thoughts to paper. It lightens a person.

Many sincere wishes, hugs and kisses from our whole family. Heartfelt wishes and kisses from Jurek and Małgosia and Jacek and Krzyś for each of you. Remain with God. May God have you in His care.

I kiss you each very much.

Halina and Janek
Marylka and Jacek, as well as Jurek and his family

1982

nad. Halina Grycz-Poczekaj
07.02.1982
Włoszakowice

Kochana Władziu z całą Rodziną,

Przede wszystkim moc pozdrowień, uścisków i ucałowań dla Wszystkich. Muszę się z Wami podzielić radosną nowiną. Rodzina nam się powiększyła.

Marylka urodziła syna. Dziś w niedzielę o godzinie 14.30. Marylka i dziecko zdrowe. Bardzo się wszyscy cieszymy. W czwartek będą już w domu. Jacek jest na urlopie od 5.02. Ma 10 dni urlopu. U nas wszyscy cali i zdrowi i w domu.

Oczywiście oprócz Jacka, ale mamy nadzieję, że i on będzie już niedługo razem z nami. Nie wiem czy otrzymaliście od nas listy, które wysłaliśmy 15.12 dlatego raz jeszcze dziękuję za paczkę, która szczęśliwie do nas dotarła z Gdyni. Bardzo żeśmy się ucieszyli i raz jeszcze bardzo, bardzo dziękuję.

Co u Was słychać? Czy wszyscy zdrowi? W telewizji pokazują, że u Was duże powodzie i wiatry i huragany. Stan klęski żywiołowej. Jak Wam czas pozwoli to napiszcie kilka słów. Martwimy się o Was wszystkich i często o Was rozmawiamy.

Często wspominamy Was. Ja napisałam do archiwum, chciałam wiedzieć cały przebieg służby śp. Czesia. Nie mam jeszcze odpowiedzi a adres dostałam ze Związku Polskich Lotników w Anglii. Mam jeszcze napisać do Związku po otrzymaniu wiadomości z archiwum. Cieszę się, że byłam na Czesia grobie. To była jedyna możliwość by tam pojechać. Teraz byłoby to niemożliwe. Wiem, że cmentarz jest piękny, utrzymany i groby zadbane i trochę mi lżej. Choć bardzo boli, że leży na obcej ziemi, daleko od kraju ojczystego. Minie za 6 tygodni 40 lat a ja nadal nie mogę zapomnieć.

Kończę, zasyłam Ci Władziu moc uścisków i ucałowań. Pozdrów, uściskaj i ucałuj Wandzie oraz Czesia i wszystkich członków rodziny Czesia. Jak Ci czas pozwoli napisz kilak słów.

Halina Grycz-Poczekaj
1982.02.07
Włoszakowice

Dear Władzia together with the whole Family,

Before anything else, many wishes, hugs and kisses for each of you. I have to share some great news. Our family has grown.

Marylka bore a son. Today, Sunday at 2:30 p.m. Marylka and the baby are fine. We are all delighted. On Thursday she expects to be home already. Jacek is on leave from the 5th of February. He has ten days leave. All of us a whole and well and at home. Of course, except for Jacek. But we hope that he will be with us very soon, too.

I don't know if you have received our letter that we mailed on the 15th of December. For this reason I want to thank you again for the package, which arrived here safely from Gdynia. We were very pleased and once again, thank you very, very much.

What is there to hear from you? Are you all well? They show on television that there have been floods and winds and hurricanes where you are. A State of Emergency. When time permits, write us a few words. We worry about you all, and frequently talk about you. We think of you often.

I have written to the Archives, wanting to find out the whole service record of Czesio, of holy memory. I don't have any reply yet. I obtained an address from the Union of Polish Aviators in England. I am still to write to the Union after I receive news from the Archives. I am happy that I was able to be at Czesio's gravesite. That was my one opportunity to go there. Now, it would be impossible. I know that the cemetery is beautiful, well kept, and the graves well tended. So I feel a bit better. Even though it hurts greatly that he must lie on foreign soil, far from the home of his ancestors. He has been gone 40 years and 6 weeks, and I cannot forget.

Ending, I send you, Władzia, many hugs and kisses. Please hug and kiss Wandzia and Czesio and all the members of Czesio's family. When time permits, write a few words.

Czekamy na list. Bardzo dawno nie mieliśmy listu od Was. Zostańcie z bogiem i niech Was Bóg ma Wszystkich w Swojej opiece. Ściskam Was i całuję,

    Halina z Jankiem
    Marylka, Jacek i Zdzisław

Oraz moc pozdrowień od Jurka, Małgosi, Jacka i Krzysia. Wszyscy przesyłają gorące uściski, pozdrowienia i ucałowania.

We wait for your letter. It has been a long time since we've had one from you. Remain with God. May God have you all in His care. We embrace you and kiss you,

    Halina with Janek
    Marylka, Jacek and Zdzisław

    Likewise many wishes from Jurek, Małgosia, Jacek and Krzys. We all send you warm hugs, wishes and kisses.

nad. Halina Grycz-Poczekaj
16.03.1982 rok
Włoszakowice

Kochana Władziu,

Moc serdecznych pozdrowień, uścisków i ucałowań dla Ciebie i całej Rodziny. Przed chwilą Janek przyniósł list od naszego Czesia z wiadomością od Ciebie, że Monika ma syna. Czesio został ojcem, Ty babcią a Wandzia ciocią. Nasze serdeczne gratulacje z tego powodu.
Cieszymy się wszyscy bardzo i życzymy dużo, dużo zdrowia i dużo radości. My w domu też od 7.02 mamy wnuka. Patrzymy na szczęście tej naszej trójki i cieszymy się bardzo i żyjemy ich radością i mniej jest czasu na myśli smutne i przygnębiające. Częściej zapominamy o tym co boli. Dziękujemy za paczki serdecznie. Da Bóg, że jakoś przeżyjemy te ciężkie czasy. Oby nie było gorzej. Czesiek z Krystyną pomagają nam bardzo. Mamy też nadzieję, że w kwietniu wróci Jacek do domu na stałe to i też będzie lepiej. Czesiu Wam zresztą więcej napisze. U nas wiosna. Dziś Marylka sadzi pomidory we folii, a ja się opiekuję małym Zdzisławem. Dopóki sił nam starczy pracujemy „aby żyć i w Polsce być". Trzeba sobie jakoś radzić. Mamy nadzieję, że los i do Wandzi się uśmiechnie. Często o niej myślimy, rozmawiamy jak i o Was Wszystkich. Na pewno Bóg da, że i jej się życie ułoży. My tu wszyscy jesteśmy zdrowi. Jurek z Małgosią też oraz Jacuś i Krzysiu. Jacek chodzi już do drugiej klasy. W przyszłym roku idzie do I Komunii Świętej. Krzysiu już też ma 5 lat. Jak ten czas leci a najbardziej to widać po dzieciach i wnukach. No i oczywiście starość czujemy w siłach własnych a zwłaszcza w nogach. Jakoś nie bardzo chcą nosić. No, ale to już starość a starość nie radość. Ciężko jest, ale gorzej bywało i musiało być. Teraz jest mały Zdzisiu i trzeba być młodszym o te 10 lat.
Kończę te kilka słów i zasyłam Tobie jak i Wandzi oraz Czesiowi i całej Jego Rodzinie moc pozdrowień, uścisków i ucałowań. Niech Bóg ma Was w Swojej opiece. Serdeczne pozdrowienia od całej rodziny Jurka dla Wszystkich. Ściska Was mocno i całuje,

Halina i wszyscy z domu

Halina Grycz-Poczekaj
1982.03.16
Włoszakowice

Dear Władzia,

Many heartfelt wishes, hugs and kisses for you and for your whole family. A moment ago, Janek brought a letter from our Czesio with news from you, that Monica has a son. Czesio is a father. You are a Grandmother. and Wandzia is an Aunt. Out most sincere congratulations for these reasons. We are all very happy and wish you much, much health and much joy.

We, at home, also have a Grandchild as of the 7th of February. We look with happiness at our threesome and are very happy and wish them joy. Now there is less time for sad thoughts and oppressive ones. We more frequently forget those things that pain us.

We also thank you very much for the packages. May God grant that we somehow live through these very difficult times. May they not get any worse. Czesio with Krystyna help us a great deal. We have hope that in April, Jacek will return home permanently. That will ease things as well. Czesio will write more to you. Here, it is Spring. Today Marylka is planting tomatoes in the greenhouse, and I am minding little Zdzisław.

As long as we have strength, we work "...to live, and be in Poland". You have to make the best of things. We hope that fate will smile on Wandzia again. We think of her often, and we talk about her as about you all. Surely God will allow that her life will arrange itself.

We are all healthy here. Jurek with Małgosia, as well as Jacek and Krzyś. Jacek now goes to 2nd grade. Next year he will have his First Holy Communion. Krzyś is 5-years old. How fast the time flies is especially apparent in one's children and grandchildren. And, of course, we experience old age in our own [diminishing] strength, especially in our legs. Somehow they don't want to carry as much as before. Old age is old age; not some delight. It may be difficult, but it was worse before and had to be. Today, little Zdzisław is with us. We feel at least 10 years younger.

I will end these few words, sending you, as well as Wandzia and Czesio and his whole family, many best wishes, hugs and kisses. May God have you in His care. Best wishes from Jurek's entire family for each of you. We embrace you all mightily, and kiss you...

Halina and everyone at home

The year 1982   1433

War Memorial

City Women's Gymnazium of Chorzów, where the daughters of Władysław Poniecki went to school. Among those memorialized is Zofia Gapińska

nad. Halina Grycz-Poczekaj
18.11.1982 rok
Włoszakowice

Kochana Wandziu i Władziu,

Moc serdecznych pozdrowień zasyłamy Wam Wszystkim. My jesteśmy wszyscy zdrowi czego i Wam życzymy z całego serca. Dawno już nie mieliśmy listu od Was, ale i ja też dość dawno nie pisałam. Czas też szybko leci, że ani się człowiek nie spojrzy a już miesiąc zleci.

Zajęć mamy dużo. Ja z tym małym Zdzisiem jestem cały dzień, Janek to zaopatrzeniowiec.

Od kolejki do kolejki. To za chlebem to za mlekiem i za dużo czasu mu nie zostanie by porobić na działce i w ogrodzie. No, ale teraz jak będzie śnieg to trochę odpocznie. Choć teraz przybyło palenia w piecach dziadkowi, nie ma za to czasu na myślenie o starości ani o kłopotach na dalszą metę. Trzeba żyć kłopotami dzisiejszego dnia a reszta i tak sama przyjdzie. Marylka pracuje, Jacek też. Jedzie rano o 5.30 a wraca o 16.00 albo i o 21.00.

Często Was wspominamy. Raz jeszcze chcę pojechać na grób Cześka, ale z Jankiem i o ile zamienią nam Janka wolne bilety na jeden do Kleve. Chciałabym by Marylka pojechała z nami, ale nie wiem czy dostanie paszport. Jest młoda, więc pragnęłabym by pamięć o śp. Czesiu przetrwała na dalsze pokolenia. Może kiedyś pojechałaby tram ze Zdzisiem i Jackiem.

Najgorsze to jest być tam pierwszy raz to potem się już człowiek nie boi. Już człowiek jest stary, więc myślami wraca się już do tych szczęśliwych młodych lat, gdy byliśmy razem: rodzice, bracia i ja. Najczęściej to myśli człowiek w nocy gdy nie można spać. Nasz Czesiek też poszedł śladem wujków i jest daleko od nas. Martwimy się też o nich. Chodź piszą, że im dobrze i nic im nie potrzeba. Co u Was słychać? Co u Wandzi? Jak tam Czesio z rodziną? Jak ten mały Stefan się chowa? Za miesiąc gwiazdka. Tak radosne święta, a zarazem tak smutne.

Niestety takie jest życie, ale dopiero wtedy gdy człowiek jest stary, wtedy dopiero zdaję sobie sprawę co to jest tęsknota za najbliższymi.

Halina Grycz-Poczekaj
1982.11.18
Włoszakowice

Dear Wandzia and Władzia,

I send you all many sincerest wishes. We are all well here. We wish the same for you from our whole hearts. Its been a while since we've had a letter from you. But I have not written for a long time, either. Time flies by so quickly. A person doesn't even notice it, and a month goes by.

We have a lot of activities going on. I am with Zdzisław all day long. Janek is our provider, [meaning, that its] one line after another. First for bread; then for milk; and there isn't much time left for working on our plot of land or in the garden. Soon, when there's snow, he'll have a little rest. But just now there's more work for him in stoking the stoves. He doesn't have any time to think about getting older or about any potential future problems. One has to live with today's problems; the future ones will come in their own time. Marylka is working; Jacek, too. They leave at 5:30 in the morning and return around 4:00 in the afternoon, or sometimes at 9:00 in the evening.

We often think and talk of you. I want to go one more time to Czesio's grave, but this time with Janek if they'll exchange Janek's gratis tickets for one to Klewe. I would like to have Marylka go with us. But I don't know if she'll be given a passport. She is young, so I would like the recollections of Czesio, of holy memory, continue on to the next generation. Maybe she can go there sometime with Zdzisław and Jacek.

The worst is to go there for the very first time. After that, one is no longer so afraid. Now, when a person is old, she returns to those halcyon young years when we were all together, our parents, my brothers and I. Most often these thoughts come at night when a person can't get to sleep. Our own Czesio followed the example of his Uncle is far away from us. We worry about them, even though they write that they are well and are in need of nothing.

What is there to hear from you? What, from Wandzia? How is Czesio with his family? How is little Stefan behaving? In a month it will be Christmas. It is such a joyous holiday; and at the same time so sad.

Unfortunately, such is life. It is only when a person is old that they experience the truth of what it means to long for those who are dearest

Tym bardziej, że przez całe życie widzieliśmy się raz, albo już w ogóle nie od czasu drugiej wojny.

W załączeniu przesyłam wam opłatek i dzieląc się nim życzymy Wam wszyscy wszystkiego najlepszego. Zdrowia, dużo radości oraz wszystkiego co szczęście się zwie. Gdy pierwsza gwiazdka zabłyśnie na niebie zasiądziemy przy stole wigilijnym i choć w myślach będziemy z wami razem z wszystkimi wszystkim. Jak Wam czas pozwoli to nam kilka słów napiszcie. Cieszymy się bardzo gdy listy od Was przychodzą. Wiemy wtedy, że u Was wszystko w porządku i jest nam lżej na duszy.

Kończąc zasyłam jeszcze raz moc serdecznych pozdrowień, uścisków i ucałowań, dla Ciebie Władziu oraz całej rodziny Czesia i Wandzi. Marylka do Czesia napisała list, a ja do Was.

Przed chwilą był Jurek i prosił żebym Wam moc pozdrowień i uścisków od nich przekazała.

Wszyscy są zdrowi, jutro idą na wesele do Małgosi kuzynki, a ja idę do nich by dzieci nie były same.

Z serdecznymi pozdrowieniami,

Hala z całą rodziną, Poczekajów i Rzeźniczaków

to them. This is more true, when, during our entire lives, we have seen each other but once; or never at all from the time of the Second World War.

I am enclosing our opłatek. Sharing it with you, we wish all the best to each of you: health, much joy and everything that is called "happiness".

When the first star appears in the sky we will sit at the Wigilia table and—even if only in our thoughts—we will be with all of you, all together.

When time permits, write a few words again. We are so happy when a letter arrives from you. Then we know that everything is well with you, and we are easier in our hearts.

Ending, I send you, once again, many best wishes, hugs and kisses for you, Władzia, and for Czesio's whole family, and Wandzia. Marylka wrote a letter to Czesio; and I, to you.

Just a while ago, Jurek was here and asked that I convey their wishes and hugs to you.

Everyone is well. Tomorrow they are going to a wedding of Małgosia's cousin. I will go to their house so the children won't be alone.

With heartfelt wishes,

Hala with the whole Poczekaj and Rzeźniczak families.

1983

nad. Jerzy Poczekaj
09.02.1983 rok
Włoszakowice

Moi Kochani,

Bardzo dziękuję za miły list, który zaraz przeczytałem rodzince w domu. Zaraz na wstępie mego listu składam życzenia dużo zdrowia, szczęścia i wszystkiego co w życiu najlepsze małemu Stefankowi z okazji 1 roczku bo przecież skończył już pełen roczek życia. Piszesz w liście bardzo dużo o Stefanie i tym bardziej wyobrażamy sobie jego samopoczucie i usposobienia. U nas wszystko po staremu kręci się w koło. Jutro 10 lutego Jacek ma imieniny i z tej okazji zjedzie się cała rodzinka to trochę pogawędziliśmy przy szklance wina. 3 marca znów święto, obchodzimy z Małgosią 10 rocznicę ślubu. Jak ten czas leci, a my się starzejemy. U nas uciecha na nartach i sankach a małe pomidory rosną w doniczkach. Czesiu mam do Was prośbę uściskaj mocno mamę i Wandzię, już w ogóle nie wiem jak Wandzia wygląda. Piszesz, że rodzinka Gryczów jest rozrzucona po Stanach to tak jak my z Czesiem.

Uściskaj i pozdrów Anastazję i Michała od nas i życz im dużo dobrego. Wysyłam Wam jedno zdjęcie naszej rodzinki. Nie wyszło najlepiej, ten w środku to Krzysiu a obok mnie to Jacek.

Bardzo dziękuję za opłatek, którym dzieliliśmy się wszyscy. Ja mówię, że najważniejsze to zdrowie a reszta to sama przyjdzie. Będę kończył, śle moc pozdrowień i uścisków dla Twojej kochającej żony Moniki, Stefanka, Anastazji, Michała i oczywiście dla Ciebie Czesio, Mamy Wandzi. Z utęsknieniem czekamy na list.

Małgosia, Jacek, Krzysiu i Jurek

P.S. Czesio mam małą prośbę jeżeli możesz to przyklejaj na listy ładne znaczki bo Jacek i Krzysiu zbierają.

Jerzy Poczekaj
1983.02.09
Włoszakowice

My Dear Czesio,

Thank you for your lovely letter, which I immediately read to my family at home. At the very beginning of my letter, let me express wishes for health, success and everything in life that is good for little Stefan on the occasion of his 1st year (after all, he has finished a full year of his life).

You write a lot in your letter about Stefan, and so we have a better idea of his wellbeing and behavior. Everything here is turning, as of old. Tomorrow, on the 10th of February, Jacek has his name day. To celebrate, our entire family will fall upon us. We will all catch up and visit over a glass of wine.

On the 3rd of March there will be another celebration, because Małgosia and I will celebrate our 10th wedding anniversary. Time flies as we grow older. We're having a ball right now on skis and sleds, while little tomatoes are growing in our starter pots.

Czesio, I have a request. Hug your Mother and Wandzia tightly for me. I no longer can even imagine what Wandzia looks like. You write that the Grycz family is scattered about the US. It's the same with us and our Czesio.

Hug and give our best wishes, too, to Anastasia and Michał. Wish them all that is good. I am sending you a photograph of our family. It didn't come out too well, but that's Krzyś in the middle and Jacek, next to me.

I thank you very much for your opłatek, which we all shared. I say that the most import thing is health. Given that, the rest will come along. I will end, sending many wishes an hugs for your beloved wife, Monica, for Stefan, Anastasia, Michał and, of course, you, Czesio, and your Mother and Wandzia. With longing, we await your letter.

Małgosia, Jacek, Krzys and Jurek

P.S. Czesio, I have a small request. If you can paste onto your letters nice different postage stamps, please do so, since Jacek and Krzys collect them.

nad. Marylka Rzeźniczak
17.03.1983 rok
Włoszakowice

Kochany Czesiu z rodzinką,

Przede wszystkim bardzo, bardzo gorąco dziękujemy Wam za paczkę z odzieżą. Ogromnie byliśmy zaskoczeni i ucieszeni. Każdemu coś „skapło". Szczerze mówiąc to najwięcej z tej paczki skorzystałam ja. Ponieważ wszystkie damskie rzeczy pasowały na mnie. Jeszcze raz ogromnie dziękujemy. Sweter jeden był dobry dla Jurka i jeden dla Małgosi, dla Jacka również, dla dziadka koszule i spodnie po małym zwężeniu też pasują dla naszych panów.

Najwięcej radości to chyba miał Zdzisiek. Kiedy otwieraliśmy paczkę on był już pierwszy a raj miał wówczas kiedy mógł wyjmować rzeczy z dużego kartonu, tak jak mama. Kiedy karton był już pusty, nie mógł dosięgnąć dna, tak zaglądał, ze aż w końcu wpadł do środka głową w dół. Śmialiśmy się strasznie, Zdzisek w pierwszej chwili się przestraszył, ale widząc, że my się śmiejemy to i on zaczął się śmiać, chociaż do dużego pudła już nie miał zaufania.

Zdzisek ma już 13 miesięcy. 7 kwietnia będzie już 14 miesięcy. Jak ten czas leci. Chodzi już sam i co chwile nabija sobie guza albo siniaka. Cały dzień się śmieje od samego rana jak tylko się obudzi. Dzięki niemu jest zupełnie inna atmosfera. Ciągle mu w głowie figle i bardzo dobrze się rozwija. Otwiera rano sam piec i wkłada drewno i węgiel, żeby babcia mogła zrobić ogień. Nieraz to babcia nie może nadążyć za nim. Mówi pojedyncze słowa i lubi majsterkować, pukać, stukać, nakładać kółka na piramidkę, rozkręcać itd...Stefan też już pewnie duży chłopak. Widzieliśmy jego zdjęcia u Jurka, jest śliczny i te oczka takie figlarne, duże. Zdzisek dawał mu co chwilę buzi (całował zdjęcie). Poza tym czas płynie, stale w biegu. Teraz i Jackowi doszło jeszcze więcej obowiązków. Musimy jeszcze po pracy załatwić wszystkie zakupy. Część Jacek przywozi z Leszna bo po pracy ja już u nas wszystkiego nie dostanę a w mieście jest jednak lepsze to zaopatrzenie. Na razie jakoś sobie radzimy. Do tej pory tato załatwiał nam to wszystko, ale dziś już nie może. Tydzień temu wrócił dopiero do domu. Był miesiąc w szpitalu. Dostał paraliż. Na szczęście nie był

Marylka Rzeźniczak
1983.03.17
Włoszakowice

Dear Czesio and his Family,

In the first place, we thank all of you very, very much for the package of clothing. We were very surprised and delighted. There was something for everyone. Frankly speaking, it was I who had most benefit from the things, since all the ladies' clothes fit me perfectly. Once again, we are very thankful. One sweater was just right for Jurek, and one for Małgosia. The same is true of Jacek because Grandfather's shirt and pants fit our men after just a few small alterations.

The greatest happiness was little Zdzisiek's. When we opened the package he was the first in line. He was in paradise, since he was able to remove things from the huge carton, just as Mother had. When the carton was empty, he could no longer reach the bottom. He kept looking inside until, in the end, he fell into the carton, head down. We laughed uproariously. Zdzisiek was frightened in the first moment. But finding that we were all laughing, he started laughing. Only, from then on, he didn't quite trust the big empty carton.

Zdzisiek is 13-months old now. On the 7th of April, he'll be 14-months old. How the time flies. He is already walking by himself and is frequently giving himself bumps and bruises. All day he laughs. From the moment he wakes up he is cheerful. Thanks to him, there's a completely different atmosphere. He is always working things out in his head and, generally, is developing well. He can open the oven door by himself in the morning, and puts in wood and coal inside, so that Grandmother can start the fire. Very often, Grandmother can't keep up with him. He says individual words and loves to poke around, knock, bang, arrange his blocks into pyramids, unwind things, etc.

Stefan is probably already a big boy. We saw his photograph at Jurek's house. He is beautiful and with charming big eyes. Zdzisiek gave him a kiss (he kissed his photo) every few minutes. Other than that, time swims, always in motion.

Recently, Jacek took on more obligations. After work, we must do all the shopping. Part of it, Jacek brings home from Leszno after work, because I can't get much after work. It is sometimes easier to do the shopping in the city. For the time being, we're getting along. Up till now,

on bardzo silny. Tak więc dobrze, że to wszystko tak się skończyło. Codziennie sam daje sobie zastrzyki insuliny na cukrzycę. Ale na szczęście wyszedł z tego jakoś. Owszem nie jest tak sprawny jak przedtem, ale wszystkie czynności osobiste zrobi koło siebie sam. Czasami jest chwile ze Zdziskiem kiedy mama musi wyjść do ogrodu, czy po węgiel. Od dwóch tygodni mamy folię.

Posadziliśmy już pomidory. Jak się uda to znów będzie parę groszy na dołożenie do życia. W folii robimy też razem z Jackiem po pracy. Mama ma i tak sporo obowiązków ze Zdziskiem no i w domu. Czasami tylko gdy nas nie ma idzie zobaczyć jaka jest temperatura, czy nie potrzeba nałożyć do pieców. Tak więc praca, praca i jeszcze raz praca. Tak samo też wygląda u Jurka. Trzeba jednak sobie jakoś radzić. Ciekawi jesteśmy co u Was słychać, jak mały Stefan? Co porabia Michał i Anastazja? Jak Monika się czuje? Niech Bóg ma Was w Swojej opiece.

 Ściskam mocno,

 Marylka z Rodziną

Father was taking care of the shopping, but he can't do that any longer. A week ago he arrived back home. He had been a month in the hospital because of paralysis [a stroke?]. Fortunately, it was not very severe. So, all is well that ended this way. Every day he gives himself insulin shots for diabetes. But also fortunately, his blood sugar has come down a good deal. Of course, he's not as capable as before, but he can completely take care of his own needs. Sometimes there are moments he spends with Zdzisiek when Mother must leave for a few moments to the garden, or get some coal.

In the last couple of weeks, we have a greenhouse. We planted our tomatoes already. If these survive, there will be a few more pennies to add to our lives. Jacek and I also tend the plants in the greenhouse after work. Mother has a few tasks in the house and is with Zdzisław.

Sometimes, when we're not here, Mother goes out to check the temperature in the greenhouse and makes sure to keep the stoves stoked. So there's work, work, and always more work. Its the same way at Jurek's. But one has to make things work for themselves.

We are curious what there is to hear from you. How is little Stefan? What are Michał and Anastasia doing? How is Monica feeling?

May God have you in His care.

We hug you tightly…

Marylka and the family

nad. Halina Grycz-Poczekaj
22.11.1983 rok
Włoszakowice

Kochana Władziu wraz z całą Rodziną,

Szybkimi krokami zbliżają się Święta Bożego Narodzenia. Z tej tez okazji składam Wam Wszystkim moc serdecznych i gorących życzeń. Zdrowych i spokojnych Świąt oraz szczęśliwego Nowego Roku. Przede wszystkim dużo zdrowia i radosnych chwil w tym Nowym Roku 1984.

Dziś otrzymaliśmy paczkę ze Szczecina od Was. Bardzo Wam Wszystkim za nią dziękujemy.

Serdecznie żeśmy się ucieszyli. U nas nie bardzo wesoło. Za dwa dni muszę jechać do szpitala do Poznania, a raczej do kliniki ginekologicznej na ulicę Polną. Byłam już w Lesznie w szpitalu i wysłałam wymaz do badania. Wyniki nie są pomyślne, I stopień złośliwości, a że mam cukrzycę, więc przekazano mnie do kliniki. Nie wiem co zrobią ze mną, ale chyba będę mieć operację. Chciałabym wrócić do domu do Wigilii, lecz Bóg wie jak i co będzie. Żal mi bardzo małego Zdzisia, będzie pierwsze dni tęsknił, bo najwięcej z nami przebywa. Marylka będzie 1 miesiąc w domu. Zobaczymy jak to będzie. Wszystko w ręku Boga. Janek coraz lepiej się czuje, choć ten paraliż z lutego bardzo powoli się cofa. Choć teraz już napali nam w piecach, węgla przyniesie i takie tam drobne prace wykona. Jacek też w domu jest. Zachorował na korzonki. Mówię Ci Władziu coś niesamowitego z tymi chorobami u nas. Nie tak dawno jak było ze mną źle ze sercem. Zawsze jest u nas tak, że już się wydaje, że jest sytuacja bez wyjścia, a w ostatniej chwili wyciąga człowieka „ktoś" za ostatni włos. Mam nadzieję, że i tym razem tak będzie, da Bóg. Chciałabym jeszcze trochę pożyć by Marylce pomóc wychować, czy odchować Zdzisia i jak będą mieli to drugie dziecko. Bo jedno dziecko to jest nic, a w obecnym kryzysie muszą oboje pracować, bo inaczej nie dadzą rady, aż strach pomyśleć co to będzie od 1 stycznia, jak będą te nowe podwyżki żywności. Przeżyjemy, zobaczymy co będzie dalej. Wybacz, ze tyle Ci o moich troskach napisałam. Sama zapewne masz ich tez nie mało, a ja Ci jeszcze moimi głowę zawracam. Jeszcze

Halina Grycz-Poczekaj
1983.11.22
Włoszakowice

Dear Władzia together with the whole Family,

With quick steps the holidays of the Lord's birth are approaching. On this occasion we extend to each of you, many heartfelt and warmest wishes. May you have healthy and peaceful holidays and a Happy New Year. Above all, much health and joyful moments in the New Year, 1984.

We received your package from Szczecin from you. We thank you very much for it. We were very pleased. It was a very joyful here.

In two days I have to go to the hospital in Poznań, or rather to the gynecological clinic at Polna Street. I was in Leszno at the hospital and sent off a blood sample for the laboratory. The results are positive, and the degree of it indicates that I have diabetes, so they have referred me to the clinic. I don't know that they will do with me, but probably some kind of operation.

I would like to be home by Wigilia. God, alone, knows how and what will be. I am sad for little Zdzisiek. This will be his first loneliness, since he is most close to his Grandmother. Marylka will be at home for a month. We will see how it turns out. Everything is in God's hands.

Janek is feeling better all the time. But the paralysis from February is only now going away. Now, of course, he's chasing us with his energy, bringing in coal and doing all sorts of little things.

Jacek is also at home, but he has became ill with his roots. [teeth? root canal?] I tell you, Władzia, it something quite unbelievable with these illnesses, here. It wasn't so long ago that I was having heart trouble. It is continuous, here. One would think that its a chronic condition without escape. And, always, at the last minute "someone" pulls us out by the last hair on our heads. I hope, that it will be that way this time, God willing. I would like to live a while longer to help Marylka raise, or bring up, Zdzisiek especially should they have a second child. One child is nothing.

And in today's time of crisis, both of them must work, for otherwise, they couldn't make it. Its a fright to think what might happen after the 1st of January, when there will, again, be raises in the prices of foodstuffs. We'll live through it. We will see what comes next. Forgive me for writing so much about my little worries. You, without doubt, have plenty of

jedno, jak wiesz staram się o odznaczenia Śp. Czesia to znaczy jak byłam w Kleve na grobie u brata- Czesia, zdobyłam adresy do Anglii i chciałam wiedzieć wszystko co oni wiedzą o Czesiu. W jakich okolicznościach zginął i tak dalej. Dostałam dużo danych na Jego temat i zaznaczono mi w ostatnim liście, że mam się starać o Jego odznaczenia przez ambasadę Brytyjską w Polsce, co też uczyniłam. Dostałam z ambasady formularze, wypełniłam i wysłałam, ale zaznaczyli, że jeżeli nie mam dla niego jeszcze medalu za wojnę 1939-1945 to Wielka Brytania przyznaje (też pośmiertnie) dla wszystkich odznaczenia co służyli w armii brytyjskiej. Dlatego Sp. Jaśkowi też on przysługuje. Jest to cenna pamiątka dla pokoleń i możesz się tez o niego starć.

Ja dostanę wszystkie odznaczenia Czesia jeżeli Polska wyrazi na to zgodę. Ponieważ nasza rodzina w walce o Polskę ma bardzo duży udział. Mojej mamy ojciec był dowódca powstania Wielkopolskiego. Mój ojciec jego zastępcą. Mamy brat został zabity przez Niemców pod Zbarzewem. Mamy bracia i ojca bracia byli powstańcami. Jasiu i Czesiu też w drugiej wojnie walczyli. Czesiek leży w Klewe. Jak mamy brata zabili w powstaniu, to mamy ojciec wziął Jaśka na rękę i nad zwłokami syna powiedział „Wnuku Ty pomścisz śmierć Twojego Wujka".

Kończę moja kochana na dziś. Raz jeszcze zasyłam Tobie i całej Rodzince moc serdecznych uścisków, ucałowań i pozdrowień. Zostańcie z Bogiem i niech Was Bóg ma w Swojej opiece.

Ściskam i całuję Was Wszystkich

Halina z całą rodziną z Polski

your own, without my bothering you with mine. One more thing. As you know, I am trying to get a military honor for Czesław, of holy memory. Specifically, this means that when I was at Klewe, at the gravesite of my Brother, Czesław, I obtained an address in England. I wrote asking them for all the information they had about him. [I wanted to know] where he was killed and how, and so on. I received a lot of details concerning him and it was brought to my attention in the latest letter that I should apply for a designation for him through the British Embassy in Poland, which I also did. I received a form from the Embassy. I filled it out and returned it. But they replies that if I do not yet have for him a medal for his service in the war, 1939-1945, then Great Britain acknowledges (even posthumously) such a medal for everyone who served in the British services.

This means, it would also be justified for Jan, of holy memory. This is a valuable memorial for his descendants. You can also apply for it.

I will obtain all the medals owed Czesio, just as long as Poland grants me permission. Our family has a long history of service in defense of Poland. My Mother's Father was a commander in the Uprising of Greater Poland. My Father was his deputy. Mother's brothers and Father's brothers were insurgents. Jan and Czesio fought in the Second World War. Czesio lies in Klewe. When they killed Mother's brother in the uprising, Mother's father took Jan by the hand. Over the body, he told his son "Grandson, You must avenge the death of Your Uncle."

I end, my dearest, for today. Once again, I send you and your whole family many sincere hugs, kisses and wishes. Remain with God. May God have you in His hands.

I embrace and kiss each of you…

Halina and the whole family from Poland

1984

nad. Halina Grycz-Poczekaj
05.01.1984 rok
Poznań

Kochana Władziu,

    Moc serdecznych pozdrowień, uścisków i ucałowań zasyłam Tobie i całej Rodzinie. Donoszę Ci, że dziś opuszczam po 6 tygodniach szpital i jadę do domu. Bardzo się cieszę. Operacje dobrze przeżyłam, czuję się dobrze i już dobrze chodzę. Jak wykazały ostatnie wyniki nie ma nic złośliwego a docent profesor Michałkiewicz zapewnił mnie, że w 100 wszystko jest dobrze. Operacja była konieczna, ale dosłownie zgłosiłam się na nią w ostatniej chwili.

    Wyniki nie pokryły się z wynikami robionymi w Lesznie choć do końca była wielka niewiadoma. Jednakże ostatnie wyniki są bardzo dobre dla mnie, z czego bardzo się cieszę i Bogu za to dziękuję. Chciałabym jeszcze trochę pożyć by Marylce choć tego małego zabawić jak ona jest w pracy. Co słychać u Was? Często myślimy o Was. Żal mi było Wandzi. Może teraz uśmiechnęło się do niej szczęście. Życzę Jej wszystkiego najlepszego. Dużo radości, szczęścia w życiu osobistym. Jest jeszcze taka młoda. Uściskaj i ucałuj Ją serdecznie ode mnie. Także moc życzeń, wszystkiego najlepszego dla Niej i Jej męża. Serdeczne pozdrowienia, ucałowania i uściski dla Czesia i całej Jego Rodziny. Michał jeszcze pewnie się uczy, a Stefan rośnie i pomyśleć, że ma już 2 lata. Często też myślę o Anastazji. Jest może poprawa. Jak Ci czas pozwoli napisz kilka słów. Co u Ciebie Władziu? jak Ty się czujesz? Wandzia chyba daleko od Ciebie? Czesia i jego rodzinę masz bliżej. Czym człowiek starszy tym bardziej tęskni za najbliższymi. Dziś będę w domu to i ja się cieszę. Gwiazdkę i Nowy Rok spędziłam tu w szpitalu, nie było jednak na to rady, ale teraz pełna radość wracam do domu. Kończę na dziś. Zasyłam raz jeszcze Tobie i całej rodzinie moc serdecznych pozdrowień, uścisków i ucałowań. Zostańcie z Bogiem i niech Was Bóg ma w Swojej opiece.

    Ściskam i całuję Was Wszystkich,

    Halina

Halina Grycz-Poczekaj
1984.01.05
Poznań

Dear Władzia,

I send you and your whole family many sincere wishes, hugs and kisses. I am happy to tell you that today, I left the hospital after six weeks, and am going home. I am very happy. I lived through the operation well. I feel well and I can walk around already. As was indicated by the last laboratory tests, there was nothing malignant. Docent Professor Michałkiewicz assured me that everything is 100% Ok. The operation was necessary, and I had come in for it at the very last moment. The results did not completely agree with the results done in Leszno, so, at the end, there was a great unknown.

Nevertheless, the last results are very good for me. I am very happy about that and give thanks to God. I would like to live a little longer in order to play with the little one some more, while Marylka is at work.

What is there to hear from you? We frequently think of you. I was very sorry for Wandzia. Maybe now happiness will smile upon her. I wish her the very best of everything. Much joy, happiness in life and for herself. She is still so young. Hug her and kiss her for me most affectionately. Likewise, many wishes for all that is good for her and her husband. Sincere wishes, kisses and hugs for Czesio and his whole family. Michał is probably still in school, and Stefan is growing. Just think, he is already 2 years old. I often think of Anastasia. Has there been any improvement? When time permits, write us a few words.

How is it with you, Władzia? How do you feel? Does Wandzia live very far away from you? Czesio and his family may live closer. The older one gets, the more she longs for those who are dearest. Today I will be home again. I am so happy. I spent Christmas and New Years in the hospital. There wasn't any way to avoid it. But now, full of joy, I am returning home. I will end for today. I send you, once again; along with your whole family many best wishes, hugs and kisses. Remain with God. May God have you in His care.

I embrace and kiss each of you,

Halina

nad. Marylka Rzeźniczak
01.03.1984 rok
Włoszakowice

Kochana Ciociu,

Kilka dni temu wysłałam list do Wandzi wraz z dwoma zdjęciami Zdziska. Dziś postanowiłam napisać kilka słów do Cioci. Przede wszystkim trochę o mamie. Otóż do domu mama wróciła dopiero 5.01. Dwa tygodnie temu była jeszcze raz w klinice w Poznaniu na kontroli i okazało się, że wszystko ładnie się zagoiło, zabliźniło i jest dobrze. Przy tej okazji miała tez usuniętą przepuklinę i wyrostek. Dzięki Bogu, ze to wszystko tak się zakończyło, chociaż wyglądało niewesoło. Teraz z dnia na dzień nabiera sił i czuje się dobrze. Przez cały czas kiedy jestem z Jackiem w pracy, mama jest z tatą przy Zdzisku i gotuje obiady. Dla Zdziska jest właściwie nie babcią a mamą. Wandzia pisze, że Zdzisek jest bardzo podobny do Stefana i nam się tak wydaje. Stefan już pewnie jest dużym wspaniałym chłopcem wie Ciocia mówiłam już do mamy, że im człowiek starszy to bardziej tęskni za najbliższą Rodziną.

Tęsknię za Czesiem i jego Rodziną, nie znam małej Karolinki. Często rozmawiamy i myślimy o nich, i o Cioci, i o Czesiu, Monice i Anastazji i Michale, no i małym Stefanku i o Wandzi i Shownie.

Nie mogłam się napatrzyć na zdjęcia Wandzi i jej męża. Są wspaniała parą. Ślicznie razem wyglądają. Shown przypomina mi bardzo solistę zespołu *Mazowsze*. Oby im ułożyło się w życiu jak najlepiej. Życzymy jej wszyscy tego z całego serca. Pisałam też Wandzi, że gdyby mogli i mieli okazję przyjechać do nas, a może Czesiu z rodzinką będzie mógł się kiedyś wybrać albo Ciocia, to bardzo gorąco zapraszamy. Tak bardzo chcielibyśmy Was zobaczyć a Jacek chciałby też poznać swoją rodzinkę. Teraz kiedy jestem starsza, inaczej się jakoś na to wszystko patrzy. Pamiętam kiedy byłam mała i czasami trochę, jak to dzieciaki czubiliśmy się, mama zawsze powtarzała żebyśmy się kochali i szanowali, bo może kiedyś będziemy się szukać no i miała rację. Teraz jeden za drugim bardzo tęskni. Ale takie jest życie i nic na to nie poradzimy. Co zrobić. Wandzia zrobiła nam ogromną niespodziankę tą układanką. Prawie 2 godziny

Marylka Rzeźniczak
1984.01.03
Włoszakowice

Dear Auntie,

A few days ago I posted a letter to Wandzia with two photographs of Zdzisiek. Today, I determined to write a few words to you, Auntie.

First of all, a little about Mother. Mother returned home on the 5th of January. Two weeks ago, she was still one more time in the clinic in Poznań for an examination and it turned out that everything is healing nicely, the surgery marks have closed up and all is well. While she was at it, she also had her hernia and her appendix removed. Thank God, that everything ended as well as it did. It hadn't looked so promising. Now, from day to day she is gaining in strength and she feels very well.

During the whole time Jacek and I are at work, Mother and Father are with Zdzisiek and they prepare supper. For Zdzisiek, she isn't "Grandmother" at all, but "Mother." Wandzia writes that Zdzisiek is very similar to Stefan, which is just what we think. Stefan is already, no doubt, a big and handsome boy. Auntie knows that I've already said to Mother that the older one gets, the more they want to be close to their dearest family.

I long for Czesio and his family in Berlin. I don't know little Karolinka. We often talk and think of them; and of you, Auntie; and of Czesio and Monica and Anastasia and Michał, and of little Stefan; and about Wandzia and Shawn.

I couldn't get enough of looking at Wandzia and her husband. They are a handsome pair. They look great together. Shawn reminds me of one of the soloists in *Mazowsze*. May things turn out for them in life, as is best. We wish this all with our whole hearts. I already wrote to Wandzia hoping that they might have the possibility of visiting us. Or maybe Czesio and his family will sometime be able to come. Or Auntie. We warmly invite you all. We would so like to see you again, and Jacek would like to get to know his family.

Now that I am older, I look at things differently. I remember when I was small and sometimes, as children will, we got into quarrels, Mother would always tell us that we should honor one another because at some time we might even have to search for one another. She was right. Now, each one of us always longs for the other. But that is the way life is, and

namęczyłam się nad nią. Zdzisek zdążył zasnąć, a ja do samego końca nie mogłam zaskoczyć, że to powiększone zdjęcie Zdziska ze mną. Na drugi dzień Zdzisek zobaczył gotowa układankę i jak tylko ktoś do nas przyszedł to zaraz prowadził do pokoju, żeby pokazać co mamusia ułożyła i powtarzał, że to od cioci Wandzi. Naprawdę zaskoczyła nas no i dała sporo do myślenia przy tym układaniu. Kilka dni temu oglądaliśmy z mamą w telewizji program o Polonii na całym świecie. Program ten był dość późno i wszyscy już spali. Tylko my obie jak zwykle takie nocne Marki siedziałyśmy tak długo. Był to wspaniały program.

Byliśmy tak blisko Was, bo „byłyśmy" w San Francisco i w Los Angeles, i te miasta były nam tak bliskie jakbyśmy już tam kiedyś były.

Kończę i zasyłam wszystkim od wszystkich moc pozdrowień, uścisków i buziaków.

Marylka z Całą Rodziną

we can't change it. What is there to do? Wandzia surprised us very much with her puzzle. I spent almost two hours on it. Zdzisiek fell asleep and I worked to the very end when I was so surprised that it was an enlargement of the photograph of Zdzisiek with me. The next day, Zdziek saw the puzzle all put together. If anyone came over, he would immediately take them into the room to show them what his Mother had put together. He repeated that it was from Aunt Wandzia. She really surprised us and gave us a lot to think about while we were putting it together.

    A few days ago, we watched a television program with Mother about *Polonia* around the whole world. The program was broadcast quite late, so everyone was already asleep. Only we, two, as usual (the night-owls), stayed up so long. It was a wonderful program.

    We were so close to you, because we "were" in San Francisco and in Los Angeles. Those cities were as close to us as if we had been there ourselves.

    I end, sending you all, from all of us, many wishes, hugs, and kisses...

    Marylka with her whole Family

nad. Halina Grycz-Poczekaj
12.12.1984 rok
Włoszakowice

Kochana Władziu,

Moc serdecznych i gorących pozdrowień zasyłamy Tobie i całej Rodzinie z Polski. Muszę Wam donieść wesołą nowinę. Marylka urodziła córkę Paulinę-Marię 08.12 o 10:45. Paulinka ważyła 3kg 900g. Od wczoraj jest w domu, a raczej obie są w domu. Mała ma ciemne włosy. Nosek płaski, lekko zadarty do góry, a poza tym mały klopsik.

Bardzo się wszyscy cieszymy i wszyscy są w niej zakochani. W tej chwili jest to najważniejszą osoba u nas w domu. Zdzisiu ją bardzo kocha. Przynosi pieluszki i całuje małą. Kochane są te dzieciaki.

Kochana Władziu w ubiegłym tygodniu był u nas jakiś pan z polecenia księdza z Poznania i wręczył mi od Was albo od Ciebie 20$. Bardzo serdecznie Ci dziękuje. Sama masz kłopoty i jeszcze o nas się martwisz. Raz jeszcze bardzo Ci dziękujemy. U nas wszystko po staremu. Wszyscy się jakoś trzymamy. Największy kłopot mamy już z głowy. Do Świąt i Marylka już będzie się lepiej czuła, a Święta zbliżają się milowymi krokami. Za dwanaście dni Wigilia. Tego roku da Bóg będziemy razem. Rok temu i Boże Narodzenie i Nowy Rok byłam w szpitalu. A teraz da Bóg będziemy razem. Czesia teściowa (Krysi mama) jedzie do nich na Święta. Piętnasty grudnia będzie już u nich. Nie będą też tak sami. Będzie im raźniej i lżej, a Krysia będzie zadowolona, że swoją mamę znowu zobaczy. Może być najlepiej, lecz straszna jest ta tęsknota. Tyle u Nas.

Pogoda u nas ładna, wiosenna, ale zapowiadają w najbliższych dniach mrozy i śniegi. Może będziemy mieli prawdziwą gwiazdkę z mrozem, śniegiem oraz bałwanem. Jak Ci czas pozwoli napisz znów kilka słów. Co słychać u Wandzi? U Czesia? Jak tam mały Stefan się chowa? Michał musi też już być dużym chłopcem. Jak tam z Anastazją? Często o Was rozmawiamy w domu, a najwięcej z Marylką. Teraz Marylka będzie cztery miesiące w domu na urlopie wychowawczym. To jest przez całą zimę. Bardzo się cieszę.

Halina Grycz-Poczekaj
1984.12.12
Włoszakowice

Dear Władzia,

Your whole family from Poland sends you many sincere and warm wishes. I must share with you good news. Marylka gave birth to a daughter, Paulina-Maria on the 8th of December at 10:45 a.m. Paulina weighed 3 kg and 900 grams [8.59 lbs]. Since the evening she has been at home, or rather, they both are at home. The little one has dark hair. Her nose is flat, slightly raised up. Besides that, she is a little meatball. We are all very happy and everyone is in love with her. At this moment she is the most important person in our house. Zdzisiek loves her very much. He brings her diapers and kisses her. These children are so lovely.

Dear Władzia, last week there was a man, here, upon the order of a priest from Poznań, who delivered to me from all of you, or from you, yourself, $20. I sincerely thank you. You have your own difficulties and you continue to concern yourself with us. We thank you once again, very much. Everything is, as of old with us. We are all somehow holding on. Our biggest problems are already off our heads. We have to get to the holidays. But by that time Marylka will already be feeling better, even though the holidays are approaching with quick steps. In 12 days it will be Wigilia. This year, God willing, we will all be together.

Last year I was in the hospital for Christmas and New Year. Now, thank God, we will be together.

Czesio's mother-in-law, Krystyna's mother, is going to see them for the holidays. On the 15th of December she'll already be there. They won't be alone that way. It will be brighter and lighter. And Krysia will be pleased to be able to see her Mother again. It will be the best. Terrible is our homesickness. There is so much of it, here.

Our weather is very nice, Springlike. But the forecast is for freezing temperatures and snow in the next few days. Maybe we will have a real Christmas with freezes, snow and snowmen.

When time permits, write us a few words again. What do you hear from Wandzia? From Czesio? How is little Stefan behaving? Michał must already be grown up. How is Anastasia doing? We often chat about you at home. Most of all with Marylka. Now Marylka will be at home for

Kończę na dziś. Już jest późno, a jutro muszę do Leszna pojechać. Raz jeszcze życzę Wam Wszystkim zdrowych, radosnych i spokojnych Świąt Bożego Narodzenia oraz Szczęśliwego Nowego Roku.
Zostańcie z Bogiem i niech Bóg ma Was wszystkich w Swojej opiece.
Ściskam i całuję Was wszystkich mocno. Taką mam nadzieję, że jeszcze Was zobaczymy.

Serdeczne pozdrowienia od Jurków.

Halina, Janek, Marysia, Jacek, Zdzisiu i Paulinka

four months on maternity leave. That's through the whole winter. I am so happy.

I will end for today. It is already late and tomorrow I must go to Leszno. Once again, I wish all of you healthy, joyous and peaceful Feast of the Lord's birth, and a Happy New Year. Remain with God. May God have you all in His care.

We embrace and kiss you each very warmly. I have such hope that we will yet see one another.

Sincere wishes from Jurek and his family.

Halina, Janek, Marysia, Jacek, Zdzisiek and Paulinka.

1985

nad. Halina Grycz-Poczekaj
18.01.1985 rok
Włoszakowice

Kochana Władziu,

Dziękuję serdecznie za list. Dziś przyszły także życzenia świąteczne od Czesia ze zdjęciem Stefana. Bardzo, bardzo dziękujemy. Duży już jest Stefcio i fajny chłopczyk z niego. Wszyscy mówią, że jest podobny do Zdzisia, Jacek porobi zdjęcia to Wam prześlemy.

Dziś napisałam też do Chorzowa o przedłużenie tego miejsca na cmentarzu. Otóż masz rację, że chciałaś bym to miejsce załatwiła na następne 25 lat, ale nie chciano mi dać na 25 lat, a na 10, więc wykupiłam na 10 lat, a więc do kwietnia 1985r, a po otrzymaniu Twego listu prosiłam by mi na dalsze 15 lat miejsce to pozwolono zatrzymać, a zapłatę czy koszta to Ty się nie martw. Jak byliście tu ostatnio to przecież na to pieniądze mi zostawiliście, także o żadnych „pieniądzach" nie ma tu mowy. Ja pisząc ten list do Was byłam pod wrażeniem śmierci kuzynki i zawale jej męża, a oni to właśnie dbali o grób twoich Rodziców. Na szczęście Jacek był na Śląsku kilka lat i napisali zaraz do tych państwa co Jacek u nich mieszkał i ich syn (Jacka kolega) był na Wszystkich Świętych i ubrał grób Twoich Rodziców. Teraz jak załatwię dalej to miejsce, to latem będzie Marylka z Jackiem u nich, to załatwią z Jackiem ta sprawę.

Napiszę Ci po otrzymaniu odpowiedzi z biura parafialnego. Ale raz jeszcze o żadnych kosztach nie myśl, to jest moja sprawa.

A teraz drugie o zgłoszeniu majątku osób, które mieszkają za granicą. To było rozporządzenie rady ministrów, które zostało ogłoszone w „Monitorze". Ja przeczytałam w gazecie dzień przed terminem zgłoszenia. Także zdążyłam to zrobić w ostatnim dniu. Postaram się dowiedzieć co to ma być. W każdym razie doskonale wiem o twojej nieruchomości. Przecież jest zaksięgowana w Banku Dewizowym w Warszawie (konto zablokowane a pomimo to musiało być zgłoszone). Nie wiem jaki był cel, ale przypuszczamy, że niezgłoszone majątki, nieruchomości, konta i tak dalej mogą przejść

Halina Grycz-Poczekaj
1985.01.18
Włoszakowice

Kochana Władzia,

Thank you very much for your letter. Today we also received Christmas greetings from Czesio with a photo of Stefan. Thank you very, very much. Stefan is already so big, and a grand fine boy has become of him. Everyone says that he looks very much like Zdzisiek. Jacek took several photographs, so we will send them to you.

I wrote to Chorzów today to renew the site of the graves at the cemetery. You are right that you wanted me to pay for the places for the coming 25 years, but they didn't want to give me 25 years, only 10. So I had to buy it only for that long, which is to April 1985. After receiving your letter, I asked that they permit me to reserve it for another 15 years. Don't worry about the cost. When you were here, before, you left me enough money. So don't talk to me about any "money." There's nothing to discuss.

Writing this letter to you, I am under the impression of the death of your cousin and her husband's heart attack. They, it was, who cared for the grave of your Parents. Fortunately, Jacek was in Silesia a few years ago. He wrote, right away, to the people with whom he lived, and their son (Jacek's friend) went on All Saint's Day and dressed the grave of your Parents. Now when I reserve the space again, Marylka and Jacek will be there with them, so they will also handle the grave.

I will write you when I receive word from the Parish office. But once again, don't even think about any costs. That is my business.

Now, one more thing about the registration of inheritance for people who live abroad. This was a resolution of the Council of Ministers that was published in the "Monitor". I read it in the newspaper on the day before the termination of the registration. So I was able to register it on the very last day. I will try to find out what it is all about. In any case, I know a lot about your property. It is registered in the Exchange Bank in Warszawa. (It is a blocked account. But in spite of that it must have been registered.) I don't know what the purpose of this was, but we assume that it has to do with undeclared possessions, property and accounts, and so on, that could have gone over to the State Treasury or be confiscated,

na skarb państwa lub pod przymusowy zarząd lub konfiskatę, albo coś podobnego. W tym właśnie czasie było wiele szumu wokół mieszkań i domów opuszczonych przez obywateli polskich, którzy wyjechali na zachód poza granice Polski. Pisali w tym czasie, że sprawę trzeba uregulować ustawą tę sprawę, że sąsiedzi lub kto wie o takich mieszkaniach, domach, by zgłaszali się, że są bez właścicieli i sądzimy, że miało to połączenie jedno z drugim. Tyle na ten temat, jak dowiem się czegoś więcej to napisze. U nas wszystko po staremu. Święta spędziliśmy dobrze. W ubiegłym roku byłam w szpitalu.

Więc nie byliśmy razem, a tego roku byliśmy wszyscy w domu. Nie martwiłam się także o Czesia bo Krysi mama jechała do nich już 16 grudnia i będzie 2 miesiące. Więc w Święta mieli weselej. Ciekawi jesteśmy czy Wandzia z mężem byli u Was na Święta bo żal nam było Ciebie jak miałabyś być sama.

Kończę i zasyłam Tobie oraz Wandzi z mężem i Czesiowi i jego rodzinie moc serdecznych pozdrowień, uścisków i ucałowań. A Monice życzymy córy.

Halina z Rodziną

or something of the kind. During these times, there have been a good number of apartments and houses abandoned by Polish citizens who have left the country. It was written [in the papers], during this period, that the situation had to be normalized through legislation. Neighbors and anyone else who knew of such abandoned places were to register them. We believe that the one had a connection with the other. Enough on this topic. If I learn anything more, I will write you.

With us, all is, as of old. We spent the holidays well. Last year I was in the hospital. So we were not together, then. But this year, we were all at home. I also was not worried about Czesio, because Krysia's mother went to them on the 16th of December and will be there for two months. So they also had happier holidays. We are curious if Wandzia and her husband was with you for the holidays because it would have been sad for us, had you had to be alone.

Ending, I send you and Wandzia and her husband, and Czesio an his family, many heartfelt wishes, hugs and kisses. And for Monica, we hope for a daughter.

Halina with the Family

Jan Poczekaj, Zdzisław Poczekaj, Halina Grycz-Poczekaj, Paulina Poczekajówna

nad. Halina Grycz-Poczekaj
16.08.1985 rok
Berlin

Kochana Władziu,

Moc serdecznych pozdrowień z Berlina. Jestem tu od 24 lipca. Do Polski wracam 31.08.

Potem tu przyjedzie Janek końcem września. Sądzę, że już dostałaś list od Marylki. Chciała napisać po moim wyjeździe z domu. Raz jeszcze dziękuję Ci za wszystko co podaliście przez Waszego znajomego księdza. Bardzo za wszystko podziękuj w moim imieniu też Wandzi i jej mężowi oraz Czesiowi i jego Rodzinie. Miły gość ten Wasz znajomy. Szkoda tylko, że nie miał czasu wypić z nami kawy i trochę więcej o was porozmawiać. Ja pisałam już do Czesia.

Bardzo się cieszę, że Czesiu dostał tutaj w końcu zezwolenie na pracę. Ważne od 15.08 (od wczoraj). Tak długo na to czekał, aż ku wielkiej naszej radości pracuje tutaj legalnie. Bo na czarno to ich tutaj bardzo wykorzystywano. Po czterech latach widzimy się znów z Czesiem, Krystyną i Karolinką. Mieliśmy tu być ubiegłego roku, ale na to trzeba zgody Krystyny, a ona miała tu odwiedziny swojej mamy 3 miesiące. Jej ojciec też tu był 3 miesiące i brat był 1/2 roku. Więc nie zawsze jest tak jak by Czesiu chciał. W ubiegłym roku też byłoby gorzej z wyjazdem, ponieważ nie chciałam zostawić Marylki samej te ostatnie miesiące, a 4 grudnia urodziła Paulinkę. To byłoby tyle na ten temat, przeproś w moim imieniu też Czesia, że mu głowę zawracałam i podziękuj za szczere chęci i za trud jaki włożył by się wszystkiego dowiedzieć. Kończę na dziś i pozdrawiam Was Wszystkich i napisze po powrocie do Polski.

Zostańcie z Bogiem i niech Bóg ma Was w Swojej opiece.

Serdeczne pozdrowienia, uściski i ucałowania dla Ciebie i całej Rodziny

Halina

Halina Grycz-Poczekaj
1985.08.16
Berlin

Dear Władzia,

Many warm wishes from Berlin. I have been here since the 24th of July. I will return to Poland on the 31st of August.

After that, Janek will come here at the end of September. I presume you have already received a letter from Marylka. She wanted to write you after my departure from home. Once again, I thank you for everything that you gave us through the friend, your priest.[22] I thank you very much for everything in my name; and thank Wandzia and her husband and Czesio and his family as well.

He is an altogether friendly man, your friend. It was too bad, only, that he did not have time to have some coffee with us and talk a little longer. I've already written to Czesio.

I am so happy that our Czesio got himself here, and ultimately got a permit for work. It is good from the 15th of August (from yesterday). He waited for this for so long. Now, to our great joy, he can work here, legally. To work in the black market is to be terribly exploited, here. After 4 years separation, we are again with Czesio, Krystyna and Karolinka. We were supposed to be here last year, but we had to have Krystyna's permission, and she was having her Mother as a guest for three months. Her Father was also here for three months. And her brother was here for half a year. So it couldn't always happen exactly as Czesio wanted.

Last year, also, it would have been more difficult for me to leave home, on any case, since I did not want to leave Marylka all alone during her last months of pregnancy. Paulinka was born on the 4th of December. That's all for this subject.

Please apologize to Czesio, in my name, that I am troubling you. Thank him for his willingness and the trouble he went to to find out about everything. I end for today and send best wishes to each of you. I will write again after I return to Poland.

Remain with God. May God have you in His care.

Sincerest wishes, hugs and kisses for you and for your whole family.

Halina

---

[22] Undoubtedly, this was Father Andrzej Woznicki, S.Chr.

nad. Halina Grycz-Poczekaj
26.09.1985 rok
Włoszakowice

Kochana Władziu,

Moc serdecznych pozdrowień dla Ciebie i wszystkich bliskich z Polski od całej naszej rodziny. Będąc w Berlinie napisałam do Ciebie list, lecz nie miałam okazji go wysłać.

Wróciłam do domu 24 sierpnia i codziennie obiecałam sobie, że Ci napisze. Lecz po powrocie na drugi dzień zachorowałam i jakoś po miesiącu już, a jeszcze nie mogę przyjść do siebie.

Wysiadło wszystko i nerwy i zdrowie. Mam jednak nadzieję, że najgorsze już minęło i że powoli wrócę do normy. W domu też jest teraz dużo pracy, ponieważ robimy nową konstrukcję na tunel foliowy z ogrzewaniem centralnym. Mieliśmy w coś zainwestować, ponieważ ceny lecą w górę jak zwariowane, wiec chcąc żyć trzeba dorobić do pensji. Marysia już pracuje w przedszkolu. Zdzisiu idzie do przedszkola od 8 do 13.00. Dziadek i ja zajmujemy się małą Paulinką. Ja gotuję a Marysia robi resztę. Jacek jest jeszcze na chorobowym od Wielkanocy. Choruje na serce. Jeszcze ma miesiąc urlopu i potem do pracy bo po ½ roku choroby zakład zwalnia pracownika. Lekarz chciał go dać na roczna rentę, ale zakład by go zwolnił i po powrocie musiałby szukać pracy. Teraz pracuje na miejscu a potem nie wiadomo gdzie. Zawsze coś musi być bo inaczej było by za dobrze. Raz jeszcze bardzo ci dziękuję za wszystko co przesłaliście przez Waszego znajomego księdza. On chyba jeszcze w Polsce jest, ponieważ mówił, że będzie tu ½ roku. Byłą to dla nas miła niespodzianka. Raz jeszcze bardzo Wszystkim za wszystko dziękujemy. Jak Ci czas pozwoli to napisz kilka słów.

Co słychać u Was? Jak Wam Wszystkim leci? Co z Wandzią? Czy jest w San Francisco z powrotem? Lepiej, żeby była z mężem blisko Ciebie. Jakie to życie jest okrutne. Jednych zabiera tak młodo inny, każe się tak długo męczyć i żyć z tym bólem i żalem za tymi co odeszli. Musimy pewnie jeszcze odpokutować za swoje grzechy młodości, a teraz chciało by się być jak najdłużej z bliskimi. Te dzieciaki są wspaniałe i zapewniają te pustki w życiu na starość. Będę

Halina Grycz-Poczekaj
1985.09.26
Włoszakowice

Dear Władzia,

Many heartfelt greetings for you and all those close to you from Poland and from our whole family. While I was in Berlin, I wrote you a letter, but I never had a chance to mail it.

I returned home on the 24th of August, and promised myself, every day, that I would write. But the next day after my return, I got sick. It's been over a month now. I can't quite return to my normal self. Everything left me; both nerves and health. Now, I hope that the worst is past, and I will slowly return to normal.

There's a lot of work at home right now, since we are doing some major reconstruction of the greenhouses with central heating. We had just enough to invest in something, since prices are rising like crazy. If one wants to live, it is essential to add to one's retirement pension.

Marylka works in the pre-school. Zdzisiek goes to pre-school from 8:00 a.m. to 1:00 p.m. Grandfather takes care of little Paulinka. I cook and Marylka does the rest.

Jacek is still on sick leave from Easter. He has trouble with his heart. He has a month's leave left, and then must return to work. After a half year, the company can lay off an ill employee. The doctor wanted to put him on an annual pension, but the company would have fired him and he would still have had to look for work. Now he works in the shop. Later, who knows where he'll be assigned or find work. You must always have something, otherwise what you get might not be good.

Once again, I thank you for everything that you sent us through your friend the priest. He is probably still in Poland, because he told us he would be here for half a year. It was a very pleasant surprise for us. Once again, we thank all of you for everything. When time permits, write a few words for us again.

What is there to hear of you? How is it going for each of you? Where is Wandzia? Is she back in San Francisco? It would be better if she and her husband were closer to you. Otherwise life, all alone, is cruel. Life takes away some, when they are too young. Then, it obligates us to toil and suffer with the pain and sorrow for those who have been taken away. We probably still have to atone for the sins of our youth, but now

kończyć na dziś. Może później będzie więcej czasu to Ci jeszcze kilka słów napiszę. Zasyłam Ci Władziu moc uścisków i ucałowań. Zostańcie Wszyscy z Bogiem i niech Was Bóg ma w Swojej opiece. Napisz mi jak tam czuje się Anastazja. Co porabia Michał? Co się z nim dzieje? Tak o Was często myślimy, rozmawiamy a najwięcej z Marylką o Was Wszystkich. Jak tam z bratem Wandy męża? Są w życiu tragedie a my narzekamy.

Moc uścisków i ucałowań zasyła,

Halina z cała Rodziną z Polski

one would want to be as long as possible with those closest to them. These children are wonderful. In my aging years, they fill the empty spots of my life.

I will finish for today. Maybe, later, there will still be a few moments for me to write another couple of words. I send you, Władzia, many hugs and kisses.

May all of you remain with God. May God have all of you in His care. Write me how Anastasia is doing and what Michał is doing. We think of you all and talk about you, especially Marylka. How is it going with the brother of Wandzia's husband? There are tragedies in life, and we should not complain.

Many hugs and kisses are sent you by...

Halina and the whole Family from Poland.

1986

nad. Halina Grycz-Poczekaj
18.05.1986 rok
Włoszakowice

Kochana Władziu,

Moc serdecznych pozdrowień od nas wszystkich dla Ciebie i całej Rodziny. Wreszcie zabrałam się do napisanie listu do Ciebie, już dawno miałam i chciałam Ci odpisać. Ale po pierwsze do pisania listów muszę mieć natchnienie, a po drugie nigdy nie ma czasu a szczególnie w tym roku. Co do pomnika Twojego Ojca w Chorzowie to miał być już zrobiony ubiegłego roku i chciał to zrobić kuzynki mąż z zięciem. Niestety na wiosnę zachorował mąż ojca kuzynki z zięciem na zawał serca (on też dbał o grób Twoich Rodziców) i do dziś nie może nic robić, a na dodatek latem zachorowała jego żona i dwa tygodnie przed dniem Zmarłych odbył się jej pogrzeb. Straciłam ludzi, którzy opiekowali się grobem Twoich Rodziców. Teraz dba o ten grób Jacka Ciocia, która mieszka w Chebzie (wdowa) i bardzo często jest w Chorzowie i właśnie przy kościele Św. Barbary często wysiada i często tam jest.

Co tydzień grabarz tam wygrabi. W lipcu Jacek ma cały miesiąc urlopu (cały zakład idzie w lipcu na urlop) i pojadą z Marylką do Chorzowa i na miejscu załatwią sprawę z pomnikiem na grobie Twoich Rodziców. Nie martw się to będzie w lipcu zrobione. Gdyby nie okoliczności byłoby to już zrobione w ubiegłym roku. Niestety tego nie można było przewidzieć. To by było tyle na ten temat. Marysia ze Zdzisiem wybiera się końcem lipca na kilka dni do Czesia.

Czesiu ich zaprosił a Jacek jedzie we wrześniu. Janek był u Czesia w lutym przez dwa tygodnie. Ja staram się by raz jeszcze pojechać na grób Czesia do Kleve, ale z Marylką by zobaczyła gdzie jej Wujek leży. Może kiedyś będzie mogła Zdzisiowi i Paulince pokazać to miejsce. Przed dwoma miesiącami dostałam z Ambasady Brytyjskiej odznaczenia śp. Czesia i jeszcze lotniczy medal za wojnę 1939-45. Szkoda tylko, że nie było w archiwum legitymacji do Odznaczenia, dano mi duplikaty. Są to cenne pamiątki dla naszej Rodziny. Trzy pokolenie walczące o wolność. Daleko szukać takiej rodziny z taką tradycją. Marysia już od 3 miesięcy pracuje od 6.30 do 13.00 a ma 25

Halina Grycz-Poczekaj
1986.05.18
Włoszakowice

Dear Władzia,

Many heartfelt wishes from us all for you and the whole family. I am finally getting around to writing a letter to you. I have, for quite a while, wanted to respond to yours. But in the first place, before I write letters, I must first have inspiration. And in the second place I must have some time (of which I've been short of, especially this year).

As to the gravestone of your Parents in Chorzów, it was to have been finished last year. My cousin's husband with his son-in-law was to have done it. Unfortunately, the husband of my cousin had a heart attack in the Spring and cannot do anything to this day. In addition, his wife got ill during the summer. Two weeks ago, before All Saint's Day, was her funeral. I've lost the people who had been maintaining the gravesite of your Parents. Now, the only ones tending to the grave are Jacek's Aunt, who lives in Chebzie, (a widow who is often in Chorzów near St. Barbara's Church). She get's off [the bus] and is right there, quite often. Every week, a gardener rakes there.

In July, Jacek has a month off (the whole unit goes on vacation in July). He and Marylka will go to Chorzów and will settle everything with the gravestone for the grave of your Parents. Don't worry. Everything will be done in July. If it weren't for the location, it would have been done last year. Unfortunately I couldn't have foreseen [that it would have been impossible then]. That would be all for this subject.

Marysia [Marylka], with Zdzisław, are going to visit Czesio for a few days at the end of July. Czesio invited them. Jacek will probably go in September. Janek was at Czesio's in February for two weeks.

I am hoping to go, one more time, to visit Czesio's grave at Klewe; this time, with Marylka, so she can see where her Uncle lies. Maybe she will be able to show the location to Zdzisław and Paulinka. Two months ago, I received a military decoration for Czesio, of holy memory, as well as an airman's medal for the war 1939-1945. It was too bad that the Archive didn't have the original declaration. They only send me a copy. These are valuable historical memorials for our family Three generations fought for freedom. One could look for a long time before finding such a family with such a tradition.

godzin tygodniowo mieć z powodu choroby dyrektorki przedszkola. Na dodatek od początku lutego mamy pomidory posadzone i jak przychodzi z pracy idzie jeszcze z Jackiem do folii i jeszcze pierze i sprząta w domu a my z Jankiem zajmujemy się dziećmi. Zdzisiu idzie do przedszkola rano od 6.30-13.00. Rano wieczorem zawozi go rowerem Jacek lub Marylka a o 13.00 przywozi go autobus szkolny do szkoły, która jest tylko przez ulicę i z autobusu odbiera go Janek albo ja z Paulinką. Od kilku dni mamy już wreszcie ciepło. Tego roku zima była bardzo długa, zimna i kapryśna. Wszystko jest o 3 tygodnie opóźnione. Na działce też już mamy wszystko posiane. Pierwsze pomidory też już we folii dojrzewają. Dziś są Zielone Świątki. Marylka, Zdzisiu, Jacek i Paulinka poszli na spacer jest bardzo piękny dzień i dzień I Komunii Świętej w naszej parafii. Dlatego mam trochę spokoju, aby napisać do Ciebie. Co tam u Czesia i jego Rodziny? Co tam jego maluchy porabiają? Podobni wiekiem do Marylki i Jacka dzieci, więc mogę ich sobie wyobrazić. Co słychać u Michała? Jak potoczyły się jego losy i Anastazji? Czy jest jakaś poprawa? Często myślę o Was. Jak ty Władziu się czujesz? Mam nadzieję, że wszyscy jesteście zdrowi. U nas wszystko po staremu, z dnia na dzień tylko ceny lecą w górę, raz to raz tamto. Ciekawa jestem jak długo to potrwa. Dobrze, że mamy tą folię. Zawsze jest coś do dołożenia do pensji.

Ale mniejsza z tym każdy sobie radzi jaki może. Janek tak w domu się kręci, ale nie wychodzi nigdzie. Koło domu się kręci, do kur i siedzi na podwórzu przy Paulince jak jest ciepło. Ja to jeszcze co niedzielę do kościoła i na cmentarz chodzę i proszę Boga by mi dał jeszcze jak najdłużej tą drogę pokonać. Serce mi się poprawiło a było już bardzo źle. Nogi mnie jeszcze tak bolą, ale mam nadzieję w Bogu, że będzie lepiej. Kręcę się po domu, gotuje, sprzątam i wybieram się na spacery z Paulinką i ze Zdzisiem. Raz idzie lepiej raz gorzej, ale jakoś leci.

A o wszystkim człowiek zapomina przy tych maluchach. Paulinka jest bardzo miła. Stale się śmieje i nie pozwala na czarne myśli. Zresztą tak Paulinka jak i Zdzisiu dają nam dużo radości. Sądzę, że i Czesia maleństwa dają Wam mnóstwo radości. Kończę na dziś. Znudzisz się chyba czytaniem tego listu. Moc serdecznych

Marylka has been working from 6:30 a.m. to 1:00 p.m. for the last three months. In addition, she has 25 more hours a week because the Director of the pre-school has been on medical leave.

Since the beginning of February we have had all our tomatoes planted. When she comes home from work, Marylka and Jacek go to the greenhouse. She also washes and cleans the house while Janek and I take care of the children. Zdzisław goes to pre-school in the mornings from 6:30-1:00 p.m. Jacek or Marylka takes him to school on their bikes. At 1:00 p.m., the school bus picks him up at school and Janek or I, with Paulinka, get him from the bus.

For several days now, we've finally had some warmth. This year, Winter was very long, very cold and very capricious. Everything is delayed by three weeks. On our plot of land we have everything sown. The first tomatoes are ripening in our hot house.

Today is Pentecost. Marylka, Zdzisio, Jacek and Paulinka went for a walk because it is a beautiful day and the Day of First Holy Communions in our parish. So I have a little quiet and can write to you.

What is new to find out about Czesio and his Family? What are his little ones doing? They are close to the same age as Marylka and Jacek's children, so I can imagine them. What is Michał doing? How is fate treating him and Anastasia? Are there any improvements in Anastasia's condition? We think of you often. How are you, Władzia, feeling? I hope that you are all well.

Everything here is, as of old. The only thing that changes is that from day to day the prices jump to the sky, once this item, once another. I wonder how long this can last. Its a good know we have the greenhouse. Because of it, there's always a little to add to our pension. But its all pretty minor. Everyone takes care of themselves as best they can.

Janek moves around the house, but never leaves anywhere. He moves around the house, goes to the chickens, and sits in the good air with Paulinka when it is warm.

I go to Church and the cemetery every Sunday and pray that God will allow me to continue along this path. My heart has improved. It was very bad. My legs still hurt me a good deal, but I hope to God, that they will improve. I also move around the house, cook, clean and go for walks with Paulinka and Zdzisiek. One time it goes well; another a little worse; but it goes. A person forgets everything when he is with the little ones. Paulinka is very loving. She smiles all the time and doesn't allow any dark

pozdrowień, uścisków i ucałowań dla Ciebie Władziu oraz całej Rodziny od nas wszystkich z dalekiej Ojczyzny. Zostańcie z Bogiem i niech Bóg ma Was w Swojej opiece. Paulinka wdrapała mi się na kolana i cichutko siedzi jak ja ostatnie słowa do Ciebie pisze. Proszę pozdrowić ks. Prof. Woźnickiego, który rok temu był u nas z Waszego polecenia. Sprawiliście nam miłą niespodziankę. Jeszcze raz ucałowania dla Wszystkich. Jak Ci czas pozwoli napisz kilka słów. Ściskam mocno i całuję

Halina z całą rodziną z Polski

1986 rok

Kartka Świąteczna z życzeniami Wesołych spokojnych Świąt Wielkanocnych, smacznego jajka oraz Dużo, dużo zdrowia. Moc uścisków, pozdrowień i ucałowań zasyłamy Tobie Władziu

Halina, Janek, Marylka, Jacek, Paulinka i Zdzisiu

thoughts. Besides, Paulinka and Zdzisław both give us a great deal of joy. I trust that Czesio's little ones give them a lot of joy, too.

I will end for the day. You will probably get bored reading this letter. Many heartfelt wishes, hugs and kisses for you, Władzia, as well as for your whole family from all of us in your far away homeland. Remain with God. May God have you in His care.

Paulinka has just climbed onto my lap and is sitting quietly while I write these last words to you. Please convey my wishes to the Rev. Professor Woźnicki, who was with us a year ago, sent by you. You certainly gave us a wonderful surprise. Once again, kisses for all of you. When time permits, write a few words. I embrace you and kiss you...

Halina with the whole family from Poland

1986

Holiday Card with best wishes for happy, peaceful Easter holidays, "tasty egg" and much, much good health. Many hugs, wishes and kisses are sent you, Władzia, from...

Halina, Janek, Marylka, Jacek, Paulina and Zdzisek

1987

nad. Halina Grycz-Poczekaj
26.01.1987 rok
Włoszakowice

Kochana Władziu z całą Rodziną,

Bardzo mi przykro, że muszę Wam donieść smutną wiadomość otóż po długiej i ciężkiej chorobie zmarł Janek 20.01.1987 o godzinie 5.15. Pogrzeb był 22.01.1987 godzina 11.00 u nas w kościele. Na koniec dostał zapalenie płuc i słaby tego słaby organizm nie wytrzymał.

Na dodatek Jacek, Marylki mąż, dostał dzień przed pogrzebem ataku nerek. Po serii zastrzyków był na pogrzebie Janka. Nasza mała Paulinka zachorowała wczoraj. Gorączka dochodziła do 40 stopni. Mieliśmy lekarza wczoraj i dziś i trochę jest lepsza. Dostaje lekarstwa, mamy nadzieję, że będzie lepiej i, że będzie dobrze i że wszystko minie. Co do pomnika to daliśmy go w Chorzowie poprawić. Lecz nie na długo. W gwiazdkę na cmentarzu w Chorzowie była Ciocia naszego Jacka i zastała lewy bok grobu uszkodzony i obok i leżała płyta. Z lewej strony kogoś chowano i uszkodzono bok co spowodowało przewrócenie płyty.

A że to jest grobowiec, na dodatek teren cmentarza jest podkopany przez kopalnie, dlatego bardzo łatwo o uszkodzenie grobów. Ciocia pisała, żeby ktoś przyjechał i zabezpieczył kamień, by go nie skradziono. Janek był taki słaby, więc nikt nie pojechał do Chorzowa, tym więcej, że mrozy były do 30 stopni na dodatek duże śniegi i dużo pociągów odwołano, a i pociągi miały i mają jeszcze kilka godzinne opóźnienia. Napisałam do biura parafialnego w Chorzowie i do administratorki w sprawie tego grobu Twoich Rodziców. Teraz w tym mrozie nie da się nic zrobić. Musimy czekać, aż będzie trochę cieplej. W każdym razie to załatwimy.

Dziękujemy za list Wandzi, który w poniedziałek otrzymaliśmy. Wszyscy mają kłopoty i zmartwienia. Takie już jest życie. Kochana Władziu, przeczytaj ten list i Wandzi i jej Rodzinie i Czesiowi i Jego Rodzinie. Kończę na dziś i zasyłam Wam Wszystkim moc serdecznych pozdrowień, uścisków i ucałowań. Zostańcie z Bogiem i niech Bóg ma Was Wszystkich w swojej opiece.

Halina, Marylka, Jacek, Paulinka i Zdzisiu.

Halina Grycz-Poczekaj
1987.01.26
Włoszakowice

Dear Władzia, together with the whole Family,

I am very sorry that I must inform you of the sad news that after a long and difficult illness, Janek died on the 20th of January 1987 at 5:15 a.m. The funeral took place on the 22nd of January at 11:00 at our Church. In the end he had pneumonia and his organism was too weak to resist it.

In addition Jacek, Marylka's husband had a kidney attack the day before the burial. After a series of injections, he was able to be at Janek's funeral. Our little Paulinka became ill yesterday with a fever reaching 40° C [104°F]. We had the doctor in, yesterday. She is a bit better today. She is receiving medicine and we have hopes that she will get better and will recover and that all will pass us without difficulty.

As to the gravestone, we sent it to Chorzów to be repaired. It won't be long. At Christmas, the Aunt of our Jacek was at the cemetery in Chorzów and found the left side of the grave damaged. Next to it, lay the stone. There was someone buried to the left of the grave. The side of Daddy's grave was damaged and caused the stone to tip over. Since it is it is a tomb and the location of the cemetery is undermined by the mines below, it is very easy to damage the graves. Auntie wrote that someone should come and protect the stone, so it wouldn't be stolen. Janek was too weak. So no one went to Chorzów. In addition it was very cold (30°C [-22°F]) with heavy snows. Many of the trains were cancelled and others had (and still have) many hour delays in their schedules. I wrote to the parochial offices in Chorzów and to the administrator in charge of the cemetery and the grave of your Parents. Now, in this freezing condition, they can't do anything. We must wait until it is a little warmer. In any case, we'll handle it.

We thank you for Wandzia's letter, which we received on Monday. Everyone has difficulties and problems. That's the way life is. Dear Władzia, please read this letter to Wandzia and her Family and Czesio and his family. I end for today and send you each many heartfelt wishes, hugs and kisses. Remain with God. May God have you all in His care.

Halina, Marylka, Jacek, Paulinka and Zdzisiek

nad. Halina Grycz-Poczekaj
30.10.1987 rok
Włoszakowice

Kochana Władziu wraz z Rodziną,

    Zasyłam Wam Wszystkim pozdrowień z Polski. Piszę do Ciebie kilka słów. Jacek wrócił od Czesia i z Marysią pojechali do Chorzowa by załatwić sprawę z pomnikiem Twego ojca.
    Wrócili wczoraj. Uporządkowali grób, położyli i zapalili znicze. Ułożyli wiązankę i załatwili sprawę pomnika. Otóż pomnik jest w 90 zdewastowany, ponieważ postawiono pomnik obok. Teraz wszystko zależy od Ciebie. Jacek z Marysią byli u księży, rozmawiali z grabarzem i umówili się z panem, który stawia pomniki i też przyszedł na cmentarz. W biurze parafialnym powiedziano im, że mamy to miejsce do 1995 roku i oni bez Twojej zgody nie mogą tego miejsca zabrać. Lecz oni skupiają groby po 25 latach, lecz Twój Ojciec zrobił dużo dla kościoła, więc zgodzili się na wykupienie tego miejsca na 10 lat a w 85 roku na dalsze 10 lat. Teraz musimy postawić nowy pomnik. Nie można starego naprawić. Czekam na odpowiedź od Ciebie bo Ty musisz zadecydować czy ten pomnik postawić. Ten pan co stawia pomniki wziął miarę, zapisał nas na kolejkę i mówi, że wiosną 1988 roku może nam postawić pomnik w Chorzowie. Dobrze by było by zrobił to obramowanie i cały grób przykrył płytą i na niej napisał tak jak było na pomniku. Dotychczas grób był pokryty bluszczem i dużo pań z sąsiedztwa chowało sobie wazoniki w tych zielonych wiecznie liściach. Napisz mi jak najprędzej co mam robić. Czy zgadzasz się na pomnik przykryty płytą taki jak Ci wyżej pisałam. Nie wiem czy mi przedłużą dalej w 1995 roku. Może znów będą inni księża. W każdym razie do 1995 roku nie mogą nam tego miejsca zabrać. Namawiali Marylkę i Jacka, żeby zrezygnowali z tego miejsca, że na te 7 lat nie warto pomnik wstawiać, a kościół nie ma miejsca na cmentarzu i nie mają gdzie ludzi chować, ale oni (Marylka i Jacek) powiedzieli w biurze parafialnym, że tylko Ty możesz podjąć jakąkolwiek decyzję. Dlatego bardzo Cię proszę napisz jak najprędzej. Jeżeli chcesz mieć pomnik to na wiosnę będzie stał. Kolejkę mamy na wiosnę. To tyle, wybacz mi pismo, ale po tym paraliżu inaczej nie

Halina Grycz-Poczekaj
1987.10.30
Włoszakowice

Dear Władzia together with the Family,

    I send you all best wishes from Poland. I am writing a few words to you. Jacek returned from Czesio, and Marylka went to Chorzów to settle matters with the gravestone of your Daddy. They returned yesterday. They straightened things out with the grave, and they placed and lit candles. They placed wreaths and handled the matter with the gravestone. Unfortunately the gravestone is 90% ruined, because of the stone that was placed next to it. So now, it all depends on you. Jacek and Marylka met with the priests and spoke with the gravedigger and arranged with the man who places the stones who also came to the cemetery [to meet with them]. In the parish office they were told that because we have the space reserved to 1995, they, without your permission cannot use the space. They combine the graves after 25 years, but since your Father did so much for the church, they agreed to our buying the place for another ten years and in 1985 for an additional 10 years. Now we must place another memorial stone. It is impossible to repair the old one. I will await your reply because you must decide whether or not to put a new stone there, in Chorzów. The man who installs the stones took measurements and put us in the queue and said that in Spring of 1988, he can replace the gravestone in Chorzów. It would be good if he could set a bordering fence around the whole grave and cover it with a stone plate, writing the words on the plate that were there before. Up till now the grave itself was only covered with ivy and frequently, the neighborhood ladies would hide their vases in among the green leaves. So write me as quickly as you can, what I should do. Do you agree that the memorial stone should be a flat plate covering the tomb as I've written above. I don't know if they will extend it after 1995. Maybe there will be new priests. In any case, up to 1995 they can't use the space for anything else. They were trying to talk Marylka and Jacek to forgo the space; that it was not worth putting up a new gravestone for seven years. The church doesn't have space in the cemetery to bury any more people. But Marylka and Jacek told them in the parish offices, that only you could make any such decision. So I ask you to write as quickly

umiem. Ja czuję się dość dobrze. Po domu się kręcą, do kościoła zajdę w towarzystwie Marylki, albo Jacek mnie zawiezie. Co u Was słychać? Czy wszyscy zdrowi? Jak tam Wam leci? Nie ma dnia żebym o Was nie myślała, często o Was myślimy i mówimy. Uściskaj całą rodzinę bardzo serdecznie od nas wszystkich i pisz jak najprędzej żebyśmy mogli dalej załatwiać. Zostańcie z Bogiem i niech Was Bóg ma w Swojej opiece.

Ściska Was Wszystkich mocno i całuję

Halina i wszyscy z domu, wraz z Jurkiem i Rodziną

as possible. If you want a new stone for Springtime, it will be standing. We are in the queue for Spring. That is all.

Forgive my sloppy handwriting. After my paralysis, I can't do it any better. I feel pretty well. I move around the house. I can get to Church accompanied by Marylka. Sometimes Jacek can drive me.

What is there to hear from you? Are you all well? How is it going for you, there?

There isn't a day when I don't think about you. We often talk about you and think of you. Hug your whole family most sincerely from us all. Write as quickly as possible so that we can move ahead. Remain with God. May God have you in His care.

I embrace each of you tightly and kiss you…

Halina and everyone at home, including Jurek and his family

1988

nad. Halina Grycz-Poczekaj
25.01.1988 rok
Włoszakowice

Kochana Władziu,

Moc serdecznych pozdrowień, uścisków i ucałowań po raz pierwszy w tym Nowym Roku 1988 roku. Może będzie lepszy niż 1987 roku. Bo w tym 1987 roku Janek odszedł i jeszcze dwóch bliskich nam członków rodziny odeszło. Między innymi Marylki chrzestny najmłodszy z nas kuzyn, ale takie jest niestety życie. Pod koniec roku, a właściwie dwa tygodnie przed końcem roku otrzymałam list od Twojej administratorki z Chorzowa, że dniem 31.12.1987 roku kończy swą pracę. Co robić przez dwa tygodnie jak tu i koniec roku i w tych dwóch tygodniach tyle Świąt jeszcze. Administratorem został mąż tej pani, ponieważ ona wyjechała do Niemiec z pięcioletnim synem bez zgody i wiedzy męża.

Zostawiła mu tylko list, a że mieszkanie zajmowała dla administratora i mąż w trzech miesiącach musiałby je opuścić, dlatego podjął się roli administratora i na razie mam spokój, ale jak długo nie wiem. Ja wiem, że tam jest trochę kłopotu z tym, bo budynki są coraz starsze i coraz więcej problemów z naprawami a i są trudności, żeby cokolwiek do tych remontów dostać. Chciałam oddać do Zrzeszenia Prywatnych Właścicieli Nieruchomości, ale odpisali mi, że od kilku lat już nie przyjmują żadnych nieruchomości ze względów ekonomicznych.

Na szczęście mąż tej pani prowadzi dalej. Więc na razie odetchnęłam. Jak długo to nie wiem, a teraz druga sprawa. To ten pomnik. Kamieniarz przyrzekł, że wiosną postawi go i, że będzie kosztował około 200 tysięcy złotych i rachunek mi przyśle. Do grabarze też napisałam by usunął resztę obramowania oraz by przygotował grób do położenia nagrobka. Do biura parafialnego o zgodę na doprowadzenie i postawienie nowego nagrobka. Oraz z zapytaniem czy będę mogła w 1994 roku wykupić to miejsce do 2020 roku. To by było tyle. Jak będę coś więcej wiedziała to napiszę. W Wigilię przyjechał na 10 dni Czesiu z Krystyną i Karolinką, bardzo żeśmy się ucieszyli. Po tylu latach znów Wigilię spędziliśmy razem.

Halina Grycz-Poczekaj
1988.01.25
Włoszakowice

Dear Władzia,

Many sincere best wishes, hugs and kisses; the first ones in this New Year of 1988. Maybe it will be a better year than 1987. Because in 1987 Janek left us, and two other close members of our family left, as well. Among others, Marylka's Godfather, the youngest of our cousins. Unfortunately, such is life. At the end of the year—in fact two weeks before the end of the year—I received a letter from your Administrator in Chorzów, that on the 31st of December 1987, she is ending her work. What could be done in two weeks when here it is, the end of the year, and there are holidays coming, as well. The administrator was the husband of the lady who it really was, since she left for Germany with her five-year old son without the approval or knowledge of the husband. She left him only a letter. Since the apartment they occupied was the one designated for the administrator, the husband would have had to vacate it in three months. Instead, he took on the role of the administrator[23] and everything has been, for the time being, quiet. For how long, I am not sure. I do know that there's a little problem, there, with the fact that the building is aging, and there are more problems with repairs as even with whether anyone can get to the repairs. I wanted to turn to the Association of Private Property Owners, but they replied that for several years now, they've not accepted any new members because of the economic situation.

It is just fortunate that the husband of the lady is continuing to administer the building. So, for the time being, I gave a sigh of relief. How long, I don't know.

And here's another matter about the gravestone. The stonecutter promised that in the Spring, he'd install it and that it would cost about 200,000 złotys and that he'd send me an invoice. I wrote to the gravedigger asking him to fix the border and prepare the grave for the installation of the stone. I'd gone to the parish office about approvals for doing this and installing a new gravestone. At the same time, I inquired

---

[23] Kazimierz Lisok.

Szkoda, że Janek tego nie doczekał. Choć cieszę się, ze Janek był u Czesia w Berlinie i mogli się nawzajem ucieszyć. Takie jest niestety życie, że wszystko przemija i to bardzo szybko. U nas jest zima, ale śniegu ani mrozu nie ma. Co będzie dalej, nie wiadomo. Drzewa mają już pąki a jak teraz przyjedzie mróz i śnieg to będzie bieda. Będę już na dziś kończyć. Jak Wam czas pozwoli to proszę napisać. Dziękuję Wam serdecznie za paczkę z owocami oraz bakaliami, które tydzień przed Świętami otrzymaliśmy. Ja byłam chora 10 dni przed Świętami, ale w Wigilię wstałam po raz pierwszy, a teraz jest już wszystko w porządku. Zatrułam się zimnymi pieczarkami. Już myślałam, że to koniec, ale Święty Piotr mnie jeszcze nie chciał i dobrze, bo jeszcze chciałabym Marylce pomóc choć tyle by jeszcze trochę dzieci podrosły. Paulinka ma 3 latka.

I ja chciałabym się jeszcze nimi nacieszyć i chciałabym by te maluchy mnie zapamiętały.

Teraz już na prawdę kończę. Choć jeszcze mnie nurtuje jedno pytanko. Co stało się, a raczej jak się w końcu zakończyła sprawa brata Wandzi męża? Odzyskał w końcu przytomność i jest zdrów? Moc serdecznych pozdrowień, uścisków dla Ciebie oraz całej Rodziny. Całuję Was Wszystkich

Halina i cała Rodzina z Włoszakowic

P.S. Przesyłam Ci list pani Lisok

whether, in 1994, I could buy the space to 2020. That was all. As soon as I know anything further, I will write you.

At Wigilia Czesio, Krystyna and Karolina all came for ten days which pleased us all greatly. After so many years, we spent Wigilia together again. It is only too bad that Janek did not survive to be with us. But I am happy that Janek was with Czesio in Berlin and they could be happy together. Such is, unfortunately, life: everything passes by; and quickly, at that.

It is Winter here, yet there is no snow or ice. What will be, we don't know. The trees are already in bud. If the snow and freeze comes now, it will cause trouble.

I will end for today. When time permits, please write us. Thank you very much for the package of fruit and sweetmeats that came to us a week before the holidays. I was ill for ten days before Christmas. I got up for the first time, just for Wigilia. Now everything is well again.

I had poisoned myself with cold mushrooms. I thought it was the end, but St. Peter didn't want me yet. That was good because I'd still like to help Marylka, at least enough so that the children grew up a little. Paulinka is 3-years old. I would also like to enjoy them a bit more and would like the little ones to remember me.

So for now, I truly am ending. But I've got one little question that is still bothering me. What has happened… or rather, how, in the end, did the matter with Wandzia's husband end? Did he, in the end, regain consciousness and is he well?[24] Many heartfelt wishes, hugs for you and for the whole family. I kiss you all.

Halina and the whole family from Włoszakowic

P.S. I am enclosing the letter from Mrs. Lisok

---

[24] Referring to Shawn's brother, Michael, who was in a motorcycle accident and remained for several years hospitalized in a coma, until he eventually died.

nad. Halina Grycz-Poczekaj
26.04.1988 rok
Włoszakowice

Kochana Władziu,

Dziękuję serdecznie za list, który kilka dni po Świętach otrzymaliśmy. W maju ma być ten pomnik ojca zrobiony. Tak mi pisał kuzynki mąż z Chorzowa. Jak będzie gotowy to Ci napiszę ile kosztuje, w każdym razie u nas 1=1200, ale o tym napiszę jak będzie gotowy. Na probostwo też pisałam o wyrażenie zgody na postawienie nowego pomnika i do ogrodnika cmentarza by przygotowano grób do przygotowania tego pomnika. By ten pan co będzie kładł ten pomnik miał wszystko już przygotowane. Zobaczymy jak to będzie. Na końcu zrobimy zdjęcie. Jacek jak wróci od Czesia to pojadą z Marysią na Śląsk do Chorzowa i zrobią zdjęcie i Ci przyślemy. Jak przesłać pieniądze pytasz. Najlepiej przez kogoś co do Polski jedzie a my pod podany adres się zgłosimy. Dostalibyśmy dużo mniej gdyby to szło na konto. To po urzędowej cenie. Mówiłam z Czesiem na ten temat. On chce się poinformować jakie są koszty przez niego. On jest teraz u nas często. Na razie nie wysyłaj, zobaczymy co będzie dalej. Najpierw niech będzie ten pomnik stał a potem zobaczymy i dopiero Ci napiszę. W Chorzowie jest wszystko po staremu. Mąż tej administratorki mi napisał, że idzie mu lepiej niż myślał. Żona jego wyjechała nic mu nie mówiąc. Zabrała pięcioletniego syna i bez jego wiedzy wyjechała na stałe do RFN. Podobnych wypadków jest teraz dużo a szczególnie na Śląsku. Tak, że o Śląsk czy o Chorzów nie ma się na razie co martwić. Na razie dobrze leci i wszystko jest po staremu. Jacek jest teraz u Czesia, kiedy wróci nie wiem, Marylka, dzieci i ja zostałyśmy w domu. Marylka nadal pracuje w przedszkolu i w domu sprząta, pierze i pracuje w ogrodzie kopie, sieje i tak dalej. Ja tak kręcę się w domu, gotuję obiad dla Paulinki i dla mnie i tak nam czas leci. Zdzisiu idzie z mamą do sześciolatków, a w przyszłym roku pójdzie już do szkoły. Czesiu był u nas na Święta Gwiazdkowe z Krysią i Karolinką, a na Wielkanoc był sam na 2 dni bo Krysia była z Karolinką dwa tygodnie w Legnicy u swoich rodziców.

Halina Grycz-Poczekaj
1988.04.26
Włoszakowice

Dear Władzia,

    Thank you most sincerely for the letter which we received a few days after the holidays. In May the new gravestone is to be finished. So my cousin's husband wrote me from Chorzów. When it is ready, I will write you what the cost was. In any case, right now the exchange rate is $1=1,200 złotys. But I'll write you about this when it is ready. I also wrote to the Pastor, asking for permission to install the new gravestone; and to the gravedigger of the cemetery to prepare the grave for the installation of the new stone. I wanted to have everything ready so that the man who will be placing the stone will have everything ready for him. We will see how it will go. In the end, we'll take a photograph. When Jacek returns from visiting Czesio in Berlin, he and Marylka will go to Silesia, to Chorzów, and will take a photograph which we will send you.

    You ask how to send the money. The best way would be through someone who is coming to Poland. We can meet him at some convenient location. We will receive a lot less if it is transferred into our account. That would be by government exchange rates. I discussed this with Czesio. He will find out what kind of exchange rates there could be if the money went to him. He is here, now, quite frequently. So don't send anything, just yet. We will see what comes next. First, lets make sure the gravestone is standing and then we will see. Finally, I will finally write you.

    In Chorzów everything is, as of old. The husband of the administrator wrote me that it is going far better for him than he anticipated. His wife left him, not telling him anything. She took his 5-year old son without his knowledge and emigrated permanently to the RFN. There are similar such situations happening, particularly from Silesia. So, for the time being, there's no need to worry about Silesia or about Chorzów. Everything is going well and everything is, as of old.

    Jacek is presently with Czesio. I don't know when he will be coming back. Marylka, the children and I, have stayed at home. Marylka continues to work at the pre-school and cleans at home, washes, works in the garden, digs, sows and so on. I move around the house, cook lunch for Paulinka and myself. And time goes by.

Jurek z Małgosią mają swoją folię, więc pracy mają dużo. Zostańcie z Bogiem i niech Bóg ma Was w Swojej opiece. Pozdrowienia dla całej rodziny od nas wszystkich z Polski.

Moc serdecznych ucałowań

Halina i wszyscy z domu

Zdzisiek goes with his Mother to pre-school. Next year he will already go to elementary school. Czesio was with us for the Christmas holidays with Krysia and Karolinka. For Easter, he was here, alone, for two days, while Krysia and Karolina spent two weeks in Legnica with her parents.

Jurek and Małgosia have their greenhouse, so they have a lot of work.

Remain with God. May God have you in His care. Best wishes for the whole family from all of us in Poland.

Many heartfelt kisses from...

Halina with everyone at home

nad. Halina Grycz-Poczekaj
07.09.1988 rok
Włoszakowice

Kochana Władziu wraz z całą Rodziną,

Dziękuję serdecznie za list, który otrzymałam i dziś piszę, ponieważ mam Ci do napisanie, że nareszcie jest pomnik w Chorzowie na grobie Twego Ojca zrobiony. Mam jeszcze w biurze do załatwienia, ale bliżej 1 listopada wybierze się Marylka do Chorzowa i położy wiązankę na grobie. Bardzo się cieszę, że to jest wreszcie zrobione, bo mnie to bardzo dręczyło. Za tydzień postawią jeszcze płytę na górę tego pomnika, ponieważ ten czarny kamień waży 400 kg, więc nie szło zaraz położyć, dopiero jak wszystko zaschnie, ale to już jest drobiazg. Tyle o pomniku a teraz po otrzymaniu Twego listu bardzo żeśmy się ucieszyli, że macie zamiar w przyszłym roku nas odwiedzić. Da Bóg, że tej chwili doczekamy. Chciałabym bardzo przed śmiercią Was jeszcze zobaczyć i uściskać. Napisałam zaraz do administratora Lisoka do Chorzowa by mi napisał numer Twojego konta i ile jest Twoich pieniędzy oraz dokąd napisać o zgodę na wypłacenie Twojej sumy. Ja sądzę, że do NBP w Chorzowie ul. Wolności. Jak on mi odpisze to zaraz Tobie napiszę dokładnie, ponieważ ma się w banku zapytać. Bardzo żeśmy się zmartwili Twoją chorobą oczu, mam jednak nadzieję, że jak będzie to pojedziesz na operację. Jacka ojciec też na to choruje i był już na operacji jednego oka i dobrze na nie widzi i planuje jeszcze pójść na drugie oko. Zobaczymy, a Tobie życzę, że jak będzie można to idź na operację bo to źle jak człowiek nie widzi. Ja wiem jak to jest bo był czas, że już nie widziałam ale to było przejściowe. Minęło, ale to nie była katarakta. U nas wszystko po staremu. Wszyscy się jakoś trzymamy. Czesiu z Rodziną często nas teraz odwiedzają. Jest na paszporcie konsularnym. W lipcu był z całą Rodziną w Grecji. Bardzo im się podobało a w przyszłym roku chce do Grecji jechać na cały sierpień. W drodze powrotnej był u nas na cały tydzień. W pierwszą niedzielę września też był tu lecz sam. U Jurka też jakoś leci. Jacek od Jurka skończył już szkołę podstawową i teraz codziennie jeździ do Leszna. Krzysiu chodzi już do szkoły podstawowej. Marysia nadal pracuje w

Halina Grycz-Poczekaj
1988.07.09
Włoszakowice

Dear Władzia together with the whole Family,

Thank you for your letter which we received today and to which I am replying because I have a few things to write about.

Finally, the gravestone is installed in Chorzów at the grave of your Father. I still have something to settle at the office. Nearer to the 1st of November, Marylka will go to Chorzów and will put a wreath on the grave. I am very happy that this is finally concluded. It was constantly on my mind. In a week, they will put down the plate on top of the memorial. It is black stone and weighs about 400 kg. [880 lbs.], so it wasn't wise to put it down right away, only when everything was dried out. But that's a minor detail. That's all about the gravestone.

After receiving your letter we were very pleased that you intend to visit us next year. May God grant that we will live to see it. I would like very much, before my death, to see you once again and hug you. I immediately wrote to Administrator Lisok in Chorzów that he should send me the number of your account and how much of your money is there. I also asked him about whom I needed to write for permission to withdraw your funds. I believe it should be from the State Bank of Poland at Wolności Street in Chorzów. As soon as he replies, I will write to you all the details. He is supposed to ask at the Bank.

We were very worried by the problems [you were having with your] eyes. I, nevertheless, have hope that if possible, you will go for an operation. Jacek's father also suffered from this, and has already been in for an operation on one eye. He now sees very well with it. He plans to have his other eye done. We will see. I wish for you that if it is possible, you go for the operation. It is difficult when a person does not see well. I know how it is, because there was a time when I didn't see, myself. But in my case. it was something passing. It left me, so it wasn't cataracts.

Here, everything is, as of old. We are all, somehow, hanging on. Czesio and his family now visit us frequently. He is on a consular passport. In July he and the whole family was in Greece. They liked it very much. In the coming year they want to go to Greece for the whole month of August. On the return trip, they were with us for a whole week. On the first Sunday of September he was here, too, but alone.

przedszkolu ma sześciolatków, między innymi chodzi z nią nasz Zdzisiu. Paulinka nie chodzi do przedszkola i jest cały czas ze mną, a ja się cieszę, ponieważ nie jestem sama. Zawsze mam się do kogo odezwać a Paulinka jest bardzo wesoła i dużo gada. Jest mi bardzo dobrze z nią. Ja czuję się raz lepiej raz gorzej, zależy pewnie od pogody lub samopoczucia. A teraz jeszcze jedna sprawa. Jakieś 10 dni temu była u nas Irena Grycz z Włoszakowic. Na drugi dzień jechała do San Francisco i dałam jej Twój adres za co bardzo przepraszam. Józef Grycz, który po wojnie był u Was w Anglii jest bratem jej ojca a Józef był jej wujkiem. Ona chciała do Was wpaść. Po drugiej stronie zatoki mieszka wnuk tych państwa co oni się tu opiekowali we Włoszakowicach. Oni już oboje nie żyją a ten wnuk był 10 lat temu we Włoszakowicach i Irenę zaprosił a Wasz a raczej Adres Czesia znalazł w książce telefonicznej a znając rodzinę Gryczów więc Czesław Grycz wpadł mu w oko i domyślił się, ze Czesiu pochodzi z rodziny Gryczów z Włoszakowic i zgadł. Irka albo Was odwiedziła albo Was odwiedzi, ponieważ chciała to uczynić. To by było tyle na ten temat.

Kończąc zasyłam Wam Wszystkim moc serdecznych i gorących pozdrowień i całusów i czekamy na Was z tęsknotą. Serdeczne pozdrowienia dla całej Rodziny. Do zobaczenia.

Halina Grycz-Poczekaj

Jurek is moving forward somehow. Jacek **[F4]** (from Jurek) finished primary school and now commutes daily to Leszno. Krzyś already goes to primary school. Marylka continues to work at the pre-school and has 6-year olds, among whom is our Zdzisiek. Paulina doesn't go to pre-school yet and is with me all the time. I am very happy with that, since I am, then, not alone. I always have someone to reply to. Paulinka is very cheerful and talks a lot. I am very happy being with her.

I feel well, though sometimes a little worse. It probably depends on the weather or one's wellbeing.

Now... one more thing. Some ten days ago we had a visitor from an Irena Grycz from Włoszakowice. She was leaving the next day for San Francisco. I gave her your address, for which I apologize. Józef Grycz, who was with you in England after the war is the brother of her father[25] and Józef is her uncle. She wanted to drop in on you. On the other side of the Bay lives the grandson of these people who looked after him in Włoszakowice. They are no longer alive. The grandson was in Włoszakowice ten years ago and invited Irena to you. Or rather, he found Czesio's name in the telephone book and, recognizing the family name Grycz, thought to himself that Czesio must come from the Grycz family in Włoszakowice; and guessed correctly. Irka has either visited you or will visit you since she wanted to accomplish that. That would be all on that matter.

In closing, I send you all many heartfelt and warm wishes and kisses. We await you with longing. Sincere wishes for the whole family. Until we see you...

Halina Grycz-Poczekaj

---

[25] Irena is of the branch of the family of Józef Grycz **[M1]** son of Tomas and Michalina Grycz.

1989

nad. Halina Grycz-Poczekajowa
18.01.1989 rok
Włoszakowice

Kochana Władziu, Wandziu i Czesiu z Rodziną,
Tak zabieram się do napisania tego listu i nigdy nie mam natchnienia, ciężko mi się do niego zabrać aż wreszcie dziś. We wrześniu napisaliśmy do Chorzowa do Narodowego Banku Polskiego w Twojej sprawie i do dziś nie mam jeszcze odpowiedzi. Może dlatego, że z dniem 1.01.1989 roku bardzo dużo się zmieniło w NBP, ale jeszcze nic nie wiadomo. Dlatego dziś ponownie napisałam i skoro tylko dostanę odpowiedź to zaraz Ci napiszę. Trudno cokolwiek powiedzieć bo to wszystko dopiero stawiają na nogi to co stało na głowie. Musisz jeszcze trochę poczekać. Przyrzekam, że jak będę mieć odpowiedź z NBP to natychmiast Ci napiszę.
Dziękuję Wam bardzo za paczkę, którą niedawno odebraliśmy. Byliśmy mile wszyscy zaskoczeni. Tyle miałaś wydatków na ten pomnik i jeszcze o nas pomyśleliście. Ja czuję się dość dobrze a Marylka choruję za 10 dni ma iść do kontroli to może coś więcej będziemy wiedzieć. Czesiu też nas częściej odwiedza. Na Gwiazdkę był i po Nowym Roku. Cieszę się, że jest tu, blisko ponieważ bliżej ma z Berlina niż z Warszawy do nas, 5-6 godzin i jest w domu. Cieszymy się bardzo na wasz przyjazd. Przynajmniej się wszyscy zobaczymy. Życie tak szybko ucieka, że dzień po dniu leci jak woda i ani się człowiek nie spostrzeże jak rok mija. 20 stycznia mija 2 lata jak Janek zmarł. W głowie nie chce się to wszystko zmieścić a czas leci. U Jurków też wszyscy zdrowi. Jacek skończył szkołę podstawową i jeździ teraz do Leszna do Zawodowej Szkoły Samochodowej. Podoba mu się. Jacek stale ma pełno roboty w domu: buduje, muruje, naprawia i tak dalej. Zresztą sama wiesz jak to jest jak ma się swój dom to zawsze praca się znajdzie. Zresztą jak przyjedziecie to zobaczycie sami. Tak u nas wszystko po staremu. Na dziś kończę, zasyłam Tobie i całej Rodzince moc najserdeczniejszych pozdrowień, uścisków i ucałowań. Zostańcie z Bogiem i niech Bóg ma Was Wszystkich w Swojej opiece.
Do szybkiego zobaczenia,

Halina z całą Rodziną

Halina Grycz-Poczekaj
1989.01.18
Włoszakowice

Kochana Władzia and Czesio with the Family,

I have been getting ready to write this letter, but haven't had the inspiration. It has been difficult to begin until, finally, today.

In September we wrote to Chorzów to the National Bank of Poland on your behalf. 'Till now, I have not had a reply. Maybe because on the 1st of January 1989 a great deal has changed at the Bank. But I still don't know anything. Because of this, I wrote there, again. As soon as I receive a reply, I will immediately write you. It is difficult to know because everything is being stood on its legs; and what stood, is now on its head. You will have to wait a little while longer. I promise that as soon as I have a reply from NBP, I will immediately write you.

Thank you very much for the package which we received not long ago. We were all pleasantly surprised. You have had a lot of expenses with the gravestone and yet you think of us.

I feel quite well, but Marylka is sick. In ten days she's supposed to go in for an exam, and maybe we'll learn more. Czesio comes to visit us frequently. He was here for Christmas and stayed until after New Years. I am happy that he is here, because we are closer to Berlin, here, than we are to Warszawa. Its just 5-6 hours, and he's home.

We are anticipating with great pleasure your arrival. At least we'll all see each other. Life goes so fleetingly, that day after day flows away like water and a person doesn't even notice when a year goes by. On the 20th of January it will be two years since Janek died. It all doesn't want to get settled in one's head, and time keeps flowing. Everyone at Jurek's is well. Jacek finished primary school and now commutes to Leszno to the Vocational School of Automotive Studies. He likes it. Jacek always has a lot of work at home. He is either building, or bricklaying, repairing things, and so on. But you, yourself, know how it is to have your own home. You can always find work to do. When you arrive here, you'll be able to see for yourselves. Otherwise, all is, as of old. I will end for today, sending you and the whole family many best wishes, hugs and kisses. Remain with God. May God have you in His care.

Until we see you, soon…

Halina with the whole family

nad. Halina Grycz-Poczekaj
13.02.1989 rok
Włoszakowice

Kochana Władziu wraz z całą Rodziną,

Dziękuję za list, który dostałam w sobotę 11 luty i dziś zaraz Ci odpisuje. Przysyłam Ci pismo, które administrator napisał do banku i do dziś nie mam odpowiedzi. Dlatego w styczniu napisałam do NBP w Chorzowie jeszcze raz. Załączam Ci dowód listu poleconego i już prawie miesiąc mija i nadal odpowiedzi nie ma a okres na odpowiedź to jest 2 tygodnie.

Niektórzy mówią, że nie dostanę odpowiedzi, ponieważ NBP nie udziela informacji osobom trzecim. Konto też jest zmienione. Jest inne niż Ty napisałaś. Obecny numer konta znajdziesz w liście pana Lisoka do NBP. Jeżeli dostanę jakąkolwiek odpowiedź z Chorzowa to zaraz Ci napiszę. Na koncie jest 680 000 złotych. Tyle by było na temat Chorzowa.

Bardzo się cieszymy, że wszyscy przyjedziecie. Raz jeszcze się zobaczymy i sobie pogadamy i Ci najmłodsi się poznają. Czesiu był u nas 2 dni i dziś wcześnie rano wyjechał i też przyjedzie jak Wy tu przyjedziecie od nas do Berlina jest bliżej jak do Warszawy a paszport konsularny ma w domu to każdej chwili może być w domu a jedzie 5-6 godzin. Pod tym względem nie ma żadnych problemów. Tyle na dziś. Jak przyjedziecie to sobie pogadamy.

Bardzo, bardzo się cieszymy i z tęsknotą oczekujemy na Was Wszystkich. Myślę, że ten czas szybko zleci i Bozia da nam wszystkim zdrowie byśmy się wszyscy zobaczyli. Kończąc zasyłam Wam Wszystkim moc serdecznych i gorących pozdrowień, uścisków i ucałowań od nas wszystkich, ode mnie, Marylki, Jacka, Paulinki i Zdzisia, również od Jurka z całą Rodziną jak i od Czesia, Krystyny i Karolinki. Czekamy na Wasze przybycie z tęsknotą.

Do zobaczenia

Halina

Halina Grycz-Poczekaj
1989.02.13
Włoszakowice

Dear Władzia together with the whole Family,

Thank your for your letter which I received on Saturday on the 11th of February and to which I am immediately replying. I am enclosing a letter which the administrator wrote to the Bank and to which we have not received a reply as of this day. For this reason I wrote to the NBP in Chorzów again in January. I am enclosing the receipt for the certified letter. It has been almost a month and we continue to have no reply, whereas the usual period for obtaining a reply is two weeks.

Some people say that I will not get a reply since the NBP does not provide information to third parties. The account has also been changed. It is different than what you wrote. You will find the current account number in the letter of Mr. Lisok to the the NBP. Should I receive any kind of reply from Chorzów, I will write you immediately. The account balance is 680,000 złotys. That would be all on the subject of Chorzów.

We are so pleased that all of you will come. Once again we will be able to see each other, talk among ourselves, and the younger ones will get to know one another. Czesio was with us for two days and left just this morning. He will also come from Berlin when you arrive because it is closer to us than Warszawa and he has a consular passport so he can be here at any moment. It takes him only 5-6 hours. So in this matter we haven't any problems. So much for today. When you arrive we'll have a chance to discuss everything.

We are very, very happy, and await all of you with longing. I think that the time will go quickly and that God will give us all health so that we will all see each other. In conclusion I send you each many heartfelt and warmest wishes, hugs and kisses from all of us. From me, Marylka, Jacek, Paulinka and Zdziś, and likewise from Jurek and his whole family as well as from Czesio, Krystyna and Karolina. We await your arrival with longing.

Until we see you...

Halina

nad. Halina Grycz-Poczekaj
04.04.1989 rok
Włoszakowice

Nasi Najukochańsi,

Moc serdecznych pozdrowień zasyłam całej Rodzince od wszystkich z Włoszakowic.

Przysyłam Wam 4 zdjęcia grobu Twoich Rodziców Władziu. Dostałam te zdjęcia z Chorzowa kilka dni przed Świętami, lecz dziś dopiero Ci je wysyłam. W poniedziałek przed Świętami przewróciłam się w pokoju i tak nieszczęśliwie upadłam, że po obydwu stronach pękły mi żebra. Bardzo mnie bolało przy chodzeniu, leżeniu i tym podobne. Dziś po dwóch tygodniach leżenia jest mi już prawie dobrze. Jacek, Marylki mąż ma też pęknięte żebro po lewej stronie i to właśnie teraz jak mamy remont w domu i pracuje choć go boli. Tak powoli do przodu się pchamy. Marysia pracuje w przedszkolu a jak ma trochę czasu to nam pomaga przy remoncie w domu. Marynia chce mieć możliwie w domu jak Wy przyjedziecie. Tyle mamy sobie do powiedzenia, tak mało mogliśmy być razem. Dzielić się radościami i troskami. Teraz gdy jestem u schyłku życia myślami wracam do dni gdy byliśmy wszyscy razem, lecz wojna wszystkie nadzieje i marzenia przekręciła i życie się odwróciło o 180 stopni. Marylka mnie karci żebym nie wracała do tego co było, że mam żyć tym co jest, ponieważ przeszłości nikt nie wróci. Może ma rację. Po co zadawać sobie ból. Nic człowiek nie zmieni tym myśleniem.

No ale dość tego. Często myślami jesteśmy z Wami i liczymy dni kiedy się wszyscy zobaczymy i uściskamy. Czesiu ze swą rodziną też chce przyjechać by się z Wami Wszystkimi zobaczyć. Krysia na wrzesień spodziewa się drugiego dziecka oby było dobrze wszystko. Cieszę się bardzo, przynajmniej nie będzie taka sama na obczyźnie. Teraz nie tak źle, ale później było by jej ciężko bez kogoś blisko. Ja cieszę się, że Czesiu może teraz w każdej chwili przyjechać. Ma paszport konsularny w domu i jak im odpowiada to za 6 godzin jest u nas. Pogadamy jak przyjedziecie. Z banku z Chorzowa nie mam jeszcze żadnej odpowiedzi pomimo, że już dwa razy pisaliśmy. U nas w bankach dużo rzeczy nie wiedzą, nawet nie wiedzą jeszcze na ile

Halina Grycz-Poczekaj
1989.04.04
Włoszakowice

Our Dearest Ones,

I send your whole family many heartfelt wishes from all of us in Włoszakowice.

I am sending you four photographs from the gravesite of your Parents, Władzia. I received these photos from Chorzów a few days before the holidays, but only today am sending them off to you.

On Monday before the holidays I fell down in the room and landed so unfortunately that I broke my ribs from both sides. It hurt me very much in walking, lying down, and anything similar. Today, after two weeks abed, I am almost perfectly well. Jacek, Marylka's husband, also has a broken rib in his left side and just now we have some remodeling at home. He's working on it even though it hurts him. In this way we are simply pushing forward.

Marylka works in the pre-school and when she has a little bit of time also helps in the remodeling at home. Marylka wants to have everything possible done at home for your arrival. We have so much to talk about, and so little time to be together. We want to share joys as well as sorrows. Now, when I am at the end of life, I return in my thoughts to days when we were all together. But the war turned everything around; all our hopes and wishes. Life was changed completely, 180°. Marylka chastises me and tells me not to return to what might have been. She tells me that I must live with what is, since no one from the past will return. Maybe she is right. What's the use of causing one's self pain? Nothing will change as a result of such thoughts. Enough of this.

With our thoughts, we are often with you. We count the days when we will all see each other and hug you. Czesio with his family also wants to come so we can all be together to see one another. Krysia is expecting a second child in September. May it all go well. I am very happy that she, at least, will not be alone abroad. Now it is not so bad, but, later it will be harder for her without anyone nearby. I am happy that Czesio can come to us at any moment. He has a consular passport at home and whenever it suits him, in 6 hours he is here.

We will speak more when you arrive. I don't have any reply yet from the bank in Chorzów despite the fact I've written them twice already.

mają dawać pożyczki budowlane. Nie mają jeszcze pewnych danych a powinni wiedzieć 1 stycznia. A w Twojej sprawie mówią, ze jest to tajemnica bankowa. Teraz następuję obrady, ustalenia i tak dalej a kiedy co i jak wejdzie w życie nie wiadomo. Musimy poczekać, nic nie poradzimy na to. Kończąc zasyłam Tobie Władziu i całej Rodzince moc najserdeczniejszych pozdrowień, uścisków i ucałowań. Niech Bóg ma Was Wszystkich w Swojej Opiece.

Do szczęśliwego zobaczenia,

    Halina z całą Rodziną z Polski

Here in our banks they don't know a lot. They don't even know at what rate they are supposed to provide money for construction loans. They don't even have these details and they're supposed to have had them since the 1st of January.

As to your situation, they tell me that it is confidential Bank information! Now consultations are to take place, decisions made, and so on. And when and what will come into force, no one knows. We will have to wait. There's no other remedy.

In conclusion, I send you, Władzia, and your whole family, many most sincere wishes, hugs and kisses. May God have you all in His care.

To a successful arrival…

Halina and the whole family in Poland

nad. Halina Grycz-Poczekaj
26.09.1989 rok
Włoszakowice

Nasi najukochańsi,

Tak zabieram się do napisania do Was listu i tak z dnia na dzień odkładam. Jak już tak daleko byłam by pisać to albo ktoś mi przeszkodził albo oczy mi się „pociły", lecz dziś mam natchnienie, więc piszę. Dzieci są ze mną a Marylka z Jackiem w Lesznie, ale pewnie w każdej chwili wrócą. Żyję wspomnieniami z Waszego pobytu u nas. Wasze odwiedziny u nas dały mi siły do dalszego życia, dały mi chęć do oczekiwania na jeszcze jedną taką wizytę. Są to niezapomniane chwile i dla mnie moc wrażeń, moc wspomnień i siły do dalszego życia.

Zaraz było mi przykro, że najbliższa rodzina jest tak bardzo daleko i że tak bardzo rzadko się widzimy. Niestety takie są nasze losy. Zupełnie inaczej się marzyło a zupełnie inaczej potoczyły się nasze losy, na które nikt z nas nie ma wpływu. Niestety, Paulinka i Zdzisiu codziennie Was wspominają a szczególnie Krystynkę i Stefanka oraz Dawida. Bardzo się razem zżyli i do mnie mają żal, że oni u nas dłużej nie zostali, że mogłam ich zatrzymać.

Zdzisiu pociesza się tym, że Krystynka powiedziała, że za 5 lat wróci, dałby to Bóg. Modlimy się o to gorąco. Może też Michał zdecyduje się do nas przyjechać. Po Waszym u nas pobycie może zatęskni za krajem rodzinnym, do kraju jego przodków- do Polski. Jak wyjechaliście przypomniał mi się wiersz Jaśka. Jak był tu u Rodziców mojej mamy gdy chodził do Leszna do szkoły i mama byłą tu u niego. Po jej wyjeździe napisał w pamiętniku. „Bardzo mi tęskno i smutno gdy sam tu pozostałem. Gdy mama odjechała to gorzko zapłakałem. Dlaczego mnie mama ze sobą nie zabrała. Widocznie Halinkę i Czesia to bardziej kochała". Tak Władziu, gdy tylko miasto Międzychód otwarło gimnazjum to Rodzice zaraz go tam przenieśli, żeby mieć go w domu. Wszyscy się cieszyli, że byliśmy razem. Choć nie długo. Takie już są losy naszej rodziny i nic na to nie poradzimy. Dziś otrzymaliśmy przed chwila album od Was ze zdjęciami z Waszego pobytu w Polsce. Bardzo, bardzo dziękujemy za to. Są to

Halina Grycz-Poczekaj
1989.09.26
Włoszakowice

Our Dearest,

I have been starting to write a letter to you and then put it off, day after day. When I was already so far along and ready to write you, either someone interrupted me, or my eyes started "sweating". But today I am inspired, so I am writing. The children are with me. Marylka and Jacek are in Leszno. They may arrive back at any moment. I live with the memory of your visit with us. Your visit with us gave me strength for continuing life. You have given me a desire to await another such visit. These are unforgettable moments filled, for me, with feelings, many recollections, and strength for continuing life.

I was immediately saddened that my closest family is so far away and that it is so very rare that we see each other. Unfortunately, those are the conditions of our fate. One hoped for something completely different. Something completely different turned out to be our fate. None of us has any influence over that. Unfortunately, Paulinka and Zdziś daily bring you up, especially Krysia and Stefan and also David. They very much grew to like one another. They are upset at me that they didn't remain with us longer and that I couldn't hold onto them any longer.

Zdziś comforts himself that Krysia told him she would return in five years, if God granted her to do so. We pray for this hotly. Maybe Michał will also decide to come visit us. After your visit with us, maybe he will long for the land of his family; the country of his ancestors; for Poland. When you left, I was reminded of a poem of [my Brother] Janek's. When he was with the parents of my Mother he was going to school in Leszno and Mother was here with him. After her departure, he wrote in his diary "I was very sad and homesick when I stayed here alone. When my Mother left, I cried bitterly. Why didn't my Mother take me with her? Apparently it was Halinka and Czesio she loved more." Yes, Władzia, as soon as the city of Międzychód opened a gymnazium, our parents immediately transferred him, so they could have him at home. Everyone was happy that we would be together. But not for long. Such are the fates of our family. There's nothing to be done about it.

Today, we received, just a moment ago, an album from you with photographs of your visit to Poland. We thank you very, very much for

najmilsze pamiątki z dni spędzonych razem i niezapomnianych. Brakło Anastazji i Michała. Może i oni będą mogli do nas kiedyś przyjechać, dom jest zawsze otwarty dla nich. Czesiu nasz po Waszym wyjeździe też już był u nas i przywiózł nam zdjęcia, które on robił i mówił, że wszystko też do Ciebie wyśle, może już je nawet masz. On u nas już nie był 4 niedziele. Ma teraz trochę kłopotu. Urodziła mu się córka Anja- Krystyna. Zresztą niech on sam Ci o tym napisze. Sądzę, że tą niedzielę będzie on u nas. U nas wszystko po staremu, ciągle moc pracy.

Zaprawy robimy na zimę, soki i owoce. Zaprawiamy buraczki i jeszcze kapustę musimy zakisić. Zima jest długa i wszystko się potem przyda. Ziemniaki też już kupiliśmy. Zima ma być ciężka i długa tego roku a ponadto zapowiadają, że nadejdzie szybko. Już jaskółki i bociany odleciały, a to podobno wróży wczesną i mroźną zimę. Przeżyjemy, zobaczymy.

Będę kończyć na dziś. U nas jak i u Jurków wszyscy zdrowi. Wam Wszyscy życzymy moc zdrowia i niech Was Wszystkich, całą Rodzinę Bóg ma w Swojej opiece. Zostańcie z Bogiem.

Całuję Was Wszystkich mocno, mocno.

Halina, Marylka z Jackiem Paulinka ze Zdzisiem oraz cała rodzina Jurków

Marysia napisze jeszcze do Wandzi a Jurek chce napisać do Czesia. Pa. Do zobaczenia.

that. These are the most lovely reminders of our days spent together, ones that are unforgettable. We only lacked Anastasia and Michał.

Maybe they will someday be able to come here. Our house is always open to them.

Our Czesio, after your departure, has also been back already and brought us some photographs he had taken. He said he would send them all to you. Maybe you already have them. He was gone at 4:00 on Sunday.

He has a little trouble right now. Born to him is a little daughter, Anja-Krystyna. He may write to you about this himself. I think he will be back with us on Sunday. Everything else is with us, as of old. There is always a lot of work. We are putting things up for the Winter: juices and fruits. We are also preserving beets. We still have cabbage to brine. Winter is long and everything will then be useful. We also bought some potatoes. Winter, this year, is predicted to be hard and long. On top of that, they warn us that it will arrive quickly. Already the swallows and the storks have flown away. That is, they say, a sign of an early and icy winter. We will survive. We will see.

I will end for today. Here, and at Jurek's, everyone is well. We also wish you all strong health. May God have you all, the whole family, in His care. Remain with God.

I kiss you each very, very much.

Halina, Marylka with Jacek, Paulinka with Zdziś and the whole of Jurek's family

P.S. Marylka will still write to Wandzia and Jurek wants to write to Czesio. Bye. Until we see you.

1990

nad. Halina Grycz-Poczekaj
02.02.1990 rok
Włoszakowice

Kochana Władziu wraz z całą Rodziną,

Dziękuję serdecznie za list pisany przed Świętami Bożego Narodzenia. Przyszedł 10 dni temu a dziś dopiero Ci odpisuje. Byłam chora. Mam grypę (u nas panuje ta azjatycka), już od kilkunastu dni bardzo boli mnie gardło i nie chce być lepiej. Nie wychodzę w ogóle na dwór bo się boję nałykać zimnego powietrza choć pogodę mamy ładną wiosenną. Słońce świeci, choć stare przysłowie mówi, że 2 lutego (Święto Matki Bożej) gospodarz woli widzieć wilka w owczarni niż by słońce świeciło. Dlatego, że słońce tego dnia wróży jeszcze długą zimę.

Przeżyjemy zobaczymy. Jeszcze raz Ci bardzo, bardzo dziękuję, list przyszedł nieotwierany ani nieuszkodzony. Jacek ma samochód w naprawie i jak go dostanie to i mnie będzie lepiej to pojedziemy do Poznania by wymienić walutę. U nas wszystko po staremu. Marysia ma wakacje, ale musi chodzić do przedszkola bo mają dyżury. Jak wiesz Zdzisiu też ma wakacje i siedzimy razem oboje w domu. Jacek zabrał Paulinkę i poszedł do sklepu, w każdej chwili wróci. Święta spędziliśmy dość spokojnie choć stale w napięciu. Sądziliśmy, że prochy małej Ani z Berlina przyjdą jeszcze przed Świętami. Niestety dostaliśmy wiadomość 3 stycznia, że urna jest do odebrania w Poznaniu. Czesiu i Jacek pozałatwiali wszystkie papiery od proboszcza z Gminy i z Leszna i ze sanepidu i pojechali do Poznania z obawą, że im nie wydadzą. Na szczęście wrócili 4 stycznia popołudniu i wtedy do roboty, ponieważ chcieli 5 stycznia mieć pogrzeb, ponieważ w niedziele Krysia i Czesiu musieli być z powrotem w Berlinie a Krysia była w Legnicy i Czesiu 5 stycznia rano pojechał do Legnicy po Krysię, Karolinkę i Rodziców, a Zbyszek (Krysi brat) z żoną i dwoma panienkami też przyjechali.

Czesiowi popsuł się samochód, ale zdążyli na ostatni moment. Tak jak sobie Czesiu życzył.

Trumienkę zanieśli do kościoła przed żłóbek postawili. Czesiu zaniósł na cmentarz Włoszakowicki. Ksiądz proboszcz był z nami na

Halina Grycz-Poczekaj
1990.02.02
Włoszakowice

Dear Władzia, together with the whole Family,

Thank you very much for your letter, written before Christmas. It arrived ten days ago but I am only today replying to it.

I've been ill. I've got the flu (the Asiatic flu is rampaging). For the past several days, my throat hurt horribly and it doesn't want to improve. I don't go out at all because I'm afraid the cold air would not do it any good, even though our weather is quite nice and Spring-like. The sun is shining even though the forecaster says that on the 2nd of February (the Feast of the Holy Mother) farmer prefers to see a wolf in the sheep pen than that the sun should shine on this day of the year. The sun, on this day, predicts an ongoing cold and long winter. We'll live through it. We'll see.

Once again, thank you very, very much. Your letter arrived unopened and undamaged. Jacek has a car in the repair shop. When he gets it back, and I am better, we will go to Poznań to exchange it for currency. With us, it is all, as of old. Marylka is on vacation, but has to go to the pre-school because they have shifts that must be covered. As you know Zdziś is also on vacation, so we both sit together at home. Jacek took Paulinka to the store with him. He'll be back any minute. We spent the holidays quietly, but in a state of anticipation. We thought that the ashes of little Ania from Berlin would arrive before the Holidays. Unfortunately we received word only on the 3rd of January that the urn was finally available for pickup in Poznań.

Czesio and Jacek handled all the paperwork with the Pastor from Gmina and from Leszno. But when they left to go to Poznań they worried that they might not be able to pick her up. Fortunately, they arrived on the 4th of January in the afternoon. Then it was work, because they wanted to have the burial on the 5th of January. On Sunday Krysia and Czesio had to be back in Berlin. Krysia was in Legnicy and Czesio went in the morning on the 5th to pick her up with Karolinka and her parents. Zybyszek, Krysia's brother and his wife and two girls also came.

Czesio's car broke down, but he arrived at the last moment. Just as Czesio wished.

cmentarzu. Po pogrzebie było przyjęcie u nas w domu i o godzinie 22.00 wszyscy wrócili do Legnicy i zaraz do Berlina, szczęśliwie zajechali. Tak, że wieczorem pod wieczór byli już w domu. Był to smutny dla nas wszystkich okres. Pełen niepokoju i niepewności. Oby wszystko przyszło szczęśliwie i nie zginęło po drodze i by wreszcie spoczęły u nas na cmentarzu w spokoju. Stało się tak jak Czesiu sobie życzył. Najlepsze z najgorszego. Tak się zawsze bałam, aby nikomu nic złego nie stało się, żadnemu z moich wnuków i nie wiem czy to nie było przeczucie. Niestety i tego się doczekałam przed śmiercią i jest to bardzo bolesne i cieszę się, że spoczęła tu na cmentarzu na polskiej ziemi, tu między swoimi niedaleko swoich rodzinnych grobów. Wiesz rozpisałam się, ale mi trochę ulżyło, cieszę się bardzo, że byliście u nas, że wszyscy się zobaczyliśmy, poznaliśmy. Często Was wspominamy, rozmawiamy, także o Michale i Anastazji. Może się Michał kiedyś wybierze do Polski. Z otwartymi rękami i sercem go przyjmiemy i mu wszystko pokarzemy. Jak będzie to możliwe to całym sercem prosimy i zapraszamy. Bardzo przeżyliśmy też to trzęsienie ziemi u Was. U nas w telewizji pokazywano. Było strasznie, bardzo się martwiliśmy. Irena dzwoniła do swoich rodziców i mówiła, że wszystko w porządku, to się uspokoiliśmy, że jesteście cali i zdrowi. W telewizji strasznie to wyglądało a co dopiero w rzeczywistości. Straszny był widok tego mostu, nie można było tego zapomnieć a jak dopiero Wy jak to przeżyliście. Coś okropnego jak pod nogami ziemia się trzęsie. U nas dużo się też zmieniło od czasu jak Wy wyjechaliście. Ceny skaczą w górę jak zwariowane.

 Nieraz dwa, trzy razy w dniu np. 1 kg chleba kosztuje 2480 zł, 1 kg cukru 5-6 tysięcy złotych, 1 kostka masła od 260 zł. 1 litr benzyny 2300 zł. Jest ciężko, ale musimy wierzyć, że za rok będzie lepiej. Każdy pracuje i radzi sobie jak może.

 Wszystko bierzemy z humorem i na wesoło. We wojnę też nam wszystkiego brakowało i jakoś przeżyliśmy, wierząc, że będzie lepiej. Kto przeżyje wolnym będzie, kto umiera wolny już. Przeżyjemy zobaczymy co będzie dalej. Niech żywi nie tracą nadziei a najważniejsze to zdrowie. Jak jest zdrowie to człowiek wszystko może zjeść i nigdy nie jest głodny. Wierzymy, że jakoś to będzie. Nie

We carried the little casket to Church and placed it in front of the crib. Czesio carried it to the cemetery in Włoszakowice. our Pastor was with us at the cemetery. After the burial, we had a reception here at home. At 11:00 p.m. everyone returned to Legnica and thence, to Berlin. They arrived safely. They were already home by the evening.

This was a very sad period for us. Full of uncertainty and disquiet. May everything go happily and not ruin things along the way. May she finally rest in our cemetery in peace. It happened as Czesio wished. The best from the worst.

I always worried that nothing bad would happen; that none of my Grandchildren would be hurt. I don't know if that was some kind of premonition. Unfortunately I lived to see it before my own death. It is very painful. I am happy that she is resting here in our cemetery on Polish ground. Here among her own; near her family's graves. You know… I've gotten carried away. But it has relieved me somewhat.

I am so happy that you have been here, and that we all met each other and got to know one another. We often talk about you and think of you. We think of Michał and Anastasia. Maybe Michał will still come to Poland sometime. With open hands and hearts we will welcome him and show him everything. Whenever it is possible, we would invite him with our whole hearts.

We also lived through your earthquake. It was shown to us on television. It was terrible. We were very worried. Irena called to her parents and said that everything was alright, so we calmed down, knowing that you were all whole and well. In the television it only looks so awful. It is only in reality that it is truly awful. The sight of that bridge was frightening. One can't forget it and how you lived through it. It's just awful that the earth beneath your feet can shake.

Much has changed here from the time you departed. Prices are jumping higher and higher, as if crazy. More than once, it is two and three times in a single day! For example 1 kg of sausage costs 2,480 złotys. 1 kg of chicken is 5-6,000 złotys. 1 cube of butter is 260 złotys. 1 liter of gas is 2,300 złotys. It is very difficult. We must believe that in a year it will be better. Everyone is working and trying to survive however they can.

We take everything with humor and with laughter. During the war, there were shortages everywhere, too. But we lived through it, believing that it would be better in the future. Whoever lived through the war

jesteśmy sami, jest cała Polska i nie tylko bo i Wschodnia Europa. No dość tego na dziś. Mamy nadzieję, że za 5 lat przyjedziecie i sami się przekonacie jak i co będzie. Wy najlepiej ocenicie. Kończę na dziś, zasyłam Tobie Władziu, Wandzi i jej mężowi oraz Dawidowi moc serdecznych pozdrowień, uścisków i ucałowań. Zostańcie z Bogiem i niech Was Bóg ma w Swojej opiece.

Ściskamy Was Wszystkich mocno.

Halina, Marylka, Jacek, Paulinka i Zdzisiu

would be free, but whoever died is already free. We will get through this and we'll see what comes next. May the living not lose their hope and, most important, their health. When a person is healthy, then anything can be eaten and there isn't hunger. We believe that it will all work out somehow. We are not alone, there is all of Poland. And not only that, because there is Western Europe. Well, enough of this for today.

We hope that within five years, you will come and will see for yourselves how it all is. You can be the best judge. I end for today, sending you, Władzia, Wandzia and her husband, and David many heartfelt wishes, hugs and kisses. Remain with God. May God have you in His care.

We embrace each of you tightly...

Halina, Marylka, Jacek, Paulinka and Zdziś

nad. Marylka Rzeźniczak
16.02.1990
Włoszakowice

Kochana Ciociu, Wandziu i Shawn,

Od dawna zabieram się za pisanie listu do Was, ale najpierw chciałam skończyć wyszywanie fartuszków i bluzki dla Wandzi. Udało mi się to wykończyć parę dni temu i wysłałam to Wam. Jeden fartuszek jest dla Cioci, drugi fartuszek i bluzka dla Wandzi. Myślę, że będzie się podobała. Dwa dni temu otrzymaliśmy paczkę od Was, za którą bardzo dziękujemy. Prawie wszystkie rzeczy pasują na mnie, a jedna bluzka jest w sam raz dla Zdziśka. Bardzo się cieszę, bo mam znów coś ładnego, a w tej chwili kupić u nas rzeczy to nie jest proste.

Wszystko w tej chwili jest strasznie drogie i kupuje się tylko to, co naprawdę jest potrzebne.

Wszyscy jednak wierzymy, że ta naprawdę trudna sytuacja jaka jest obecnie, w ciągu najbliższych miesięcy unormuje się zgodnie z przewidywaniami naszego rządu. Ta wiara o lepsze jutro i nadzieja, że musi być lepiej, podtrzymuje nas wszystkich na duchu i jak zwykle jesteśmy pełni optymizmu i z humorem kroczymy do przodu. W listopadzie otrzymaliśmy też zdjęcia od Was. Są wspaniałe. Bardzo często oglądamy je i rozmawiamy o tych cudnych chwilach, kiedy byliśmy wszyscy razem. Szkoda, że mieszkamy od siebie tak daleko, ale kochamy Was wszystkich bardzo, bardzo mocno i nigdy nie zapomnimy tych paru cudownych dni, które minęły tak szybko jak sen. Paulinka i Zdzisiek też bez przerwy wspominają, a babcia musi im ciągle opowiadać całą historię rodziny. Kiedy kładą się spać, Paulinka prawie co wieczór mówi: „My idziemy spać, a Stefan i Krysia już wstają". Ciągle dopytują kiedy znów się zobaczymy. Często wspominają Dawida, no i wszystkich po kolei, a Zdzisław najpierw Shawna, który chodził z nim po zakupy i dziwi się dlaczego zawsze zabierał kubek z kawą ze sobą.

Poza tym u nas wszystko jakoś leci. Mama była chora na grypę, ale już jej minęło i czuje się dość dobrze. Ja ostatnie dwa tygodnie pracowałam po 9 godzin, ponieważ moja współpracowniczka była w szpitalu. Zmieniły się trochę nasze plany. Chcieliśmy we folii zrobić

Marylka Rzeźniczak
1990.02.16
Włoszakowice

Dear Auntie, Wandzia and Shawn,

I have intended for some time to start this letter to you, but first I wanted to finish sewing the aprons and blouses for Wandzia. I succeeded in finishing a couple days ago, and sent them off to you. One apron is for Auntie, and the other apron and the blouse are for Wandzia. I hope you will like them.

Two days ago we received a package from you for which we thank you very much. Almost all the things fit me, and one little shirt is just right for Zdzisław. I am very happy because I again have something pretty. At this point in time, buying anything here is not straightforward. Everything is exceedingly expensive at the present time. One purchases only that which is truly necessary. Nevertheless, we all believe that this truly difficult situation, as it is today, will resolve itself in the immediate coming months with the changes we expect in our government. This belief in a better tomorrow and our hope that things simply must improve is holding up our spirit. As usual, we are full of optimism and humor as we stumble forward.

In November we received some photos from you. They are wonderful. We often look at them and talk about those wonderful moments we were all together. It is too bad we live so far from each other, but we love each of you very, very much and will never forget those few miraculous days that fled so quickly, like a dream.

Paulinka and Zdzisiek mention you without break. Grandmother must repeat the whole story of the family to them. When we put her to sleep, Paulinka says, almost every night: "We are going to sleep and Stefan and Krysia are already getting up." She constantly asks when we will see each other again. They often remember David. Well, and one after another, all of you. Zdzisław starts with Shawn, who went with him to the store. He was so surprised that Shawn always took his cup of coffee with him.

Besides that, everything is moving somehow. Mother was ill with the flu, but that has passed, and she now feels tolerably well. During the last two weeks I've been working 9 hours per day, since my colleague was in the hospital. We've changed our plans somewhat. We wanted to grow

pieczarki, ale ponieważ wszystko strasznie podrożało wkład który musielibyśmy w to włożyć był 3 razy większy niż przewidywaliśmy i w związku z tym musieliśmy zrezygnować.

Zostaliśmy więc przy pomidorach i w ubiegłym tygodniu posadziliśmy całą folię pomidorów i już jest zielono pod folią, chociaż na dworze zimno, mróz i śnieg z deszczem pada już czwarty dzień.

Jacek oprócz tego założył firmę. To znaczy pracuje sam nie ma żadnego pracownika i kładzie płytki łazienkowe na klej i tapety. Tak więc trochę szkoły na Zachodzie i przy naszym remoncie sprawił, iż zmienił zawód i jest zadowolony. Lubi to robić. Klej do płytek przywozi Czesiu od czasu do czasu.

W styczniu mieliśmy też bardzo smutną uroczystość. Mama chyba też pisała o tym. W październiku zmarła Czesia córeczka Anja, która miała już 3 miesiące. Urna z prochami dotarła dopiero w styczniu i 5.01 zgodnie z życzeniem Czesia odbył się pogrzeb i na naszym cmentarzu pochowaliśmy jej prochy. Czesiu koniecznie chciał, aby jego córka leżała w Polsce i to we Włoszakowicach. Jacek z Czesiem musieli pojechać do Poznania i jak to w Polsce mieli mnóstwo „papierkowych" spraw do załatwienia. Razem z Jackiem w domu włożyli urnę do małej, białej trumienki, którą wyścielili białym płótnem. Paulinka ze Zdzisiem włożyli obrazki z aniołami, a potem Czesiu sam wpatrzony w trumnę siedział bez ruchu chyba przez godzinę. To było straszne i trudno to opisać. Na drugi dzień rano, ponieważ Krystyna wraz z Karoliną była w Legnicy u rodziców, Czesiu pojechał po nie i przywiózł na pogrzeb. Nie wiadomo właściwie na co zmarła Anja. Lekarze nie stwierdzili przyczyn zgonu. Bardzo to przeżywała mama, ale teraz już trochę ochłonęła. To jednak jest bardzo ciężko. W takich chwilach można jedynie modlić się, bo nic nie może zrobić i człowiek jest bezradny. Dobrze, że grób jest na naszym cmentarzu, bo nie leży wśród obcych i zawsze jej ktoś zaniesie kwiatek, pograbi wokoło grobu, czy podleje kwiatki, a leży niedaleko taty i dziadków.

Dość już jednak o tych smutkach. Paulina chodzi ze mną do przedszkola. Budzi się już sama przed 6:00 rano i razem wychodzimy o 6:20, bo do pracy mam blisko. Całymi dniami śpiewa i tańczy. No i zaczyna myśleć powoli o nauce. Zdzisiek chodzi do 1-wszej klasy i jest

some mushrooms in the greenhouse. But because everything suddenly became so expensive, the money we'd have to put into the original plantings would cost three times more than we had anticipated. So because of this we had to forego our plans. So we've stayed with tomatoes. Last week we planed the whole greenhouse with tomatoes and they are already greening, even though it is cold outside with ice and snow and rain has been falling for the fourth day already.

In the meanwhile Jacek has set up his own company. That means that he works for himself but doesn't have any employees. He lays bathroom tiles and puts up wallpaper. He learned a little in schools in the West and practiced on our remodeling. So he's changed his career and is very pleased. He likes the work. The glue and mortar for the tiles, Czesio brings us from time to time.

In January we had a sad anniversary. Mother has probably written about this. In October Czesio's daughter, Anja, died who was just 3-months old. The urn with her ashes only arrived on January 5th. And in accord with Czesio's wishes, the funeral was here in our cemetery where her ashes are buried. Czesio always wanted his daughter to be buried in Poland and in Włoszakowice. Jacek and Czesio had to go to Poznań. And, as it always true in Poland, there was a lot of paperwork to arrange everything. Together with Jacek, they put the urn in a small white coffin, which they finished with a white cloth. Paulinka and Zdzisiek placed pictures with angels inside, and afterwords Czesio, staring blankly at the coffin sat without moving for over an hour. It was terrible and difficult to describe. On the next day in the morning, since Krystyna and Karolina were in Legnicy with Krystyna's parents, Czesio went for them and brought them to the funeral.

We don't know, actually what caused Anja's death. The doctors were unable to determine the cause. Mother took it all very hard. In these kinds of moments the only thing one can do is pray. Because there is nothing a person can do. We are helpless. It's good that the grave is in our cemetery, because she is not buried among foreigners. Here, someone will always bring a flower, rake around the grave, or water the flowers. And she is buried not far from Father and her ancestors.

So this is enough of these sad topics.

Paulina accompanies me to pre-school. She wakes herself before 6:00 a.m. and we leave at 6:20 because my work is very close. She sings and dances all day long. And slowly, she is beginning to think about

na razie najlepszym uczniem w klasie. Bardzo się cieszymy, ale boję się, aby czasami w jakimś momencie nie spoczął na laurach. Bardzo lubi książki. Bardzo dużo czyta.

Kończąc przesyłam moc uścisków i ucałowań dla Wszystkich, od wszystkich. Jeszcze raz bardzo dziękujemy za wszystko.

Do zobaczenia

Marylka z mamą, Jackiem, Paulinką i Zdzisiem

learning things. Zdzisek already goes to 1st grade and is, for the time being, the best student in his class. We are very pleased. I hope he does not, at some moment, begin to sit on his laurels. He likes books very much and reads all the time.

In conclusion I send you many hugs and kisses for all of you from all of us. Once again, we thank you for everything.

Until we see you...

Marylka with Mother, Jacek, Paulinka and Zdzisław

nad. Marylka Rzeźniczakowa
06.04.1990 rok
Włoszakowice

Kochana Ciociu, Wandziu i Shawn,

Milowymi krokami ucieka ten czas. W ubiegłym tygodniu był u nas Czesiu z Karoliną. Kiedy w styczniu wrócił od nas do Berlina, po tygodniu otrzymał paczkę od Was. Między innymi dla Jacka i dla Jurka i teraz przywiózł je Jackowi. Cieszył się jak dziecko, tym bardziej, że Jacek na tle narzędzi i podobnego rodzaju sprzętu ma słabość. Ja zawsze się śmieję, że ostatnie pieniądze wydałby na tego typu rzeczy. Prosił więc, abym w jego imieniu podziękowała za tę miłą niespodziankę, a ten wkrętak nosi prawie cały czas przy sobie. Jacek dalej prowadzi swój zakład. Martwiłam się, bo na początku, jak to zwykle bywa szło nie najlepiej. Nie miał zbyt dużo pracy. Trzeba trochę czasu, aby ludzie przekonali się do kładzenia płytek na klej. Do tej pory w Polsce nie znano tej metody, tylko tradycyjną metodą na beton. Jednak teraz jest już lepiej. Coraz więcej klientów i chętnych. Ostatnio otrzymał zamówienia na 3 łazienki w zupełnie nowym budownictwie. Mam więc nadzieję, że to wszystko się rozkręci. Poza tym u nas wszystko w porządku. Mama jak zwykle, czuje się raz lepiej raz gorzej. Codziennie daje jej zastrzyk insuliny na cukrzycę.

Paulina chodzi do przedszkola, a Zdzisiek powoli kończy pierwszą klasę. Ostatnio zrobił nam miłą niespodziankę, bo wygrał konkurs historyczny, w którym brały udział 1 i 2 klasa, o Karolu Krupińskim. Paulina prosi mnie, abym napisała, że ma ścięte włosy i ma zupełnie króciutkie.

Kończę te parę słów i przesyłam dla Wszystkich od wszystkich dużo buziaków i uścisków.

Pozdrowienia dla Dawida.

Marylka z całą rodzinką

Marylka Rzeźniczak
1990.04.06
Włoszakowice

Dear Auntie, Wandzia and Shawn,

The time runs from us in leaps and bounds. Last week Czesio and Karolina was here with us. In January, after he came to us from Berlin, he received the package from you a week later; among others, for Jacek and for Jurek. He just took it over to Jacek.

He was as happy as a child, the more so, that Jacek, regarding tools and all kinds of equipment like that, has a weakness. I always laugh that he will spend his last złoty on those kinds of things.

He asked, then, if I would thank you for the very wonderful surprise. He carries the bottle opener with him almost all the time.[26] Jacek continues to run his business. I was worried, because at the beginning, as is usual, it wasn't going so well. He didn't have very much work. One needs a little time for people to be convinced about tiling with glue. This method was unknown in Poland. What was used was only the traditional method with mortar and grout. Now it is better. He has more and more clients and customers. He recently had orders for three bathrooms in a completely new building development. So I have hope that all of it will turn out well. Aside from this, everything is going well. Mother, as usual, feels better one day and worse, another. Every day she takes her insulin for diabetes.

Paulina goes to pre-school. Zdzisiek is slowly finishing 1st grade. Recently he gave us a lovely surprise, because he won the history competition about Karol Krupiński, in which the 1st and 2nd grades took part. Paulina just asked me if I would write and tell you that she has had a haircut and wears her hair very short now.

Ending these few words, I send you all from all of us, many kisses and hugs.

Best wishes for David,

Marylka with the whole family

---

[26] When the Grycz family from San Francisco visited the Rzeźiczaks, they noticed Jacek's wonderful large collection of curious international bottle openers. After coming home, they sent him another, to add to his collection.

nad. Halina Grycz-Poczekaj
23.04.1990 rok
Włoszakowice

Kochana Władziu z całą Rodziną,

Nareszcie zabieram się znów do napisania kilku słów do Was. Jesteśmy wszyscy zdrowi, czego i Wam z całego serca życzymy i zasyłamy Wam Wszystkim serdeczne życzenia zdrowia, szczęścia i radości. Już jest znów po świętach, które przeżyliśmy w miarę spokojnie.

Czesiu przyjechał w piątek, a w niedzielę pojechał do Legnicy po Karolinkę. Ponieważ Krysia i Karolinka były w Legnicy, a Karolinka na lany poniedziałek chciała być u nas, no i mieli „Dyngus", że aż hej. W niedzielę byliśmy u Jurka a w poniedziałek oni u nas byli, więc lanie wody było z udziałem Wszystkich i Karolinka chyba długo nie zapomni. Wszyscy musieli się rozebrać i ubrania suszyć. Dobrze, że było ciepło i słońce grzało. Tyle o świętach.

Przesyłam Ci Władziu list z Chorzowa od p. Lisoka sprawozdanie. Ma tam trochę kłopotu, ale myślę, że da sobie radę. Co do tego mieszkania to myślę, że mógłby nie płacić za nie, że mogłoby to być jako służbowe. Tym bardziej, że Michaczowa też je miała jako służbowe, ale to od Ciebie zależy. W każdym razie popieram p. Lisoka. Mam nadzieję, że to wszystko się ułoży, ale trochę potrwa. Na razie to jest „zwariowanie". Przepisy, ustawy z dnia na dzień się zmieniają, a ceny skaczą w dniu dwa, trzy razy. Żeby coś kupić trzeba najpierw kilkanaście sklepów odwiedzić, ponieważ ceny są tak różne, że można się naciąć o kilka, czy nawet kilkanaście tysięcy, takie ceny są zróżnicowane, co sklep to inna na te same towary. Dobrze, że ja nie chodzę po zakupy, bo wiesz mi, że można by kręćka dostać i do domu przyjść bez zakupów w ogóle. Jacek i Marylka się ze mnie śmieją. Oni się już do takiego życia przyzwyczaili, ale ja żyję jeszcze w dawnych czasach, gdy za 5gr można było bułkę kupić, a teraz za 500zł a czasem i na to nie starczy. Pocieszyłam się tylko tym, że jak na święta Czesiu przyjechał i miał 2 tysiące w kieszeni polskich i wszedł do restauracji to pytał się co może za to kupić do picia herbatę, kawę czy piwo? Kelnerka mu

**Halina Grycz-Poczeka
1990.04.23
Włoszakowice**

Kochana Władzia and the whole Family,

Finally, I am gathering myself to writing a few words to you. We are all well, which I hope from my whole heart is true of you. We send you each sincere wishes for health, success and joy. It's after the holidays, once again, which we celebrated in peace.

Czesio arrived on Friday. On Sunday he went to Legnicy for Karolinka. Krysia and Karolina were in Legnicy, but Karolinka wanted to be with us on Easter Monday. They had "Smigus-Dingus" like wow! On Sunday we were at Jurek's. On Monday they were with us. So pouring water was shared by all. I don't think Karolinka will forget it for a long while. Everyone had to take off their wet clothes to dry them. Its a good thing it was warm and the sun shone. So much for the holidays.

I am enclosing, Władzia, a letter I received from Mr. Lisok in Chorzów. These are the accounting reports. He has a little trouble, but I think he will be able to handle it. As to his apartment, I think he might not have to pay for it. It can be treated as an administrator's residence, especially since Mrs. Michacz didn't pay for her apartment. But it depends entirely on you. In any case, I support Mr. Lisok.

I hope everything will come together, but it will take a bit of time. At present its pretty crazy. The rules and laws change from day to day, and costs rise on any given day by two or three times. To buy anything one must first go to several dozen stores, because the prices vary so much you can easily get cheated by several thousand, or even tens of thousands of złotys. That's how varied the prices are. Every store has a different price for the same object. Its a good thing I don't go shopping because, believe me, you could get your head turned around and come home with nothing at all purchased.

Jacek and Marylka laugh at me. They've become used to this kind of life. I still live in the "good old times" when for 5 grosze (pennies) one could buy a fresh bun. Now it is 500 złotys; and sometimes that's not enough. I am happy that when Czesio arrived for the holidays and had 2,000 polish złotys in his pocket he went to a restaurant and asked if he could, for his money, get something to drink, tea, coffee or beer? The waitress told him that it would be enough for some coffee with milk, and

powiedział, że starczy mu na kawę z mlekiem i nawet z cukrem. No i napił się tej kawy. Jemu idzie tak jak mi, ale i my się musimy do tego przyzwyczaić. Tak u nas nic nowego. Wszystko toczy się dalej, a co będzie to się zobaczy. Zdzisiu uczy się dobrze. Na razie nie mamy z nim kłopotu. Bardzo Ładnie czyta, a Paulinka chodzi z mamą do przedszkola. Jakoś do przodu leci. Jacek też ma firmę. Kładzie płytki i tapety. Na razie ma prace.

Moc pozdrowień dla Was Wszystkich i dużo, dużo uścisków.

Całuję Wszystkich mocno

Halina

even with some sugar! So he drank his coffee. For him, it all goes like it does for me. But we have to become used to the present.

Otherwise, there's nothing new. Everything turns ahead. What will be, we'll find out.

Zdzisław is learning well. For the time being, we have no trouble with him. He reads very well. Paulinka walks with her Mother to pre-school. Somehow, everything is moving forward. Jacek has his own business. He lays tile and wallpapers. For the time being, he has work.

Many wishes for all of you, and many, many hugs.

I kiss you strongly,

Halina

1991

Halina Grycz-Poczekaj
is buried at the cemetery in her beloved Włoszakowice, Poland.

Halina Grycz-Poczekaj
11.09.1922.09.11—06.02.1991

Wyjątkowa córka, siostra, żona i matka.
Między jej spuścizną pozostało wiele listów.
Jest ona natchnieniem
dla rodziny i dla następców.

Halina Grycz-Poczekaj
1922.09.11—1991.06.02

An exceptional daughter, sister, wife, and mother.
Among the legacy she leaves are her many letters.
She is an inspiration
for her family and those who follow

1995

nad. Marylka Rzeźniczakowa
30.03.1995 rok
Włoszakowice

Kochani,

Nie wiem, czy życzenia zdążą dotrzeć przed świętami, ale nie mogłam wcześniej pisać.

Byłam w szpitalu, gdzie usunięto mi woreczek żółciowy, w którym nie wiem jak to się stało, ale znalazło się 30 małych kamieni. Tak więc trzeba było dokonać tego zabiegu. Dziś jestem już w domu i czuję się dość dobrze. Przez pół roku muszę zachować dietę wątrobową i przez 2-3 miesiące nie będę mogła pracować. Najważniejsze, że wszystko dobrze i prawidłowo się goi. Poza tym wszyscy zdrowi. Paulinka i Zdzisiek dobrze się uczą, Jacek pracuje, teraz jeszcze trochę moich obowiązków musiał przejąć.

Na Święta przyjeżdża Czesiu z całą rodzinką, no i Jurek też z całą rodzinką z pewnością się wybiorą do nas. Tak więc będziemy wszyscy razem. Myślimy i rozmawiamy o Was bardzo często.

Kończąc przesyłam Wam wszystkim moc gorących pozdrowień i uścisków

Marylka z całą rodzinką

Marylka Rzeźniczak
1995.03.30
Włoszakowice

Dearest Ones,

I don't know if these wishes will reach you before the holidays, but I couldn't write any earlier.

I was in the hospital where my gall bladder was removed. I don't know how it happened, but there were found, in it, some 30 small stones. So it was necessary have this treatment. Today, I am already at home and feel pretty well. For the next six months I must watch my diet with respect to my liver. For 2-3 months of recuperation I will be unable to work. The most important thing is that everything went well and is healing properly.

Besides that, everyone is well. Paulinka and Zdzisiek are studying well. Jacek is working and has had to add to his work some of my usual obligations.

For the holidays, Czesio is coming with his family, and Jurek with his whole family will certainly be here. So we will all be together. We think and talk about you very often.

I send you all many best wishes and hugs...

Marylka with her whole family

APPENDICES

**Dodatek 1:
Ilustracje**

Appendix 1:
List of Illustrations

301st Squadron *"Ziemia Pomorska"*	**I** 34, 35
303rd Squadron Bombers	**I** 96
Baptism of Jurek and Czesław Poczekaj	**II** 700
M/S *"Batory"*	**II** 924
Barciszewski, Mieczysław	**I** 479
Censored and Stamped Letter	**I** xxi; **II** xix
"Cross of Valor"	**I** 129
"Dar Pomorza"	**II** 925
Dworczak, Małgorzata	**III** 1243, 1265
El Biar, Algeria	**I** 59-63
Family Tree Foldout	**III** back cover
Family Tree, Grycz/Poniecki abbreviated	**I** xliii
Family Tree Grycz abbreviated	**II** xxv
Family Tree Otto abbreviated	**II** xxiv
Gapińska, Felicja	**I** xlvi, xlix
Gapińska, Zofia	**I** xlvi, xlix, 37
Letter describing her death at Ravensbrück	**I** 348
Memorial at City Gymnazium of Chorzów	**III** 1433
Grycz, Czesław (Jurek Poczekaj's twin brother)	**II** 708-709, 700, 708-709, 717, 765, 734-735, 782, 912-913, 951, 986; **III** 1038-1039, 1243
Grycz, Czesław (RAF)	**I** 31, 32, 33, 109, **II** xxxv, 810
Last Will and Testament	**I** 116
Grycz, Czesław Jan	**II** 713
Passage to America	**I** 460-461
Grycz, Halina	**I** 284-285; **III** 1243, 1540-1541
Grycz, Jan	**I** lii, liii, 284, 479, 613 **II** xxxii, xxxv, 950-951; **III** 1242-1243, (sketch, 1242)
Grycz, Jan Marceli	**I** l, li, 30, 31, 479, **II** xxxii
Cross of Valor	**I** 129
Passage to America	**I** 460-461
Grycz, Jadwiga and Konstanty with Maria, Agnieszka, Jan, Stanisław, Felix, Anna Ludwik, Władysława, Jadwiga	**II** xxviii
Grycz, Katarzyna	**II** xxviii
Grycz, Maria	**I** l, li, lii, liii, 284, 613; **II** xxxii, xxxv, 734-735, 950-951
Grycz, Stanisław	**II** xxxvii
Grycz, Wandzia Maria	**II** 713, 986
Grycz, Władysława (née Poniecka)	**I** 478-479
Passage to America	**I** 460-461
Grycz-Poczekaj, Halina	**I** 642-643; **II** 709, 734-735, 905, 951; **III** 1467

Appendix 5

Grześiecka..	**I** 523
Hejnowski, Jan	**I** 97 Janura, Kaczmarska, Urszula
"Karolinka"..	**II** 983
Kleves-Reichwald War Cemetery	**II** 802-803, 810
Kurier, September 4, 1939	**I** xxxii-xxxiii
Lis, Joachim (with Mieczysław)	**II** xxxvii
Lis, Maria (née Grycz)...	**II** xxxvii
(Map) Evacuation from Lubosz at start of WWII..	**I** 27
(Map) Grycz and Otto Households.......................	**III**
(Map) Primary Locations, Vol 1	**I** xliv
(Map) Primary Locations, Vol 2	**II** xxix
(Map) Service of Pestki Division in which	
Władysława Poniecka Served.........................	**I** 58
Matuszak, Marynia and Maksymilian with	
Henryk, Maryla, Ludwig and Jadwiga	**I** 193
Mazowsze Choral and Dance Ensemble.......................	**II** 983
Michalska, Maria..	**II** 950-951
Mikołajczak, Martyna and Jan	**III** 1086-1087
Nowak, Stanisława (née Grycz).............................	**II** xxxvii
Nowak, Władysław (with Marian).......................	**II** xxxvii
Okulicki, Leopold	**I** 166
Ostoja Coat of Arms	**III** Appendix page 21, 22, 25, 27
Otto and Grycz Households in Włoszakowice	**III** xx
Otto, Czesław..	**II** xxxiii
Otto, Jan	**II** xxix, xxxiii,xxxiv
Military ID Book..	**II** xxx-xxxi
Otto, Kazimiera	**II** xxix
Otto, Marianna (née Matuszewska)...........................	**II** xxix, xxxv, xxxvi
Otto, Roman	**II** xxix, xxxiv
Otto, Wacław	**II** xxix, xxxiv, xxxv, xxxvi
Otto, Wiktoria	**II** xxix, xix
Poczekaj, Jan	**I** 642-643, 708-709, 905, 951; **III** 1243, 1467
Poczekaj, Jerzy	**II** 708-709, 700, 708-709, 717, 765, 782, 912-913, 951, 986; **III** 1038-1039, 1243, 1265
Poczekaj, Małgorzata	**III**
Poczekaj, Maria...	**II** xxxvii, 951, 986; **III** 1039
Poczkaj, Paulina	**III** 1467
Poczekaj, Zdzisław..	**III** 1467
Podgórzec, Eugeniusz	**I** 613
Podgórzec, Felicja (née Gapińska)..............................	**I** 613
Poniecka, Pelagia	**I** xliv
Poniecka, Władysława...	**I** xlvi, xlviii, xlix, 59-63, 608-609
(Map) Service while in *Pestki* unit	**I** 58
Poniecki, Władysław..	**I** xlvi, xlvii, 523, 610-613
Pytlik, Anna..	**II** 905
Pytlik, Elżbieta (née Otto) and Stanisław..................	**II** xxix

Red Cross (International) letter from Fela............... **I** 82
Śląsk Choral and Dance Ensemble .... **II** 983
Słusarczyk, Alina... **I** 479
Starkie Family .... **I** 143
Starkie, Sheila.. **I** 109, 111
"Washington", S/S .... **I** 460-461
Wellington Bombers... **I** 34, 96
Zbarzewo Memorial, including Jan Otto............... **II** 936

Dodatek 2:
Zdrobnienia i czułe słowa

Polski język charakteryzuje się częstymi zdrobnieniami rzeczowników osobistych jako określeń czułych. Przykładem służyć może słowo „ojciec", które może być zmiękczone w formie „tata", a jego zdrobniałymi formami są również „tatuś", „tatusiek", „tatuśiński" i szereg innych. Prawie każdy rzeczownik osobisty ma swoje zdrobnienia używane często dla określenia bliskości i więzi.

Równie często używane są wyrazy czułe. Mogą to być zniekształcenia normalnych słów i imion, na przykład „Zocha" zamiast formalnego „Zofia". Czułe słowa mogą być stworzone dla pewnych osób, na przykład „Dzióbek", słowo używane przez Władysława Ponieckiego w stosunku do swojej córki Władysławy. Tak dalece jak tłumacz mógł zrozumieć, słowo "Dzióbek" nie ma szczególnego znaczenia. Może, lub nie, odnosić się do małego dziobu słodko śpiewającego ptaka. Niezależnie od etymologicznych korzeni, czułe słowa w języku polskim wyrażają bliskość osób. Być może podobnym przykładem w języku angielskim jest słowo „Poopsie", nie mające szczególnego znaczenia, a jest używane na określenie bardzo bliskiej przyjaźni.

Dodatkową trudnością języka polskiego dla osób nieznających go, jest deklinacja oparta na bazie łaciny. Tu rzeczowniki, zaimki, przymiotniki i rodzajniki zmieniają końcówkę słowa by wyrazić ilość (jednostkę lub wielość) a także przypadek (podmiot, biernik, mianownik, dopełniacz, itd.). Język posługujący się deklinacją przekazuje znaczenie, które rzadko wymaga uściśleń. Lecz zmienna pisownia może sprawiać trudności dla osób nie znających gramatyki łacińskiej. W celu zmniejszenia niepotrzebnych nieporozumień niniejsze tłumaczenie usuwa możliwie największą ilość wariantów tak, by czytelnik posiadał systematycznie to samo imię dla każdej osoby wymienionej w tekście, niezależnie od tego czy polski wyraz w orginale jest bardziej szczegółowy i odmienny.

Biorąc swe źródło ze starszej, bardziej formalnej epoki, zaimki osobiste pisało się w polskim zwykle z dużej litery. Tłumacz zadecydował nie używać dużych liter w wypadku takich zaimków, lecz dla wyrażenia szacunku z tego okresu, używa dużej litery w wypadku słów takich jak „Matka", „Ojciec", „Ciotka" itp.

Appendix 2:
Diminutives and Endearments

The Polish language is distinctive in its frequent use of diminutives of proper names as endearments. An example is the informal word for "Father." That word is "Tata". But its diminutive forms include "Tatuś" "Tatusek" "Tatusiński" and several others. Almost every proper name has its diminutive variables which are frequently used to denote closeness and tight relationship.

Endearments are also commonly used. These may be corruptions of regular words or names, such as "Zocha" for "Zofia". Endearments may sometimes be made-up words, such as "Dzióbek", a word used by Władysław Poniecki towards his daughter, Władysława. So far as the translator has learned, "Dzióbek" has no specific meaning. It might be related to the small beak of a sweetly-singing bird, or it may not. Regardless of their etymological roots, endearments, in Polish, express closeness. Perhaps an analogous example in English might be "Poopsie", which also has no specific meaning, but is used as an indication of very close friendship.

To further aggravate difficulties with the Polish language for non-Polish speakers, the language employs the Latin-based declension of words. This is the condition in which nouns, pronouns, adjectives and articles adjust their endings to signify number (singular or plural), as well as case (subjective, objective, nominative, possessive, etc.). A language employing declension transmits meaning that rarely requires disambiguation. But the variable spellings can be troublesome for readers who have not been exposed to Latin-based grammar.

In order to reduce unnecessary confusion this translation eliminates as many variants as possible so that the reader can enjoy a single and consistent name for each person throughout the text, even though the Polish original may be more specific and variable.

Deriving from a more formal Age, direct address pronouns are typically capitalized in Polish. The translator has elected not to capitalize all these pronouns, but has capitalized words like "Mother", "Father", "Aunt", etc. to convey something of that era's expressions of respect.

**Dodatek 3:
Zdrobnienia i czułe słowa**

Appendix 3:
Diminutives or Endearments for Polish given names

Andzia	Diminutive for "Anna". pp. **I** 274-275, 394-395, etc.
Bietka	Endearment for "Elżbieta" (Elizabeth). Sister of Maria (née Otto) Grycz. Married Maksymilian Pytlik. pp. **I** 52-53, 174-175, etc.
Bolek	Diminutive for "Bolesław," brother of Władysław Poniecki.
Bronka, also Bronia	Diminutive for "Bronisława". pp. **I** 580-581, etc.
Czesio	Diminutive for "Czesław". pp. **I** 2-3, etc.
Czesław	Herein typically used for Czesław, the second-born twin son of Halina and Jan Poczekaj.
Czesław Jan	Herein typically used for the son of Władysława and Jan M. Grycz. Brother of Wanda Grycz.
Daddy	Herein typically used to refer to Władysław Poniecki, the father of Władysława, and step-father of Felicja and Zofia Gapiński.
Danusia	Diminutive for "Danuta", meaning "Gift from God". The daughter of Martyna (née Konieczna) and Jan Mikołajczyk. pp. **III** 1140-1141, etc.
Dzinko	Diminutive for "Włodzimierz", pp. **I** 178-179, etc.
Dzióbek	Endearment for Władysława (née Poniecka) Grycz
Edek or Edziu	Diminutive for "Edward." Son of Elżbieta and Stanisław Pytlik, brother of Eugeneusz Podgórzec.
Gienek	Diminutive for "Eugene". pp. **I** 268-269, etc.
Hala	Diminutive for "Halina". pp. **I** 188-189, etc.
Halina	Sister of Jan M., and Czesław Grycz. Married Jan Poczekaj. Mother of Jerzy, Czesław and Maria. Also "Hala", "Halinka". Itself, "Halina" is an alternative for "Helena".

Halinka	Diminutive for "Halina". pp. **I** 174-175, etc.
Halinko	Diminutive direct address for "Halina". pp. **I** 24-25, 90-91, etc.
Heniu	Diminutive for "Henry". pp. **I** 636-637, etc.
Irka	Diminutive for "Irena". pp. **III** 1160-1161, etc.
Jadzia	Diminutive for "Jadwiga", pp. **I** 2-3, 626-627, etc.
Jan M.	Jan Marceli Grycz. Son of Maria and Jan Grycz. Brother to Czesław and Halina Grycz. Husband of Władysława (née Poniecka). Father of Czesław Jan and Wanda Maria Grycz.
Janek	Diminutive for "Jan." Herein typically used for the husband of Halina (née Grycz), Jan Poczekaj. Father of Jerzy, Czesław and Maria. pp. **I** 178-179, etc.
Jaśiu	Diminutive for "Jan". pp. **I** 54-55, etc.
Jerzy	First-born twin son of Halina and Jan Poczekaj. Brother to Czesław and Maria. pp. **I** 692-693, etc.
Józia	Diminutive for "Józefa". pp. **I** 188-189, etc.
Józiu	Diminutive for "Józef". pp. **I** 644-645, etc.
Jurek	Diminutive for "Jerzy". pp. **I** 712-713, etc.
Kasia	Diminutive for "Katarzyna" (Catherine). Aunt Kasia is one of the sisters of Jan Grycz. pp. **II** 814-815, etc.
Kazia	Diminutive for "Kazimiera". pp. **II** 942-943, etc.
Lilka	Diminutive for "Marylka" (Maria Grycz), daughter of Halina and Jan Poczekaj. pp. **II** 952-953, etc.
Lotka	Endearment used by Irena Weimann towards herself. pp. **I** 480-481
Ludmis	Diminutive for "Ludmil" or "Ludwik", pp. **I** 484-485

Maks	Diminutive for "Maksymilian". One Maksymilian was married to Maria (née Grycz) sister of Jan Grycz. Another Maksymilian was married to Halina (née Otto) Szymczak. pp. **I** 52-53, etc.
Mania	Diminutive for Marianna, wife of Wacław Otto. p. **I** 204-205, etc.
Mietek	Diminutive for "Mieczysław". Colleague of Jan Marceli Grycz in the Maritime service, pp. **I** 152-153
Maryla	Diminutive for "Maria." Daughter of Zofia and Bolesław Poniecki, pp. **I** 218-219, etc.
Marylka	Diminutive for Maria Grycz, daughter of Halina and Jan Poczekaj. pp. **II** 676-677, etc.
Marynia	Endearment for first wife of Maksymilian Matuszak pp. **I** 192-193, etc.
Marysia	Diminutive for "Maria". pp. **I** 406-407, etc.
Mirka	Diminutive for "Mirosława". Daughter of Zofia and Bolesław Poniecki, pp. **I** 218-219, etc.
Nizi	Diminutive for "Agnieszka", pp. **II** 698-699, etc.
Staś	Diminutive for "Stanisław", pp. **I** 198-199, etc.
Tadek	Diminutive for "Tadeusz"
Torbo	Endearment used by Irena Weimann towards Władysława (née Poniecka) Grycz, pp. **I** 480-481
Tosia	Diminutive for "Antonia," sister of Pelagia Bykowska.
Wacek	Diminutive for "Wacław," brother of Maria (née Otto) Grycz. pp. **I** 52-53, etc.
Wandzia	Diminutive for "Wanda". pp. **I** 698-699, etc.
Witek, Wicek	Diminutive for "Wincenty," brother of Pelagia Bykowska.
Włada, Władzia	Diminutives for "Władysława"

Wojtek	Diminutive for "Wojciech". In English, Wojciech is "Adalbert" possibly from St. Adalbert of Prague whose birth name was Vojtěch Slavnik. Wojciech is a very old Slavic name. pp. **II** 940-941, etc.
Zbyszek	Diminutive for "Zbigniew", pp. **I** 104-105, etc.
Zocha	Endearment for "Zofia" used by Zofia Gapińska for herself, pp. **I** 92-93, etc.
Zosia	Diminutive for "Zofia". pp. **I** 36-37, etc.
Zośka	Diminutive for "Zosia". pp. **I** 36-37, etc.

Appendix 15

Dodatek 4:
Służba Jana Grycz w Marynarce Handlowej

Appendix 4:
Record of Jan M. Grycz Merchant Marine Service

M/S Dar Pomorza	08.09.1933	05.13.1934	09 mos. 04 days	Apprentice
S/S Poznań	04.24.1935	08.28.1935	04 mos. 05 days	Apprentice
S/S Pułaski	05.22.1937	06.19.1937	27 days	Apprentice
M/S Dar Pomorza	05.07.1937	07.22.1937	00 mos. 17 days	Apprentice
S/S Protesilans	08.09.1937	08.17.1937	00 mos. 08 days	Apprentice
M/S Prometheus	08.19.1937	05.27.1938	09 mos. 08 days	Junior Asst. Engineer
S/S Perseus	05.31.1938	06.12.1938	00 mos. 12 days	Supernumerary Engineer
S/S Cyclops	07.19.1938	12.12.1938	04 mos. 23 days	Assistant Engineer
S/S Calchas	12.27.1938	12.25.1938	00 mos. 07 days	Assistant Engineer
M/S Morska Wola	06.07.1939	01.05.1940	10 mos. 23 days	3rd Engineer 1400 HP
S/S Zagłoba	05.11.1940	08.31.1900	15 mos. 19 days	3rd Engineer 1300 HP
S/S Zagłoba	09.01.1941	11.09.1941	02 mos. 09 days	2nd Engineer
S/S Zagłoba	11.10.1941	02.16.1942	03 mos. 06 days	3rd Engineer
M/S Stalowa Wola	04.16.1942	05.01.1942	00 mos. 15 days	Supernumerary Engineer
M/S Batory	05.15.1942	01.04.1943	06 mos. 19 days	3rd Engineer
M/S Sobieski	01.05.1943	03.05.1943	02 mos. 00 days	2nd Engineer
M/S Stalowa Wola	04.01.1943	07.23.1943	03 mos. 23 days	2nd Engineer
M/S Stalowa Wola	09.28.1943	08.16.1944	10 mos. 18 days	2nd Engineer
M/S Sobieski	09.21.1944	10.30.1944	01 mos. 09 days	2nd Engineer

Appendix 19

M/S Stalowa Wola	10.31.1944	06.27.1945	07 mos. 27 days	2nd Engineer
S/S Copernicus	01.08.1947	02.19.1947	01 mos. 11 days	Chief Engineer
S/S Copernicus	05.02.1947	05.31.1947	01 mos. 00 days	Chief Engineer
S/S Cordale	06.14.1947	08.09.1947	01 mos. 23 days	2nd Engineer
S/S Copernicus	08.16.1947	11.14.1947	03 mos. 00 days	Chief Engineer
S/S Chopin	12.22.1947	02.20.1948	01 mos. 28 days	Chief Engineer
Total Time Served			8 years 07 mos. 11 days	

Dodatek 5:
Herb Ostoja

WŁADYSŁAW VON PONIECKI URODZIŁ SIĘ 16 lutego 1880 roku w jednej z polskich szlacheckich rodzin. Należy więc powiedzieć kilka słów o polskiej szlachcie. Krótki opis polskiej szlachty oraz albo jej herbów nie jest prostą sprawą. Szlachta, jako historycznie społeczna klasa, powstała na różnych geopolitycznych terenach świata w szczególnie uwarunkowanych fizycznymi, politycznymi i ekonomicznymi okolicznościami różnych rejonów. Łatwo, na przykład, wyobrazić sobie pojawienie się szlacheckich herbowych rodzin na terenach górzystych. W takich geograficznych okolicznościach silny człowiek mógł zgromadzić dostateczne środki by wybudować siedlisko lub zamek na szczycie góry kontrolującej powszechnie używaną drogę handlową. Taki człowiek byłby zdolny do kontrolowania przejścia, a także mógłby nałożyć cło na użytkowników tego przejścia. Gdy społeczeństwa łączyły księstwa w królestwa, takie przynoszące dochód siedliska mogły być wartościowe. Równocześnie mogło być możliwe przekazywanie własności zamku z pokolenia na pokolenie w ramach jednej w końcu uszlachconej rodziny.

Polska jest krajem niewielu szczytów górskich. Jej społeczne struktury były prawdopodobnie formowane pod wpływem realizmu życia na terenach płaskich. Geograficzny wpływ pól i płaszczyzn (nazwa *Polska*, lub *Poland* wywodzi się od słowa polskiego *pole*) sugeruje konieczność innych struktur niż te wyrosłe na terenach górskich.

Rolnicy potrzebowali obrony dla uprawy swoich plonów. To mogło ułatwić przejście z indywidualnych gospodarstw do wiosek a z wiosek do feudalizmu. Właściciele ziemscy bronili ziemi, wioski, trzodę i domy. Nie sugeruję, że polska społeczność feudalna była bez elementów wyzysku. Miało jednak sens uformowanie społecznych jednostek poprzez mniej lub bardziej zorganizowany proces dla uprawy ziemi i troski o trzodę w osobną klasę ludzi gotową do obrony rolnika przez walkę jeżeli tego zachodziła potrzeba. Ta druga klasa bardzo możliwe potrzebowałaby wyposażenia i gotowe ku temu konie

Appendix 5:
Ostoja Coat of Arms

WŁADYSŁAW VON PONIECKI WAS BORN on February 16, 1880 to one of Poland's ancient noble families. A few words on Polish nobility is therefore in order. Describing Polish nobility and/or its heraldry, briefly, is no easy matter. Nobility, as a historical social class, arose in different

---

[27] One of the earliest depictions of the Coat of Arms that would come to be known as "Ostoja" dates from 1232.

Jeden z wcześniejszych szkiców herbów, pochodzący z 1232 roku, został określany jako herb "Ostoja".

i potrzebowałaby konieczną bazę produkcyjną do wyposażenia w zbroję oraz konstrukcje budynków dla koni, zbroi i utrzymania się.

Jest trudno natomiast, utrzymać panowanie nad coraz większym i większym płaskim terytorium. Najpraktyczniejszą rzeczą było zawieranie sojuszu z sąsiadami. Każdy mógł bronić swojego terytorium. Lecz zaufany sojusz był bezcenny z zaufanymi sąsiadami, jeżeli niebezpieczeństwo ukazało się na horyzoncie.

Wydaje się, że taki był rodzaj ugrupowań społecznych, który wyniknął w Polsce pod wpływem równinnej geografii. Sąsiedzcy właściciele posiadłości mogli lub nie być powiązani więzami krwi lub powinowactwa. Lecz byli oni powiązani więzami sojuszu, wspólnych potrzeb, które najlepiej określone są jako relacje klanowe.

Jest rzeczą możliwą, iż sam język polski wyjaśnia ważność tak lekko powiązanych lecz podstawowych związków. Zdrobnienia i czułości mogą być interpretowane jako językowe metody podkreślenia i wzmocnienia relacji, które nie będąc oparte na więzach

geopolitical areas of the world specifically conditioned by the physical, political and economic particulars of different regions.

It is easy, for example, to imagine the emergence of noble hereditary families in mountainous locations. In such a geography, a powerful individual could amass enough resources to build a stronghold or castle atop a mountainous peak overlooking a commonly-used trade route. Such an individual would be able to protect the passage, but could also levy taxes on users of the thoroughfare. As society coalesced from fiefdoms to kingdoms, such income-producing strongholds could be valuable. Meanwhile, it would be possible to pass on the castle property from generation to generation in a single, eventually ennobled, family.

Poland is a country with few mountain peaks. Its social structures were likely to have been influenced by the reality of life on the open plains. The geographic influence of fields and plains (called *pola*, in Polish from which the name *Polska* or *Poland* derives) suggests the need for a different structure than that of mountainous terrain.

Farmers needed protection, themselves, in order to tend to their crops. This could have eased the transition from independent homesteads, to villages; and from villages to feudalism. Landowners protected farmlands, villages, livestock and manor houses. I am not suggesting that Polish feudal society was without its exploitative components. But it made sense for a social unit to be formed that consisted of a more or less carefully organized process for working the soil and caring for livestock; and a separate class, prepared to protect the former, by battle, if need be. This second class would likely need to have its own equipment and horses at the ready, and would need to build up the requisite manufacturing capability for battle equipment and see to the construction of buildings for stabling, armoring, and maintenance.

It is difficult to scale up geographic dominance over larger and larger areas of plains territory. At some point it becomes impractical to defend a long perimeter. What was more practical was to form alliances with neighbors. Each could protect their own territory. But in case a major threat were to appear on the horizon reliable associations would be invaluable among neighbors on whom one could rely.

This seems to have been the kind of social grouping, influenced by plains geography, that emerged in Poland. Neighboring property owners might or might not have been related by blood or kinship. But they were

krwi lub pokrewieństwa mogły by być rozumiane jako bardziej nietrwałe.

Gdy królestwa wyrosły na równinach, te rodziny były uszlachcane, które mogły królowi dostarczyć odpowiednią ilość żołnierzy i wymaganą liczbę uzbrojonej konnicy według potrzeb. Ci prawdopodobnie mogli być zebrani pośród stowarzyszonych klanów. Klany były identyfikowane sztandarami i heroldami, którzy mogli być dostrzeżeni w boju. W końcu, w odróżnieniu od zachodnioeuropejskiej szlachty, w Polsce ilość różnych rodzin była zjednoczona pod jedną chorągwią i herbem. A same chorągwie i herby miały nadane imiona nieraz wynikające z zawołań wojennych.

W wypadku rodziny Ponieckich, byli oni uszlachceni wcześnie w historii polskiego szlachectwa przez wyróżnienie się różnymi sposobami. (30) Poniecy mieli nadany przywilej przynależności do klanu i pokazywali herb Ostoja w swoich posiadłościach, na ubraniach i osobach (w formie pierścienia lub zawieszonego klejnotu).

Z czasem, projekt herbu Ostoja zmieniał się z zależności od zwyczajów danego historycznego wieku, jednak w podstawowych częściach pozostał stały przez wieki. Te włączały tarczę z półksiężycem, miecz lub krzyż i zbroję z koroną. Wszystko wieńczyło pięć zacnych piór.

W najlepszych latach było 204 numerowanych rodzin Ostoji.

Polska Konstytucja z roku 1921 obaliła prawne przywileje i tytuły szlacheckie. W wielu wypadkach, posiadłości rodzinne Ostoji były skonfiskowane (jak i innych klanów, które łącznie liczyły blisko 50).[I każdy klan składał się, jak i Ostoje, z dziesiątek niespowinowaconych za sobą lecz powiązanych rodzin.][28]

Mówiąc praktycznie „Władysław von Poniecki" by zredukowany do pospolitego stanu jako „Władysław Poniecki" w roku 1921 gdy stracił on swoje szlachectwo, jeżeli nie swoje szlacheckie pochodzenie.

---

[28] Jedną z bardziej ciekawych postaci, dla tego autora, był Ścibor z Poniec, który zbierał pieniądze z Gdańska skąd - w powiązaniu z umiejętną dyplomacją - przekonywał (kusił) najemnych żołnierzy do opuszczenia wielkiego zamku Krzyżawców w Malborku. Ścibor był w stanie wziąć zamek malborski bez bitwy, kończąc tym samym tyraniczne rządy rycerzy.

related by bonds of alliance, common need, and trust. These relationships are best described by the term clan relationships.

It is not impossible that the Polish language, itself, reveals the importance of such loose but essential associations. Diminutives and endearments (See Appendix 2, pp. 8-9, above) can be interpreted as linguistic ways that underscored and strengthened relationships that, not being blood- or kinship-based, might have been viewed as more fragile and in need of vocal support through the use of more intimate words.

As kingdoms arose in the plains environment, families were ennobled who could provide the king with a reliable number of foot soldiers and requisite number of armored horse soldiers, as needed. These were probably most easily assembled within associated clans. The clans came to be identified by banners and heralds that could be seen in battle. Eventually, as distinct from Western European nobility, in Poland a number of different families came to be associated with a single banner or coat of arms. The banners or coats of arms, themselves, were given specific names, such as "Ostoja". These names sometimes derived from battle cries.

The Poniecki family was ennobled early in the history of Polish nobility, by distinguishing itself in various ways.[29] The family named Poniecki was accorded the privilege of belonging to the Ostoja clan, and displaying its coat of arms on its property, clothing, or persons (in the form of rings or jeweled pendants.)

Over time, the design of the Ostoja Coat of Arms would be modified as befit the custom of various historical periods. Its elemental components remained consistent throughout the ages. These included a shield with crescent

---

[29] One of the most appealing, for this writer, was that of Scibor of Poniec, who gathered funds from Gdańsk with which—coupled with his skillful diplomacy—he tempted mercenary soldiers to abandon the huge Castle of the Knights Templar at Malbork. Scibor was then able to take over Malbork Castle without battle, ending the, by then, tyrannical rule of the Knights.

Władysław Poniecki, sam, wyraził pewną niechęć do pretendowania do szlacheckiego stanu (str. 462-463). Pretendenci działali niesystematycznie z wysokimi standardami nałożonymi na osoby szlacheckie. Szlachta była zobowiązana do prowadzenia życia cnotliwego, uczestniczenia w życiu społecznym i bycia lojalnymi obrońcami swojego kraju.

Listy zawarte w tych tomach pokazują, iż prawdziwe szlachectwo nie zawiera się w tytule. Jest ono niesione przez osoby, które żyją cnotliwie i bezinteresownie. Takie osoby mogą mieć tytuł lub nie. Podczas gdy w przeszłości posiadanie tytułu mogło robić różnicę historyczną, w życiu obecnym jest to bez różnicy. Nie robiło to też różnicy u ludzi, którzy pisali listy zawarte w tym tomie.

Czytanie tych listów niesie natchnienie i jest niezapomniane jako zawierających trwałe szlacheckie walory.

Herb Ostoji został przybrany w roku 2010 jako znak korporacyjny bez dochodowej Władysław Poniecki Charitable Foundation, Inc. Tarcza ma wyryty półksiężyc, uformowany w symbol ilustrujący dziedziny zainteresowań Fundacji: porozumienie (powyżej z lewej); kształcenie w formie otwartej książki (powyżej z prawej); wspólnota (poniżej z lewej); i ogień natchnienia, wiary i honoru (poniżej z prawej).

moons, a sword or a cross, and an armored helmet, crowned and topped by five plumes representing high status.

In its heyday, there were 205 Ostoja clan families. The Polish Constitution of 1921 abolished the legal privileges and titles of nobility. In many cases, clan properties (including properties belonging to the Ostoja clan) were confiscated. There were some 50 clans, each consisting of dozens of individual families. Their combined property amounted to a substantial economic value.

Practically speaking, in 1921 "Władysław von Poniecki" was reduced to the rank of a commoner, just "Władysław Poniecki", when he lost his noble title, if not his noble heritage.

Władysław Poniecki, later, expresses indignation at a pretender to noble stature (pp. 462-463). Pretenders acted inconsistently with the high standards imposed upon persons of true nobility. Noble persons were under obligation to always maintain a virtuous life, contribute to society, and be loyal defenders of their country.

What the letters in these volumes demonstrate is that true nobility is not encapsulated in a title. Nobility is borne by persons who live their lives virtuously and selflessly. Such persons can be titled, or not. While it may have made a difference in historical times past to hold or not hold a title, it makes little difference in our contemporary life. Nor did it make a difference in the lives of the people who authored the letters in this volume. What makes these letters inspirational and memorable is that they are written be people possessing enduring noble qualities given the stresses and challenges they collectively and individually confronted.

The Ostoja coat-of-arms was adapted, in 2010. as the corporate logo of the non-profit Władysław Poniecki Charitable Foundation, Inc. The shield is emblazoned with crescent moon shapes that have been fashioned into symbols of the areas of interest for the Foundation: communication (above, left); education, in the form of an open book, (above, right); community (lower, left); and the fire of inspiration, faith, and honor (lower right.).

Dodatek 6:
Nekrolog Jana M. Grycza

KAŻDY Z WAS BĘDZIE DZIELIŁ SIĘ Z NAMI pewną częścią osobowości Jana Grycza. Każdy z was będzie miał drogie, unikalne i osobiste wspomnienia o nim. Nie zamierzam narzucić odrębnej wizji mojego ojca. Raczej chciałbym podzielić się refleksjami o jego charakterystycznych cechach znanych każdemu.

Mój ojciec był człowiekiem **prostym**, pozytywnym w stosunku do ludzi, otwartym, czasem obcesowo szczerym. Ufał ludziom tak, że zachęcało to ich by żyć tak, by sprostać jego oczekiwaniom. To też oczywiście przyczyniło się do tego, że każdy z nas stał się lepszym przez znajomość z nim.

Będąc prostym nie był płytkim człowiekiem. Na przykład, niewielu z nas, którzy po prostu mieszkamy w Stanach Zjednoczonych, będzie znało łamiące serce uczuciową walkę towarzyszącą decyzji mojego ojca do powojennej emigracji, gdy rządowa sytuacja w Polsce pozbawiła obywateli tej wolności, dla której rodzice moi poświęcili życie. Była to decyzja, którą od czasu do czasu rozważał, ponieważ było tak samo łatwo ją potępić jak i jeszcze łatwiej ją chwalić. Dla nas, którzy nie mamy takich nierozwiązywalnych pytań, nie chodzi o decyzję którą podjął, lecz jego podziwu godne przystosowanie do nowego życia i kraju.

Niektórzy z was doświadczyli jego **wielkomyślności** w wysiłkach jakie podejmował promując tu w Zatoce św. Franciszka Polsko-Amerykański Kongres. Niektórzy z was znali jego wielkoduszność energii i czasu włożonych w „Polską Godzinę kulturalną" w KQED, którą się radował. Wszyscy czuli jego wspaniałomyślność w prostych ludzkich kontaktach, które zawsze były osobiste, uczciwe i specjalne.

Inni pomiędzy wami doznali jego **uczciwości** i poznali cechę jego charakteru poprzez rzeczy, które tworzył własnymi rękoma w swoim warsztacie. Otworzył on swój warsztat gdy byłem małym chłopcem. Dzisiaj urósł on do rangi uznawanego i bardzo cenionego przedsiębiorstwa. Pozytywnym uznaniem cnót mojego ojca i waszej miłości ku niemu jest fakt obecności wielu bardzo różnych osób, które są dzisiejszego wieczoru tu obecne oraz wielu listów i telefonów z kondolencjami, które nasza rodzina otrzymała. Więcej, dowodem, iż mój ojciec potrafił przekazać wam sprawy, które uważał za ważne i nastawienie jakim obdarzał innych, jest istotna „polskość" tych ostatnich dni. Bardzo wzruszającym i przemyślanym dowodem pamięci jemu okazanej jest obecność szeregu osób ubranych dziś w narodowy strój polski jako gwardia honorowa, co mogło być zorganizowane tylko przez osoby wiedzące, że to by go ucieszyło. Również wczoraj wieczorem, gdy jak się wydawało wszyscy opuścili dom pogrzebowy, ktoś prosto i pięknie przypiął do rękawa jego marynarki z kolorami polskimi, różę; „powiewała" za nią biało-czerwona taśma. Ponad wszystkim jest cisza pogoda i godność otaczająca te straszne kilka godzin razem przeżytych, które zaznaczają bezsprzecznie szacunek jaki dla niego macie.

Lecz ponad wszystko, my nigdy nie zapomnimy jego serdecznego śmiechu i zdrowej radości oraz gotowości do uśmiechu, uśmiechu, który nigdy nie schodził z jego ust, a rzadziej nawet z jego błyszczących oczu.

Appendix 6:
Obituary of Jan M. Grycz

EACH OF YOU WILL HAVE SHARED a particular part of the personality of Jan Grycz. Each of you will have a special memory to hold dear and unique and personal. I do not presume to stand here to impose a different vision of my Father. I would rather like to share some reflections about those characteristics of his with which each of us is familiar:

My father was a **simple** man; extremely positive in his approach to people; candid; sometimes bluntly honest. He trusted people with the kind of trust that encouraged them to try to live up to his expectations. That is, of course, why each of us is the better for having known him.

Being simple he was not a shallow man. Few of us, who so matter-of-factly live in these United States, for example, will know the heart-rending emotional struggle that accompanied my Father's decision to emigrate after the war, when the governmental situation, in Poland, deprived its citizens of the very freedoms for which my parents had sacrificed. It was a decision he occasionally pondered, for it has been as easy to condemn as it has been easier still to praise. Yet, for us who are not faced with such irresolvable questions, it was not so much the very decision he made, but his adaptation to his new life and country that is such an admirable example.

He was a **generous** man, sharing to the fullest, his energies for those causes and goals which he had thought out and had felt were worthy ones. His selflessness is somehow reflected in the strength of the family he has left behind. It is, withal, a good family.

Some of you have felt his generosity in the efforts he made toward promoting the Polish-American Congress here, in the Bay Area. Some of you have known of the generosity of energy and time my father dedicated to "The Polish Cultural Hour" on KQED radio, which he so enjoyed. All of you felt his generosity through the simple personal contacts that were always personal, honest, and special.

Others of you have experienced his **honesty**, and have recognized the stamp of his character through the things he made with his own hands in his machine shop. He established the shop when I was a little boy. But it has grown to be a respected and much-admired business today. Proof-positive of your recognition of these virtues of my Dad, and of the love you held for him, is the wide variety of persons who are here this evening, and of the multitudes of good notes and calls and wishes of condolence that our family has received. More proof, still, that my Father was successful in communicating to you the kinds of things he felt were important, and the kind of attitudes he generated to others, is the inherent "Polishness" of these past few days. The very touching and most thoughtful remembrance shown to him through the presence of the several people tonight who are clothed in the traditional Polish dress is an honor guard that could only have been arranged by persons who knew how this would delight

Mój ojciec cieszył się życiem. Cieszył się ponieważ był bezpośrednim i uczciwym w nim. Od życia nie oczekiwał łask, które byłyby mu dane bez pracy i wysiłku. Od życia nie brał niczego na co nie zasłużył. Stąd też nie był nigdy rozczarowany i rzadko zawiedziony.

Miał on, w rezultacie, ogromną zdolność do cieszenia się tym co jest naturalne a co my niestety, częstokroć bierzemy za oczywiste.

Dzisiaj jesteśmy głęboko smutni. Nasz smutek wyraża obawę przed nieznanym przejściem do śmierci, której pewnego dnia musimy spojrzeć w twarz. Nasz smutek odbija echem również wiedzę, iż my jako wspólnota ludzka, staliśmy się słabsi poprzez to, że zabrakło pomiędzy nami dobrego człowieka, w dniach gdy dobrzy ludzie będą uznawani i szanowani jako przykłady dla nas. (Lecz właściwie nic się nie zmieniło od początku.)

My też dzisiaj nabraliśmy odwagi, bo my osobiście znamy naszą walkę o podejmowanie poprawnych decyzji dotyczących naszego życia i kierunku, które nabierają: dotyczących naszych rodzin, spraw finansowych, odpowiedniej dyscypliny i kierunku wychowania naszych dzieci, narodu i spraw społecznych dotyczących nas wszystkich. My znamy świadome wysiłki, których od nas życie oczekuje. Lecz my również znamy słabości jakimi dni nas zawstydzają, gdy zaniedbujemy spotkania tych poważnych życiowych wyzwań: wyzwań prostoty i wyzwań uczciwości. I tak z pewną dozą radosnego wyzwolenia iż wiemy, że ten kto starał się tak usilnie jak my i bardziej niż inni, zakończył swoje dzieło.

Jan Grycz zakończył je dobrze. W pewnym sensie miejmy nadzieję go naśladować. Mój ojciec umarł w pracy podczas gdy żartował z współpracownikami o niespodziankach życia, które jakoś nigdy go nie gniewały, a raczej były przyczyną rozbawienia. Pozostawiając za sobą taką pogodę ducha odszedł od nas.

A tak teraz módlmy się:

Boże, nasz Wieczny Ojcze, przez tą liturgię modlimy się do Ciebie, byś wziął tego dobrego człowieka w swoje niebiańskie podwoje, które przygotowałeś nam wszystkim. Nie zapominaj o nas, którzy pozostaliśmy. Pozostaw nam żywe i głębokie wspomnienie o Twoim synu Janie Marcelim Gryczu, byśmy mogli uczyć się uniknięcia jego pomyłek i byli natchnieni jego dobrym przykładem.

Modlimy się by żył z Tobą, a także by pozostał w naszych myślach i sercach, żywym i stałym natchnieniem Twojej miłości w nas i przykładem bardziej pozytywnego stosunku do życia niż to, które wielu z nas obecnie posiada.

Amen

him. Then, too, yesterday evening, after everyone, it seemed, had left the mortuary, someone very simply and beautifully, pinned a single rose to his coat sleeve with the Polish colors: a red and white ribbon fanned behind it. Above all, there is the quiet serenity and dignity that surround these most terrible few hours we have gone through together that marks unmistakably the respect you feel for him.

But for all this, that quality we will never forget of his was his robust laughter and healthy cheerfulness, and his quickness to smile the smile that was never quite lost from his lips, and more rarely still, absent from his twinkling eyes.

My Father enjoyed life. He enjoyed it because he had been direct and honest with it. He begged of life no favors that were to be gotten without plenty of work and toil. He took from life nothing but that which he deserved. He, therefore, was never disillusioned and seldom disappointed.

He had, in sum, an enormous capacity for enjoying those things that are most natural and that we, alas, most often take for granted.

We are greatly saddened today. Our sadness reflects the fear we share of the unknown passage into death we must, one day, each face. Our sadness echoes, as well, our knowledge that we, as a community of people, are *weaker* for the absence of a good man from our midst in a day which good men are to be cherished and respected and held as examples to us all. (But, then, that has not changed, since the beginning.)

We are, too, encouraged today. For we personally know the struggle that is ours to make the right decisions about our live and the directions they take; about our families; our finances; about the proper discipline and guidance to give to our children; about the nation and the social concerns that affect us all. We know the conscious effort that this life demands But we know, too, the weaknesses that daily embarrass us when we fail to meet the tremendous challenge of life; the challenge of simplicity; and the challenge of honesty. So it is with a certain element of joy-filled relief that we know that one who tried as hard as we, and more than most, has finished his task.

Jan Grycz finished it well. In a way we might hope to follow. My Father died at his work, joking with his fellow workers about the foibles of life that somehow were never irritants to him, but rather causes of mirth. And leaving this cheerfulness, behind, he passed away from us.

So now, we pray:

God, our eternal Father. Through this sharing of liturgy, we pray You to receive this good man into the heavenly experience which You have prepared for all of us. Forget not, us, who remain. Leave with us a sharp and keen memory of your son, Jan Marceli Grycz, that we might learn to avoid his mistakes and be inspired to follow his good example.

As we pray Him to live with You, we pray, too, that You let him remain in our minds and hearts: a lively and constant inspiration of Your love for us, and an example of a more pleasant approach to this life than many of us presently enjoy.

Amen.

Dodatek 7:
Nekrology Jerzego Poczekaja

Nasze Jutro
02.17.1952 r
Włoszakowice

19 grudnia 2011 r. zmarł Jerzy Poczekaj. Był mieszkańcem Włoszakowic, znanym starszym mieszkańcom naszej gminy nie tylko jako jeden z pierwszych ogrodników, zajmujących się uprawą pomidorów i ogórków, ale także jako miłośnik i znawca krótkofalarstwa.

Krótkofalarstwo to hobby, które ma licznych zwolenników w Polsce, choć postęp technologiczny i powszechny dostęp do różnych środków komunikacji w ostatnich dziesięcioleciach bardzo się rozwinął. Polega na nawiązaniu łączności radiowych przy wykorzystaniu fal długich, średnich, krótkich i ultrakrótkich. Każde nawiązanie łączności jest potwierdzane przez wysyłanie specjalnych kart QSL, które poświadczają m. In. Czas nawiązania łączności (zapisywany w uniwersalnym czasie Greenwich). Bywa, że rozmowy krótkofalowców są prowadzone za pomocą alfabetu Morse'a.

Jerzy Poczekaj był jednym z prężniej działających krótkofalowców na terenie naszej gminy w latach 70. Z informacji uzyskanych od członków rodziny wynika, że już w latach młodzieńczych odbył kurs krótkofalarski w Olejnicy. Pierwsze amatorskie radiostacje budował wspólnie z bratem Czesławem, wykorzystując w konstrukcjach stosowane wówczas lampy elektronowe. Nasłuchy i łączności prowadził od chwili stworzenia pierwszej radiostacji. Przymusową przerwą był czas stanu wojennego, kiedy to zmuszony został do zdeponowania odbiorników na posterunku ówczesnej milicji. Jerzy Poczekaj z sukcesami brał udział w zawodach krótkofalarskich, o czym świadczą liczne dyplomy, przechowywane wśród pamiątek rodzinnych. Znakiem wywoławczym Jerzego Poczekaja był numer SP3CRS. Był wieloletnim członkiem Polskiego Związku Krótkofalowców, a w ostatnich latach członkiem honorowym organizacji.

Ryszard Grabowski

Po rozwiązaniu Radio Klubu LOK w Lesznie w 1966 roku, wspólnie z Ryszardem Królem przewiozłem demobilowy sprzęt łączności do zamku we Włoszakowicach. Ruszyła namiastka klubu krótkofalarskiego, a śp. Jerzy Poczekaj znalazł się szybko w szeregach jego członków. Latem 1967 roku uczestniczyliśmy w kursie krótkofalarskim zorganizowanym przez Inspektorat Łączności Wielkopolskiej Chorągwi ZHP kierowanym przez człowieka legendę hm. Jana Bonikowskiego (SP3AXI).

Appendix 7:
Obituary of Jerzy Poczekaj

Our Tomorrow
1952.02.17
Włoszakowice

Jerzy Poczekaj died on the 19th of December 2011. He was a resident of Włoszakowice, known by older residents of our village not only as one of the first greenhouse gardeners, specializing in raising tomatoes and cucumbers, but also as a lover and expert in short-wave radio.

Short-wave radio is a hobby that has numerous adherents in Poland, despite the advance of technology and the present access to many communication paths that have very greatly expanded over the last decade. It depends on establishing radio connection by means of long waves, medium waves, short waves and ultra-short waves. Each connection is certified through the exchange of special postal cards, QSL, which indicate, among others the time of the connection (written in the universal Greenwich time). It happens that short-wave conversations are sometimes conducted in Morse Code.

Jerzy Poczekaj was one of the dynamic short-wave exponents on the territory of our village in the 70's. From information obtained from members of his family, it turns out that already in his youth he passed a short-wave operator's course in Olejnicy. He built his first amateur radio station together with his brother Czesław, utilizing the methods available at the time with vacuum tubes. Reception and connections were made from the moment the new radio station was built. There was an obligatory interruption during the time of martial law, when he was obligated to turn over the receiver to then operative military post. Jerzy Poczekaj, with success, took part in short-wave competitions, testified to by numerous certificates and awards, still held among his possessions by his family.

His broadcast sign was SP3CRS. He was a long-time member of the *Polish Association of Short-Wave Operators*, and in his last years was an honorary member of this organization.

Ryszard Grabowski

After the dissolution of the Radio Club LOK in Leszno in 1966, together with Richard Król we brought the dismantled broadcast equipment to the Krupiński Palace in Włoszakowice. A substitute Shortwave Radio Club emerged, and Jerzy Poczekaj, of holy memory, quickly found himself among a group of members. During the summer of 1967, we participated in a shortwave radio course provided by the Broadcast Administration of Greater Poland under the flag of ZHP conducted by the legendary Jan Bonikowski (SP3AXI).

Po prawie miesięcznym kursie pod namiotami, który odbywał się w Olejnicy, prawie wszyscy jego uczestnicy zdali egzamin upoważniający do wystąpienia do Ministra Łączności w Warszawie o zezwolenie, zwane potocznie licencją krótkofalarską. W gronie szczęśliwców znalazł się też Jurek. Po powrocie z Olejnicy natychmiast złożył stosowne wnioski. Wówczas na zezwolenie czekało się kilka, a czasami kilkanaście miesięcy. W przypadku Jurka procedura była wydłużona. Musiał uzyskać pozytywną pinię Milicji Obywatelskiej, a jako niepełnoletni dodatkowo zezwolenia rodziców. Mama była pozytywnie nastawiona, gorzej było z ojcem. Pod koniec roku otrzymał wymarzony dokument—zgodę na pracę na pasmach krótkofalarskich pod znakiem SP3CRS.

Z uzyskaniem sprzętu radiostacji nie było większego problemu—w tych czasach prawie każdy zaczynał od radiostacji wojskowej typu RBM lub 10RT. Gorzej było z zawieszeniem anteny—znów z dwóch powodów. Dostępne w tych latach anteny produkcji własnej o długości 40 m. trudno było zainstalować w domu rodzinnym (przy obecnej ul. Dworcowej). Drugi problem to obawy ojca, że wiszące druty będą podejrzanie wyglądać.

Z czasem wszelkie trudności zostały przezwyciężone, a znak SP3CRS pojawił się w eterze. Krótkofalarstwo było w tych czasach bardzo „zaraźliwe". Trudno, aby brat bliźniak pozostał obojętny. Czesław, uczący się we Wrocławiu, także wszedł w posiadanie zezwolenia. Jego znak SP3FUK lub niemiecki DJ0MAQ znany jest nie tylko w Polsce i Niemczech.

Pierwszym licencjonowanym klubem bliźniaków był Harcerski Klub Łączności w Lesznie. Sekcja tego klubu rozwijała się we Włoszakowicach przy Zbiorczej Szkole Gminnej, a rok później powstał samodzielny klub SP3ZEH. Jerzy był operatorem odpowiedzialnym radiostacji. Włoszakowice były też siedzibą ogólnopolskiego klubu polskiej sekcji DIG (międzynarodowy klub dyplomowy), a jej motorami napędowymi byli Jerzy i Czesław.

Jerzy wielokrotnie realizował pomysły mieszkającego w Berlinie brata Czesława i organizował wiele razy akcje propagujące wielkiego rodaka Karola Kurpińskiego. Każdą chwilę, dopóki zdrowie mu pozwoliło, był aktywny na pasmach krótkofalarskich.

Ryszard Król

Nasz klub powstał w 1967 roku i nosił oficjalną nazwę Klubowa Stacja Nasłuchowa SP3-4005/K. Pierwsze radiostacje, które mieliśmy, ważyły 100-150 kg i miały stacjonarne zasilanie. Nazywaliśmy je „katarynami" i szło się „na katarynę".

Właściwie zaraz po rozpoczęciu działalności zdobyliśmy II miejsce w Ogólnopolskich Zawodach Krótkofalarskich Radiostacji Klubowych 1967/68 zorganizowanych przez Wielkopolską Organizację Ligii Obrony Kraju. Nasłuchy prowadzili: Jerzy Poczekaj SP3CRS, Ryszard Grabowski SP3CUG, Jerzy Góźdź SP3CZA, ja prowadziłem odbiór.

After the course in Olejnicy, taught beneath tents, almost every one of his students passed the examination to obtain a broadcast license from the Communications Ministry in Warszawa, known presently as a Shortwave Radio Broadcast License.

Jurek was among the successful applicants. Upon returning from Olejnicy he immediately submitted the required application. At the time, response to such an application took several, and sometimes many months. In Jurek's case, the procedure was extended. He was required to obtain a positive evaluation from the Civic Militia, and as a teenager additional permission from his parents. While his Mother was positive about the matter, it was a bit worse with his Father. By the end of the year he received the desired document, giving him permission to broadcast via shortwave under the call sign SP3CRS.

Obtaining broadcasting equipment was not problematic. At the time almost everyone started off with an Army unit, type RBM or 10RT. It was more difficult in the matter of setting up a suitable antenna; again for two reasons. The only antennas available in those years at a height of 40m. It was difficult to install such an antenna at the family home (presently at Dworcowa Street). The second difficulty was the concern of his Father that the wires hanging from the antenna would be unsightly.

In time all these difficulties were overcome and the call sign SP3CRS appeared in the ether. Shortwave broadcasting was, in these times, very infectious. It was difficult for his twin brother to remain indifferent. Czesław, attending school in Wrocław, applied for a similar license. His call sign SP3FUK (or the German DJ0MAQ) is known not only in Poland or Germany.

The first licensed Club for twins was the Boy Scout Broadcasting Club in Leszno. An offshoot of this club was established in Włoszakowicach near the County School. A year later, an independent club, SP3ZEH, was established. Jerzy was the operator responsible for the station. Włoszakowice was also the seat of the national diplomatic club, and their engine of growth were Jerzy and Czesław.

Jerzy fulfilled the ideas of his brother, who lived in Berlin, and several times organized activities in honor of Karol Krupiński. Until his health interfered, he spent every available moment on the shortwave bands.

Ryszard Król

Our Club began in 1967 and was officially known as the Receiving Club Station SP3-4005/K. The first broadcast station we operated weighed 100-150 kg and had a stationary bandwidth. We called it "katarynami" so we broadcast "on katarynę".

In fact, immediately after starting operations we achieved Second Place in the National Competition of Shortwave Club Radio Stations in 1967/68,

Klub mieścił się w przyziemiu Pałacu Sułkowskich (w miejscu obecnej siedziby GOK Włoszakowice—przy p. red.). Potem przeniesiono nas do pokoju na górę. Zimą było bardzo zimno, a do tego ciągle mieliśmy włamania po sobotnich zabawach organizowanych w pałacowej klubokawiarni. W skutek tego, można powiedzieć, klub się rozpadł.

Ale zanim to nastąpiło w 1970 roku, mieliśmy swoje sukcesy także w skali lokalnej. Pamiętam jak na obchody 1 maja 1967 roku przygotowaliśmy z rozmachem nagłośnienie. Orkiestra grała przed pałacem, a muzykę było słychać wszędzie, bo na drzewach pomontowaliśmy urządzenia nagłaśniające własnej konstrukcji. Podobnie było z sylwestrami. Przygotowaliśmy nagłośnienie oświetlenie. Wówczas migające światła i dudniące głośniki to było coś.

Jurek bardzo się udzielał w klubie. Był koleżeński i uczynny. Prowadził zajęcia praktyczne, szkolenia, naukę telegrafii, prace montażowe. To wszystko, co robiliśmy w tamtych latach, robiliśmy wspólnie

> QRZ QRZ QRZ - Kto mnie woła?...
>
> Stacja Jerzego Poczekaja już nie odpowie na to wołanie.

organized by the National Defense League. Broadcasts were directed by Jerzy Poczekaj SP3CRS, Ryszard Grabowski SP3CUG, Jerzy Góźdź SP#CZA, and I directed reception.

The Club was located in the cellar of the Sułkowski Palace (at the spot of the present offices of GOK Włoszakowice). Later, we were moved to a room upstairs. During winter it was very cold, in addition to which we always had interruptions due to the Saturday festivities organized by the Club Coffeehouse. The result of this, one can say, is that the club fell apart.

However, before that happened we had our successes during 1970, at least on the local level. I remember on the ceremonies honoring the 1st of May 1967, we prepared a broadcast. The orchestra was playing in front of the palace, and the music could be heard everywhere because we had mounted loudspeakers of our own construction on the trees. We did the same thing for New Year's. We prepared the loudspeakers and the lighting. When the lights were blinking and the loudspeakers were thrumming, it was something!

Jurek was very active in the club. He was collegial and professional. He conducted practical tutorials, trainings, practice in telegraphy, and assembly work. Everything we did during those days was done collectively.

QRZ QRZ QRZ... Who is calling me?

Jurek Poczekaj's station SP3CRS no longer answers to this call.

Dodatek 9:
Wspomnienia Ireny Weimannówny - *Smak życia*

Gazeta Pomorska
07.18.1972r
Maria Wróblewska

Irena Weimann swoim życiorysem mogłaby podzielić się z trzema osobami, a żadna z nich nie narzekałaby, że życie jej było monotonne. Los nie żałował pani Irenie doświadczeń i ciężkiej pracy, ale nie skąpił też elementów przygody, ryzyka i egzotyki, sytuacji trudnych i konfliktowych, w których można siebie najlepiej sprawdzić. Kiedy w 1929 r. kończyła Wyższą Szkołę Pielęgniarstwa i Higieny w Poznaniu, nawet w najśmielszych i najskrytszych marzeniach nie przypuszczała, że zawód, który wybrała zawiedzie ją do Afryki—najpierw do wielkiego nowoczesnego szpitala w Aleksandrii, a potem na pustynię do szpitala polowego i na równik do Ugandy do polskiej osady tułaczej nad jeziorem Wiktoria, gdzie założy pierwszą i jedyną na tym kontynencie polską szkołę pielęgniarską. To czynne i bogate życie sprawiło, że Irena Weimann dziś jeszcze, chociaż już przed kilku laty przekroczyła wiek emerytalny, dalej pracuje zawodowo. Od 14 lat jest pielęgniarką w Rejonowej Przychodni Przeciwgruźliczej w Koronowie. Głęboko wrosła w społeczność miasteczka, pełniąc niejedną społecznie użyteczną funkcję. Jest radną MRN i przewodniczącą komisji zdrowia, sekretarzem Rady Nadzorczej „Społem" i przewodniczącą Komitetu Członkowskiego tamtejszej PSS. Gdy siedzimy w jej skromnym, maleńkim pokoju, obcojęzyczne nazwy miejscowości, przez które wiodła jej tułaczka nabierają szczególnej egzotyki, tym bardziej, że opowiada niezwykle sugestywnie.

—No cóż, miałam szczęście. W 1932 roku przyznano mi stypendium Ligi Międzynarodowego Czerwonego Krzyża w Genewie na roczne studia w ekskluzywnej na owe czasy szkole pielęgniarskiej w Londynie. Było to ogromne wyróżnienie, o ile się bowiem orientuję, do 1939 roku zaledwie 9 polskich pielęgniarek skończyło tę szkołę. Podczas rocznego kursu oprócz przedmiotów ściśle profesjonalnych, miałyśmy wykłady z socjologii i psychologii, administracji szpitala, metodyki nauczania, higieny i ekonomii. To wszystko przydało mi się ogromnie, kiedy zostałam przełożoną pielęgniarek w wojskowym szpitalu w Krakowie. Nawiasem mówiąc, byłam wówczas najmłodszą przełożoną w Polsce.

Appendix 9:
Appreciation for Irena Weimann -- *Taste of Life*

Gazeta Pomorska
1972.07.18
Maria Wróblewska

Were Irena Wieman to share her life story with three different people, none of them could complain that her life was monotonous. Fate did not forgive Irena experience or hard work, but neither did it deny her elements of adventure, risky and exotic, or situations that were difficult and conflicted through which one can best test oneself. When, in 1929, she finished the Higher School of Nursing and Hygiene in Poznań, not even in her boldest or most secret dreams could she have imagined that the career she had chosen would take her to Africa—first to a huge modern hospital in Alexandria, afterwards to a field hospital in the barrens, and then, at the Equator, to Uganda to a Polish settlement on Lake Victoria, where she would established the first (and only, on that continent), Polish School of Nursing. Her rich and active life is such that Irena Weimann, still today, even though already several years beyond retirement age, continues to work professionally. For fourteen years she has been active as a nurse with the Regional Emergency Anti-Tubercular Hospital in Koronowo. She has planted deep roots in the community life of the town, fulfilling several socially-useful functions. She is on the Board of the MRN, chair of its committee on health, secretary of the supervisory audit committee "Społem" and head of the National Committee of the former PSS. As we sit in her modest, small room, the foreign multi-lingual names of the places through which her wanderings have taken her, become specifically exotic; the moreso since she describes them, unusually, so suggestively.

"—Well, what can I say? I was very fortunate. In 1932 I received a scholarship from the International Red Cross in Geneva for a year-long study at, for those times, an exclusive nursing school in London. This was a very great honor. As I understand, through 1939 there were only 9 Polish nurses who had completed the coursework at this school. During the year-long course of studies, in addition to strictly professional classes, we had lectures in sociology and psychology, hospital administration, teaching methods, hygiene and economics. This all was very beneficial to me when I became the Head Nurse in a military hospital in Kraków. I might add that I was, at the time, the youngest Head Nurse in all of Poland." War discovered Irena Weimann in the Kraków hospital, where, for the first time, she disobeyed orders. She did not evacuate along with the upper and middle personnel of the hospital, but took upon herself the responsibility, along with a friend, to remain on duty the entire day and night,

W Krakowskim szpitalu zastała p. Irenę Weimann wojna. Po raz pierwszy nie posłuchała wówczas rozkazu, nie ewakuowała się z całym wyższym i średnim personelem lekarskim szpitala, ale na własną odpowiedzialność wraz z koleżanką przez cały dzień i noc przygotowywała do transportu pozostałych, najczęściej rannych i chorych żołnierzy. Gdy dogoniła następnie swoje dowództwo, niejedną gorzką z tej okazji musiała połknąć pigułkę. Na rozkaz swoich przełożonych przekroczyła w połowie września granicę rumuńską, transportując kilkudziesięcioosobową grupę rannych.[30] Ciężkie to były dni. Gorycz klęski, brak wieści od bliskich, poniewierka w obozie dla internowanych, ucieczka wraz z 12-osobową grupą polskich pielęgniarek.

Chciały pracować, nieść pomoc chorym i rannym, ale dla Polek pracy nie było. Przypadek zetknął je w Budapeszcie z dyrektorem szpitala w Aleksandrii, który szukał pielęgniarek. Znajomość języka angielskiego, francuskiego i niemieckiego oraz dyplom londyńskiej szkoły, okazały się najlepszą rekomendacją. Ba ale te atuty posiadała jedynie pani Irena. Jej koleżanki natomiast oprócz chęci pracy i praktyki w polskich szpitalach, nie mogły wykazać się niczym więcej. Zobowiązała się więc siostra Irena wyszkolić je w ekspresowym tempie i słowa dotrzymała. Dyrektor szpitala aleksandryjskiego także.

Na statku wiozącym je do Egiptu spotkały się z grupą polskich lotników, słynnych później bohaterów bitwy o Anglię. Z biegiem czasu zresztą w Aleksandrii coraz częściej można było spotkać Polaków, przede wszystkim pilotów, którzy tu właśnie przechodzili przeszkolenie. W luksusowym szpitalu p. Irena Weimann pracowała prawie trzy lata. Ciągnęło ją jednak do swoich; zdawała sobie sprawę, że im przede wszystkim jest potrzebna. Więc najpierw polski szpital wojskowy na egipskiej pustyni, a potem w styczniu 1944 roku— Koja w Ugandzie. Pojechała tam na apel prof. Wiktora Bincera, świadoma trudów i niebezpieczeństwa Afryki równikowej. Dziś skwituje to jednym zdaniem: - To był mój obowiązek... Wiedziała, że w tej prawie 3-tysięcznej osadzie, żony i dzieci polskich żołnierzy pozbawione są jakiejkolwiek pomocy lekarskiej.

---

[30] Jest rzeczą bardzo prawdopodobną że Władysława Poniecka służyła z członkami Pomocniczych Sił, które towarzyszyły ewakuowanym poprzez Rumunię do Alegerii. Gdzie dokładnie jej kuzynka Irena Weimann i dwanaścioro współtowarzyszek oddzieliło się od oddziału i odeszło do Budapesztu, jest niepewne. Irena i jej brat Witold utrzymywali stałą korespondencję z Władysławą najpierw z Aleksandrii i Mogadishu a potem z szeregu jej rezydencji w Polsce, gdy Irena tam wróciła.

readying the remaining, most badly-injured and ill soldiers, for transport. When she finally caught up with her command, she paid the price and had to swallow many a bitter pill. On the orders of her superiors, she crossed the Romanian border in mid-September having transported several tens of wounded.[31] These were difficult days. There was the bitterness of defeat, no news of loved ones, adversity of an internment camp, and escape with a 12-person group of Polish nurses.

They wanted to work, bringing assistance to the sick and injured. But for Polish women, there was no work. By chance, in Budapest, they met with the director of a hospital in Alexandria who was seeking nurses. Familiarity with English, French, and German along with a London diploma was an excellent recommendation. The only person fitting the requirements was Miss Irena. Her colleagues, on the other hand—except for their willingness to work and their experience in Polish hospitals—could not bring sufficient qualifications for the jobs. Their sister, Irena, obligated herself to teach them, in an accelerated time-scale. She kept her word. So did the Director of the Alexandrian Hospital.

On the ship taking them to Egypt, they encountered a group of Polish pilots, famous later for their bravery in the battles for England. In time, in any case, one could more frequently meet Poles in Alexandria, especially pilots, who underwent training there. In a luxurious hospital, Miss Irena Weimann worked for almost three years. She was constantly drawn, nevertheless, to her own. She recognized that before all others, she was needed by them. So, first in the Polish military hospital in the Egyptian wilderness, and then in January of 1944, she served at Koja in Uganda. She went there in response to an appeal by prof. Wiktoria Bincera, well aware of the difficulties and dangers of the African Equator. Today, she summarizes it in one sentence. "It was my obligation." She knew that in this settlement of almost 3,000, the wives and children of Polish soldiers were without any kind of medical assistance.

Obligation and dedication! These words, here, take on their real meaning. This obligation required my interviewee to forego the greenhouse conditions of a modern hospital and travel deep into the unknown Dark Continent. This obligation also dictated her decision to return to her country, despite offers of unusually attractive propositions, among others the position as Director of a Nursing School in Johannesburg. What's more, from among her 12 colleagues at the Hospital in Alexandria, only two returned to their homeland.

---

[31] It is highly likely that Władysława Poniecka was among the members of the Auxiliary Forces who accompanied these evacuees through Romania to Algiers. Where, precisely, her cousin Irena Weimann and her twelve companions, separated from the unit and departed for Budapest, is uncertain. Irena and her brother, Witold, maintained a permanent correspondence with Władysława, originally from Alexandria and Mogadishu and, later, from her several residences in Poland after Irena had returned there.

Obowiązek i poświęcenie! Te słowa nabierają tutaj właściwej barwy. To obowiązek nakazał mojej rozmówczyni rzucić cieplarniane warunki nowoczesnego szpitala i jechać na niepewne w głąb Czarnego Lądu; to obowiązek także podyktował jej decyzję powrotu do kraju, chociaż oferowano jej niezwykle intratne propozycje, m. in. stanowiska dyrektorki szkoły w Johannesburgu. A przecież pośród jej 12 koleżanek z aleksandryjskiego szpitala, tylko dwie wracały do kraju. W kraju Zarząd Główny PCK, zaproponował Irenie Weimann pracę nad organizacją polskiego szkolnictwa pielęgniarskiego. 10 lipca 1947 r., zaczęła pracować w szkolnictwie; zostaje zastępcą dyrektorki Szkoły Pielęgniarskiej w Łodzi oraz instruktorką do spraw lecznictwa szpitalnego. Niestety, nadszarpnięte w Ugandzie zdrowie nie pozwoliło kontynuować tej wymarzonej przez lata pracy. Z powodu ciągłych nawrotów malarii musi szukać łagodniejszego niż łódzki klimatu—przenosi się więc do Szczawnicy, gdzie przez pięć lat pracuje w prewentorium dla górników. Zew względów rodzinnych przeprowadza się do Bydgoszczy. Tutaj przez pewien czas pracuje w ambulatorium przyzakładowym „Zachemu", a następnie jako instruktorka pielęgniarska w Wydziale Zdrowia Prezydium WRN. W 1958 r. osiedla się w Koronowie. – To był konieczny wybór – powiada, ale szczęśliwy. Po prostu w Bydgoszczy nie mogłam doczekać się samodzielnego mieszkania. Tutaj je otrzymałam wraz z interesującą pracą. Czuję, że jestem potrzebna![32]

---

[32] Z jednej strony moja matka była szczęśliwa gdy otrzymała ten wycinek z gazety o swojej kuzynce, przypominający o trudnym wspólnym bohaterstwie, z drugiej zabolał on ją i mojego ojca. Zmusił ich do nowego przemyślenia czy nie powinni w jakiś sposób wrócić po wojnie do Polski by pomóc rekonstruować i odbudować kraj. Obiektywnie patrząc to było dla nich niemożliwe. Oni o tym wiedzieli. Lecz ich zmaganie z kwestią lojalności wyjaśnia, częściowo, dlaczego moi rodzice zawsze czuli, że mieszkali na wygnaniu, oddzieleni tak od rodziny, jak również od kraju, z którym pozostali w swoich sercach zjednoczeni.

At home, the Executive Board of the PCK offered Irena Weimann work organizing the national Polish curriculum for nursing training. On the 10th of July 1947, she began work as the Director of the Nursing School in Łódz and an Instructor in hospital medical rehabilitation. Unfortunately, the effects on her health from the difficult times she spent in Uganda did not allow her to continue this dreamed-for work. Recurring bouts of malarial infections required that she relocate to a more moderate climate than the one in Łódz. She moved, first, to Szczawnicy, where, for five years she worked on behalf of preventative care for miners. Then, for family reasons, she relocated to Bydgoszcz. There, for some time, she worked in the ambulatory infirmary "Zachem", and as a nursing instructor in the Department of Health, WRN. In 1958, she settled in Koronowo. This was an obligatory choice, she says; but a fortunate one.

"I simply could not wait for an independent housing arrangement in Bydgoszcz. Here, I was able to get one along with interesting work.

"And I feel as if I am needed!"[33]

---

[33] As pleased as my mother was to receive this clipping from a local newspaper, about her cousin, reminding her of difficult shared bravery; it also pained her, as it did my father. It forced them to consider afresh whether or not they should somehow have managed to return to Poland after the war in order to help with the reconstruction and restoration of the country. It was objectively impossible for them to have done so. They knew it. But their struggle with this question of loyalty explains, partly, why my parents always felt they were living in exile; divided from their family, but also from the country with which they remained, in their heart, united.

INDECES

Wskaźnik 1:
Nazwiska wspomniane w listach (powtórzone w każdym tomie)

Index 1:
Proper Family Names Mentioned in the Letters

-----, Bogdan (Priest)	Son of Jan Grycz's cousin, pp. **III** 1196-1197; (in Krzywina, working with Father Gierliński for practice) pp. **III** 1196-1197 - ordained, pp. **III** 1196-1197
-----, Celine	Władysława Poniecka's school teacher, pp. **I** 522-523
-----, Ewa	Girlfriend of Władysława in El Biar. pp. **I** 124-225
-----, Helena	Nursmaid for Władysława Ponieckia, pp. **I** 422-423
-----, Irena	(from Koronowo. May be Irena Weimann.) pp. **III** 1300-1301
-----, Janka	Friend of Zofia Gapińska in Ravensbrück, p. **I** 347
-----, Julia	Elderly housekeeper, pp. **I** 548-549
-----, Krzych	Wrote Władysława, pp. **I** 66-67
-----, Marcel	Mentioned by Halina, pp. **III** 1026-1027
-----, Mietek	Colleague of Jan M. Grycz, who sometimes saw Władysława in El Biar, pp. **I** 156-157
-----, Pat[ricia]	London friend of Jan Marceli Grycz, pp. **I** 114-115
-----, Renia	With Władysław Poniecki, pp. **I** 104-105 Another Renia with Grycz family?, pp. **I** 54-55, 62-63
-----, Wiktor	- a disappointment. pp. **I** 140-141, 256-257
-----, Włada	Mrs., In Warszawa, pp. **I** 40-41
Adamski, (Rev.)	Priest. - suffering from a stroke, pp. **I** 548-549
Anioł, Roman	- in Kikowo, pp. **I** 298-299
Apolinarski	Possible Administrator for Chorzów property; but didn't work out, pp. **III** 1326-1327

---

[34] The bold roman numeral before the page numbers indicates the volume number in which a family name appears.

Tłuste cyfry rzymskie przed numerami stron wskazują na numer tomu w którym znajduje się nazwisko rodziny.

Bąk, (Rev.)	Priest. Friend of the Grycz family. - died in Dachau, pp. **I** 182-183 - Memorial Mass, pp. **I** 328-329 - visiting at Maria and Jan Grycz [C1,2], giving comfort, pp. **I** 52-53
Baranowska	Childhood friend of Władysława Poniecka; the daughter of the druggist in Świętochłowice. - died in Ravensbrück, pp. **I** 396-397
Barciszewski, Zbigniew ("Zbyszek")	Witness to Władysława and Jan M. Grycz civil marriage in the U.K., p. **I** 479 - exchange rate, pp. **I** 376-377 [Zbigniew Blok or possibly another Zbigniew?]
Bartek (or Bortek)	Attorney of Władysław Poniecki with whom Poniecki deposited his Last Will and Testament, pp. **I** 250-251 - sixteen year old daughter, pp. **I** 410-411 - visited Wł. Poniecki with his wife, pp. **I** 324-325 - Will of Wł. Poniecki, pp. **I** 324-325, 558-559
Bawarczyk	Met during evacuation from Lubosz, pp. **I** 20-21
Berthe	Pharmacist. - death, pp. **I** 528-529
Blok, Zbigniew ("Zbyszek")	Son of Mrs. Grzesiecki. - exchange rate, pp. **I** 376-377 [this person, or Zbigniew Barciszewski?] - letter about Władysława, pp. **I** 322-323 - married in Zakopane, pp. **II** 656-657 - motorcycle accident, pp. **I** 558-559, 606-607 - took over mother's pharmacy, pp. **I** 542-543 - visiting soon with Władysław Poniecki, pp. **I** 318-319
Bogajewicz, Mrs.	Lubosz neighbor of the Grycz family. Met Halina upon her return from evacuation and told her the Station (and their home) had been burned. pp. **I** 24-25
Bordt (or "Bortek"?)	Attorney friend of Władysław Poniecki. pp. **II** 674-675 - daughters, pp. **I** 580-581, **II** 758-759 - died December 1968, pp. **III** 1222-1223 - Felicja's portion of property, pp. **II** 674-675, 844-847, 958-959 - godfather of Władysława Poniecka, pp. **III** 1222-1223 - gravestone advice, pp. **II** 664-667 - Last Will and Testament of Władysław Poniecki in his care, pp. **I** 202-203, 250-251, 558-559 - memorial Mass, pp. **II** 758-759 - opinion about factory building being nationalized, (Mrs. Bordt's) pp. **III** 1116-1117

Index 5

	- Podgórzec, declines work, pp. **II** 738-739 - private practice, pp. **II** 958-959 - sends wishes, pp. **I** 514-515, pp. **II** 656-657
Brodniewicz	Family friend of the Grycz family. Daughter was a classmate of Jan Marceli Grycz in 1932-1933, pp. **III** 1236-1237 - brother's name was, Tadeusz. pp. **I** 240-241 - family well, pp. **I** 242-243, 246-247 - letter for Tadeusz, pp. **I** 242-243
	- returned home, pp. **I** 300-301 - Tadeusz in Germany, pp. **I** 226-227, 240-241
Brurdek	Doctor. Father of Małgosia, Władysława's girlfriend. - married, and lives in Pszczyn, pp. **I** 416-417 - saved Władysław Poniecki's life, pp. **I** 202-203, 416-417
Brurdek, Małgorzata ("Małgosia")	Władysława Poniecka's Childhood Girlfriend. - Father saved Władysław Poniecki's life, pp. **I** 416-417 - Visited Władysław Poniecki, is betrothed to a man in England, pp. **I** 218-219
Bykowski [I2]	Maiden name of Pelagia Poniecka. Pelagia's brother. - potato flour mill in Białokosz, near Kikowo, pp. **I** 228-229 - returned to Katowice, pp. **I** 276-277
Bykowski, Teodor [H2]	Pelagia Poniecka's father. - in St. Mary Cemetery, Poznań, pp. **I** 416-417
Bykowski(a), Rozalia [H2]	Mother of Pelagia Bykowska-Gapińska-Poniecki. - died, pp. **I** 72-73
Ceglarski	Classmate of Jan Marceli Grycz, 1932-1933. pp. **III** 1236-1237
Chrubik, Wojciech	Mentioned in passing. Butcher from Poznań who lives in New York, pp. **III** 1160-1161
Chudak	Włoszakowice resident who formerly housed the local Post Office. Moved to Canada and works at the Ford auto factory. pp. **III** 1022-1023 - mother terminally ill with cancer, pp. **III** 1022-1023 - died, pp. **III** 1050-1051
Ciążyński	- limousene while evacuating from Lubosz, pp. **I** 20-21
Cloud, Stanley	Co-Author of *A Questio of Honor*, p. **I** 35
Czarliński	Overall building administrator, pp. **II** 956-959 - attorney, pp. **II** 958-959 - emigrated with family to England, pp. **III** 1222-1223

Czarnecki	Leased factory building from Wł. Poniecki, pp. **II** 724-725
Czekałów	- vacationed with Mrs. Sakańska in Sopot, pp. **II** 952-953
Dominik	Classmate of Jan Marceli Grycz, 1932-1933, pp. **III** 1236-1237 - in Chrzypsko, pp. **I** 240-241
Dreszczów	- with Zofia Gapińska in Ravensbrück, p. **I** 349
Fechner	- sends greetings from Poznań, pp. **I** 504-505 - wrote to Grycz in SF, pp. **I** 550-551
Fiedler	- colleague of Czesław Grycz, pp. **I** 370-371 - in England, pp. **I** 354-355 - visited Halina in Włoszakowice, pp. **I** 406-407
Fowler, M.	- sponsor for Wł. Poniecki visit to UK, pp. **I** 356-357
Franek	- at memorial Mass, pp. **II** 758-759
Gąd	Blacksmith who had his forge at the pond near the Church in Włoszakowice. - died, pp. **III** 1050-1051
Gapińska, Zofia ("Zosia" "Zocha") [H2]	Daughter of Pelagia and Jan Gapiński. Elder sister of Felicja. Half-sister of Władysława Poniecka. - death in Ravensbrück, pp. **I** 202,203, 288-289, 346-347 - in Warszawa since August 1941, pp. **I** 104-105 - (photo) p. **I** xlvii, 37 - sentenced by Gestapo to 16-years, pp. **I** 202-203
Gapiński, Jan [H1]	Pelagia Poniecka's first husband. Family name of Władysława Poniecka's half-sisters, Felicja and Zofia. - buried, St. Mary's cemetery, Poznań, pp. **I** 416-417 - Will and inheritance, pp. **I** 322-323
Getner	Lady who took care of the maintenance of Pelagia and Władysław Poniecki's graves, pp. **III** 1288-1289
Gierliński, Jan (Rev.)	Priest. From Kwilcz. Classmate of Jan Marceli Grycz, 1932-1933, pp. **III** 1236-1237 - Ordained 22.Dec.1945 in Gniezno, pp. **I** 236-237, **II** 948-949 - pastor in Krzywienia, near Leszno, pp. **III** 1196-1197
Ginter, Tadeusz	Friend of Czesław Grycz. - family received news of son, pp. **I** 620-621 - missing in action, pp. **I** 282-283 - sends greetings, pp. **I** 184-185

Gluch	Either of two persons: One of the minority co-owners of Władysław Poniecki's home and factory in Chorzów, and/or his nephew, pp. **III** 1312-1313, 1316-1317, 1326-1331 - died, (and frauds revealed), pp. **III** 1346-1349, 1384-1385 - plots with Mrs. Michacz, pp. **III** 1336-1339
Gmiłka, (Rev.)	Priest. - Visited with Władysław Poniecki, said Mass for the intention of the young Grycz family, pp. **I** 268-269
Gomułka	Classmate of Jan Marceli Grycz, 1932-1933, pp. **III** 1236-1237
Gondzik	Celebrated Władysław Poniecki's name day, pp. **I** 410-411 - assists in a clinic in Poznań, pp. **I** 540-541 - daughter Maria in Poznań, pp. **I** 540-541
Górny, (Rev.)	Priest. Died in Dachau, pp. **III** 1084-1085 - His sister, buried near him in Włoszakowice, pp. **III** 1084-1085
Góźdż, Czesław	Pilot from Sieraków. His younger brother, Stanisław, was a classmate of Jan Marceli Grycz, 1932-1933. - family, pp. **I** 242-243 - in German Concentration Camp, pp. **I** 196-197 - in Osnobruck base, pp. **I** 242-243 - killed in action over Berlin, pp. **I** 314-315 - met with Maria Grycz on train, pp. **I** 196-197
Góźdż, Stanisław	Classmate of Jan Marceli Grycz, 1932-1933, pp. **III** 1236-1237 - family received news, pp. **I** 620-621
Grocka	Classmate of Jan Marceli Grycz, 1932-1933, pp. **III** 1236-1237
Grudzik	Doctor. - and Władysława Poniecka, pp. **I** 540-541
Grycz-Poczekaj, Halina [see also "Grycz, Halina"] **[D3]**	Name taken by Halina Grycz after her marriage to Jan Poczekaj. The author of many of the letters in these volumes. pp. **I** 620-621 - birth of twins (Jerzy and Czesław), pp. **II** 692-693, 704-705 - breeding ram, and the..., pp. **III** 1132-1133 - broke ribs from fall, pp. **III** 1510-1511 - curtain "frogs" for extra money, pp. **III** 1304-1305, 1308-1309, 1316-1317, 1330-1331, 1334-1335 - decides not to visit San Francisco, pp. **III** 1246-1247

Grycz-Poczekaj, Halina
(*Continued*)

[D3]

- economic inflation, pp. **III** 1246-1249, 1252-1253
- eyeglasses, pp. **II** 664-665
- fell from a tree, pp. **III** 1204-1205, 1222-1223
- greenhouse, pp. **III** 1410-1411
- Grycz (Czesław), inquires after him and gives advice, pp. **II** 948-949; **III** 1240-1241, 1352-1353
- Grycz (Michał), inquires after him, pp. **III** 1352-1353, 1398-1399
- Grycz (Wandzia), inquires after her, pp. **II** 960-961, 970-971; **III** 1034-1035, 1382-1385, 1390-1391, 1398-1399, 1402-1403
- honeymoon trip, pp. **I** 630-631
- inheritance from her parents, pp. **III** 1118-1119, 1126-1127, 1352-1353
- Jankowska episode (upset about), pp. **III** 1174-1177
- keeps distance from Fela Podgórzec, pp. **II** 654-655
- known as "Grycz-Poczekaj", pp. **I** 620-621
- Konieczny family for Christmas, 1962, pp. **III** 1068-1069
- known as "Grycz-Poczekaj", pp. **I** 620-621
- Maria Wanda born, pp. **II** 698-699
- marries Jan Poczekaj, pp. **I** 630-631
- *Mazowsze* recommendation, pp. **II** 980-981
- operation on thyroid goiter, pp. **III** 1096-1097, 1106-1107; successful, pp. **III** 1110-1113, 1116-1117, 1148-1149; (hernia and appendix at same time) pp. **III** 1454-1455
- people finally sympathetic, pp. **III** 1232-1233
- phone call with Jan and Władysława, pp. **III** 1068-1069, 1070-1071, 1090-1091 1094-1095, 1122-1123, 1130-1131; (declined) pp. **III** 1152-1153
- (photo) pp. **I** 642-643 **II** 709, 734-735, 905, 951
- *placenta accreta*, pp. **II** 888-889
- purchased refrigerator, pp. **III** 1364-1365
- read Halina's letter about Jan Poczekaj, because too difficult to rewrite, pp. **III** 1372-1375
- seeking military decoration for Czesław's war service, pp. **III** 1448-1449, 1476-1477
- Tricolette machine, pp. **II** 952-953, 966-967, 976-977
- twin boys born, pp. **II** 692-693, 704-705
- visit to her brother's cemetery, pp. **III** 1408-1409, 1412-1413, 1476-1477; (judged his sacrifice "useless") pp. **III** 1412-1413; (next generation) pp. **III** 1434-1435
- wallet stolen, pp. **II** 954-955
- wedding photo description, pp. **I** 644-645
- "what is radio in my life?", pp. **I** 556-557
- winter of 1963, pp. **III** 1072-1073
- Włoszakowice, moved to with Jan, pp. **II** 654-655

Grycz, Anastasia	**[F1]**	Daughter of Anne and Czesław Jan Grycz, born with *tuburous sclerosis*. The diagnosis of her illness took several years. Her prognosis was very poor. - from Jurek Poczekaj, pp. **III** 1440-1441 - from Marylka Rzeźniczak, pp. **III** 1444-1445, 1454-1455 - Halina's concern and mentions, pp. **III** 1240-1241, 1250-1251, 1342-1343, 1348-1349,1354-1355, 1374-1375, 1382-1383, 1398-1399, 1402-1403
Grycz, Anja-Krystyna	**[F5]**	Daughter of Krystyna (née Sala) and Czesław Grycz. - born, pp. **III** 1516-1517 - died prematurely and was buried in Włoszakowice, pp. **III** 1520-1521, 1528-1529
Grycz, Anna ("Ania")	**[C2]**	Youngest sister of Jan Grycz - changes in personality (?), pp. **I** 274-275 - lived in Włoszakowice with Mrs. Zielewicz, pp. **I** 222-223, 596-597 - upstairs room was hers, pp. **III** 1144-1145
Grycz, Anne (née Cunningham)	**[E3]**	First wife of Czesław Jan Grycz. Parents of Michał and Anastasia. - expecting a child, pp. **III** 1192-1193 - greetings by Halina, pp. **III** 1252-1253, 1286-1287 - Michał born, pp. **III** 1196-1197 - welcome and congratulations, pp. **III** 1200-1203
Grycz, Czesław	**[E4]**	Twin son of Halina and Jan Poczekaj. - accepted to Fine Arts Lyceum in Poznań, pp. **III** 1118-1119, 1144-1145, - baptism, pp. **II** 692-693, 698-699, 700-701 - black market work is exploitative, pp. **III** 1468-1469 - born, pp. **II** 692-693, 704-705 - conscripted into the Army, pp. **III** 1282-1285, possible educational postponement, pp. **III** 1292-1293 - drawing interested in, pp. **III** 1042-1043 - engaged, pp. **III** 1380-1381 - First Holy Communion, pp. **III** 1032-1033, 1036-1037 - France, wishes to work there, pp. **III** 1348-1349, 1352-1353, 1330-1331 - godparents (Marylka Gościniak [D6] and Stan Kwilcza), pp. **II** 698-699 - Greece vacation, pp. **III** 1500-1501 - interior design at Wrocław, pp. **III** 1316-1317 - lung infection, pp. **III** 1056-1059 - likes to read a lot, pp. **III** 1096-1097, 1114-1115 - Mosina vacation, pp. **III** 1032-1033 - outdoors at Lądku Spa, pp. **III** 1330-1331 - postage stamp collector, pp. **III** 1100-1101, 1106-1107

Grycz, Czesław (*Continued*)	**[E4]**	- prize for reading, pp. **II** 1110-1111 - sketches, pp. **III** 1042-1043, 1242 - sends baby clothes to his sister, pp. **III** 1418-1419
Grycz, Czesław (R.A.F.) ("Czesio")	**[D3]**	Brother of Jan M. and Halina Grycz. - buried at Klewe Reichswald, pp. **II** 808-809 - Commonwealth War Cemeteries, pp. **II** 810-811 - receives correspondence via Walenty Mamet, pp. **I** 166-167 - military decoration for war service, pp. **III** 1448-1449, 1476-1477 - missing in action, pp. **I** 122-123 - last Will, pp. **I** 116-117; is it invalid? pp. **I** 134-135 - online database information, p. **II** 810 - (photo) **I** 31, 32, 33, 109, **II** xxxvii, 810 - suitcase left at the Starkies, pp. **I** 142-143 - visited, pp. **I** 2-3 - Wellington Bombers, pp. **I** 96-97
Grycz, Czesław Jan ("Czesio" or "Sijo")	**[E3]**	Son of Władysława and Jan M. Grycz. - a good man, pp. **III** 1384-1385 - bed prepared for him, pp. **I** 198-199 - difficult (for a man) to go alone, pp. **III** 1384-1385 - engagement, pp. **III** 1160-1161 - exhortation from grandfather, pp. **I** 508-509 - lost tooth, pp. **I** 538-539 - Michał born, pp. **III** 1196-1197 - personality, childhood, pp. **I** 538-539 - re: marriage difficulty, pp. **III** 1352-1353, 1366-1367 - read Halina's letter about Jan Poczekaj, because too difficult to rewrite, pp. **III** 1372-1375 - train from grandfather, pp. **I** 216-217 - won car in Riordan raffle, pp. **III** 1054-1055 - wrote nice holiday greetings, pp. **II** 694-695; **III** 1020-1021
Grycz, Halina [see also "Grycz-Poczekaj, Halina"] ("Hala")	**[D3]**	Sister of Jan M. and Czesław Grycz. Mother of Jerzy, Czesław and Maria. Married Jan Poczekaj. Author of most of the letters in these volumes. - congratulates Jan on wife and son, pp. **I** 176-177 - diary of beginning days of WWII, pp. **I** 2-27 - engagement with Jan Poczekaj, pp. **I** 518-519, 532-533 - family moves to Kikowo, pp. **I** 176-177; is not impressed with Kikowo, pp. **I** 360-361 - flu epidemics, pp. **III** 1022-1023 - fortune-teller, pp. **I** 210-211, 564-565 - gains "invalid" status, pp. **III** 1272-1273, 1362-1363 - gravestone for Wł. Poniecki, pp. **II** 664-665 - harvested 55# of honey, pp. **I** 472-473; worried about bees, pp. **I** 532-533

Index 11

	- leaving Kikowo, pp. **II** 732-733
	- material for wedding dress, pp. **I** 590-595, 643
	- Mika tabletop loom, pp. **I** 502-503 - poisoned with cold mushrooms, pp. **III** 1494-1495
	- pig stolen, pp. **I** 196-197
	- piglets sold, pp. **I** 274-275
	- Power of Attorney to represent Władysława Poniecka's interests after father's death, pp. **I** 598-599
	- purchased radio from goods sent her and sold, pp. **II** 684-685
	- resident of Włoszakowice to preserve claim on home, pp. **I** 378-379
	- Śmigus-Dingus, pp. **II** 886-887
	- Tricolette machine, pp. **II** 952-953, 966-967, 976-977
	- undermined by Mrs. Wanda in Chorzów, pp. **I** 512-513
	- worried, not hearing about Czesław, pp. **I** 176-177
Grycz, Irena	Daughter of the brother of Józef Grycz, pp. **III** 1502-1503
Grycz, Jan [C3]	Father of Jan M, Czesław and Halina.
	- 70th birthday, pp. **II** 952-953
	- birthday '64 visit from the Konieczny family, pp. **III** 1112-1113
	- Boszkowo with grandchildren, pp. **II** 884-885, 888-889, 892-893, 896-897
	- brother Stanisław, sewing suit for him, pp. **I** 198-199
	- cried on receiving Wandzia's wishes, pp. **III** 1114-1115
	- deputy to his father-in-law, Jan Otto, in Polish Uprising, pp. **III** 1448-1449
	- died, pp. **III** 1248-1249
	- Kasia Konieczna one of his closest relatives; now, as grandmother, visiting less, pp. **III** 1116-1117
	- not a "pradziadek", pp. **III** 1202-1203
	- Radom, told to report, pp. **I** 6-9
	- retiring, pp. **II** 786-787, 820-821
	- Sieradowie Spa, pp. **II** 992-993
	- visited Wł. Poniecki during his stroke, pp. **I** 548-549
	- work as a lifeguard, pp. **II** 884-885
Grycz, Jan Marceli ("Janek" or "Jasiu") [D3]	Son of Maria and Jan Grycz. Married Władysława Poniecka. Father of Czesław Jan and Wandzia Maria.
	- "*Morska Wola*", pp. **I** 46-47, 194-195
	- S/S "*Washington*" to US, pp. **I** 458-461
	- Association of Polish Captains, Navigating, Engineer and Radio Officers, pp. **I** 30, 428-429, 436-437
	- Atlas Elevator Company, pp. **I** 538-539, 582-583

Grycz, Jan Marceli (*Continued*) [D3]	- Chrysostom, St. John, name day, pp. **I** 404-405, 506-507, 576-577- Civil Wedding, pp. **I** 478-479 - corresponding through Mamet, pp. **I** 160-161 - Civil Wedding, pp. **I** 478-479 - "Cross of Valor" received, pp. **I** 128-129 - declines inheritance in favor of Halina, pp. **III** 1118,1119, 1126-1127; returned for notarization, pp. **III** 1146-1147; notarized, pp. **III** 1352-1355 - Engineering Diploma, pp. **I** 114-115 - "golden", pp. **I** 152-153 - invites Halina to San Francisco, pp. **III** 1246-1247 - Krzyż Waleczny, pp. **I** 128-129; **III** 1254-1255 - obituary, pp. **III** 1254-1255- phone call with Halina, pp. **III** 1062-1063 1068-1069, 1090-1091; (declined) pp. **III** 1152-1153 - "Polish Cultural Hour", pp. **III** 1254-1255 - sends money to his brother, pp. **I** 68-69 - sponsors Wł. Poniecki, pp. **I** 358-359 - studying for to reach "Engineer," pp. **I** 400-401 - writing to his parents about his wife and 7-month-old son, pp. **I** 174-175	
Grycz, Józef	- his brother is father of Irena Grycz, pp. **III** 1502-1503 - with Jan and Władysława Grycz in Edinburgh, pp. **III** 1502-1503	
Grycz, Karolina ("Karolinka") [F5]	Daughter of Krystyna and Czesław Grycz. - Marylka desires to meet, pp. **III** 1454-1455 - "Śmigus-Dingus", pp. **III** 1534-1535	
Grycz, Krystyna ("Krysia") [F2]	Daughter of Monica and Czesław Jan Grycz. - remembered, pp. **III** 1514-1515 - comforted Zdzisław saying she would return in five years, pp. **III** 1514-1515	
Grycz, Krystyna (née Sala) ("Krysia") [E4]	Wife of Czesław (Poczekaj) Grycz. Parents of Karolina, Anja-Katarzyna and Jan. From Legnica. pp. **III** 1498-1499. - Has a married brother, Zbigniew has two daughters, pp. **III** 1520-1521 - expecting second child, pp. **III** 1510-1511	
Grycz, Ludwik [C2]	Brother of Jan Grycz - funeral, pp. **III** 1166-1167 - heart attack, pp. **III** 1132-1133, 1166-1167 - lives in Bucz; has son, pp. **III** 1074-1075 - son to be married in Bukowiec, pp. **III** 1116-1117 - Peter (son), pp. **III** 1138-1139 - visited by Jan Marceli, pp. **I** 88-89	

Grycz, Maria	[C1]	Mother of Jan M, Czesław and Halina. - 60th birthday, pp. **II** 826-827 - death, pp. **III** 1059-1061 - gravesite, pp. **III** 1080-1081, 1084-1085 - no will left, pp. **III** 1118-1119
Grycz, Michał	[F1]	Son of Anne (née Cunningham) and Czesław Jan Grycz. - "a little Gryczek", pp. **III** 1202-1203 - born, pp. **III** 1196-1197, 1200-1201 - from Jurek Poczekaj, pp. **III** 1440-1441 - from Marylka Rzeźniczak, pp. **III** 1444-1445, 1454-1455 - Halina's mentions, pp. **III** 1200-1203, 1218-1219, 1352-1353, 1374-1375, 1382-1383, 1384-1385 1398-1399, 1400-1401; ("common language?") 1352-1353 - Marylka's reaction, pp. **III** 1202-1203, 1398-1399 - will be welcomed, pp. **III** 1398-1399, 1514-1523 - wishes on his birth, pp. **III** 1196-1197
Grycz, Monica (née Dodds)	[E3]	Wife of Czesław Jan Grycz. Parents of Stefan and Krystyna ("Krysia"). - appealing, as is her family, pp. **III** 1398-1399 - from Jurek Poczekaj, pp. **III** 1440-1441 - hope for a daughter, pp. **III** 1466-1467 - very beautiful wife, pp. **III** 1402-1403 - Wandzia's sister, pp. **III** 1398-1399
Grycz, Stanisław	[C2]	Brother of Jan Grycz. Lives in Cologne. pp. **II** 892-893 - can work no longer, pp. **III** 1016-1017 - Seeks Czesław's grave. pp. **II** 898-899
Grycz, Stefan	[F2]	Son of Monica and Czesław Jan Grycz. pp. **III** 1430-1431 - from his godfather, pp. **III** 1440-1441 - from Halina Grycz-Poczekaj, pp. **III** 1464-1465 - from Marylka Rzeźniczak, pp. **III** 1444-1445, 1454-1455, 1464-1465, 1526-1527 - kiss from Zdzisław, pp. **III** 1442-1443
Grycz, Wanda ("Wandzia")	[E3]	Daughter of Władysława and Jan M. Grycz. - First Communion, pp. **II** 950-951 - corresponded re: family tree, pp. **III** 1366-1367 - from Jurek Poczekaj, pp. **III** 1440-1441 - photo as toddler with Czesław Jan, p. **II** 713 - read Halina's letter about Jan Poczekaj, because too difficult to rewrite, pp. **III** 1372-1375 - Shawn, pp. **III** 1454-1455, 1526-1527 - visiting Halina, pp. **III** 1214-1215 - wedding with Dick, pp. **III** 1298-1301

Grycz, Wanda (*Continued*)	**[E3]**	- wishes from Halina, pp. **III** 1384-1385, 1390-1391, 1434-1437, 1452-1453, 1466-1471, 1484-1485
Grycz, Władysława (as widow)	**[D3]**	Widow of Jan Marceli Grycz. - invited to Poland by Halina, pp. **III** 1270-1271, 1288-1289 - visit to Poland with Czesław, pp. **III** 1282-1283, 1506-1509 - withdrawing funds (clever idea), pp. **III** 1332-1333
Grycz, Władysława and Jan	**[D3]**	Son-in-Law and daughter of Władysław Poniecki. - address in Edinburgh, pp. **I** 174-175 - birth of Wandzia, pp. **II** 698-699 - Civil Wedding, pp. **I** 478-479 - decision to go to America, pp. **I** 452-453 - threat of nationalizing factory building, pp. **III** 1116-1117 - saw *Mazowsze* in San Francisco, pp. **III** 1102-1103 - trying to buy lathe or drill press, pp. **III** 1210-1211, 1214-1215 - visiting Halina in Poland, pp. **III** 1214-1215 - withdrawing funds, pp. **III** 1118-1119, 1150-1151
Grześiecki		Pharmacist from Chorzów. Close friend of Władysław Poniecki. Mother of Zbyszek Blok. pp. **I** 322-323, (photo) 523 - death of, pp. **I** 528-529 - greetings sent to władysława, pp. **I** 218-219 - name day, pp. **I** 520-521 - Zbyszek met with Władysława, pp. **I** 218-219
Hanslik		Doctor. - Guest at name day celebration, pp. **I** 410-411
Hejnowski, Jan ("Jaśiu")		Close friend of Czesław Grycz in the Air Force, - 305th Squadron, p. **I** 116-117 - mentioned in Czesław's will, pp. **I** 116-117 - missing in action, pp. **I** 96-97, 134-135 - (photo) p. **I** 97 - Starkie, pp. **I** 130-131, 142-143, 146-147
Hernandez, David	**[F3]**	Son of Wandzia (née Grycz) and Shawn Hernandez. Visited Poland with his parents, pp. **III** 1514-1515, 1526-1527, 1531-1532
Hernandez, Encarnacion "Shawn"		Husband of Wandzia Grycz, and father of David. - Visited Poland. pp. **III** 1526-1527 - brother, Michael, in coma, pp. **III** 1472-1473, 1494-1495 - reminds Halina of Mazowsze soloist, pp. **III** 1454-1455

Index 15

Jankowska	Neighbor of the Pytlik family who won a lottery for a trip to San Francisco and visited Jan and Władysława Grycz with a lot of "ideas", pp. **III** 1174-1177
Jedyński, R.	- providing information, pp. **I** 254-255
Kaczmarek, Mrs.	Evacuated from Lubosz with the Grycz family at start of WWII. Killed on September 4, 1939. pp. **I** 10-11
Kempka [Kępka?] (Zofia and Pawel)	Notary, pp. **I** 410-411 - broken arm, pp. **II** 844-845
Kilanowski	Classmate of Jan Marceli Grycz, 1932-1933, pp. **III** 1236-1237
Klecha	Classmate of Jan Marceli Grycz, 1932-1933, pp. **III** 1236-1237
Klyk, Henryk	Unknown correspondent, pp. **I** 292-293
Konieczko, Wanda	Buffet helper in Władysław Poniecki's restaurant, pp. **I** 524-525 - advises to sell house, pp. **III** 1372-1373 - heart attack, pp. **III** 1336-1337 - husband died, pp. **III** 1384-1385- Kawaletz, previous surname, pp. **I** 524-525 - Nowak, previous surname, pp. **I** 452-453 - retired, on a pension, pp. **III** 1326-1327 - tried to move Halina aside, pp. **I** 510-513
Konieczna, Katarzyna (née Grycz) ("Kasia") **[C2]**	Sister of Jan Grycz. Married Wojciech Konieczny. Parents of Józef and Martyna. - built a home, pp. **III** 1232-1233 - died, pp. **III** 1310-1311 - frequent visitors at Halina's, pp. **III** 1232-1233 - sympathetic to Halina's work in caring for her father, pp. **III** 1232-1233
Konieczny, Józef **[D5]**	Son of Katarzyna (née Grycz) and Wojciech Konieczny. Brother of Martyna Mikołajczak. Cousin of Jan M., Czesław and Halina, pp. **I** 350-351 - called Jan M. Grycz about the death of his Mother, pp. **III** 1059-1061,1074-1075 - electrician and helpful, pp. **III** 1070-1075 - father, Wojciech, died, pp. **III** 1180-1181 - godfather to Maria Poczekaj, pp. **III** 1070-1071 - home, pp. **I** 406-407 - in England, pp. **I** 342-343, 370-371, 380-381; for holidays? pp. **I** 378-379 - Kosciuszko Steel Mill, pp. **I** 504-505 - wedding, pp. **III** 1106-1107

Konieczny, Józef (*Continued*)	**[D5]**	- visited Jan Grycz just before Jan's death, pp. **III** 1112-1113, 1248-1249 - zipper, pp. **III** 1070-1075
Konieczny, Wojciech ("Wojtek")	**[C2]**	Husband of Katarzyna ("Kasia") Grycz, sister of Jan Grycz. Father of Józef and Martyna. - heart problems, pp. **III** 1134-1135 - low blood pressure, pp. **III** 1098-1099 - died, pp. **III** 1180-1181, 1190-1195 - swollen legs, pp. **III** 1162-1163
Kordylewski		Classmate of Jan Marceli Grycz, 1932-1933, pp. **III** 1236-1237
Kotwica, S.		Secretary of *Association of Polish Captains, Navigating, Engineer and Radio Officers*, pp. **I** 428-429, 436-437
Kraków		French-built Polish cargo ship. It had served before the war and was the first Polish ship to re-enter the ruined port of Gdynia on 21 September 1945 after WWII. pp. **I** 186-187
Krzycki, (Rev.) Jan		Wigilia sermon, 1945. pp. **I** 236-237, **II** 914-915 - His father lost his life just after liberation, pp. **I** 236-237
Kuchlewski		Store Manager at street level of Poniecki building, pp. **I** 442-443, 446-447
Kwilcza		Railway conductor, pp. **II** 698-699. His son, Stan, is godfather to Czesław Grycz (twin of Jerzy Poczekaj), pp. **II** 698-699
Laskos		Jan Marceli Grycz's roommate in London, pp. **I** 70-71
Lenkszewicz, Kazimiera		- wrote about Zofia Gapińska's last days in Ravensbrück, pp. **I** 332-333
Limew, Mrs.		Mentioned in a letter from Fela Podgórzec to Władysława Poniecka, pp. **I** 50-51
Lisok		Administrator of Chorzów buildings. pp. **III** 1460-1465, 1498-1499 - letter from his wife, pp. **III** 1494-1495
Liunggren, Verner		Uknown correspondent, pp. **I** 292-293
Mack		Doctor who treated Pelagia Poniecka in the last illness that led to her death, pp. **I** 104-105
Małolepsza, Yvonne		Daughter of Wanda (see above). Temporary administrator of Chorzów property. pp. **III** 1336-1337 - daughter, pp. **III** 1336-1337 - husband is an auto-worker, pp. **III** 1336-1337

Index 17

Mamet, Walenty		A mail go-between who lived in Switzerland and redirected mail to and from the Grycz family so as to protect identification from censors, pp. **I** 160-161, 166-167
Manerdorf, Yvonne		Mentioned by Władysław Poniecki as facilitating communication between him and Władysława during the war, pp. **I** 138-139, 308-309
Marcała		Classmate of Jan Marceli Grycz, 1932-1933, pp. **III** 1236-1237
Matuszak, Henryk ("Heniu")	**[D6]**	Youngest son of Maria (née Grycz) and Maksymilian. - died, pp. **III** 1238-1239 - enlisting, pp. **I** 636-637 - in Gdynia with Halina and Jan, pp. **III** 1124-1125 - leaving for the Army, pp. **II** 660-661 - photo, p. **I** 193 - son (with ribbon), pp. **III** 1124-1125
Matuszak, Jadwiga ("Jaśia", "Jadzia")	**[D6]**	Daughter of Maria ("Marynia") and Maksymilian. - Kikowo visit, pp. **I** 626-627, 678-681 - leaving Kikowo, pp. **II** 678-679 - mother terminally ill, pp. **II** 774-775 - photo, p. **I** 193 - piano lessons, pp. **II** 826-827 - planning to visit with her sister Maryla, pp. **I** 626-627 - looking for work in Włoszakowice, pp. **II** 740-741
Matuszak, Ludmil (or Ludwig)	**[D6]**	Son of Maria (née Grycz) and Maksymilian. - graduated; going into medicine, pp. **I** 484-485 - photo, p. **I** 193 - visited Halina with his sister, pp. **I** 534-535
Matuszak, Maksymilian ("Maks")	**[C2,3]**	First wife was Maria (née Grycz), sister of Jan Grycz. Parents of Heniu, Maryla, Ludwik and Jadwiga. He was a meat butcher from Leszno. After Maria's death, he married again. - address in Leszno, pp. **II** 852-853 - daughter born, pp. **I** 188-189 - business nationalized, pp. **I** 634-635 - photo, p. **I** 193 - tires, pp. **II** 846-847, 852-853
Matuszak, Maria ("Marynia")	**[C2]**	Aunt of Jan M., Czesław and Halina Grycz. First wife of Maksymilian Matuszak with whom she had four children: Heniu, Maryla, Ludwik and Jadwiga, pp. **I** 2-3 - died, pp. **II** 780-781 - photo, p. **I** 193 - sends kabanosa sausages to Jan & Władysława Grycz, pp. **I** 352-353 - terminally ill of organ failure, pp. **II** 774-775, 780-781

Matuszak, Maryla	**[D3]**	Daughter of Maria (née Grycz) and Maksymilian Matuszak, (above). - expecting, pp. **III** 1030-1031 - Kikowo visit, pp. **II** 676-677 - photo, p. **I** 193 - planning to visit with Jadzia, pp. **I** 626-627, 632-633 - Trade School pp. **I** 544-545 - visited Halina with her brother, pp. **I** 534-535
Meisner [also spelled Meissner]		Władysław Poniecki and Robert Meisner were partners in a distillery, which they established in a building adjoining the Poniecki family home in Królewska Huta (Chorzów), - took furniture, pp. **I** 630-631 - took silverware, pp. **I** 624-625
Mejz		Mrs., from Katowice. - death. pp. **I** 528-529
Mendego, (Rev.) Edward		- and Władysława Poniecka's childhood illness, pp. **I** 308-309
Michacz		Building Manager in Chorzów. pp. **II** 958-959, 994-995, 1004-1005; **III** 1282-1283 - broke arm, pp. **III** 1322-1323 - broke leg, pp. **III** 1266-1267, 1308-1309, 1312-1313 - Bureau of Treasury penalty, pp. **III** 1300-1303 - "can't transplant an old tree", pp. **III** 1382-1383 - Gluch dies, (and frauds revealed), pp. **III** 1384-1387 - lives with Mr. & Mrs. Sakański, pp. **II** 958-959 - money complications, pp. **III** 1214-1215, 1340-1341 - pension increased, pp. **III** 1058-1059 - plots with Mr. Gluch, pp. **III** 1312-1313, 1326-1339, 1346-1347 - power of attorney, pp. **III** 1256-1257, 1302-1303, 1308-1309, 1316-1317 - resigning as administrator, pp. **III** 1288-1289, 1292-1293, 1326-1327 - wants retirement assistance, pp. **III** 1326-1327
Michałkiewicz, Dr.		Operated on Halina Grycz-Poczekaj, pp. **III** 1452-1453
Michałowski, (Rev.)		Visiting Włoszakowice from Canada; originally from Górsko. Relative of Stanisław Pytlik [?], pp. **III** 1036-1037
Michalski, Maria and Jan		Friends of Władysława and Jan M. Grycz in California. Jan was a ship's Captain in the Polish Merchant Marines. Visited Jan and Halina in May 1959. pp. **II** 946-947, 984-985; **III** (relatives visited) 1026-1027. - Michalska, Maria (photo), p. **II** 950-951

Mikienko, Bronisława (née Poniecki) ("Bronia") **[J6]**	Daughter of Stanisław Poniecki. - married to Air Force Officer. pp. **I** 566-567 - Ewa, their daughter, is Wł. Poniecki's god-daughter, pp. **I** 566-567 - Wł. Poniecki's 70th Birthday, pp. **I** 580-581
Mikołajczak, Danuta ("Danusia") **[E6]**	Daughter of Martyna and Jan Mikołajczak. Granddaughter of Katarzyna "Kasia" (née Grycz) and Wojtek Konieczny. - a lively distraction after deaths, pp. **III** 1194-1195 - growing, pp. **III** 1162-1163 - playmate of Maria "Marylka" Poczekajówna, pp. **III** 1164-1165, 1232-1233 - walking, pp. **III** 1164-1165
Mikołajczak, Jan **[D5]**	Married Martyna Konieczna, pp. **III** 1084-1085 - died in catastrophic train accident, pp. **III** 1140-1141 - elaborate respectful funeral, pp. **III** 1140-1141
Mikołajczak, Martyna (née Konieczna) **[D5]**	Daughter of Katarzyna (née Grycz) and Wojciech Konieczny. Sister of Józef Konieczny. Married to Jan. Mother of Danuta (née Mikołajczak) Nowalińska. - wedding, pp. **III** 1084-1085
Mikołajczyk	Pharmacist, pp. **II** 680-681
Milerowicz-Pach	Mentioned in a letter from Fela Podgórzec to Władysława Poniecka, pp. **I** 50-51
Milik, (Rev.) Karol	Priest. - counseled re Podgórzec, pp. **I** 250-251 - chancellor of Wrocław diocese, pp. **I** 396-397
Morska Wola	Ship on which Jan Marceli Grycz served. See Appendix 3 for complete sailing record. pp. **I** 194-195
Mortkowski	- death of, pp. **I** 528-529
Mozdzenski	Official at the Polish Resettlement Department in the U.K. that supplied funding to help resettle Polish aliens abroad. These funds were essential for Władysława and Jan Grycz to get to America. pp. **I** 458-459
Mrókiewicz	Ship's Lieutenant. - in Poznań during cargo offloading, pp. **I** 186-187
Muller	From Poznań. Visited with Władysław Poniecki, pp. **I** 324-325
Munnich	- Władysława Poniecka inquires about her on behalf of Kazimiera Z., pp. **I** 138-139
Napierale	Rented the restaurant from Wł. Poniecki, pp. **II** 674-675

Neuman, Jagna	- prison mate of Zofia Gapińska, p. **I** 347
Nowaczyński	Classmate of Jan Marceli Grycz, 1932-1933, pp. **III** 1236-1237
Nowak (Family)	Lived across the street from the Grycz family in Lubosz. pp. **I** 52-53. - evacuated from Lubosz with the Grycz family at start of WWII, pp. **I** 6-7, 16-17, 20-21, 54-55 (Krysia), 24-25 - died Christmas 1962, pp. **III** 1076-1077
Nowak, Krystyna ("Krysia")	From Lubosz. Classmate of Jan Marceli Grycz, 1932-1933, pp. **III** 1236-1237. [?] - crying about invasion of WWII, pp. **I** 6-7 - to marry Leon Wesoły, pp. **I** 254-255, 298-299 - in medicine [?] pp. **I** 234-235
Nowalińska, Danuta ("Danusia") **[E6]**	Daughter of Martyna and Jan Mikołajczyk. Granddaughter of Katarzyna (née Grycz) and Wojciech Konieczny. (Aunt Kasia and Uncle Wojtek.)
Obiegółko	Mentioned in Halina Grycz's letter concerning a possible sighting of Czeslaw Grycz, pp. **I** 190-191
Ochęduszko	- married, pp. **I** 234-235
Ochman, (Rev.)	Pastor of St. Barbara in 1951, pp. **II** 656-657, **III** 1120-1121, 1150-1151 - confirmed as dead, pp. **III** 1312-1313
Okulicki, Leopold	General Okulicki was greatly admired by Władysława Grycz (as by others!). He served in several capacities for the Polish Army, and was the last Commander of the anti-German underground Home Army. pp. **I** 166
Olsen, Lynn	Co-Author of *A Questio of Honor*, p. **I** 35
Otto, Elżbieta ("Bietka")**[C1]**	Sister of Maria (née Otto) Grycz. Married to Stanisław Pytlik. - expecting in March 1961, pp. **III** 1016-1017
Otto, Halina **[D1]**	Daughter of Każimiera (née Krupka) and Roman Otto. - baccalaureate, pp. **I** 406-407 - divorced, pp. **III** 1070-1071 - engaged to be married, pp. **I** 504-505 - Halina's wedding planned for February 1950, pp. **I** 544-545, 574-575, 630-631, 636-637 - plays accordion, pp. **I** 326-327
Otto, Jan **[C1]**	Grandfather of Jan Marceli, Czesław and Halina. Commander in Greater Polish Uprising, pp. **III** 1448-1449

Index 21

Otto, Kazimierza (née Krupka) ("Kazia") **[C1]**		Married Roman Otto, who is a brother of Maria (née Otto) Grycz. - caring for her daughter's children, pp. **III** 1070-1071 - Christmas 1963, pp. **III** 1068-1069 - Halina's wedding, pp. **I** 644-645 - New Year 1961, pp. **III** 1016-1017
Otto, Marianna ("Mania") **[C1]**		Wife of Wacław Otto. - ill with intestinal problems, pp. **I** 338-339 - visited, pp. **I** 2-3
Otto, Roman **[C1]**		Brother of Maria (née Otto) Grycz. Married to Każimiera (née Krupka). Father of Włodzimierz, Halina and Maksymilian. - bridge builder, pp. **I** 338-339 - Bydgoszcz, pp. **I** 354-355 - cancer, stomach, pp. **I** 546-547, 554-555, 562-563 - Częstochowa with Maria Grycz, pp. **I** 470-471 - died at home, pp. **I** 568-569; Uncle Wacek Otto's mother was at the funeral, pp. **I** 568-569 - son, Dzinko, died, pp. **I** 178-179
Otto, Wacław ("Wacek") **[C1]**		Brother of Maria (née Otto) Grycz. Married to Marianna (née Matuzewska) ("Mania" or "Marysia"). - Boszkowo Lake, pp. **I** 310-311, 326-327 - competing in Zakopane, pp. **I** 326-327 - currency exchange experience, pp. **III** 1184-1185 - first place Jelenia Góra, pp. **I** 406-407 - first place Zielona Góra, pp. **I** 326-327 - jailed and released, pp. **I** 178-179 - locomotive workshops, pp. **I** 188-189 - Mania, pp. **I** 2-3, 204-205, 222-223, 382-383 - Motorcycle Club Captain, pp. **I** 338-339 - motorcycle races, pp. **I** 326-327 - on the road with Marysia, pp. **I** 406-407 - operation on leg bite, pp. **I** 304-305 - personality changed, pp. **III** 1070-1071 - pelvis broken, pp. **I** 562-563 - photo, **II** xxxi, xxxvi, xxxvii, xxxviii - retired, seldom visits, pp. **III** 1160-1161 - sidecar, pp. **I** 394-395 - tobacco cutting machine, pp. **I** 252-253 - visiting, pp. **I** 2-3, 204-205, 210-211
Otto, Włodzimierz ("Dzinko" of "Dzinek") **[D1]**		Son of Każimiera and Roman Otto. - death, pp. **I** 178-179 - died of typhus in Frankfurt, 1945, pp. **III** 1070-1071
Pacorzyski		Jan Marceli Grycz' roommate, Gdynia, pp. **I** 114-115

22 Wskaźnik

Pankowski, Professor		Lived in Skierniewice and known by Jan Grycz. Sheltered Grycz family during their evacuation from Lubosz. pp. **I** 10-11
Papież, Anna (née Pytlik)	**[D2]**	Daughter of Elzbieta and Stanisław Pytlik. Married Jerzy Papież. - Caesarian delivery of son, pp. **III** 1032-1033 - expecting, pp. **III** 1016-1017, 1030-1031 - husband travels too much, so she and her children are living with her mother, Bietka Pytlik, pp. **III** 1074-1075 - moved to Konin, pp. **III** 1150-1151; (lonely) pp. **III** 1150-1151 - visiting Szczecin, pp. **III** 1058-1059
Papież, Jerzy	**[D2]**	- brother of a boxer, travels a lot, pp. **III** 1074-1075 - good son-in-law to Uncle Staś, pp. **III** 1016-1017
Paszkowska, Anna		Secretary of the General Hospital, notifying about the death of Czesław Grycz, pp. **I** 188-189
Patanówna		Classmate of Jan Marceli Grycz, 1932-1933, pp. **III** 1236-1237
Pawlicki		Classmate of Jan Marceli Grycz, 1932-1933, pp. **III** 1236-1237
Pestki (Pomocniczej Służby Wojskowej Kobiet)		Women's Auxiliary Service in the Polish Army, pp. **I** 63
Poczekaj, Czesław		See "Grycz, Czesław".
Poczekaj, Jacek	**[F4]**	Son of Małgosia (née Dworczak) and Jurek Poczekaj - collecting stamps, in their turn, pp. **III** 1440-1441 - lively and active, pp. **III** 1316-1317, 1330-1331 - parents have lots of fun with him, pp. **III** 1324-1325 - starting school, pp. **III** 1392-1393
Poczekaj, Jan ("Janek")	**[D3]**	Railroad worker from Pniew. He has a brother, who had two children, Halina and Stanisław (pp. **III** 1228-1229). Married Halina Grycz. - characterized as difficult, pp. **III** 1054-1055 - death of mother, pp. **III** 1288-1289 - diabetes hospitalization, pp. **III** 1370-1371; (transferred to Warszawa) pp. **III** 1376-1377 - died, pp. **III** 1484-1485 - engaged to Halina Grycz, pp. **I** 518-519, 532-533 - gets along with Halina's father, pp. **II** 658-659 - married Halina Grycz, pp. **I** 630-631 - operation due to diabetes, pp. **III** 1370-1373 - photo, 642-643, 708-709, 905, 951; **III** 1243, 1467 - Pniew (from), pp. **I** 518-519 - Polish Railway, pp. **I** 518-519, 544-545 - provider (one line after another), pp. **III** 1434-1435

Index 23

	- sometimes difficult to live with him, pp. **III** 1054-1055 - vacation with boys at Łeby-on-the-Sea, pp. **II** 996-997
Poczekaj, Jerzy ("Jurek")**[E4]**	Twin son of Halina and Jan Poczekaj. - attending First Professional School in Leszno, majoring in electrical engineering, pp. **III** 1200-1201, 1216-1217 - baptism, pp. **II** 692-693, 698-699, 700-701
	- born, pp. **II** 692-693, 704-705 - First Holy Communion, pp. **III** 1032-1033, 1036-1037 - engaged, pp. **III** 1262-1263 - greenhouses, pp. **III** 1360-1361, 1402-1403, 1408-1409 - godparents (Ediu and Stas), pp. **II** 698-699 - hospitalized in Kołobrzeg, pp. **III** 1266-1267 - likes to make things, pp. **III** 1096-1097, 1114-1115 - military service, Army, pp. **II** 1232-1233, 1236-1239 - postage stamp collector, pp. **III** 1100-1101, 1106-1107 - Radio Club, pp. **III** 1188-1189 - scholarship, pp. **III** 1154-1155 - serves in the Army, pp. **III** 1230-1231 - shortwave broadcasting, pp. **III** 1210-1211,1268-1269 - studies "skirts", pp. **III** 1216-1217 - tomatoes, seeks variety, pp. **III** 1376-1377 - wedding, pp. **III** 1262-1263, 1272-1273, 1282-1283 - vandalism of greenhouses, pp. **III** 1360-1363 - violin lessons, pp. **III** 1042-1043 - Vocational School of Automotive Studies pp. **III** 1506-1507
Poczekaj, Krzysztof ("Kryś") **[F4]**	Son of Małgosia (née Dworczak) and Jurek Poczekaj, pp. **III** 1366-1367, 1372-1373 - collecting stamps, in their turn, pp. **III** 1440-1441
Poczekaj, Małgorzata (née Dworczak) ("Małgosia")**[E4]**	Married Jerzy Poczekaj. Parented Jacek and Krzysztof - good family, sweet and pleasant, pp. **III** 1262-1263 - father suddenly dies at 56, pp. **III** 1308-1309 - told of Jurek's medical condition; is sticking by him, pp. **III** 1270-1273 - wedding, pp. **III** 1262-1263, 1282-1283
Poczekaj, Maria Wanda ("Marylka" or "Lilki") [see also, Rzeźniczak, Maria] **[E4]**	Daughter of Halina and Janek Poczekaj. - best student in her class, pp. **III** 1136-1137 - born, pp. **II** 888-889 - at camp in Wągrowiec, pp. **III** 1238-1239 - close to brother, Czesław Grycz, pp. **III** 1390-1391 - First Holy Communion, pp. **III** 1174-1175, 1200-1201 - going with Jacek, pp. **III** 1392-1393, 1396-1397 - learns songs from the radio, pp. **III** 1046-1047 - "Lilki", pp. **II** 934-935; **III** 1046-1047 - plays with Danusia Konieczna, pp. **III** 1164-1165

Poczekaj, Maria Wanda
[see also, Rzeźniczak, Maria]
(*Continued*) **[E4]**
	- pre-school teacher, pp. **III** 1392-1393, 1396-1397-
	prays for her brothers and mother, pp. **III** 1032-1033
	- sings beautifully, pp. **III** 1032-1033, 1042-1043
	   at Millennium celebration, pp. **III** 1178-1179
	   at Leszno Christmas party, pp. **III** 1022-1023
	- wants to be a teacher, pp. **III** 1272-1273
	- Zakopane, in, pp. **III** 1334-1335
	- Żywiec, in, pp. **III** 1348-1349	

Podgórzec, Barbara **[K1]**	Daughter of Felicja and Eugeniusz Podgórzec, pp. **I** 540-541	
Podgórzec, Eugeniusz ("Gienek") **[J2]**	Family name of Felicja's (née Poniecka) husband. - and Bordt, pp. **II** 674-675, 738-739 - Assistant Head of Coal Sales, pp. **I** 268-269, 296-297 - died and buried in Bosnia, pp. **III** 1214-1215 - divorce proceedings begun, pp. **II** 806-807 - "gorilla" according to Poniecki, pp. **I** 376-377 - helped brother, Eddie, escape from prison, pp. **I** 248-249 - letter objecting to rent, repairs, pp. **II** 674-675, 680-681 - money, always lacks, pp. **II** 674-675, 678-679 - not yet returned, pp. **I** 104-105 - problems continue, pp. **II** 736-737 - reconciliation, pp. **I** 268-269 - slapped Fela, pp. **I** 248-249 - warned against, pp. **II** 674-675	
Podgórzec, Felicja (née Gapińska) ("Fela") **[J2]**	Daughter of Pelagia and Jan Gapiński. step-daughter of Władysław Poniecki. - asserts benefits of Russian-Polish raproachment, pp. **I** 294-295 - brought gold chrysanthemum's for father's grave, pp. **III** 1150-1151 - congratulations on birth of Wandzia, pp. **II** 702-703 - divorce proceedings begun, pp. **II** 806-807 - father's 70th birthday, pp. **I** 580-581, 588-589 - lonely, pp. **I** 312-313 - mother's wedding ring, pp. **I** 616-617 - photo, p. **I** xlvii - Power of Attorney, pp. **II** 866-867 - problems continue, pp. **II** 736-737 - removed Eugeniusz from inheritance, pp. **II** 750-751 - sending packages to camps, pp. **I** 234-235 - sold property illegally, pp. **II** 844-845 - suffers lack of news of Zosia, pp. **I** 294-295 - tells Mrs. Michacz that Władzia is coming to Poland, pp. **III** 1182-1183 - visage cream requested, pp. **I** 312-313	

		- warned against writing, pp. **I** 422-423
- Zbyszek, her son, pleases her, pp. **I** 312-313
Podgórzec, Zbigniew ("Zbyszek")	**[K1]**	Son of Felicja and Eugeniusz.
- studying English language, pp. **I** 312-313
- sweater, pp. **I** 248-249
Poniecka, Walentyna	**[I3]**	Sister of Władysław Poniecki. Mother of Irena Weimann **[K2]**.
- and grave of Pelagia Poniecka, pp. **I** 416-417
- Iwarzedza, pp. **I** 476-477
Poniecka, Waleria	**[I3]**	Sister of Władysław Poniecki, pp. **I** 482-483
Poniecki, Bolesław	**[J5]**	Son of Zofia and Bolesław Poniecki (below),
- never returned from captivity, pp. **I** 218-219, 416-417
Poniecki, Bolesław ("Bolek")	**[I3]**	Brother of Władysław Poniecki. Married to Zofia. They have two daughters and two sons.
- Poznań, Zofia lives with her two daughters, Mirka and Maryla, pp. **I** 416-417
- death in Nowy Sącz, pp. **I** 162-163, 218-219
- studied in Wrocław, pp **I** 396-397
Poniecki, Janusz	**[J5]**	Son of Zofia and Bolesław Poniecki,
- died in prison, pp. **I** 218-219, 416-417
Poniecki, Maryla	**[J5]**	Daughter of Zofia and Bolesław Poniecki.
- living with mother in Poznań, pp. **I** 218-219
Poniecki, Mirosława ("Mirka")	**[J5]**	Daughter of Zofia and Bolesław Poniecki.
- living with mother in Poznań, pp. **I** 218-219
Poniecki, Pelagia	**[I2]**	Wife of Władysław Poniecki. Mother of Felicja and Zofia Gapiński and of Władysława Poniecka.
- death described, pp. **I** 104-105, 514-515
- died without a will, pp. **I** 216-217
- exhumed and reburied in Chorzów, pp. **I** 266-267, 288-289, 396-397; Fela helped, pp. **I** 268-269
Poniecki, Stanisław	**[I3]**	Elder Brother of Władysław Poniecki.
- father of Bronisława, pp. **I** 566-567
- sanatorium in Pomerania, pp. **I** 446-447
- Tadeusz, son, pp. **I** 218-219
Poniecki, Tadeusz	**[J6]**	Son of Stanisław Poniecki, Władysław's Brother. Polish officer.
- Administrator of Public Goods in Prussia, pp. **I** 218-219
- internment in officer's camp, pp. **I** 250-251, 446-447
- owns farm raises mink [?], pp. **I** 446-447
- told Władysław Poniecki of his daughter's wedding, pp. **I** 218-219, 250-251

Poniecki, Władysław **[I3]**
("Daddy" in this translation)

Father of Władysława. The Poniecki name belongs to the Ostoja Clan of Polish nobility (see Appendix 4, Volume 3.)
- 70th Birthday, pp. **I** 580-581
- angry his children not home, pp. **I** 356-357
- arrested three times, pp. **I** 202-203
- Association of Pharmacists and Chemists, pp. **I** 386-387
- bought "pincer" dog for grandson, pp. **I** 396-397
- considers E. Podgórzec a "gorilla", pp. **I** 376-377
- death, pp. **I** 598-599
- denied permission to visit England, pp. **I** 288-289
- disagreements with Podgórzec, pp. **I** 216-217
- exhorts grandson, pp. **I** 508-509, 560-561
- exhumed Pelagia from Kraków to Chorzów for burial, pp. **I** 266-267, 288-289, 396-397; Fela helped, pp. **I** 268-269
- factory nationalized, pp. **I** 200-201, 240-241, 288-289
- Fela, upset with, pp. **I** 202-203
- fortune-tellers, pp. **I** 200-201
- funeral photographs, pp. **I** 610-613
- grave, pp. **II** 650-651; **III** 1118-1121, 1150-1151, 1174-1175, 1256-1257, 1276-1277
- Grzieśiecka, Mrs. (photo), p. **I** 523
- irritated at postal service, pp. **I** 268-269
- IOU idea, pp. **I** 414-415
- jailed, pp. **I** 202-203
- Jastrzębie Zdrój, pp. **I** (photo) xliv, 416-417, 420-421, 466-467
- Last Will and Testament, pp. **I** 202-203
- memorial Mass, pp. **II** 660-661
- (photo) pp. **I** xliv, xlv, 523, 610
- sentenced to death by firing squad (saved by Dr. Brudek, pp. **I** 202-203
- Silesian Uprising, pp. **I** 202-203
- stroke, minor, pp. **I** 540-541, 548-549, 596-597
- worried about daughter's hemmorhoids, pp. **I** 540-541
- Zosia, news about, pp. **I** 202-203

Poniecki, Władysława Irena
("Władzia" or "Dzióbek")
[J4, D3]

Daughter of Pelagia (née Bykowska) and Władysław Poniecki. Married Jan M. Grycz. Mother of Czesław Jan and Wandzia Maria.
- 21st birthday in Algiers, pp. **I** 63
- arrives in the U.K. from El Biar, pp. **I** 164-165
- concerned about Podgórzec strife, pp. **I** 256-257
- engaged to be married, pp. **I** 150-151
- enrolled in classes while in El Biar, pp. **I** 64-65, 72-73
- Fela, stumped by her letter, pp. **I** 318-319
- in El Biar, Algeria (photos), pp. **I** 58-63

	- lost as a child in Chorzów, pp. **I** 422-423 - "Miss Barbara's pre-school," pp. **I** 388-389 - P.S.W.K. "Pestki", p. **I** 63 - searching for Zosia, pp. **I** 208-209 - visa from Algeirs to enter U.K., pp. **I** 150-151
Poniecki, Zofia ("Zosia")**[I3]**	Wife of Bolesław, the brother of Władysław. - lives with daughters in Poznań, pp. **I** 416-417
Poniecki(a), Bronisława **[J6]**	Eldest daughter of Stanisław Poniecki. Married Mikienko, pp. **I** 566-567
Poszwiński	Classmate of Jan Marceli Grycz, 1932-1933, pp. **III** 1236-1237
Pytlik, Agnieszka ("Nizi")**[C2]**	Sister of Jan Grycz. Married Wacław Pytlik. - died before the war, pp. **II** 730-731 - Twin boys, pp. **II** 698-699
Pytlik, Anna **[D2]**	Daughter of Elżbieta (sister of Maria (née Otto) Grycz) and Stanisław Pytlik. - Caesarian delivery, pp. **II** 918-919, 1032-1033 - "best with mother", pp. **III** 1068-1069 - expecting, pp. **III** 1016-1017, 1030-1031 - photo, pp. **II** 905 - married, pp. **II** 870-871, 900-901 - television for Christmas, pp. **III** 1068-1069 - visited Kikowo, pp. **I** 550-551 - visiting Szczecin, pp. **III** 1058-1059
Pytlik, Edmund ("Edziu")**[D2]**	Son of Elżbieta (née Otto) and Stanisław Pytlik. - Army duty, pp. **I** 550-551, **II** (returning) 660-661 - expecting, pp. **III** 1030-1031 - godfather of Jerzy Grycz, pp. **II** 668-669 - home, building one, pp. **II** 1000-1001; **III** (where Bietka lives) 1036-1037 - marrying girl from large farm, pp. **II** 916-917 - son born, pp. **III** 1036-1037
Pytlik, Elżbieta ("Bietka")**[C1]**	Elżbieta (née Otto) Pytlik. Sister of Maria (née Otto) Grycz. Married Stanisław Pytlik. Mother of Anna, Edmund and Maria. - 25th wedding anniversary, pp. **I** 484-485 - (photo), pp. **II** xxxi - visited Halina, pp. **II** 918-919, 1000-1001
Pytlik, Jozefa ("Józia") **[D7]**	Daughter of Agnieszka and Wacław Pytlik. - arrived, pp. **II** 718-719, 730-731 - brother getting married, pp. **II** 846-847 - daughter, pp. **III** 1124-1125 - during German Occupation, pp. **I** 188-189, **II** 730-731

Pytlik, Jozefa (*Continued*) **[D7]**		- Halina's wedding, pp. **II** 942-943 - indebted for medications, pp. **II** 760-761; **III** 1132-1133 - Jurek contracted illness? pp. **II** 784-785 - leaving Kikowo, pp. **II** 732-733 - medicine for her, pp. **II** 758-759 - mother died before War, pp. **II** 730-731 - photo sent, pp. **I** 188-189 - sanatorium, pp. **II** 770-771 - visited, pp. **II** 826-827; **II** 1092-1093- wedding, pp. **III** 1132-1133, 1138-1139 - with father after recovery, pp. **II** 776-777 - works in office, pp. **II** 746-747
Pytlik, Stanisław ("Staś")**[C1]**		He was a tailor. Married Elżbieta (née Otto). Parents of Anna, Edmund and Maria. - accident that led to his death, pp. **III** 1250-1251 - drought of 1964, pp. **III** 1110-1111 - funeral, pp. **III** 1238-1239 - photo, pp. **II** xxxix - sewing suit for Jan Grycz, pp. **I** 198-199 - son-in-law, good farmer, pp. **III** 1016-1017 - turned over farm to his son-in-law, pp. **III** 1194-1195, 1206-1207 - unable to work, pp. **III** 1016-1017
Pytlik, Wacław ("Wacek")**[C2]**		Married Agnieszka Grycz. - likes fruit, visits with Aunt Bietka, pp. **III** 1070-1071 - personality changed, pp. **III** 1070-1071
		- poor prognosis, pp. **III** 1182-1183 - Twin boys, pp. **II** 698-699
Ratuszyński, Wilhelm		Author of a brief history of the 301st Polish Air Squadron, p. **I** 35
Reginek, (Rev.)		Priest. Pastor. pp. **I** 430-431
Rickards, Doris		Woman to be notified in case of the death of Czesław Grycz **[D3]** according to Czesław's will, pp. **I** 116-117
Rogalek [sp?]		Lady who helped Halina Poczekaj in her illness. pp. **III** 1268-1269 - not well, herself, pp. **III** 1288-1289
Rokus		in nursery school with Władysława Poniecka. - Medical student, pp. **I** 388-389 - carried letter, pp. **I** 390-391, 396-397, (?) 400-401
Rose, Wandzia (See Grycz, Wanda ("Wandzia") **[E3]**		Wandzia is married to Marvin Rose. They have two children, Maciej and Katarzyna.
Roszak		Doctor, pp. **I** 388-389

Różaniowska

Rózycki

Rygielski, (Rev.)

Rzeźniczak, Jacek [E4]

Rzeźniczak, Maria (née Poczekaj) ("Marylka" or "Lilki") [E4]

Rzeźniczak, Paulina Maria ("Paulinka") [F6]

Rzeźniczak, Zdzisław ("Zdzisiek") [F6]

Sakański

- married, pp. **I** 234-235

Lady with whom Felicja (née Poniecka) lived in Kraków at the beginning of WWII, pp. **I** 36-37

Priest. Rector of "God's Mountain" pilgrimage site. Killed during occupation, pp. **I** 416-417, 490-491

Married Maria Poczekaj. Parented Zdzisław and Paulina.
- broken rib, pp. **III** 1510-1511
- early biographical history, pp. **III** 1396-1397

- a good boy, gets along with Janek, pp. **III** 1410-1411, 1414-1415
- in the mines with his brother, pp. **III** 1392-1393
- started his own company, pp. **III** 1528-1529
- wedding, pp. **III** 1396-1397

Daughter of Halina and Janek Poczekaj.
- born, pp. **II** 888-889
- Czesio, her brother, sending baby clothes, pp. **III** 1418-1419
- inherits Jan and Halina's house, pp. **III** 1402-1403
- live with Halina after marriage, pp. **III** 1408-1409
- Paulina-Maria born, pp. **III** 1458-1459
- planning to have a child, pp. **III** 1410-1411, 1418-1419
- washing machine, pp. **III** 1418-1419
- wedding, pp. **III** 1396-1397
- young married life, pp. **III** 1414-1415
- Zdzisław born, pp. **III** 1426-1427

Daughter of Maria (née Poczekaj) and Jacek Rzeźniczak.
- born, pp. **III** 1468-1469
- joy, pp. **III** 1478-1479

Son of Maria (née Poczekaj) and Jacek Rzeźniczak.
- born, pp. **III** 1426-1427
- comforts himself that Krysia promised to return, pp. **III** 1514-1515
- fell into empty carton, pp. **III** 1442-1443
- impressed with Shawn's coffee, pp. **III** 1526-1527
- joy, pp. **III** 1478-1479
- won history competition, pp. **III** 1532-1533

Mr. & Mrs. Sakański were tenants in the Poniecki family home in Chorzów and provided reliable legal and personal assistance re: property.
- attorney (already half of one), pp. **I** 644-645
- Bojanów property sold for retirement, pp. **III** 1056-1057

Sakański (Continued)	- buried near Daddy, pp. **II** 856-857 - cataract operation, Mrs. Sakańska, pp. **III** 1098-1099- condolences at death of Wł. Poniecki, pp. **I** 604-605 - Czarliński, pp. **II** 956-959 - emigrated to the NRF (West Germany), pp. **III** 1056-1057 - executor, pp. **I** 600-601, 614-615 - grave, Daddy's, pp. **I** 618-619, **II** 686-687, 744-745 - gravestone advice, pp. **II** 664-665 - hand-knitting machine, pp. **II** 882-883 - inheritance tax, pp. **II** 844-845- Kraków parcel, pp. **II** 880-881 - Michacz, pp. **II** 958-959, 994-995 - Podgórzec buy-out, pp. **I** 622-623, 640-641, **II** 806-807, 850-851 - Power of Attorney, pp. **I** 598-599 - property (supervising), pp. **II** 678-679 - repairing roof, pp. **II** 658-659, 670-671 - restaurant Lease, pp. **II** 640-641, 674-675 - send wishes, pp. **II** 656-657, 744-745 - Sopot vacation, pp. **II** 952-952 - tenants, pp. **I** 234-235 - team, part of, pp. **I** 234-235 - visited Halina, pp. **II** 686-689, 700-701 - Wandzia, pp. **II** 702-703 - withdrawal of Władysława's money, pp. **III** 1086-87, 1116-1117
Silling, Mrs.	Grycz family neighbor in Lubosz. pp. **I** 24-25
Skowroński	Doctor in Międzychód. - informed of Ginter and Czesław, pp. **I** 282-283
Słusarczyk, Alina	Witness to Władysława and Jan M. Grycz civil marriage in the U.K., p. **I** 479
Śmigielska	From Lublin. Daughter of Kazimierza Lenkszewicz - arriving in Warszawa, pp. **I** 332-333
Smyk	Włoszakowice resident who lived near Uncle Staś. Died suddenly in his garden. - Son will be baptised soon, pp. **III** 1046-1047
Sobański, Zofia	- Girlfriend of Halina Grycz married, pp. **I** 406-407
Starkie, Captain & Mrs. and daughters	Captain and Dana Starkie and their three daughters, Sheila, Kathleen and Christine befriended Czesław Grycz and his colleague Jan Hejnowski for two Christmases. Czesław and Sheila became very close. pp. **I** 108-113 - about Czesław, pp. **I** 154-155

Index 31

		- invited Władysława Poniecka (soon to be married) to stay with them for duration of war, pp. **I** 156-157 - daughters, pp. **I** 142-143; (photo) p. **I** 143
Starkie, Sheila	**[D3]**	Eldest daughter of Captain and Dana Starkie. Friend of Czesław Grycz **[D3]**. - Cambridge, Newnham College, pp. **I** 110-113, 144-145 - (photo) pp. **I** 109, 111, 143 - Sheila to be informed, pp. **I** 116-117
Świderski, Mrs.		Evacuated from Lubosz with the Grycz family at start of WWII. pp. **I** 14-15, 20-21
Sycki, Jan		Greetings, via Halina, pp. **I** 282-283
Szkudlarek, (Rev.)		Priest who officiated at Halina and Janek's marriage, pp. **II** 940-941
Szymański, Felix		Sailor colleague of Jan M. Grycz from Gdynia. Moved to Connecticut, pp. **II** 690-691
Szymczak, Halina	**[D1]**	Daughter of Każimiera and Roman Otto. pp. **I** 504-505 - divorced, pp. **III** 1070-1071 - marriage postponed, pp. **I** 544-545 - to the university, pp. **I** 544-545
Szymczak, Maksymilian ("Maks", "Max")	**[C1]**	Married to Halina, the daughter of Kazimiera and Roman Otto. - daughter born during war, pp. **I** 188-189 - Halina's wedding, pp. **I** 644-645 - lays off workers, pp. **I** 510-511
Tobaczyński		Mentioned to Jan M. Grycz, in passing, pp. **I** 130-131
Torchalski, Józefa		- Corresponded with Jan. M. Grycz, pp. **I** 40-45
Trulich		Family from whom Daddy purchased a gravestone, pp. **II** 654-655
Trzecieski		Secretary of Gdynia-America Lines in New York. - pp. **I** 38-39, 48-49
Tymka, Mrs.		Evacuated from Lubosz with the Grycz family at start of WWII. Killed on September 4, 1939, pp. **I** 10-11
Urban, (Rev.)		Priest. Pastor, pp. **I** 486-487
Vile		Mentioned by Zofia Gapinska that he had moved to Bosnia, pp. **I** 40-41
Voss, Mrs.		Grycz family neighbor in Lubosz. pp. **I** 24-25
Wabeszka		Visited Władysław Poniecki with her daughter, pp. **I** 324-325

Washington, s/s	Vessel on which the young Grycz family sailed to America. pp. **I** 458-461
Weimann, Irena ("Irka" or "Torba") **[J5]**	Niece of Władysław Poniecki pp. **I** 480-481. Daughter of Walentyna (née Poniecka). Cousin to Władysława (née Poniecki) Grycz, pp. **III** 1160-1161 - asked for address, pp. **I** 620-621 - can't write, pp. **I** 140-141 - reported to Wł. Poniecki how brave Władysława was during the war, pp. **I** 480-481
Weimann, Irena (*Continued*) **[J5]**	- returned and works in Łódź, pp. **I** 418-419, 480-481 - directs School of Nursing, pp. **I** 480-481 - visiting with mother, Walentyna, pp. **I** 476-477
Wesołowski, Mr. & Mrs.	Evacuated from Lubosz with the Grycz family at start of WWII. Three sons, Lolek, Zbyszek and ?. - Columbia University for Zbyszek, pp. **III** 1122-1123, (called on Grycz in SF?) **III** 1150-1151, 1166-1167 - died (Mrs.) and buried in Poznań, pp. **III** 1230-1231 - got off train during evacuation, pp. **I** 8-9 - three sons, eldest is in the Politechnic in Łódź, pp. **I** 314-315
Wesoły, Leon	From Lubosz - to marry Krysia Nowak, pp. **I** 254-255 - married, pp. **I** 298-299; **III** 1076-1077
Winialski, Mrs. John	Referred by Zofia Zając **[C2]**, daughter of the eldest of Jan Grycz's sisters, Władysława as helpful to Polish immigrants to the U.S. pp. **I** 474-475
Wleklik	Resident of Włoszakowice who died. pp. **III** 1050-1051
Woznicki, Andrzej (Rev.) S.Chr.	Family friend of the Grycz family in San Francisco. Visited Halina since he travelled frequently to Poland, pp. **III** 1468-1471
Wróblewski	Lives in Radom. - heard from her, pp. **I** 254-255
Wysznacka, Wanda	Cared for Zofia Gapińska in Ravensbrück. pp. **I** 346-347
Z..., Kazimiera	In letter of Władysława Poniecka, pp. **I** 138-139
Zagrodzka	Classmate of Jan Marceli Grycz, 1932-1933, pp. **III** 1236-1237

Zając	Friends of Władysław Poniecki. - Doctor in Rydult and Director of the Hospital. pp. **I** 474-475 - fond of Władysława, pp. **I** 474-475 - Travelled abroad with Władysław Poniecki, pp. **I** 548-549 - Visited Władysław Poniecki, pp. **I** 324-325
Zielewicz	- lived in Włoszakowice as a tenant with Aunt Anna, pp. **I** 596-597
Zymirska, Krystyna ("Krysia")	- student at Kraków, pp. **I** 540-541 - engagement to American is broken, pp. **I** 540-541

**Wskaźnik 2:
Miejsca wspomniane w listach**

Index 2:
Place Names Mentioned in the Letters:

Berlin	Capital city of Germany (closer to Włoszakowice than is Warszawa) where Katarzyna and Czesław Grycz settled and live.
Biedruska	Camp where refugees were confined upon return to Lubosz, **I** 22-23
Biozdrowie	Pilgrimage destination for Maria Grycz, **I** 328-329
Biskupin	Dr. Zając ill here, **I** 548-549
Błonie	Place mentioned by Halina in her diary of the evacuation of the Grycz family from Lubosz at the start of WWII. Site of fierce battles, **I** 16-17
Bojanów	Mrs. Sakańska had some property in Bojanów. After she became a widow, she sold it and moved to Western Germany, **II** 1008-1009, **III** 1056-1057
Boszkowo Lake	Summertime destination for people of the region around Włoszakowice. Jan Grycz worked as a lifeguard there for a summer or two, **II** 884-885, 888-889, 892-893. Grycz, Czesław with friends, **III** 1204-1205. Otto, Wacław races here, **I** 326-327. Site building up, **II** 990-991, 998-999, **III** 1032-1033, 1114-1115, 1142-1143
Bucz	Village about 10 km from Włoszakowice. Ludwik Grycz lived here, **II** 942-943; had two sons, **III** 1074-1075, (funeral) 1166-1167
Bukowiec	Location of a farm given to Anna Grycz, **III** 1066-1067. Airman shot there during war, **II** 968-969. Parents of a girl, visiting America, **II** 938-939, 1010-1011.
Chorzów	Name of the Silesian city where Władysław Poniecki had his family home. Previously known as "Królewska Huta" and "Konigshutte", **I** xxxiv-xxxv, (map) xliv. Site of memorial plaque to Zofia Gapińska, **III** 1433.
Chrzanów	Place mentioned by Halina in her diary of the evacuation of the Grycz family from Lubosz at the start of WWII. Man with a horse was here, **I** 16-17
Częstochowa	Pilgrimage site. The Jasna Góra Monastery is located here, where the icon of Poland's "Black Madonna" is revered, **I** 4-5, 470-471, 484-485, 532-533, 544-545, 630-631. Poczekaj, **II** 670-671, 674-675. Poczekaj, Maria, **III** 1172-1173, 1206-1207, 1308-1309. Poczekaj sons, **III** 1054-1055, 1078-1081.
El Biar, Algeria	Algerian city where a unit of women—Władysława Poniecka among them— from the Women's Auxiliary Service of the Polish Army, "Pestki", were stationed after first evacuating wounded from the European Theatre of war, **I** 58-63

Gdańsk	A Polish city along the Baltic Coast. It conjoins Gdynia and Sopot around an expansive Bay that is both a port and an attractive beach vacation destination. Gryczes willing to pick up children here, **I** 262-263, 356-357; **III** 1212-1213. Poczekaj twins vacationing, **II** 1000-1001.
Gdynia	Sea-port city in northern Poland. Site of the Maritime Academy from which Jan M. Grycz graduated. Home port of the Polish tall-masted sailing ship *"Dar Pomorza"* on which Jan M. Grycz served as an apprentice seaman. *"Batory"* (photo) **II** 924. *"Dar Pomorza"* (photo) **II** 925. Gdynia-America Lines, **I** 38-39, 44-45, 114-115. Gryczes willing to go to pick up Jan Marceli and family, **III** 1212-1213. Matuszak, Henryk, **III** 1238-1239. Szkoła Morska, **I** xliv-xlv, li, liii; **III** 1254-1255. Szymański, **II** 690-691. Weimann, Irena's younger brother here, **I** 418-419
Gębaczewo	Location where Grycz family was attacked while fleeing from Lubosz at the start of WWII, **I** 8-9
Gorzów	Railhead for rail line along which Kikowo lay, **I** 198-199
Grodzisk	Suburb city of Warszawa. The Grycz family sheltered here for some time during their evacuation from Lubosz at the start of WWII, **I** 12-19
Grotnik	Village between Włoszakowice and Boszkowo Lakes. Building is consolidating the three villages, **III** 1114-1115, 1142-1143
Iwarzedza	Poniecka, Walentyna, **I** 476-477
Jastrzębie Zdrój	Spa visited by Władysław Poniecki, **I** xlvi-xlvii, 416-417, 466-467
Karwina Lakes	Władysław Poniecki with daughter, Władysława, **I** 420-421
Katowice	Silesian city where Felicja (née Poniecka) Podgórzec lived during the war, **I** 202-203. British Consulate, **I** 288-289. Bykowski, **I** 276-277. Mejz, **I** 528-529. Mikienko, **I** 566-567. Poczekaj, **I** 606-607. Podgórzec, Gienek, **I** 296-297.
Kikowo	A village in Poland where Jan and Maria Grycz leased some farmland prior to WWII, and where they lived, with their daughter Halina, for the duration of the war. They subsequently moved back to their family home in Włoszakowice.
Kołobrzeg	Location where Jerzy Poczekaj was hospitalized while in the Army, **III** 1058-1059, 1266-1269
Konin	Place where Anna Pytlik moved with her children, **III** 1150-1151, 1160-1161
Kraków	A principal city of Poland. Variously spelled as "Crakow" "Krakau". The city was preserved from severe damage during the WWII, partly because of its historical architectural and cultural beauty. Gapińska, Felicja, **I** 36-37, **II** 806-807, 880-881. Gapińska, Pelagia originally buried here, **I** 268-269. Gapińska, Zofia, **I** 92-93. Poczekaj Family, **II** 964-965. Poniecki, Władysław, **I** 124-125. Janka, **I** 346-347. Żymirska, **I** 540-541.

Królewska Huta	"Royal Ironworks". Name of the Silesian city where Władysław Poniecki had his family home. Also known as "Konigshutte" and, after WWII, as "Chorzów". Birthplace of Władysława Poniecka.
Kwilcz	Embarcation point for Polish reservists called up during WWII, **I** 8-9
Ławicy	Otto, Wacław raced here, **I** 328-329
Legnica	Home of Krystyna (née Sala), wife of Czesław Grycz, **III** 1498-1499, 1522-1523
Leszno	County seat in the vicinity of Włoszakowice **II** (map) xx. Matuszak, Maksymilian, **I** 52-53, 510-511, **II** 852-853. Obiegółko, **I** 190-191. Otto, Marynia, pp. **I** 2-3, 194-195. Otto, Roman, **I** 52-53. Otto, Wacław, **I** 52-53, 188-189. Poczekaj, Jan **I** 638-639. Szymczak, Halina, **I** 574-575.
Lipce	Stopover for Grycz family during their evacuation from Lubosz at the beginning of WWII, walked from here to Skierniewice, **I** 10-11.
Łódź	Important railhead during Grycz family evacuation at start of WWII, pp. **I** 8-9, 16-17, 22-23. Weimann, Irena, **I** 418-419, 480-481. Wesołowski, **I** 314-315. Wysznacka, **I** 346-347.
Łowicz	Site mentioned by Halina in her diary of the Grycz family evacuation from Lubosz at the start of WWII, **I** 19-21. Region known for its "wycinanki" (decorative paper cutouts) sought by Władysława Grycz, **III** 1252-1253
Lublin	Władysław Poniecki spent the first years of the war in Lublin and Kraków for safety, **I** 200-201. Grycz, Wandzia (considered entering University there), **III** 1286-1287. Śmigielska, **I** 332-333. Woznicki, (Rev.) Andrzej, retired here at the motherhouse of the Society of Christ to which he belonged.
Lubosz	Jan Grycz was transferred there prior to WWII to be Stationmaster of the railway station. He moved his family there from Włoszakowice. Birthplace of Halina Grycz, **I** liii, (map) 27. Apparently the administrative railhead in Międzychód county as per Halina Grycz, **I** 178-179
Międzychód	Northwestern town in Poland near the border. Historically changed hands a good deal. Described as a railhead along the line on which Kikowo lay, **I** 176-177
Mrągów	Site where Jurek Poczekaj was stationed for Army duty, **III** 1238-1239
Nieborowa	Site mentioned by Halina in her diary of the Grycz family evacuation from Lubosz at the start of WWII, **I** 18-19
Patryków	Site where people were killed during Grycz family flight from Lubosz at the start of WWII, where Mrs. Kaczmarek and Mrs. Tymka were shot, **I** 10-11.
Pawiak	Site of German concentration camp, **I** 348-349.

Pniew	Family home of Jan Poczekaj, **I** 518-519. Air attack on Grycz family fleeing from Lubosz at the start of WWII, **I** 8-9.
Połczynie	Sanatorium in Pomerania, Poland. Poniecki, Stanisław there because of heart problems, **I** 446-447.
Poznań	Poznań is Poland's fifth-largest city, situated on the Warta river in west-central Poland, and the administrative center of the region. **II** (map) xxix. Mentioned in diaries **I** 20-23. Brodniewicz, **I** 246-247. Chrobik, Wojciech, **III** 1160-1161. Fechner, **I** 504-505. Gapiński, Jan (buried at St. Mary cemetery), **I** 416-417. Gapińska, Pelagia also buried here, **I** 414-415. Gondzik, **I** 540-541. Grycz, Czesław (Fine Arts Lyceum) **III** 1096-1097, 1118-1119, 1130-1131, 1148-1149, 1154-1155. Grycz, Jan, **II** 814-815, 820-827. Grycz, Ludwik, **III** 1166-1167. Matuszak, Marynia, **II** 778-779. Mikołajczyk, Jan (died in train accident) **III** 1140-1141. Mrókiewicz (Lt.), **I** 186-187. Otto, Wacek, **I** 304-305. Poczekaj, Halina (hospitalized), **III** 1110-1111, 1452-1453. Poczekaj, Jan and Halina possible home, **I** 518-519. Poczekaj twins in hospital, **II** 784-785. Poniecki family, **I** 64-65, 138-139. Poniecki, Zosia, Mirka and Maryla, **I** 218-219. Poznań Trade Fair, **I** 392-393, 878-879, 888-889, **III** 1078-1079, 1110-1111, 1214-1215. "Problems" **II** 844-845. Wesołowska, **III** 1230-1231. World Fair, **III** 1166-1167, 1200-1201
Prądnik	Suburb of Kraków where Władysława Poniecka inherited land that her half-sister Felicja wanted, **I** 624-625, **II** 726-727.
Prusim	Embarcation point for Polish reservists called up during WWII. **I** 8-9
Przank	A small village, mentioned in passing, **I** 222-223
Pszczykowa	Site of railway hospital where Janek Poczekaj was taken when he became ill, **III** 1370-1371
Pszczyn	Brurdek, Małgosia lives here, **I** 417-418
Radom	At beginning of WWII, Jan Grycz told to report here for instructions, **I** 8-9, (map) 27. Wróblewska, **I** 254-255
Ravensbrück	Women's Concentration Camp in Northern Germany where Zofia Gapińska was imprisoned and died, **I** xl-xli, 208-209, 288-289, 332-333, 348-349
Rawicz	Site of acerage owned by Sakański family, **II** 1008-1009
Rokietnica	Site of air attack on Grycz family fleeing from Lubosz at the start of WWII, **I** 8-9
Rybnik	[Weimann?], Irena, **I** 416-417, 490-491.
Rydult	Zając, Dr. & Mrs., **I** 474-475
Sieradz	Site mentioned by Halina in her diary of the Grycz family evacuation from Lubosz at the start of WWII, **I** 22-23. Money to woman living there, **I** 40-41.

Index 39

Sieraków	Home of the Goźdź family, **I** 196-197. Vacation destination, **III** 1032-1033
Skierniewice	Stopover for Grycz family during their evacuation from Lubosz at the beginning of WWII, walked here from Lipce, **I** 10-11
Skwierzyń	Jan Poczekaj was stationed here, **I** 518-519
Sopot	Northern coastal city of Poland adjoining Gdynia and Gdańsk. Mentioned as a destination for emigrants from Włoszakowice, likely as part of German resettlement program, **I** 194-195. Czekałów and Sakańska vacationing, **II** 952-953.
Świętochłowice	Baranowska, **I** 396-397
Szamotuł	Railhead along the line where Kikowo lay, **I** 176-177
Szczawnicy	Irena Weimann worked here on behalf of miners. **III** Appendix 43.
Szczecin	Northwestern port town in Poland. Poczekaj twins, **III** 1080-1081. Papież, Anna, **III** 1058-1059, 1074-1075.
Szklarskie Porębie	Sanitarium/Spa where Józia Pytlik recuperated, **II** 770-771
Wągrowiec	Site of PKP (Polish State Railways) recreational camp for children of railway workers, **III** 1238-1239.
Warszawa	Capital City of Poland. Grycz family, evacuating from Lubosz found themselves under fire there, **I** 10-15, (map) 27. Zofia Gapińska moved there and reportedly became an underground civilian courier, dangerously carrying clandestine messages from one to another unit of the Polish Home Army, during the war.
Włoszakowice	Birthplace of Jan M. Grycz and Czesław Grycz. Home, successively, of Maria and Jan Grycz, Halina and Jan Poczekaj, Marylka and Jacek Rzezniczak and their families, **I** (map) xliv, liii, 2-3.
Wrocław (also "Breslau")	Major Polish City heavily damaged ruing WWII, **I** 396-397. Grzesiecka, **I** 520-521. Milik (Rev.) Chancellor, **I** 396-397. Grycz family went through here on return to Lubosz, **I** 22-23. Poniecki, Bolesław, **I** 396-397
Zakopane	Góral city in the Tatra Mountains. Popular winter recreational area. Blok [?], Zbyszek, **II** 656-657. Grycz family vacation? **II** 948-949, 954-955, 964-965. Otto, Roman, **I** 326-327, 338-339. Poczekaj, Marylka, **III** 1200-1301
Zbarżew	Neighboring village to Włoszakowice. Site of memorial to resistance fighters, among whom is commemorated Jan Otto, **II** (photo) 936. **III** 1076-1077, 1092-1093, 1308-1309, 1448-1449
Zielona Góra	City on Czech border. Site of motorcycle races where Wacław Otto took first place, **I** 406-407

**Wskaźnik 3:
Klucz do imion własnych w schemacie drzewa rodzinnego**

Index 3:
Key to Given Names on the Family Tree Foldout

First Name	Family	Index
Adela	Neimann	D9
Agata	Grycz	M2
Agnieszka	Pytlik	C2
Aleksandra	Grycz	C3
Alicja	Sedzińska	E2
Alicja	Szymczak	E1
Alina	Konieczna	D5
Alison	Grycz	F2
Alison	Kuhns	F2
Anastasia	Grycz	F1
Aneta	Poczekaj	F4
Aneta	Szaferska	F4
Anja	Grycz	F5
Anna	Grycz	C2
Anna	Papież	D2
Anna	Pytlik	D2
Anna	Stachowska	D8
Anne	Cunningham	E3
Anne	Grycz	E3
Antoni	Rzeźniczak	G6
Antonia	Bykowska	I2
Balbina	Grycz	B2
Balbina	Lamenta	M2
Barbara	Nowak	D10
Barbara	Podgórzec	K1
Barbara	Weimann	K2
Benjamin	Grycz	G2
Bogumiła	Bykowska	J3
Bolesław	Poniecki	I3,J6
Bronisława	Mikienko	J7
Bronisława	Poniecka	J7
Bruno	Grycz	C3
Cecylia	Augusiak	C3
Christianus	Grycz	L2
Czesław	Grycz	D3,D4
Czesław	Otto	C1
Czesław Jan	Grycz	E3
Danuta	Fligier	D5
Danuta	Konieczna	D5
Danuta	Małecka	D7
Danuta	Mikołajczyk	E6
Danuta	Nowalińska	D6
Edmund	Pytlik	D2
Elżbieta	Pytlik	C1,D2
Encarnacion	Hernandez	E3
Eugeniusz	Podgórzec	J2
Ewa	Mikienko	K3
Ewa	Świder	E1
Ewa	Szymczak	E1
Fabian	Grycz	C3,M2
Felicja	Gapińska	J2
Felicja	Podgórzec	J2
Feliks	Bykowski	I2
Feliks	Grycz	C2
Franciszek	Grycz	M2
Franciszek	Otto	B1
Franciszek	Sibiński	M2
Franciszka	Ciorga	M1
Franciszka	Grycz	M1,M2
Halina	Grycz-Poczekaj	D3
Halina	Małecka	D7
Halina	Neimann	D9
Halina	Otto	D1
Halina	Szymczak	D1
Helena	Małecka	D7
Helena	Pytlik	D7
Henryk	Matuszak	D6
Hironim	Stachowski	D7
Ignacy	Grycz	M2
Irena	Weimann	J5,K2
Jacek	Poczekaj	F4
Jacek	Rzeźniczak	D4
Jacek	Stachowski	D8
Jadwiga	Apolinarska	A2
Jadwiga	Gapińska	I1
Jadwiga	Grycz	C3, L2, M1
Jadwiga	Matuszak	D6

Jadwiga	Misiak	D6		Lukasz	Otto	A1
Jadwiga	Pytlik	D7		Maciej	Grycz	F3
Jan	Gapiński	H1,I1		Maksymilian	Matuszak	C2
Jan	Grycz	C2,F5		Maksymilian	Matuszak	C3
Jan	Janura	F6		Maksymilian	Szymczak	D1
Jan	Mikołajczyk	D5		Małgorzata	Dworczak	E4
Jan	Otto	B1,C1		Małgorzata	Konieczna	D5
Jan	Poczekaj	D3		Małgorzata	Poczekaj	D4
Jan Marceli	Grycz	D3		Mania	Gapińska	I1
Janina	Neimann	D9		Mania	Wojtynowska	I1
Janusz	Poniecki	J6		Marcel	Otto	B1
Jędrzej	Pytlik	D9		Marcin	Lamenta	M2
Jerzy	Papież	D2		Marek	Małecki	D7
Jerzy	Poczekaj	D4		Maria	Gościniak	D6
Józef	Augusiak	C3		Maria	Grycz	C1,D4,D8
Józef	Grycz	M1		Maria	Grycz	M2
Józef	Konieczny	D5		Maria	Grygier	D6
Józef	Nowak	D10		Maria	Lis	D8
Józefa	Gapińska	H1		Maria	Matuszak	C2,C3,D6
Józefa	Korytowski	H1		Maria	Poczekaj	E4
Józefa	Pytlik	D7		Maria	Pytlik	D2
Józefa	Stachowska	D7		Maria	Rzeźniczak	D4
Julia	Janura	G6		Maria	Tomowiak	D4
Karolina	Grycz	F5		Marian	Nowak	D10
Katarzyna	Brembor	F6		Marianna	Otto	C1
Katarzyna	Grycz	C2,F3,M2		Marta	Neimann	C3
Katarzyna	Konieczna	C2		Martyna	Konieczna	D5
Katarzyna	Lis	B2		Martyna	Mikołajczyk	D5
Katarzyna	Rzeźniczak	F6		Marvin	Rose	E3
Kazimiera	Otto	C1		Maryla	Poniecka	J6
Konstanty	Grycz	M2		Michał	Grycz	F1
Krystyna	Grycz	D4,F2		Michalina	Sobecka	A3, L1
Krystyna	Sala	E4		Michalina	Wałkowiak	M1
Krzysztof	Nowaliński	F7		Mieczysław	Lis	D11
Krzysztof	Papież	E2		Mirosława	Poniecka	J6
Krzysztof	Poczekaj	F4		Monica	Dodds	E3
Krzysztof	Pytlik	D9		Monica	Grycz	E3
Ludwik	Grycz	C2		Natalia	Grycz	C3
Ludwik	Małecki	D7		Patrycja	Poczekaj	G4
Ludwik	Matuszak	D6		Paulina	Janura	F6
Ludwika	Grycz	M2		Paulina	Rzeźniczak	F6
Ludwika	Stachowska	B2		Paweł	Konieczny	D5
Luisa	Weimann	J5		Pelagia	Bykowska	I2

Pelagia	Gapińska	I2
Pelagia	Poniecka	I2
Piotr	Grycz	D4, M1
Piotr	Nowaliński	D6
Regina	Adamczak	D9
Regina	Grycz	E11
Regina	Lis	E11
Regina	Otto	A1
Regina	Pytlik	E9
Regina	Sell	A1
Renata	Kędińska	F4
Renata	Poczekaj	F4
Robert	Otto	A1
Roman	Otto	B1,C1
Roman	Stachowski	D8
Rosalia	Bykowska	H2
Rosalia	Janicka	H2
Sheila	Starkie	D3
Stanisław	Gościniak	D6
Stanisław	Grycz	C2,C3,D6
Stanisław	Poniecki	I3
Stanisław	Pytlik	C1,D7
Stanisława	Ankiel	H3
Stanisława	Grycz	C2,D8
Stanisława	Poniecka	H3
Stanisława	Nowak	D8
Stanisława	Rawiecka	M1
Stefan	Grycz	F2
Stefan	Lis	D11
Szczepan	Otto	B1
Szymon	Poczekaj	G4
Tadeusz	Poniecki	J7
Teodor	Bykowski	H2
Tina	Grycz	M2
Tomas	Grycz	L1
Tosia	Bykowska	I2
Wacław	Otto	C1
Wacław	Pytlik	C2
Walentyn	Poniecki	H3
Walentyna	Poniecka	I3
Walentyna	Weimann	I3
Waleria	Poniecka	I3
Walter	Grycz	C3
Wandzia	Grycz	E3
Wandzia	Rose	E3
Weronika	Poczekaj	G4
Wiktor	Grycz	C3
Wiktoria	Bykowska	I2
Wiktoria	Grycz	B2
Wiktoria	Otto	B1
Wiktoria	Sibińska	M2
Wiktoria	Zielińska	B1
Wincenty	Bykowski	I2
Witold	Weimann	J5
Władysław	Misiak	D6
Władysław	Nowak	D8
Władysław	Poniecki	I3
Władysława	Grycz	D3,J4
Władysława	Poniecka	D3,J4
Władysława	Zając	C2
Włodzimerz	Otto	D1
Wojciech	Konieczny	C2
Wojciech	Nowaliński	F7
Zbigniew	Papież	E2
Zbigniew	Podgórzec	K1
Zbigniew	Weimann	K2
Zdzisław	Rzeźniczak	F6
Zofia	Gapińska	J2
Zofia	Grycz	C3
Zofia	Poniecka	I3

Wskaźnik 4:
Klucz do nazwisk w schemacie drzewa rodzinnego

Index 4:
Key to Family Names on the Family Tree Foldout

Family	First Name	Index
Adamczak	Regina	D9
Ankiel	Stanisława	H3
Apolinarska	Jadwiga	A2
Augusiak	Cecylia	C3
Augusiak	Józef	C3
Brembor	Katarzyna	F6
Bykowska	Antonia	H2
Bykowska	Bogumiła	J3
Bykowska	Pelagia	I2
Bykowska	Rosalia	H2
Bykowska	Tosia	I2
Bykowska	Wiktoria	I2
Bykowski	Feliks	I2
Bykowski	Teodor	H2
Bykowski	Wincenty	I2
Cunningham	Anne	E3
Dodds	Monica	E3
Dworczak	Małgorzata	E4
Fligier	Danuta	D5
Gapińska	Felicja	J2
Gapińska	Jadwiga	I1
Gapińska	Józefa	H1
Gapińska	Mania	I1
Gapińska	Zofia	J2
Gapiński	Jan	H1,I1
Gościniak	Maria	D6
Gościniak	Stanisław	D6
Grycz	Aleksandra	C3
Grycz	Alison	F2
Grycz	Anastasia	F1
Grycz	Anja	F5
Grycz	Anna	C2
Grycz	Anne	E3
Grycz	Balbina	B2
Grycz	Benjamin	G2
Grycz	Bruno	C3
Grycz	Czesław	D3,D4
Grycz	Czesław Jan	E3
Grycz	Fabian	C3
Grycz	Feliks	C2
Grycz	Jadwiga	C3
Grycz	Jan	C2,F5
Grycz	Jan Marceli	D3
Grycz	Karolina	F5
Grycz	Katarzyna	C2,F3
Grycz	Krystyna	D4,F2
Grycz	Ludwik	C2
Grycz	Maciej	F3
Grycz	Maria	C1,D4,D8
Grycz	Michał	F1
Grycz	Monica	E3
Grycz	Natalia	C3
Grycz	Piotr	D4
Grycz	Regina	D11
Grycz	Stanisław	C2,C3
Grycz	Stanisława	C2
Grycz	Stanisława	D8
Grycz	Stefan	F2
Grycz	Walter	C3
Grycz	Wandzia	E3
Grycz	Wiktor	C3
Grycz	Wiktoria	B2
Grycz	Władysława	D3,J4
Grycz	Zofia	C3
Grycz-Poczeka	Halina	D3
Grygier	Maria	D6
Hernandez	Encarnacion	E3
Janicka	Rosalia	H2
Janura	Jan	F6
Janura	Julia	G6
Janura	Paulina	F6
Kędińska	Renata	F4
Konieczna	Alina	D5
Konieczna	Danuta	D5
Konieczna	Katarzyna	C2
Konieczna	Małgorzata	D5
Konieczna	Martyna	D5
Konieczny	Józef	D5
Konieczny	Paweł	D5

Konieczny	Wojciech	C2		Otto	Jan	B1,C1
Korytowski	Józefa	H1		Otto	Kazimiera	C1
Kuhns	Alison	F2		Otto	Lukasz	A1
Lis	Katarzyna	B2		Otto	Marcel	B1
Lis	Maria	D8		Otto	Marianna	C1
Lis	Mieczysław	D11		Otto	Regina	A1
Lis	Regina	E11		Otto	Rober	A1
Lis	Stefan	D11		Otto	Roman	B1,C1
Małecka	Danuta	D7		Otto	Szczepan	B1
Małecka	Halina	D7		Otto	Wacław	C1
Małecka	Helena	D7		Otto	Wiktoria	B1
Małecki	Ludwik	D7		Otto	Włodzimerz	D1
Małecki	Marek	D7		Papież	Anna	D2
Matuszak	Henryk	D6		Papież	Jerzy	D2
Matuszak	Jadwiga	D6		Papież	Krzysztof	E2
Matuszak	Ludwik	D6		Papież	Zbigniew	E2
Matuszak	Maksymilian	C2,C3		Poczekaj	Aneta	F4
Matuszak	Maria	C2,C3,D6		Poczekaj	Jacek	F4
Matuszak	Maria	D6		Poczekaj	Jan	D3
Mikienko	Bronisława	J7		Poczekaj	Jerzy	D4
Mikienko	Ewa	K3		Poczekaj	Krzysztof	F4
Mikołajczyk	Danuta	E6		Poczekaj	Małgorzata	D4
Mikołajczyk	Jan	D5		Poczekaj	Maria	E4
Mikołajczyk	Martyna	D5		Poczekaj	Patrycja	G4
Misiak	Jadwiga	D6		Poczekaj	Renata	F4
Misiak	Władysław	D6		Poczekaj	Szymon	G4
Neimann	Adela	D9		Poczekaj	Weronika	G4
Neimann	Halina	D9		Podgórzec	Barbara	K1
Neimann	Janina	D9		Podgórzec	Eugeniusz	J2
Neimann	Marta	C3		Podgórzec	Felicja	J2
Nowak	Barbara	D10		Podgórzec	Zbigniew	K1
Nowak	Józef	D10		Poniecka	Bronisława	J7
Nowak	Marian	D10		Poniecka	Maryla	J6
Nowak	Stanisława	D8		Poniecka	Mirosława	J6
Nowak	Władysław	D8		Poniecka	Stanisława	H3
Nowalińska	Danuta	D6		Poniecka	Walentyna	I3
Nowaliński	Krzysztof	F7		Poniecka	Waleria	I3
Nowaliński	Piotr	D6		Poniecka	Władysława	D3,J4
Nowaliński	Wojciech	F7		Poniecka	Zofia	I3
Otto	Czesław	C1		Poniecki	Bolesław	I3,J6
Otto	Franciszek	B1		Poniecki	Janusz	J6
Otto	Halina	D1		Poniecki	Stanisław	I3

Poniecki	Tadeusz	J7		Weimann	Barbara	K2
Poniecki	Walentyn	H3		Weimann	Irena	J5,K2
Poniecki	Władysław	I3		Weimann	Luisa	J5
Pytlik	Agnieszka	C2		Weimann	Witold	J5
Pytlik	Anna	D2		Weimann	Zbigniew	K2
Pytlik	Edmund	D2		Wojtynowska	Mania	I1
Pytlik	Elżbieta	C1,D2		Zając	Władysława	C2
Pytlik	Helena	D7		Zielińska	Wiktoria	B1
Pytlik	Jadwiga	D7				
Pytlik	Jędrzej	D9				
Pytlik	Józefa	D7				
Pytlik	Krzysztof	D9				
Pytlik	Maria	D2				
Pytlik	Regina	E9				
Pytlik	Stanisław	C1,D7				
Pytlik	Wacław	C2				
Rose	Marvin	E3				
Rose	Wandzia	E3				
Rzeźniczak	Antoni	G6				
Rzeźniczak	Jacek	D4				
Rzeźniczak	Katarzyna	F6				
Rzeźniczak	Maria	D4				
Rzeźniczak	Paulina	F6				
Rzeźniczak	Zdzisław	F6				
Sala	Krystyna	E4				
Sedzińska	Alicja	E2				
Sell	Regina	A1				
Sobecka	Michalina	A3				
Stachowska	Anna	D8				
Stachowska	Józefa	D7				
Stachowska	Ludwika	B2				
Stachowski	Hironim	D7				
Stachowski	Jacek	D8				
Stachowski	Roman	D8				
Starkie	Sheila	D3				
Świder	Ewa	E1				
Szaferska	Aneta	F4				
Szymczak	Alicja	E1				
Szymczak	Ewa	E1				
Szymczak	Halina	D1				
Szymczak	Maksymilian	D1				
Tomowiak	Maria	D4				

2014.03.17

www.ingramcontent.com/pod-product-compliance
Lightning Source LLC
Chambersburg PA
CBHW021822220426
43663CB00005B/101